BAEDEKER

Z

ZYPERN

AF558617

»

Zypern ist meine Insel. Wenn es ganz hart kommt, wäre es wunderbar, Dich an einem ähnlichen Ort zu finden.

David Bowie, »Move On«

baedeker.com

DAS IST ZYPERN

TOUREN

LEGENDE

Baedeker Wissen
● Textspecial, Infografik & 3D

Baedeker-Sterneziele
★★ Top-Reiseziele
★ Herausragende Reiseziele

ZIELE IN SÜDZYPERN VON A BIS Z

ZIELE IN NORDZYPERN VON A BIS Z

HINTERGRUND

ERLEBEN & GENIESSEN

PRAKTISCHE INFORMATIONEN

ANHANG

PREISKATEGORIEN

Restaurants
Preiskategorien für ein Hauptgericht

€€€	über 25 €	€	bis 15 €
€€	15–25 €		

Hotels
Preiskategorien für ein Doppelzimmer

€€€€	über 200 €	€€	80–120 €
€€€	120–200 €	€	bis 80 €

MAGISCHE MOMENTE

ÜBERRASCHENDES

Am Aphroditefelsen: Ob die Göttin hier tatsächlich »schaumgeboren« dem Meer entstiegen ist?

D
DAS IST …

Zypern

Die großen Themen
rund um die Insel der Aphrodite.
Lassen Sie sich inspirieren!

Kyrénia/Girne im Nordteil der Insel,
»Mini St. Tropez« und für viele der schönste Hafen Zyperns ►

BRÜCKEN BAUEN

Das große Thema Zyperns ist die Teilung. Gleich nach Ankunft am Flughafen erzählen einem die Taxifahrer von Entwurzelung, Flucht und verlorener Heimat. Es keimten und starben viele Hoffnungen, die UNO investierte Geld, Geduld und zahllose Gespräche, um zu einer friedlichen Lösung beizutragen.

Auch und gerade an der Green Line, der »Pufferzone« zwischen Nord und Süd, gibt es in Nikosia Gelegenheit zum Austausch ... ►

Auf beiden Seiten gut bewacht: die Grenze vom Süden in den Norden Nikosias

BLICKT man über den Tellerrand des Strandurlaubs, ist die Spaltung allgegenwärtig. Doch nicht nur das Problem, sondern auch ein Teil der Lösung. Seit der Grenzöffnung 2003 findet ein Austausch statt, »gerade unter Künstlern und Intellektuellen. Sie versuchen, eine Politik der Annäherung durch kleine Schritte. Gerade in Nikosia gibt es künstlerische Projekte, die bewusst beide Stadthälften einbeziehen«, sagt Joachim Sartorius, ehemals Generalsekretär des Goethe-Instituts und einst Diplomat auf Zypern.
Wer sich darauf einlassen möchte, kann ein anderes Zypern erleben. Haben Sie Lust, Initiativen kennenzulernen, die versuchen, etwas gegen die Trennung zu unternehmen?

Inseln der Verständigung

An einem der traurigen und skurrilsten Orte, gegenüber dem ehemaligen **Ledra Palace Hotel**, dem Hauptquartier der UNO-Truppen mitten im Niemandsland von Nikosia zwischen griechischem und türkischem Checkpoint in der Pufferzone, umgeben von Stacheldrahtzäunen und Verbotsschildern, steht das **Home for Cooperation** (H4C; ► Tipp rechts unten). Hier treffen sich verschiedene Initiativen mit dem Ziel, in jeder Form zwischen den geteilten Gemeinschaften zu vermitteln.
Das Home for Cooperation ist ein Treffpunkt für Engagierte, ein Café für Neugierige. Außerdem bietet die Initiative spezielle Stadtführungen an, die die zy-

prische Verständigung zum Thema haben. Darüber hinaus trifft man sich in einem der Cafés im nördlichen Teil der Ledra/Lidras Street oder im netten, alternativen **Hoi Polloi** (Arasta Sk.) westlich der alten Karawanserei Büyük Han (► S. 267).

Initiativen für den Austausch

Während einige Museen, Ausstellungen und Präsentationen auf beiden Seiten Zyperns nicht ohne nationalistische Färbung auskommen, ist das **Centre of Visual Arts and Research** (**CVAR**) ein sehenswertes Projekt ganz anderer Art (► S. 152). In Einzelobjekten und Darstellungen zeigt die Sammlung von Costas und Rita Severis die Geschichte Zyperns von ihrer Alltagsseite, um das gegenseitige Verstehen und die friedliche Koexistenz zu fördern.
Ganz nah dran ist man in einem der **gemischten Dörfer**. Wer hinter die Fassaden blicken möchte, sollte einen längeren Aufenthalt in einem der folgenden Orten planen: Pýla (auf der Green Line; ► S. 134), Rizokárpaso/Dipkaparz (auf der Karpaz-Halbinsel; ► S. 244) oder Kormakítis/Koruçam (► S. 258). Hier erlebt man das Mit- und Nebeneinander einer gemischten Bevölkerung und findet auch Unterkünfte für ein paar Tage abseits der Hauptrouten.
Die bikommunale Arbeit kleinerer und größerer Initiativen benötigt natürlich Geld. Einige werden durch EU und UNO unterstützt. Oder durch Privatleute wie den britischen Unternehmer Sir Stelios Haji-Ioannou, Sohn einer griechisch-zyprischen Reederfamilie und Gründer der Billig-Airline Easyjet, der mit dem von ihm finanzierten **Lastinge Peace in Cyprus Award** diverse Initiativen sponsert.
Das Zusammenwirken lokaler Gemeinschaften im sozialen und wirtschaftlichen Alltagsleben erscheint letztlich als einziger (und bester) Weg für die Zukunft der ganzen Insel.

MITTEN IN DER PUFFERZONE ...

... zwischen Zäunen und Warnschildern, gegenüber dem immer noch von Einschusslöchern gezeichneten »Ledra Palace Hotel« in Nikosia, mitten im Niemandsland der Hoffnungslosigkeit, steht das **Home for Cooperation**. Draußen sitzen Gäste im Café, drinnen arbeiten diverse bikommunale griechisch-türkische Gruppen. Man kann Kaffee trinken, eine Kleinigkeit essen, Fahrräder mieten, Bücher und Souvenirs kaufen – und mit den Leuten ins Gespräch kommen. Das H4C hat sich zum Ziel gesetzt, als Brückenbauer zwischen den geteilten Gemeinschaften zu agieren, Erinnerungen und Visionen zu fördern (Markos Drakos Street 28, UN-Pufferzone, Tel. 22 44 57 40, www.home4cooperation.info).

MUSCHEL DER APHRODITE

Für die Göttin der Liebe und Schönheit pilgerten seit der Antike Hunderttausende auf die Mittelmeerinsel. Heute ziert die Schönheit Tourismusprospekte oder Reklameschilder von Autowerkstätten und Eislokalen.

◄ Die Form der Kaurischnecken erinnert an das weibliche Geschlechtsorgan. Ihr Gattungsname Cypraeidae verweist auf die »zyperngeborene« Aphrodite

ZYPERNS Göttin erscheint schön, unnahbar, begehrenswert, aber auch gefährlich. Seit Jahrtausenden ist sie auf der Mittelmeerinsel allgegenwärtig. Archäologische Stätten markieren ihre einstigen Altäre, in Museen empfängt sie heute lächelnd die Besucher – in Marmor gemeißelt (oder aus preiswertem Kalkstein).

Mythische Geburt

Die Stelle, an der Aphrodite (Venus) laut dem antiken Mythos nach schwieriger Geburt aus dem abgeschlagenen Geschlecht ihres Vaters Uranos das Land betreten haben soll (▶ S. 356), wurde bald ausfindig gemacht: ein wahrhaft schöner Ort an einem direkt vor der Küste aus dem blauen Mittelmeer ragenden Felsen. **Pétra tou Romioú** nennen die Zyprer ihn, den »Felsen der Byzantiner«. Der Aphrodite-Felsen bei Koúklia (▶ S. 104) blieb ein von Mythen umwobener Ort. Wer bei Vollmond dreimal darum herumschwimmt, werde um dreißig Jahre verjüngt und auf ewig glücklich, erzählt man sich augenzwinkernd.
Der bekannte Renaissancemaler Sandro Botticelli ließ in seinem betörenden Gemälde »Die Geburt der Venus« in den Florentiner Uffizien Aphrodite auf einer Muschel stehend aus dem Meer emporsteigen. Doch wo findet man ihre Spuren, von welcher Muschel wurde sie getragen?

Unterwegs am Strand

An Zyperns Stränden gibt es verschiedene Muschelarten, die dem Namen nach mit der Göttin in Verbindung stehen. Und schließlich ist Muschelsammeln eine entspannende, kontemplative Beschäftigung! In der Nähe des Kap Gréko (▶ S. 56) gibt es zwei Arten »Falscher Herzmuscheln«, lateinisch **Venericardia**, abgeleitet von »venerius« (der Venus heilig, sinnlich). Zudem kommen zwei Arten der **Astarte-Muscheln** (Astartidae) vor, benannt nach einer orientalischen Vorgängerin der Aphrodite.
Verführerischste Strandtrophäe jedoch ist die **Kaurischnecke**, die in ihrer Form mit schmaler Öffnung an das weibliche Geschlechtsorgan erinnert. Zwei Arten leben in zyprischen Gewässern. Bei antiken Bestattungen wurden die Schalen der Fruchtbarkeit symbolisierenden Mollusken zuweilen als Grabbeigaben auf den Weg ins Jenseits mitgegeben.

WARTEN AUF APHRODITE

Nach der Muschelsuche am Strand kann man den **Sonnenuntergang** in einer Strandbar genießen. Den Blick aufs Meer gerichtet und schauen, ob Aphrodite wiederkehrt. Schön dafür eignet sich der **Strand von Akdeniz** bei Agía Iríni mit dem Strandlokal »Akdeniz Caretta Beach«, abseits der Route von Kyrénia/Girne nach Mórfou/Güzelyurt (▶ S. 261, www.akdenizcaretta.com).

Fossiler Steinabdruck einer Venusmuschel

Der lateinische Name der auch Porzellanschnecken genannten Kaurischnecken ist **Cypraeidae**, abgeleitet von Aphrodites Geburtsort Zypern und »Kypris« (»Zypern-Geborene«), einem ihrer zahlreichen Beinamen.

Die häufigsten mit der Liebesgöttin assoziierten Muscheln sind die **Venusmuscheln**: 16 Arten besiedeln die seichten Gewässer Zyperns, an vielen Stränden sind sie leicht zu finden.

Und wer keine Muscheln mag, findet am Strand des Aphrodite-Felsens Pétra tou Romioú herzförmige weiße Kieselsteine ...

Im Museum und auf dem Teller

Wer zu ungeduldig ist, um selber Muscheln am Strand zu suchen, sollte dem **Thalassa Municipal Museum** in Agía Nápa einen Besuch abstatten (▶ S. 55). Dort geht es um Bedeutung und Einfluss des Meers auf Zypern, wobei neben anderen Vertretern der Meeresfauna auch eine Sammlung zahlreicher Muschelarten gezeigt wird. –

Oder doch lieber Muscheln auf dem Teller? Empfehlenswert unter den zahlreichen **Meeresfrüchte-Restaurants** in Küstennähe sind das »Captain's Table« in Zígi (▶ S. 75); die Restaurants im Hafen von **Latsí** (▶ S. 64); das »Fat Fish Restaurant« an der Akrotíri-Bucht in Limassol (Georgiou Griva Digeni, Agios Athanasios, https://thefatfish.net), die »Pyxida Fish Tavern« (https://pyxidafishtavern.com) dort im neuen Ausgehviertel am alten Hafen oder das »Lagoon Fish Restaurant« in Kyrénia/Girne (20 Temmuz Kordonboyu Cd., www.facebook.com/lagoonkyrenia).

RELIGIONEN KAMEN ÜBERS MEER

Verschiedene Religionen kamen nach Zypern wie die Reisenden über das Meer. Die mythische Aphrodite brachte die Kulte der Griechen mit, der Apostel Paulus das Christentum, arabische Invasionen den Islam.

Goldglänzende Ikonostasis (Ikonenwand) in der Klosterkirche von Kýkko, einem der mächtigsten orthodoxen Klöster Zyperns. ▶

AUF die ungewöhnliche Strandung der **Aphrodite** folgten die antiken Kulte der Griechen. Ein weiterer prominenter Gast war der Apostel Paulus. Nach einem Streit in seinem Missionsteam segelte er zunächst nach Salamís und wandte sich später nach Páfos, wo er den römischen Prokonsul Sergius Paulus zum Christentum bekehrte.

Im »Wilden Westen«

Die Kirchenglocken läuten trotzig, ein Muezzin ruft zum Gebet, der liturgische Gesang des Priesters schallt, von Lautsprechern übertragen, durch den Ort. Hier ragen Kirchtürme, dort Minarette auf, in manchen Orten stehen sie nebeneinander.
Mitten im »Wilden Westen« des muslimischen Inselnordens sind es die Glocken der maronitischen Kirche in Kormakítis/Koruçam. Die **Maroniten** leben hier schon seit Jahrhunderten (▶ S. 303). Ihr Treffpunkt ist das Gemeindehaus. Antonis Haji Rousos, maronitischer Abgeordneter im Parlament der Republik Zypern, erklärt, von den einst 60 Dörfern der maronitischen Gemeinde seien nur vier geblieben. Im Schatten von Ágios Geórgios (▶ Tipp rechts oben) stehen denn auch viele Häuser leer. Nur an den Wochenenden füllen sie sich mit Leben, wenn Verwandte aus dem Süden kommen, um die Messe zu besuchen.
Die liturgische Sprache der Maroniten ist **Aramäisch**, wie es Christus selbst verstanden hätte. Ihre (nur mündlich tradierte) Alltagssprache, das Zyprische Arabisch mit aramäischen Wurzeln, stirbt hingegen langsam aus. In letzter Minute soll zumindest noch ein Wörterbuch entstehen. Die Republik Zypern, der Vatikan und die UNO halten schützend ihre Hände (samt Finanzhilfen) über die kleine christliche Gemeinde.

Die Gebeine des orthodoxen Kirchengründers Barnabas ruhen in einem Sarg im Barnabas-Kloster.

GOTTESDIENST IN KORMAKÍTIS/KORUÇAM

Ein besonderes Erlebnis ist der Besuch eines Gottesdiensts in Kormakítis/Koruçam, Zentrum der **zyprisch-maronitischen Kirche**. Während der Woche ist man morgens um 7 Uhr im großen Gotteshaus **Ágios Geórgios** fast allein, am Wochenende und zu Feiertagen wird es voll und bunt (Reiseprogramme mit Übernachtungsmöglichkeiten: Franz Bauernhofer über cyprustravel.eu; ▶ S. 379).

Orthodoxe Heilige

Die meisten Zyprer sind orthodoxe Christen, stolze Bewohner eines der ältesten christlichen Länder. Ihr legendärer Kirchengründer war der Hl. Barnabas, dessen Gebeine in einem kerzenbeleuchteten Sarg im **Barnabas-Kloster** ruhen (▶ S. 280). Stufen führen von einer kleinen Kapelle aus hinunter in ein Höhlengewölbe; dort schaut im flackernden Licht der Heilige von seiner goldglänzenden Ikone auf die Pilger – wie mit einem Röntgenblick.
Überall auf der Insel werden Heilige in kleinen Kapellen, schummrigen Höhlen, abgelegenen Scheunendachkirchen, aber auch in großen, neuen Kirchen verehrt. Einst waren sie fast allein zuständig für Heilung von Krankheiten und Rettung aus seelischen Nöten. »Wenn man ihnen gut zuredet, machen sie auch Regen«, meinte der Reiseschriftsteller Colin Thubron. In orthodoxen Kirchen Zyperns sind Besucher von Gottesdiensten willkommen.

Sunniten und Sufisten

Die größte religiöse Minderheit sind türkisch sprechende **Sunniten** (▶ S. 303), die seit der Teilung im Norden Zyperns leben und ihren Glauben traditionell kaum nach außen tragen. »Ganz im Inneren, tief im Herzen« werde er gepflegt, so die Journalistin Sevgul. Kopftuch? »Niemals!« Nur zum Gebet und bei Beerdigungen tragen jüngere türkische Zyprerinnen noch das Tuch. Doch zunehmend verändert sich das Bild durch den Zuzug konservativer, streng gläubiger Türken vom Festland – ein Einfluss, den viele zyprische Muslime bedauern, weil sie den eigenen emanzipierten, offenen Lebensstil davon bedroht sehen. Eine Moschee zur Gebetszeit zu besuchen ist Nicht-Muslimen in der Regel nicht möglich.
Zurück in den »Wilden Westen«, nach Lefke bei Sóloi (▶ S. 284). Hier und in den umliegenden Dörfern fallen westlich aussehende Fußgänger in auffällig bunten langen Gewändern auf. Manche Männer tragen die Papacha, die traditionelle Kopfbedeckung der Tschetschenen. Sie sind Anhänger des verstorbenen Scheichs Nazim, eines nicht unumstrittenen, international bekannten Sufi-Lehrers der **Nakschibendi-Tradition** (Naqschbandīya). Sein Grab unter einem grün-gold durchwirkten Tuch wurde zur Pilgerstätte. Zum Ritual der Hadra, der Nachahmung spiritueller Verzückung, sind Gäste willkommen (in Lefke, Fr. 14 Uhr).

DAS PARADIES ZU FÜSSEN

Manchmal muss man in die Knie gehen, um einen Blick ins Paradies zu werfen. Auf Zypern empfiehlt sich zusätzlich eine Lupe. Dann öffnet sich ein ganz spezielles botanisches Paradies.

Kotschys Ragwurz (Ophrys kotschyi) mit Tautropfen. Diese Orchideenart ist auf Zypern endemisch. ►

ZU BEGINN des Frühjahrs im Februar/März, bevor sie von hohen Gräsern überwuchert werden, beginnen die terrestrischen, im Erdreich wachsenden **Orchideen**, ihr schönstes Gesicht zu zeigen. Während man in Mittel- und Nordeuropa oft mühsam nach Fundorten suchen muss, erlebt man am Mittelmeer viel einfacher ein buntes Wunder.

Unter Naturschutz

Die kleinen Schönheiten gehören zu den beiden Gattungen **Knabenkräuter** (Orchis) und **Ragwurze** (Ophrys). Auf der Insel kommen 52 Spezien vor, davon sind sechs endemisch – einmalig und nur auf Zypern heimisch. Jedes Jahr kommen Pflanzenliebhaber, um die seltenen, kleinen Juwele aufzuspüren und mit der Kamera festzuhalten. **Yiannis Christofides**, einer ihrer besten Kenner, den das Suchfieber vor Langem packte, kann sie bei einer Wanderung über die ▶ Akámas-Halbinsel oder im ▶ Tróodos-Gebirge alle bestimmen, hat ein Buch über sie veröffentlicht und nimmt an vielfältigen Diskussionen in Internetforen teil.

Hübsch sind sie anzusehen, die Knabenkräuter, und aphrodisierend sollen sie auch noch wirken, weshalb man aus ihren ausgegrabenen Knollen, die Hoden ähneln, Salep braut, ein Getränk, das die Manneskraft stärken soll.
Vorsicht: Sämtliche Orchideen stehen unter strengem **Naturschutz**.

Standorte

Viele Orchideen-Arten gedeihen auf den trockenen **Kalksteinböden** der ▶ Akámas-Halbinsel im äußersten Nordwesten, der Picknickplatz Smygies bei Néo Chorió in der Nähe von Latsí westlich von Pólis ist ein guter Ausgangspunkt für Orchideenwanderungen (erreichbar zu Fuß oder mit dem Auto). Das Wiederfinden der Pflanzen gelingt meist einfach, weil sie ihrem Standort treu sind. Die Gegend nördlich von ▶ Páfos ist auch ohne Orchideen im Frühjahr ein einziges Blumenmeer, wie es schöner kaum sein könnte.
Andere Orchideenarten bevorzugen die mittleren **Gebirgshöhen** des Pentadáktylos/Beşparmak oder die im Frühjahr noch feuchten Standorte an den

ORCHIDEEN AUF DER HALBINSEL

Das **Akrotiri Environmental Education and Information Center** (AEEIC) in Akrotíri auf der gleichnamigen Halbinsel westlich von Limassol informiert über Fauna und Flora des Biotops am Rand eines Salzsees, besonders auch über die endemischen Orchideenarten (Tel. 25 82 65 62, So.–Fr. 8–17, www.english.akrotirienvironment.com). Eine Pflanzen- und Orchideenspezialistin in Nordzypern ist Marina Cetinaslan (www.zypernreisen.com).

Blühendes »Italienisches« Knabenkraut (Orchis italica)

Ufern der später austrocknenden **Salzseen** bei Lárnaka (▶ S. 132) und Limassol auf der Akrotíri-Halbinsel (▶ Tipp links unten).

Fantasievolle Bezeichnungen

Orchideen erweisen in ihren Namen auch der Liebesgöttin Reverenz. Ophrys aphrodite etwa, die Aphrodite-Ragwurz (auch Orphus Bornmuelleri) mit ihren grünen Kelchblättern, steht in Konkurrenz zu Ophrys astarte (Kleine Nabel-Ragwurz) und neben Ophrys elegans mit ihren hell-lila getönten Kelchblättern, die auch »Zierliche Ragwurz« heißt. Als Königin gilt indes die seltenere Kotschys Ragwurz Ophrys kotschyi mit der größten Lippe, die in Form und Farbe einer Biene ähnelt (▶ S. 20). Ophrys santonica und Anacamptis laxiflora (Lockerblütiges Knabenkraut) werden überragt von Himantoglossum robertianum (Riesenknabenkraut). Möglicherweise findet sich ganz in der Nähe auch Serapias cordigera, der Herzförmige Zungenstendel.

Die **Knabenkräuter** sind »syrisch« (Orchis syriaca) oder »italienisch« (Orchis italica), ein Ragwurz heißt schlicht »Levantina« (Ophrys levantina), und ein fast weiß zärtlich durchscheinendes, Orchis troodi, wächst im gleichnamigen Gebirge.

Sogar auf ernsthaft botanische Weise fand Aphrodite Eingang in die Orchideenwelt. Eine Unterfamilie der Frauenschuh-Orchideen benannte man nach deren griechischem Zweitnamen »Cypris«: **Cypripedioideae**. Doch keine dieser Arten kommt auf Zypern vor. Als wäre die Göttin der Insel weitergewandert. Das botanische Paradies jedoch mit seinen verführerischen Blüten blieb auf Zypern.

TRADITIONELLE DÖRFER

Das Herz der Insel schlägt in den Dörfern, besonders laut und vergnügt an Wochenenden: Sonntags kehren die Städter zurück in ihre alte Dorfheimat. Zu den alten Eltern, Olivenbäumen und Weinbergen, zu Zitronenbaum und Grillplatz vor dem Haus und in die Dorftaverne.

Im denkmalgeschützten Ortskern von Kakopetriá, im Sommer ein beliebter Ferienort mit angenehmem Klima ▶

WÄHREND man unter der Woche entspannt über schmale Durchgangsstraßen fährt, wird es am Wochenende voll. Alles ist zugeparkt und kaum ein Durchkommen.

In der Krassochória

Die Straßen sind so eng, dass früher gerade zwei Esel aneinander vorbeikamen. Pambos, der Winzersohn, führt Besucher durch Vouní, eines der Dörfer des zyprischen Weinbaugebiets **Krassochória** (▶ S. 214), über die mit weißen Kalksteinen gepflasterte holprige Straße, vorbei an Mandelbäumen und Granatapfelsträuchern in den Gärten. Plötzlich öffnet sich eine blaue Tür, und der ehemalige Bürgermeister lädt spontan in sein Haus zu Zivania, dem zyprischen Tresterschnaps, und getrocknetem Ziegenfleisch. Bilder der Familie, Hochzeitsfotos und Schnappschüsse von Kindern und Enkelkindern sind auf einem Tisch um Ikonen herum gruppiert und unter dem Tisch schläft der Hund.

Wer sich abseits der Touristenströme hält, erlebt dort zyprische Traditionen und großartige Gastfreundschaft, gutes Essen und lokal gekelterte Weine. Die Dörfer selbst entsprechen kaum dem Postkartenidyll: Nur selten sind die Fassaden weiß getüncht, kaum ein Fensterrahmen blau gestrichen, meist bestehen die Dächer aus preisgünstigem Wellblech, manch neueres Haus nur aus Beton. Die Wohngebäude, die sich direkt um Kirche oder/und die Moschee gruppieren, scheinen Zeugen aus längst vergangener Zeit zu sein.

In vielen der entlegenen Weiler verbringen ältere Männer ihre Tage im **Kafeníon**, während die Frauen, meist in Schwarz gekleidet und von der Feldarbeit gezeichnet, Haus und Hof in Ordnung bringen und dabei ein Schwätzchen halten. Gewöhnlich geht es um den Alltag, um Nachbarn oder Familie.

Pambos präsentiert die alte hölzerne **Weinpresse** in einem der restaurierten Gemäuer. Inzwischen wird Wein nach modernen Methoden produziert, doch abends genießt man ihn, wie seit eh und je, in der lauen Dämmerung vor der Dorftaverne. »Kopiáste«, wird man dann eingeladen: »Setz Dich zu uns«. Das Leben hier hat etwas Altmodisches, seltsam Ruhiges und Bedächtiges.

Manches Nachbarhaus steht längst verlassen, seine Bewohner sind weggezogen, die Fenster zerbrechen, Fensterläden schlagen, Türpfosten verrotten. Doch dagegen können Touristen etwas tun.

FERIENWOHNUNGEN IN NORDZYPERN

Auch in Nordzypern findet man inzwischen Ferienwohnungen in restaurierten Dorfhäusern, so in **Dipkarpaz/Rizokárpaso** auf der Karpas-Halbinsel (▶ S. 244) und in **Büyükkonuk/Komi** (▶ S. 240), dem ersten Ökodorf des Nordens. Infos zu Büyükkonuk www.ecotourismcyprus.com und www.visitncy.com/discover/eco-tourism.

Agrotourismus in Tóchni – Unterkunft in traditionellen Dorfhäusern

Agrotourismus

Agrotourismus heißt das Motto, nach dem, bezuschusst von der Regierung, traditionelle Dorfhäuser umgebaut und als Ferienwohnungen vermietet werden (Infos ▶ S. 405). Für die Bauherrn gibt es Subventionen aus EU-Töpfen und zyprischen Geldern. »Eine Starthilfe, trotzdem ist denkmalgerechte Sanierung teuer«, erklärt Pambos.

So bleibt der ursprüngliche Charme traditioneller Dörfer erhalten, es entstehen neue Arbeitsplätze, und Gäste können am Rhythmus des Lebens teilhaben. Über 50 Orte wurden bisher aufgenommen, diverse **Naturlehrpfade** angelegt, abends gibt es Kurse in traditionellen Tänzen. Man kann mit Bauern Oliven ernten, bei der Käseherstellung helfen, in Lófou Bouzouki-Spielen lernen – das Angebot ist groß.

Manche Unterkünfte bieten Annehmlichkeiten wie Pool oder Kamin. Ein luxuriöserer Vertreter ist das Projekt **Casale Panayiotis** mit mehreren Dorfhäusern im alten Ortskern von Kalopanagiótis (Infos ▶ S. 88, 206).

T
TOUREN

Durchdacht, inspirierend, entspannt

Mit unseren Tourenvorschlägen
lernen Sie Zyperns beste Seiten kennen.

Radeln in Agía Nápa macht einfach Spaß! Kleine Pause mit Blick auf die Sea Caves östlich der Stadt. ►

UNTERWEGS AUF ZYPERN

Zypern ist eine facettenreiche Insel mit zauberhafter Natur, abwechslungsreichen Küstenstrichen, herrlichen Sand- und Kieselstränden und jahrtausendealter Kultur. Ganz wichtig ist natürlich das Baden im türkisblauen Meer an weiten Stränden und in kleinen Buchten. Touristische Zentren sind Agía Nápa, Lárnaka, Limassol und Páfos, in Nordzypern warten Kyrénia und Famagusta mit wachsender touristischer Infrastruktur. Auch die Museen und historischen Bauten der Küstenstädte sollte sich niemand entgehen lassen. Im Hinterland hocken Kreuzritterburgen auf Berggraten, und in byzantinischen Kirchen (UNESCO-Welterbe) verführen leuchtende Farben aus anderen Zeit.

Am besten mit dem Mietwagen

Um die kulturellen und landschaftlichen Höhepunkte der Insel zu erleben, sollte man sich ein Auto mieten. Doch Vorsicht! In beiden Landesteilen herrscht **Linksverkehr**. Das Mietwagenangebot ist groß, Autos jeder Kategorie sind erhältlich. Empfohlen wird eine Reservierung vom Heimatort aus, um das Fahrzeug direkt am Flughafen in Empfang zu nehmen. Doch wetteifern in den Touristenstädten unzählige Vermieter um die Gunst der Kunden, und eine Buchung kann man auch von jedem Hotel aus tätigen. Und nochmals Vorsicht! Mit einem Mietwagen sollte man **nicht über die Demarkationslinie** fahren, da keine Versicherung haftet. Besser ist es, einen Mietwagen auf der jeweils anderen Seite vorzubestellen und sich das Auto zum Wechsel des Fahrzeugs an die Green Line bringen zu lassen.
Autobahnen verbinden die Städte Nikosia, Lárnaka, Limassol, Agía Nápa und Páfos. Wer aber genug Zeit mitbringt und landschaftliche Hochgenüsse nicht verpassen möchte, sollte die alten, mittlerweile verkehrsarmen **Landstraßen** zwischen den Städten befahren.

Im Inselsüden

Erste Orientierung

Für Badetouristen bietet sich der Aufenthalt in einer der Küstenstädte an. **Agía Nápa** an der Südostküste liegt für Ausflüge ins Hinterland etwas abgelegen, bietet jedoch schöne Sandstrände. Rund um das **Kap Gréko** führen eindrucksvolle Naturlehrpfade.
Von hier aus lässt sich ein Ausflug nach ★★ **Famagusta** in den Norden über den Durchgang Strovília/Vrysoúles bei Ágios Nikólaos oder den Übergang Deryneia/Gazimagusa bei Famagusta unternehmen. In der Altstadt beeindrucken die gewaltigen Festungsmauern, die Martinengo-Bastion und der ★ Othello-Turm – beide frisch restauriert –

sowie die in Moscheen umgewandelten gotischen Kirchen. Eine Attraktion ist auch der Rundgang oder eine Fahrradtour durch die Geisterstadt Varósia. 2020 wurde sie von den türkischen Behörden für einen Besuch geöffnet. Für eine Pause in der Altstadt lockt die Konditorei Petek mit ihrer großen Auswahl an orientalischen Süßigkeiten und dem speziellen Mastix-Eis.

Von **Lárnaka** aus lohnen sich Ausflüge nach Agía Nápa an die weißen Sandstrände, nicht weit ist es nach Nikosia mit seinen Museen und der malerischen Altstadt. Die Ausläufer des ★ Tróodos-Gebirges liegen vor der Tür. Eindrucksvoll ist die Fahrt hinauf zum Kloster Stavrovoúni oder nach Léfkara, dem Dorf der berühmten Hohlsaumstickereien.

Ein idealer Bade- und Ausflugsstandort ist ★ **Limassol**, lebendige Hafenstadt im Südwesten mit einer guten touristischen Infrastruktur. Schöne Sandstrände liegen nur wenige Kilometer entfernt, und von hier aus lassen sich Ausflüge nach Nikosia, Lárnaka und Páfos unternehmen. Eine gut ausgebaute Straße führt außerdem ins ★ **Tróodos-Gebirge**. Naturlehrpfade informieren dort über die Pflanzenwelt und bieten großartige Ausblicke. Unvergesslich werden die byzantinischen Kirchen mit ihrer Freskenpracht bleiben.

An der kleinen, sandigen Bucht von **Pissoúri** (► S. 106) – zwischen Limassol und Páfos noch weiter im Südwesten – gibt es ein großes Wassersportangebot und Tavernen sorgen für das kulinarische Wohl. Von hier ist es nicht weit nach **Páfos**, das eine ausgezeichnete Hotelinfrastruktur bietet. Die ★★ römischen Mosaiken und hellenistischen ★★ Königsgräber sind eine archäologische Sensation, und die Altstadt im oberen Páfos ist in den letzten Jahren mit einer Fußgängerzone und ansprechenden Cafés neu gestaltet worden.

Nur einen Katzensprung entfernt liegt die als Nationalpark geschützte ★★ **Akámas-Halbinsel** im Nordwesten, ein Bade- und Wanderparadies. Lange, unberührte Sandstrände, tiefe Schluchten und zerklüftete Felsen prägen das Bild. Die ★ **Bäder der Aphrodite** (► S. 65) an der Nordküste sind ein auch bei Zyprern beliebtes Ausflugsziel, von hier führen Naturlehrpfade in eine verwunschene Natur. Besonders in den Frühlingsmonaten, wenn alles blüht und grünt, schlagen Botanikerherzen hier höher. Übernachtungsmöglichkeiten (► S. 63) findet man u. a. in Droúseia, Pólis Chrysochoús und in Latsí. Außerdem bieten sich von Páfos Ausflüge ins ★ **Tróodos-Gebirge** mit dem berühmten Zedernwald und dem bedeutenden Kloster **Kýkko** an.

Nikosia, moderne geteilte Stadt

★★ **Nikosia** ist die Stadt der Moderne, der Intellektuellen, der Kultur. Neben großartigen Museen locken malerische Altstadtgassen, Einkaufsstraßen mit modernen Geschäften, Cafés und Restaurants, Theater und Musik. Dazu kommt die Atmosphäre einer geteilten Stadt, deren Straßen an Wachposten enden. An keinem anderen Ort der Insel wird man sich der **Teilung Zyperns** so bewusst. Und fast nirgendwo leben Zypern-Griechen und -Türken so nah beieinander.

Ausflüge in den Norden Von Nikosia aus bieten sich Ausflüge in den türkischen Norden an. Man passiert die Green Line entweder am innerstädtischen **Grenzübergang** in der Ledra Street oder am »Ledra Palace Hotel« zu Fuß und nimmt sich auf der anderen Seite ein Taxi. Oder man wechselt am Übergang Ágios Dométios die Seiten (► S. 154, 330).

Im Tróodos-Gebirge

Das ★ **Tróodos-Gebirge** lohnt ebenfalls einen längeren Aufenthalt. Die beste touristische Infrastruktur hat ★ **Páno Plátres** (▶ S. 209), ein in den Sommermonaten lebendiger Luftkurort mit Hotels, Tavernen und Bars. Die frische Bergluft des Gebirges animiert zu Wanderungen um den **Olympos** (▶ S. 207), den höchsten Berg der Insel, oder zu den romantischen Kaledonia-Wasserfällen (▶ S. 209). Ein besonderes Erlebnis ist die Übernachtung in zum Hotel umgebauten und restaurierten alten Dorfhäusern in **Kalopanagiótis**. Kulturelle Höhepunkte des Gebirges bilden Zyperns byzantinische Kirchen und Klöster mit ihrer Freskenpracht.

Im Inselnorden

Erste Orientierung Strand- und Badefreunde kommen auch in Nordzypern auf ihre Kosten. Einsame Sandstrände hinter malerischen Dünenketten sind hier ebenso zu finden wie kleine Buchten und Kiesstrände. Und: Noch sind die Strände während der Hauptreisezeit nicht überfüllt! Allein der Sandstrand zwischen ★★ **Famagusta** und Boğaz ist 25 km lang und erst an einigen Stellen von Hotels und Ferienanlagen besetzt. Letzteres gilt auch für die ★★ **Karpas-Halbinsel**. Zentrum des Badetourismus ist die Hafenstadt ★ **Kyrénia/Girne**, in deren Umgebung sich die meisten Hotelanlagen des Inselnordens angesiedelt haben. Und vom Tourismus bislang noch fast völlig unentdeckt sind die langen Strände in der Bucht von **Mórfou/Güzelyurt**.

Reiches Erbe Für Abwechslung in Nordzypern sorgt ein reiches kulturelles Erbe, dessen Zeugnisse bis in die frühe Steinzeit zurückreichen. Die hoch gelegenen Ruinen der drei **mittelalterlichen Burgen** im **Pentádaktylos**-/Beşparmak-Gebirge – ★ Kantara, Buffavento und ★ St. Hilarion – lassen so manche Ritterträume auferstehen und sind häufig Ziel von Wanderern.

Kaum ein Tourist versäumt es, hoch über Kyrénia/Girne das gotische Kleinod ★★ **Bellapais** zu besuchen, eine seit Jahrhunderten verlassene Prämonstratenser-Abtei.

Die frühe Geschichte der Insel erschließt sich dem Besucher in und um ★★ **Famagusta/Gazimağusa**. Der spätmittelalterliche Altstadtkern verbindet fränkische Gotik mit venezianischem und osmanischem Erbe, die nördlich der Stadt gelegenen Ausgrabungsstätten der antiken Großstadt ★★ **Salamís**, der Königsgräber und der bronzezeitlichen Siedlung **Énkomi** (▶ S. 280) bieten einen Einblick in Höhepunkte der Inselgeschichte.

Das quirlige ★★ **Nikosia** schließlich vereint in seinem Nordteil Baudenkmäler aus osmanischer Zeit und christlichem Mittelalter.

Touristische Infrastruktur Die touristische Infrastruktur des Nordens hat in den letzten Jahren enorm aufgeholt und bietet vom einfachen Zimmer bis hin zum luxuriösen Hotel ein breit gefächertes Spektrum an Unterkunftsmöglichkeiten. Vielfältige kulinarische Genüsse, Raum für Erkundungen in abgelegeneren Gebieten und eine weithin unverfälschte Gastfreundschaft lassen dabei über manche Unvollkommenheit hinwegsehen.

VON LIMASSOL ÜBER KAKOPETRIÁ NACH NIKOSIA

Start: Limassol | **Ziel:** Nikosia/Lefkoşa
Dauer: 1 Tag und Übernachtung in Nikosia | **Länge:** 240 km

Die Route führt ins Tróodos-Gebirge, mit weiten Blicken vom Olympos und Abstechern zu den sehenswertesten byzantinischen Kirchen. Später geht es mit Blick auf das Pentadáktylos-Gebirge hinab in die Mesaoría-Ebene nach Nikosia.

Tour 1

Von der Küste ins Gebirge

Von ❶ ★ **Limassol** aus steigt die Straße auf einer landschaftlich schönen Strecke allmählich ins ❷ ★ **Tróodos-Gebirge** bis **Tróodos** an, dem höchstgelegenen Ort der Insel. Von hier erreicht man dann auf einer Stichstraße den höchsten Gipfel der Insel, den **Olympos** (1951 m). Von oben bietet sich ein herrlicher Blick über die gesamte Bergkette, bei klarer Sicht reicht er bis zur Küste.

UNESCO-Kirchen

Bald führt die Pass-Straße bergab bis zum beliebten Ferienort ❸ ★★ **Kakopetriá**. Hier kann man durch die denkmalgeschützte Altstadt bummeln und anschließend die 3 km außerhalb gelegene Scheunendachkirche ★★ **Ágios Nikólaos tis Stégis** mit wundervollen Fresken besuchen. In Kakopetriá gibt es die besten und frischesten Bachforellen der Insel im Restaurant »Mylos« (► S. 206). Man darf sich nicht abschrecken lassen von der Größe der Taverne, die einen zauberhaften Blick auf die Altstadt von Kakopetriá bietet.
Im Dorf ❹ ★ **Galáta**, das einst sieben Kirchen besaß, sollte man die nebeneinander liegenden Scheunendachkirchen ★ **Panagía tis Podíthou** mit außergewöhnlich gut erhaltenen Fresken und ★ **Panagía Theotókos** besuchen. Etwa 15 km nach Galáta nimmt man die Abzweigung nach Nikitári. Vorbei an der kleinen Erzengelkirche von **Vizakiá** (► S. 72), gelangt man zur 4 km außerhalb gelegenen Kirche von ❺ ★★ **Asínou** (Panagía Forviótissa) mit ihren prächtig restaurierten Fresken aus dem 12. und 14. Jh.

Zur Inselhauptstadt

Zurück auf der Hauptstraße, erreicht man nach 13 km ❻ **Peristeróna** (► S. 174) mit der architektonisch bedeutsamen Fünfkuppelkirche ★ **Ágios Várnavas tis Iláris**. Endstation der Route ist die knapp 28 km entfernte geteilte Inselhauptstadt ❼ ★★ **Nikosia** mit einer in Teilen restaurierten Altstadt. Der Höhepunkt jedes Stadtbesuchs ist das reich ausgestattete Archäologische ★★ Zypern-Museum (► S. 169) mit den bedeutendsten Funden der Insel.

NORDZYPERN
REPUBLIK ZYPERN
1 ★Limassol
2 ★Tróodos-Gebirge
3 ★★Kakopetriá
4 Panagía Pothídou
★Galáta
5 ★★Asínou
6 Peristeróna
7 ★★Nikosia/Lefkoşa
Ágios Várnavas tis Iláris
Agios Nikólaos tis Stégis
Tamassós
Agios Mamas
Moní Agíou Miná
Choirokoitia
Tenta
Amathoús
Koúrion
Kolóssi
Olympos 1951
Papoutsa 1554
Kolpos Mórfou
Kolpos Akrōtīriou
10 km
©BAEDEKER

AUF DEN SPUREN DER APHRODITE

Start: Limassol | **Ziel:** Pólis/Latsí | **Dauer:** 2 Tage mit Übernachtung in Páfos | **Länge:** 120 km

Die Liebesgöttin soll den Fluten vor Zyperns Küsten entstiegen sein, und auch wenn dies in den Bereich des Mythos fällt, so kann man doch auf den Spuren der Schönen wandeln. An einigen Orten finden sich Ruinen von Opferstätten und Tempeln, die mit dem Aphrodite-Kult verbunden sind.

Tour 2

Erster Tag: In ❶ ★ **Limassol** lockt nicht nur die Antike. Zu den Highlights gehören die **Marina** mit vielen Ausgehmöglichkeiten und die restaurierte **Altstadt**, die zum Bummeln, Essengehen und einem Blick hinter die Kulissen einlädt. Oder Sie lassen sich in der Tzami Street bei Lydia Maßschuhe anfertigen (erst nach ein paar Tagen abzuholen!). In Stadtparknähe ist das **Archäologische Distriktmuseum** untergebracht, das mit Schmuck, Plastiken und anderen Exponaten die Geschichte von der Vorgeschichte bis in die römische Zeit greifbar macht. Den Hof schmücken antike Mosaiken.

Ausgangspunkt Limassol

Die Tour folgt der Uferstraße nach Osten. Nach 8 km erreicht man die Ruinen der antiken Stadt ❷ ★ **Amathoús** (► S. 148). Sie machte in der Antike mit Menschenopfern von sich reden. Bei Ausgrabungen wurden spärliche Reste eines hellenistischen **Aphrodite-Tempels** gefunden. Besuchen Sie die Überreste der Agorá auf Meereshöhe und der Akropólis auf der Kuppe des Hügels mit schönem Ausblick.

Uferstraße Richtung Osten

Weiter geht es auf der Autobahn westwärts, durch ❶ Limassol hindurch, Richtung Páfos. An der Ausfahrt Avdimou verlassen Sie die Autobahn und setzen die Fahrt auf der Küstenstraße Richtung Koúklia fort. Der Kieselstrand ❸ ★ **Pétra tou Romioú** (► S. 104) mit seinen weißen, aus dem Meer aufragenden Kalksteinfelsen empfiehlt sich für einen Foto-Stopp und eine Badepause – just an dieser Stelle soll in mythischer Vorzeit Aphrodite dem Meer entstiegen sein. Das Auto stellt man am besten beim Touristenpavillon ab, ein schmaler Durchgang unter der Küstenstraße führt zum Strand. Atemberaubende Blicke über den **Aphrodite-Felsen** bieten sich von oberhalb der Felsklippen.

Zurück nach Westen

Vom Geburtsort der Schönheitsgöttin bis nach ❹ ★ **Koúklia** sind es nur wenige Kilometer. In der Antike war hier der Schauplatz der »Aphrodisien« – Feierlichkeiten zu Ehren der Liebes- und Fruchtbarkeitsgöttin. Sehenswert ist die Ausgrabungsstätte **Paläa Páfos** mit

Schauplatz der Aphrodisien

den Resten des ★ **Aphrodite-Heiligtums**, der griechischen Welt und dem Archäologischen Museum im mittelalterlichen Kastell »La Covocle«. Hier werden ein einmalig farbig gefasster Sarkophag aus dem 5. Jh. v. Chr. und der schwarze Kultstein der Aphrodite gezeigt. Am nordöstlichen Ortsrand liegen auf dem Marcello-Hügel Reste einer Belagerungsrampe, die im 5. Jh. v. Chr. von den Persern errichtet wurde.

Auf antiken Pilgerwegen

Bei der Weiterfahrt nach ❺ **Geroskípou** (► S. 198) folgt man dem antiken Pilgerweg, der einst die hellenistisch-römische Hafenstadt ★★ **Nea Páfos** mit der älteren Siedlung Paläa Páfos (Koúklia) verband. Noch Jahrhunderte nach deren Niedergang war das Aphrodite-Heiligtum Kultstätte und Ziel von Pilgerscharen, und auf ihrem Weg durch den heiligen Hain von Geroskípou befand sich ein Opferaltar für Aphrodite. Nachdem der römische Kaiser das Christentum zur einzig akzeptierten Religion erklärt hatte, wurde das antike Heiligtum mit der Kirche ★ **Agía Paraskeví** überbaut.

Von Geroskipou sind es nur noch wenige Autominuten bis nach ❻ ★★ **Páfos**. Beim Bummel auf der malerischen Hafenpromenade finden Sie zahlreiche Fischrestaurants. Sollte Ihnen der Sinn nach einem ausgedehnten Mezé-Essen stehen, ist das »Georgia Meze House« in **Káto Páfos** eine ausgezeichnete Adresse. Übernachtungsmöglichkeiten finden sich in allen Preiskategorien. Wenn's richtig luxuriös sein darf, bietet Páfos mit dem »Annabelle« (im byzantinischen Stil) und dem »Almyra« (modernes Design) zwei erstklassige Hoteladressen (▶ S. 178).

Zwischenstation

Zweiter Tag: Die Stadt mit ihren UNESCO-Welterbestätten ist ein kulturelles Highlight. Abstecher in den ★★ **Archäologischen Park** von Káto Páfos und zu den nahe gelegenen ★★ **Königsgräbern** sollten in jedem Fall auf dem Programm stehen.

Páfos

Ein weiterer Aphrodite-Ort, zugleich der letzte Punkt der Tour, liegt etwa eine Autostunde nördlich von Páfos auf der ★★ Akámas-Halbinsel: ❼ ★ **Loútra tis Afrodítis**, die Badestelle der Liebesgöttin. Ab Páfos fahren Sie auf der E701 bis Coral Bay und biegen kurz danach rechts in Richtung **Pégeia** (▶ S. 196) ab. Der kleine Ort empfiehlt sich für eine Mittagspause, hier gibt es im Gegensatz zur Küstenregion auch in der Hauptsaison keine Touristenscharen, die Tavernen bieten unverfälschte Landesküche. Hinter Pegeia biegen Sie rechts auf die E 709 und folgen der Straße durch reizvolle Landschaft bis zur Küste. Wenige Kilometer östlich von Latsí liegt der pittoreske **Süßwasserpool** der schönen Göttin. Im Hafen von ★ **Latsí** starten Glasbodenboote und traditionelle Holzsegelschiffe zu mehrstündigen Törns (▶ S. 62).

Zur Akámas-Halbinsel

VON LÁRNAKA IN DEN ÄUSSERSTEN OSTEN

Start und Ziel: Lárnaka | **Dauer:** 1 Tag | **Länge:** 120 km

Zu den goldschimmernden Sandstränden an der Südostküste, durch fruchtbare Ebenen mit Kartoffel- und Gemüseanbau, Wanderungen rund um das Kap Gréko, nach Famagusta zum Othello-Turm, der gotischen Kathedralmoschee, der Geisterstadt von Varósia und zu den am Meer gelegenen Ruinen von Salamís.

Tour 3

Von ❶ **Lárnaka**, dem wichtigsten Ankunftsflughafen der Insel, folgt man der Autobahn (oder der landschaftlich schöneren Landstraße)

Zur Südostspitze

über 40 km Richtung Osten zum einstigen Fischerdorf ❷ **Agía Nápa**, dem heute beliebtesten Badeort an der Südküste. Rund 8 km entfernt ragt am südöstlichsten Punkt der Insel aus dem Meer das **Kap Gréko** (► S. 56) empor mit seinem imposanten Karstfelsen und einem weiträumigen Naturpark.

Tal der Windmühlen

Die Küstenstraße führt über die Hotelstadt ❸ **Protarás** (► S. 57) weiter nach ❹ **Paralímni**, vorbei an unzähligen Windrädern im »Tal der Windmühlen« (► S. 56), die einst Grundwasser zur Bewässerung der ausgedehnten Getreide- und Gemüsefelder zutage förderten.

Geisterstadt im Niemandsland

Von ❺ **Deryneia** (► S. 58) aus, das direkt an der Trennungslinie nach Nordzypern liegt, blickt man von mehreren Aussichtsterrassen (mit Ferngläsern) auf die nur wenige Kilometer entfernt liegende Geisterstadt **Varósia** (► S. 230), die bis zur Invasion der türkischen Truppen im Jahr 1974 Famagustas Touristenhochburg und Hotelstadt war. Von den Checkpoints Deryneia und ❻ **Vrysoúlles**, etwa 10 km entfernt, bietet sich der lohnenswerte, ca. 30 km lange Ausflug nach ★★ **Famagusta** und ★★ **Salamís** an, zwei Top-Destinationen im Norden Zyperns (Übergänge ► S. 410, Baedeker Wissen, S. 330).

Zurück zur Küste

Der Rückweg empfiehlt sich über Sotíra, Liopétri und den idyllischen Flusshafen ❼ **Potamós** mit schönen Fischlokalen (► S. 54). Ist Agía Nápa ❷ Ausgangsort der Tour, ist die Rundfahrt ca. 55 km lang.

RUNDFAHRT DURCHS TRÓODOS-MASSIV

Start und Ziel: Páno Plátres | **Dauer:** 1 Tag
Länge: 120 km (ohne Wanderwege)

Tour 4

Eine aussichtsreiche Fahrt durch die grandiose Bergwelt des Tróodos, malerische Ortschaften in den Tälern mit Wein-, Mandel- und Walnussanbau sowie byzantinischer Freskenpracht.

Höchster Ort der Insel

Von ❶ ★ **Páno Plátres** (► S. 209), dem beliebtesten Luftkurort auf Zypern, geht es hinauf nach **Tróodos** (1700 m). Der höchste Ort der Insel liegt unterhalb des knapp 2000 m hohen Olympos (► S. 207), Zyperns höchstem Berg. Von dort fährt man Richtung Kakopetriá, um nach etwa 7 km von der Hauptroute Tróodos – Nikosia zum Weinbauort ❷ **Kyperoúnta** (1300 m) mit seinem traditionellem Charme abzubiegen und auf kurviger Straße durch Chandriá zu fahren.

Bergdorf mit Wanderwegen

Weiter geht es nach ❸ ★★ **Lagouderá**. Das Bergdorf (1000 m) birgt die UNESCO-Scheunendach-Klosterkirche ★★ **Panagías tou Arakoú** mit sensationellen Fresken aus mittelbyzantinischer Zeit. Wer Zeit und Lust hast, kann von hier auf **Naturlehrpfaden** zur einsam gelegenen Kirche ★ **Stavrós tou Agiasmáti** (► S. 217) oder zum Rosenzüchterort Agrós (1100 m; ► S. 215) wandern.

UNESCO-Kirchen

Auf der Autostraße geht es nun an Hängen mit Wein- und Obstanbau vorbei zurück Richtung Chandriá und Kyperoúnta nach ❹ ★★ **Kakopetriá** (670 m), einem beliebten Ferienort mit denkmalgeschützter Altstadt und UNESCO-Kirche ★★ **Ágios Nikólaos tis Stégis**. Hier bietet sich auch ein Abstecher nach ► **Galáta** (620 m) zu den nebeneinander liegenden Scheunendachkirchen ★ **Panagía tis Podíthou** und ★ **Panagía Theotókos** an. 6 km südlich von Kakopetriá biegt man (rechts) nach Westen ab und folgt der Straße nach ❺ ★ **Kalopanagiótis** (720 m). Unter dem Dach des Klosters ★ **Ágios Ioánnis**

Lampadistís vereinen sich gleich drei Kirchen mit wertvollen Fresken.

Marathása-Tal

Weiter geht es das Marathása-Tal hinauf, bis man nach 19 km Richtung ❻ ★ **Kýkko-Kloster** abbiegt, einem trubeligen Pilgerzentrum, mit dessen Namen sich seit jeher Reichtum und Macht verbinden. Über **Pedoulás** (▶ S. 92), das höchst gelegene Dorf Zyperns **Pródromos** und den Olympos geht es wieder zurück nach ❶ Páno Plátres.

FRÄNKISCHES MITTELALTER IN NORDZYPERN

Start: Famagusta/Gazimağusa | **Ziel:** Nikosia/Lefkoşa
Dauer: 2 Tage mit Übernachtung in Kyrénia/Girne
Länge: 145 km

Tour 5

Eine Rundfahrt von der schönen Hafenstadt Famagusta aus auf den Spuren der Franken-Herrscher zu trutzigen Festungen und prächtigen Kathedralen, zu den schönsten Stränden der Insel und malerischen Naturkulissen.

Spielball der Mächte

Als Schnittstelle zwischen christlichem Abendland und muslimischem Orient und als Sprungbrett ins erbittert umkämpfte Heilige Land war Zypern im Lauf der Geschichte immer wieder Spielball rivalisierender Großmächte (▶ Baedeker Wissen, S. 256). Im Mittelalter stand die Insel erst unter byzantinischer Herrschaft, später kamen Richard Löwenherz (▶ Baedeker Wissen, S. 96), die Tempelritter und danach die Herrscher des fränkischen Adelshauses der Lusignan.

Unter ihnen wurde Nikosia zur prachtvollen Residenzstadt und Famagusta zu einer der reichsten Handelsstädte des östlichsten Mittelmeerraums.

Famagusta: Stadtbefestigung

Erster Tag: ❶ ★★ **Famagusta/Gazimağusa**, der Ausgangspunkt der Rundfahrt, gilt als »Perle des Mittelalters«. In die von einer mächtigen Festungsmauer umgebene Altstadt gelangt man durch »Akkule«, das »weiße« **Landtor** am südlichen Altstadtrand. Entlang der doppelten ★ **Stadtbefestigung** (► S. 231), die die Venezianer zum Schutz vor den osmanischen Eroberern verstärkten, geht es (rechts) zur **Canbulat-Bastion** und von dort weiter zum **Seetor**, einem der imposantesten Teile der Festungsanlage (► Plan S. 232). Hier prangt noch immer der geflügelte Markuslöwe, Wahrzeichen Venedigs, im Stein. Ganz in der Nähe steht der trutzige ★ **Othello-Turm**, der als Schauplatz von Shakespeares Drama gilt, auch wenn dessen Verfasser niemals auf Zypern war. Entlang der Altstadtstraße Cengiz Topel am armenischen Friedhof vorbei führt die Stadterkundung zur massiven **Martinengo-Bastion**, die Angreifer von der Landseite abwehrte.

Altstadtbummel

Anschließend führt ein Bummel durch die schmalen Gassen des historischen Zentrums. Fliegende Händler, Verkäufer mit Obstkarren und Schuhputzer geben dem geschäftigen Treiben ein unverkennbar orientalisches Gepräge. Das eindrucksvollste Gotteshaus ist die einstige ★★ **Nikolauskathedrale**, ein stolzer Gotik-Bau, in dem sich die zyprischen Lusignan-Herrscher zum »König von Jerusalem« krönen ließen. Als die Osmanen im 16. Jh. Zypern eroberten, wurde er in eine **Moschee** umgewandelt (► S. 235) und mit einem schlanken Minarett versehen. Bevor Sie Famagusta verlassen, sollten Sie das Kaffeehaus Petek gegenüber dem Seetor besuchen, auf dessen Dachterrasse man nicht nur eine süße Versuchung, sondern auch einen tollen Blick genießen kann (► S. 233).

Von der Südküste ins Landesinnere

Die Tour folgt nun der Küstenstraße nach Norden Richtung Boğaz/Bogazi. Nach rund 30 km biegen Sie Richtung Tuzlaca und Büyükkonuk ins Landesinnere ab. **Büyükkonuk/Komi** (► S. 240) ist übrigens Zyperns erstes Ökodorf. Im Dorfladen gehören traditionelles Kunsthandwerk und kulinarische Spezialitäten zum Sortiment.

An der Nordküste nach Westen

Biegen Sie landeinwärts ab und folgen Sie der Straße bis zur ❷ ★ **Kantara Kalesi**, einer Festungsanlage, die auf der einst strategisch wichtigen Höhe am Eingang zur ★★ Karpas-Halbinsel seit Jahrhunderten die Stellung hält. Die Festung kann besichtigt werden. Ein Picknick mit selbst mitgebrachtem Proviant aus Büyükkonuk oder Famagusta ist hier eine gute Verpflegungsvariante. Für die Weiterfahrt nach ❸ ★ **Kyrénia/Girne** (Küstenstraße in westl. Richtung) sollten Sie eine

gute Autostunde einplanen. Die vor malerischer Bergkulisse gelegene Hafenstadt gehört zum Schönsten, was Zypern zu bieten hat.

Kyrénia: Stadterkundung

Zweiter Tag: Das im Kern von den Byzantinern errichtete ★ **Kastell** am alten Hafen von Girne ist die besterhaltene Festung Zyperns (► S. 249). Die Lusignan-Herrscher erweiterten sie um je einen Nord- und Ostflügel, die Venezianer rüsteten sie mit wehrhaften Türmen auf. Für die Besichtigung der Burganlage sollte man sich mindestens zwei Stunden Zeit nehmen. Vom Eingang führt ein Tunnel zum Exerzierplatz, von dort geht's zu den Kerkern. Nachgestellte Folterszenen vermitteln plastische Einblicke in die mittelalterliche Welt. Im Nordostturm dokumentieren Exponate die wehrtechnischen Fortschritte der Epoche. Ein Highlight ist das **Schiffswrackmuseum** (► S. 251) im Ostteil der Anlage, in dem das Wrack eines um 300 v. Chr. vor Kyrénia gesunkenen antiken Handelsschiffes präsentiert wird. Wem der Sinn nach einer Badepause steht: Schon wenige Kilometer (in östlicher und westlicher Richtung) hinter der Stadtgrenze finden sich herrliche **Badestrände** (► S. 253).

Großartige Kulisse

Die Straße zur Klosterruine von 4 ★★ **Bellapais/Beylerbeyi** zweigt am Ostrand von Girne landeinwärts ab. Das Kloster mit dem klangvollen Namen wurde von Augustinermönchen gegründet, die nach der Eroberung Jerusalems durch Sultan Saladin aus dem Heiligen Land geflüchtet waren. Vor der Abtei steht ein »**Baum des Müßiggangs**« – in seinem Schatten lässt sich stilecht ein zyprischer Brandy Sour genießen. Empfehlenswert ist auch ein Abstecher ins Restaurant und Weinlokal »Kybele« in der ehemaligen Küche der Abtei (► S. 224). Hier werden türkische Spezialitäten serviert, die Terrasse bietet dafür vor allem abends, wenn die Klosterruine effektvoll angestrahlt wird, ein großartiges Ambiente.

Pittoreske Ruinenburg

Zu einer weiteren Burg schlängelt sich von der Haupstraße zwischen Kyrenia/Girne und Nikosia die Bergstraße etwa 10 km gen Westen. Auch an der Verteidigungsanlage 5 ★ **St. Hilarion Kalesi** wurde über Jahrhunderte gebaut, die Lusignan-Könige machten sie zu ihrer Sommerresidenz. Nach einer Burgbesteigung mit Besichtigung sollten Sie die erfrischende selbst gemachte Limonade von Mustafa Gürsel im alten Rittersaal probieren.

Geteilte Stadt mit Charme

Weiter geht es auf der Schnellstraße Richtung Süden nach 6 ★★ **Nikosia/Lefkoşa**. Den gesichtslosen Stadtrand lässt man am besten hinter sich – das historische Zentrum mit seiner Basaratmosphäre hat viel mehr Charme, auch wenn die Wunden des politischen Dauerkonflikts nicht zu übersehen sind. Die Lusignan-Herrscher hatten ihre Residenzstadt mit einer mächtigen Mauer und acht Toren versehen. Die heute noch in Teilen sichtbare ★ **Festungsmauer** jedoch mit drei Ein- und Ausgängen stammt aus venezianischer Zeit (► Plan S. 156/157). Einer davon ist das Girne-Tor (► S. 262), wo man sich in der Touristeninformation mit Stadtplan und Broschüren eindecken kann. Als architektonische Hauptattraktion gilt die einstige Sophienkathedrale und heutige ★★ **Selimiye-Moschee** (► S. 269).

Historisches Wohnquartier

Haben Sie noch etwas Zeit, lohnt ein Bummel durch das **Arabahmet-Viertel** am Westrand der Altstadt (► S. 266). Hier lebten einst wohlhabende Griechen, Armenier und Türken in guter Nachbarschaft. In den 1950er-Jahren begann der Zerfall, inzwischen ist die Gegend Schwerpunkt der allmählich anlaufenden Stadterneuerung. Der schönste Ort zum Verweilen ist das ★ **Büyük Han** (► S. 267), die alte Karawanserei, etwa auf halbem Wege zwischen Arab-Ahmet- und Selimiye-Moschee. Heute ist die restaurierte Anlage ein Kunsthandwerkerhof, und ein Restaurant serviert köstliche Teigtaschen, zu denen erfrischender Ayran (Joghurtgetränk) hervorragend schmeckt.

VON KYRÉNIA IN DEN NORDWESTEN

Start und Ziel: Kyrénia/Girne | **Dauer:** 1 Tag
Länge: 200 km (ohne Abstecher)

Tour 6

Über das idyllische Bergdorf Karaman und den historisch bedeutsamen Ort Lapta geht es in den grünen Westen der Insel, wo duftende Orangen- und Zitronenhaine Besucher erwarten. Mit den Ausgrabungsstätten von Sóloi und Vouní wird auch der Wunsch nach großer Kultur erfüllt.

Von der Küste zum Bergdorf

An den Felsen des Pentadáktylos-/Beşparmak-Gebirges zur Linken vorbei fährt man von ❶ ★ **Kyrénia/Girne** auf der Küstenstraße Richtung Westen bis zum 5 km entfernten Dorf ❷ **Karaoğlanoğlu/Agios Georgios**, in dem die türkische Invasion 1974 begann. Hier zweigt eine kurvenreiche Straße zum Bergdorf Karaman/Karmi ab, einem Vorzeigedorf (► S. 255), das heute vor allem von Ausländern bewohnt ist.

Grüne Streusiedlung

Zurück zur Küstenstraße, erreicht man nach wenigen Kilometern das in einer fruchtbaren Gartenlandschaft gelegene ❸ **Lapta/Lapithos**.

Hier am Ufer erstreckte sich einst die antike Stadt **Lamboúsa**, deren Reste zum Teil erkundet werden können, sofern sie nicht auf militärischem Sperrgebiet liegen (▶ S. 255).

Abstecher zum Kap

10 km nach Lapta biegt eine schmale Straße in nordwestlicher Richtung ab. Ein Abstecher führt über die Dörfer Kayalar und Sadrazamköy zum einsamen ④ **Kap Kormakitis/Koruçam Burnu** (▶ S. 258), nur ein Leuchtturm markiert diesen wildromantischen Ort.

Kleinstadt in Zitrushainen

Zurück zur Küstenstraße, überquert man die Ausläufer des Pentadáktylos-Gebirges und gelangt nach ⑤ **Mórfou/Güzelyurt**, 68 km von Kyrénia/Girne entfernt, dem größten Ort im Westen Nordzyperns und Zentrum eines Anbaugebiets für Zitrusfrüchte. Hier sollte man auf jeden Fall der Klosterkirche **Ágios Mamas** einen Besuch abstatten sowie dem Museum nebenan (▶ S. 258, 260).

Antike Grabungsstätten

Vorbei an den langsam vor sich hinrostenden, weit ins Meer reichenden Erzverladebrücken durchquert man eine fruchtbare Schwemmlandebene mit Zitrusplantagen. Kurz hinter den Verladebrücken erreicht man das Ausgrabungsgelände von ⑥ **Sóloi/Soli**, wo den Besucher u. a. Reste einer dreischiffigen Basilika mit farbigen Mosaiken sowie ein römisches Theater aus dem 2. Jh. erwarten. 12 km weiter westlich führt ein schmales Sträßchen auf ein Bergplateau mit den Ruinen des Palastes von ⑦ **Vouní/Bademliköy**, von denen sich ein herrlicher Rundblick eröffnet.

Rückfahrt

Zurück geht es zunächst wieder nach ⑤ Mórfou/Güzelyurt, wo zwei Alternativen als Rückweg zur Verfügung stehen: dieselbe Strecke zurück wie bei der Hinfahrt (ca. 50 km) oder weiter im Süden durch das Landesinnere über ★★ Nikosia (ca. 65 km).

VON FAMAGUSTA AUF DIE KARPAS-HALBINSEL

Start und Ziel: Famagusta/Gazimağusa | **Dauer:** 2 Tage | **Länge:** 260 km

Tour 7

Die Tour in den nordöstlichsten Zipfel Nordzyperns führt zunächst zu einigen archäologischen Höhepunkten der Insel: zu den Ausgrabungen von Salamís, den Königsgräbern und dem Barnabas-Kloster. Die stille Karpas-Halbinsel mit ihren einsamen Sandstränden und kleinen Dörfern ist schließlich das Ziel dieser spannenden Reise.

Salamís erkunden

8 km nördlich von ❶ ★★ **Famagusta/Gazimağusa** erstreckt sich das Ausgrabungsgebiet von ❷ ★★ **Salamís**. Einen ganzen Tag lang könnte man durch die verstreuten Reste dieser einstigen Großstadt laufen, doch die Höhepunkte des Geländes liegen direkt hinter dem Eingang. An das Grabungsgelände grenzt die einstige Nekropole der Stadt, die ★ **Königsgräber** (► S. 278) sind ein Teil davon. Sie gestatten einen Einblick in Totenkult und Bestattungsbräuche vornehmer Bürger zwischen dem 8. und 6. Jh. v. Chr. In Sichtweite der Königsgräber

liegt das dritte Highlight dieses archäologischen Trios: das ★ **Barnabas-Kloster** (▶ S. 280), das vom Nationalheiligen der Insel, dem Hl. Barnabas, gegründet wurde, ist ein zentraler Ort für die orthodoxen Gläubigen. Es beherbergt ein Museum, das einen sehenswerten Querschnitt archäologischer Funde präsentiert.

Ins Fischerdorf Boğaz

Rund 22 km nördlich von Famagusta, in ③ **Tríkomo/İskele** (▶ S. 242), sollten Kunstinteressierte der Kirche der **Panagía Theotókos** einen Besuch abstatten: Hier gibt es interessante Fresken und eine Ikonenausstellung zu sehen. Auf der Küstenstraße kommt man 7 km hinter İskele ins Fischerdorf ④ **Boğaz**, wo mehrere Tavernen zu einer zünftigen Fischmahlzeit einladen.

Ins Landesinnere nach Yenierenköy

Im Tabakdorf **Ziyamet/Leonarisso** weiter nördlich etwas im Landesinneren führt ein kurzer Abstecher zur Kirche **Panagía Kanakariá** in Boltaşlı/Lythránkomi (▶ S. 242), deren Ursprung bis ins 5. Jh. zurückreicht. Fast wie eine kleine Stadt wirkt ⑤ **Aigialoúsa/Yenierenköy** (▶ S. 244), das in einer fruchtbaren Ebene gelegene zweitgrößte Dorf der Halbinsel. 3 km hinter dem Ort lädt der Malibou-Strand zum Baden ein.

Zum Hauptort der Karpas-Halbinsel

Von der Hauptküstenstraße landeinwärts sind es nur wenige Kilometer nach **Sipahi**, wo die Reste der frühchristlichen Basilika **Agía Triás** aus dem 6. Jh. (▶ S. 243) vor allem durch die erhalten gebliebenen Mosaiken beeindrucken. Mit ⑥ **Rizokárpaso/Dipkarpaz** (▶ S. 244), 80 km von Famagusta entfernt, erreicht man den größten Ort der ★★ **Karpas-Halbinsel**. Im Städtchen und in dessen unmittelbarer Umgebung gibt es mehrere einfache Übernachtungsmöglichkeiten, sodass man die Halbinsel auch am nächsten Tag in aller Ruhe erkunden kann.

Abstecher zur Nordostspitze

Nur ein paar Minuten von Dipkarpaz entfernt ragen an der Nordküste die malerischen Ruinen von **Ágios Phílon** in den Himmel (▶ S. 244), einige Kilometer weiter östlich erzählen die Kirchenruinen von **Afendriká** von besseren Zeiten, als die Halbinsel noch dicht besiedelt war. Etwa 25 km sind es von Dipkarpaz zum ⑦ **Andreas-Kloster** (▶ S. 245), das seit der Grenzöffnung wieder von zahlreichen Griechen aus dem Süden der Insel besucht wird. Nach weiteren 5 km ist die östlichste Spitze Nordzyperns erreicht, das ⑧ **Kap Apostolos Andreas/Zafer Burnu** (▶ S. 245), ein wellenumtoster Ort, der bereits im Neolithikum besiedelt war.
Zurück nach ① Famagusta geht es wieder auf derselben Strecke.

Z
ZIELE IN SÜDZYPERN

Magisch, aufregend, einfach schön

Alle Reiseziele sind alphabetisch geordnet. Sie haben die Freiheit der Reiseplanung.

Bei Pétra tou Romioú in einer Bucht südöstlich von Koúklia soll Aphrodite dem Schaum des Meeres entstiegen sein. ►

AGÍA NÁPA

Griechisch: Αγία Νάπα | **Höhe:** Meereshöhe | **Einwohner:** 2800

Nicht weit vom Kap Gréko, an einer weit geschwungenen Bucht, entstand nach der Teilung der Insel um das alte Fischerdorf Agía Nápa ein großes Touristenzentrum. Hier gibt es türkisblaues Wasser, schöne Sandstrände und die dazu passende Infrastruktur. Die Club- und Diskotheken-Szene ist in ganz Europa bekannt, hier finden Sommer-Sonne-Strand-Urlauber alles, was sie sich wünschen.

Beliebtester Badeort im Süden

Jenseits der sogenannten Green Line, die den griechischen vom türkischen Landesteil trennt, liegt nur etwa 15 km nördlich die ehemalige Hotelstadt Varósia (Varosha) bei Famagusta (griech. Ammóchostos; türk. Gazimağusa), eine verlassene Geisterstadt. Um den Verlust touristischer Infrastruktur zu kompensieren, verwandelte man 1974 das bis dato verschlafene **Fischerdorf** Agía Nápa in kürzester Zeit in den beliebtesten Badeort Südzyperns. An vergangene Zeiten erinnern lediglich der alte, idyllische **Fischerhafen** mit einigen Tavernen und das ehemalige Kloster.

Agía Nápa ist für ein intensives Nachtleben bekannt. Man kann den Tag aber auch ruhig und stimmungsvoll am Hafen ausklingen lassen.

AGÍA NÁPA ERLEBEN

TOURIST INFORMATION

Kryou Nerou Av. 12
Tel. 23 72 17 96
https://visitfamagusta.com.cy

Von April bis Oktober finden jeden Sonntag auf dem Agrotospitos-Platz unterhalb des alten Klosters kostenlose **Folklorevorführungen** statt. Im Mai (variabel) wird das **Anthestiria-Fest**, ein Blumenfest, mit einem großen Umzug gefeiert (▶ S. 395). Im Sommer finden Konzerte, Ausstellungen und **Folklorevorführungen** statt (Info: Tel. 23 81 63 00). Im September ist das **Ayia Napa International Festival** mit Ausstellungen, Tanz und Musik eine Attraktion, die eine Bandbreite zyprischer Kultur, Traditionen und Emotionen bietet. (www.alwaysayianapa.com).

STRÄNDE

Die schönsten Strände liegen westlich von Agía Nápa, ein kleiner Fußweg führt dorthin vom alten Hafen. Feinster Sandstrand, seichtes und tiefblaues Meer machen das Baden nicht nur für Erwachsene, sondern auch für Kinder zum Vergnügen: **Nissi Beach** (erster touristisch erschlossener Strand Agía Nápas mit kleiner Insel, Wassersportangebot und Snackbars); **Adams Beach** (kleiner Strand am »Adams Beach Hotel«, teilweise nicht erschlossen); **Landa Beach** (schöner Sandstrand, Snackbars, Wassersport); **Makrónissos Beach** (zwei Sandstrände an einer malerischen Halbinsel, auf der hellenistische Gräber liegen); **Agía Thékla Beach** (kilometerlanger, schmaler Strand, an dem wenig los ist, kleines Felseninselchen im Meer). **Sandy Beach**, östlich von Agía Nápa, zieht sich über 9 km östlich des alten Hafens an der Küste entlang.

WASSERSPORT

Wassersport aller Art wird von den meisten Hotels und an vielen Stränden angeboten. Ein kleines **Tauchparadies** ist das Meer rund um das Kap Gréko.

OLYMPIAN DIVERS

Eine von mehreren Tauchschulen, die Kurse anbieten.
Pavlo Napa Hotel, Nissi Avenue
Tel. 97695317
www.olympiandivers.com

WATERWORLD

Angesichts des Wassermangels auf Zypern ist der laut eigener Aussage größte **Themen-Wasserpark** Europas eine Verschwendung. Doch es macht riesigen Spaß, die nach Helden der griechischen Antike benannten Wasserrutschen und Whirlpools zu benutzen (nur im Sommer geöffnet).
Agía Thékla 18, Tel. 23 72 44 44
www.waterworldwaterpark.com

YELLOW SUBMARINE

Ein riesiges Schlauchboot mit Unterwassergondel, durch große Glasfenster kann man die Unterwasserwelt beobachten.
Hafen, Tel. 99 59 62 80
www.yellowsubmarinecy.com

RADFAHREN

Agía Nápa besitzt Radwege! Zudem lassen sich von hier hervorragend Radtouren rund um das Kap Gréko organisieren (▶ S. 56). Entlang der Hotelmeile, der Nissi Avenue westlich vom Zentrum, gibt es neben unzähligen Auto- und Motorradvermietern auch **Radverleih**.

Die meisten Restaurants, Bars und Pubs liegen an der **Plateia Seferi**, dem zentralen Platz beim Kloster, entlang der in der Hauptsaison zur Fußgängerzone umgestalteten **Agias Mavris Street** und der zum alten Hafen führenden **Arch. Makariou III Avenue**. In der Nebensaison sind viele Lokale geschlossen. Wer es ruhiger mag und guten Fisch in malerischer Umgebung genießen möchte: Am **Hafen von Potamós** (Ποταμός, 14 km westlich von Agía Nápa) bieten zwei Fischlokale fangfrischen Fisch und Meeresfrüchte.

MARQUIS DE NAPA €€€

Gutes Restaurant in Zentrumsnähe, landestypische und internationale Küche.
Kryou Nerou Av. 22, Tel. 23 72 36 10

NAPA TAVERN €€

Zentrumsnah in einem traditionellen Haus des 19. Jh.s Angenehme Atmosphäre und herrliche Terrasse, hervorragend ist das zyprische Mezé.
Demokratias Street 15
Tel. 23 72 12 80

VASSOS FISH TAVERN €€

Auch im Winter täglich geöffnetes, gutes Fischlokal direkt am alten Hafen, mit Blick auf malerische Fischerboote.
Arch. Makariou III Av. 51
Tel. 23 72 18 84
www.vassosfishtavern.com

Die Auswahl an Hotels ist groß. Es empfiehlt sich, an den schönen Stränden des Nissi Beach, oder Richtung Kap Gréko Quartier zu nehmen. Bevorzugt man die Amüsiermeile im Zentrum, empfehlen sich kleine Pensionen, Guesthouses und B&Bs in der Arch. Makariou III Avenue.

GRECIAN BAY €€€

Luxushotel an weißem Sandstrand östlich des alten Hafens; schöne, geräumige Zimmer, Swimmingpool, zwei Hallenbäder, Fitness-Center.
Kryou Nerou Av. 32
Tel. 23 84 20 00
www.grecianbay.com

LIMANAKI BEACH HOTEL €€€

Angenehmes kleineres Hotel direkt am längsten Sandstrand Agía Nápas, viele Stammgäste.
1 Oktovriou 18, Tel. 23 72 16 00
http://limanaki-beach-hotel.business.site

NISSI BEACH RESORT €€€

Direkt am Strand, Haupthaus und Bungalows in einem Park, großes Wellness- und Sportangebot.
Nissi Avenue, westl. von Agía Nápa, Tel. 23 72 10 21
www.nissi-beach.com

ELIGÓNIA APARTMENTS €€

Sympathisches Apartment-Hotel in zentraler Lage mit Pool und Garten.
Kryou Nerou Av. 1
Tel. 23 81 92 92
www.eligonia.com

NAPA MERMAID HOTEL €€

1 km vom Zentrum, beim Grecian Beach. Gehört zu den Top-Adressen im Ort; Zimmer, Suiten und Bungalows, üppiges Wellness-Angebot, behindertengerecht.
Kryou Nerou Av. 45
Tel. 23 72 16 06
www.napamermaidhotel.com

NISSI PARK HOTEL €€

Freundliches kleineres Hotel mit landestypischem Ambiente, alle 80 Zimmer zum Innenhof mit schönem Pool, Zugang zum Nissi Beach Resort und dessen Strand.
Westlich von Agía Nápa
Tel. 23 72 11 21
http://nissi-park.com

Strände, Bars und Live-Musik

Touristenzentum

Zahlreiche Hotelburgen bieten über 27 000 Übernachtungsmöglichkeiten in mehr als 175 Hotels. Herrliche **Strände** mit feinem Sand und alle möglichen Wassersportarten lassen die Badeurlauber tagsüber voll auf ihre Kosten kommen. Vor allem jüngere Besucher, die ein intensives **Nachtleben** schätzen, sind hier richtig aufgehoben, denn nachts schlagen die Wogen in Agía Nápa höher als am Tag. Vor allem zwischen Mai und Oktober kennt Zyperns beliebtestes Strandbad keine Ruhezeit. Diskotheken, Bars und Nachtclubs sind an jeder Ecke zu finden, ebenso griechische Live-Musik. »Die« **Diskomeile** schlechthin ist die Louka Street, die von der Plateia Sefereis abgeht.

Wohin in Agía Nápa?

Ruhepol im belebten Ortszentrum

Kloster Agía Nápa

Mitten im Ort liegt unterhalb des Seferi-Platzes das Kloster Agía Nápa, das der »Hl. Mutter vom Walde« geweiht ist und laut Inschrift 1530 gegründet wurde. Der Name lässt auf eine bewaldete Gegend in alten Zeiten schließen. Heute beherbergt es ein ökumenisches Konferenzzentrum für die christlichen Kirchen des Nahen und Mittleren Ostens, u. a. der Maroniten (▶ S. 303). In der Klosterkirche werden auch Gottesdienste in Deutsch abgehalten.

Die Gebäude stammen vorwiegend aus venezianischer Zeit, der **Glockenturm** aus der 2. Hälfte des 19. Jh.s In der Mitte des Klosterhofes überwölbt ein Kuppelbau einen achteckigen **Brunnen**. Sein Girlanden- und Erotenschmuck wird unterbrochen durch die Köpfe eines Paares, vielleicht die Klosterstifter. Der Innenhof wird von Gebäuden mit spitzbogigen **Arkaden** umsäumt, einem typischen Element der Kreuzfahrergotik. Gegenüber dem Südeingang liegt ein doppelgeschossiger **Torbau**, dessen Fenster in Renaissancemanier geschmückt sind.

In der Klosterkirche führt eine Treppe zur **Höhlenkirche** hinunter. In der Grotte entdeckte nach einer Legende ein Jäger einst eine **Marienikone**. Heute finden hier wechselnde Ikonenausstellungen statt. Die alte Ikone wird in einer modernen, neu ausgemalten Kirche nicht weit vom Kloster entfernt gezeigt. Vor dem Kloster steht eine jahrhundertealte **Sykomore** (Ficus sycomorus), ein Maulbeerfeigenbaum aus Nordafrika. Seine Früchte sind zwar essbar, doch schwer verdaulich. Wahrscheinlich wurde er bei Fertigstellung des Klosters gepflanzt, wie bei vielen anderen Kirchen Zyperns (▶ Lagouderá).

Schifffahrt und Meeresfauna

Thalassa Municipal Museum

In der Kryou Nerou Avenue entstand unter Federführung der Pierides-Stiftung (▶ S. 130) aus zwei einzelnen Sammlungen das Thalassa Municipal Museum, in dem sich alles um das Meer als Lebensraum und dessen Bedeutung für die Insel dreht. An die antike Seefahrt erinnert

neben Münzen und Amphoren auch der Nachbau eines Schiffs, das vor 2000 Jahren vor ► Kyrénia in Nordzypern sank.
Kryou Nerou Av. 14 | Tel. 23 81 63 66 | Mo. 9–13/14, Di. – Fr. 9–17, Sa. 9 bis 14 Uhr, So. geschlossen | 4 € | www.thalassamuseum.org.cy/en/

Ein der schönsten Badebuchten

Strände und Sport

Die Strände im Westen, Osten und Norden von Agía Nápa erreicht man mit dem Fahrrad, Moped oder Mietwagen. An allen größeren Stränden kann man surfen, paragliden, Wasserski und Tretboot fahren. Etwa 2 km westlich des Ortskerns erstreckt sich die **Nissi Bay**, eine der schönsten Badebuchten der Insel, mit flach abfallendem, feinsandigem Strand.

Rund um Agía Nápa

Touristenstrand mit Höhlenkirche

Agía Thékla

Folgt man der küstennahen Staubstraße Richtung Westen, vorbei an den Stränden Golden Sands und Makrónissos, gelangt man oberhalb des touristisch gut erschlossenen Strandes Agía Thékla zur gleichnamigen neuen Kapelle. Einige Meter südwestlich kann man bei einem weißen Kreuz eine **Höhlenkirche** betreten, die in frühchristlicher Zeit in einem antiken Felsgrab eingerichtet wurde.

»Rote Dörfer« und »Tal der Windmühlen«

Kokkinochória

Agía Nápa liegt in einem der fruchtbarsten, zum **Gemüseanbau** genutzten Gebiete der Insel. In den rotbraunen, eisenhaltigen Äckern der Kokkinochória (»Rote Dörfer«) gedeihen besonders Kartoffeln sehr gut, die im Frühsommer auch in deutschen Supermärkten zu kaufen sind. Ferner werden Oliven, Getreide, Melonen und Gemüse kultiviert. Früher förderten **Windräder** Grundwasser für die Bewässerung der Felder – im »Tal der Windmühlen« bei **Paralímni** sind sie heute noch zu sehen. Heute wird die Bewässerung mit Motorpumpen betrieben.

Naturpark an der Südostspitze der Insel

Kap Gréko

Etwa 8 km östlich von Agía Nápa erhebt sich die steil aus dem Meer ragende Südostspitze der Insel, an deren Felsklippen viele Schiffe zerschellten. Um und über den imposanten **Karstfelsen** führen Naturlehrpfade durch eine recht urwüchsige Landschaft, die nach Abbau einer britischen Radarstation zum Naturpark (Cape Greco National Forest) erklärt wurde. Highlights sind der nicht mehr genutzte pittoreske Leuchtturm und das moderne Peace and Freedom Monument. Weitere Wanderwege verlaufen vom Kap Gréko Richtung Protarás im Norden, vorbei an einem natürlichen Felsentor im Meer, zur kleinen, weißen Kirche **Agíoi Anárgyroi** und zur **Kónnos Bay**. An den **Sea Caves** (Aussichtspunkt) zwischen Agía Nápa und Kap Gréko trifft man nicht selten Hochzeitspaare, die vor einem Sonnenuntergangsszenario posieren.

Touristenburgen weiter nördlich

Protarás

Der Küstenstraße weiter nach Norden folgend gelangt man zu den seit Anfang der 1990er-Jahre aus dem Boden gestampften Touristenburgen Paralímni, Protarás und Pernéra. Protarás ist im Vergleich zu Agía Nápa großzügiger und lockerer bebaut, mit vielen Grünflächen und gepflegten Hotelanlagen. Malerisch ist auch die **Fig Tree Bay**, der Hauptstrand des Ortes.

Faszination Meereswelt

Ocean Aquarium

Im Ocean Aquarium erwarten den Besucher nicht nur Fische, Seeanemonen und Korallen aus allen Weltmeeren, sondern auch Pinguine aus der Antarktis und in dem schön angelegten Garten mehrere Seen mit Fischen, Krokodilen und Schildkröten. Es liegt in der Nähe der Kirche Agía Triáda, man erreicht es von Protarás oder Paralímni aus in wenigen Minuten mit dem Bus.

Protara-Kavo Greko Av., Protarás | Tel. 23 74 11 11 | April – Okt. tgl. 9 – 18, Nov. – März 10 – 16 Uhr | 13 € | www.protarasaquarium.com

Blick durch das Felsentor am Meer auf die Sea Caves bei Agía Nápa

An der Trennungslinie

Derýneia

Etwa 4 km nördlich von Paralímni liegt das große Dorf Derýneia (Δερύνεια) fast unmittelbar an der Trennungslinie. Hier kann man von mehreren **Aussichtsterrassen** mit bereitliegenden Ferngläsern (z. T. gebührenpflichtig) die Stadt ▶ Famagusta in Nordzypern mit den verlassenen, verfallenen Hotels von Varósia/Varosha erblicken. Das **Cultural Center of Occupied Famagusta** informiert zum Thema Green Line. Ein Checkpoint ermöglicht den Übergang nach Nordzypern. 10 km nordwestlich gibt es in **Strovília** über die britische Militärbase einen weiteren Übergang (▶ Baedeker Wissen, S. 330).

Cultural Centre: Mo.–Fr. 7.30–16.30, Sa. 9–16.30 Uhr

Landwirtschaft und Freiheitskampf

Liopétri

Im landeinwärts gelegenen Dorf Liopétri (Λιοπέτρι) erinnert unweit des Dorfplatzes die Akyronas-Scheune (Barn of Liopétri) an vier Freiheitskämpfer, die hier 1958 im Kampf gegen die Briten starben. Die Dorfkirche Ágios Andrónikos stammt aus dem 16. Jahrhundert.

Übergänge in den Norden

Checkpoints

In Deryneia gibt es einen Übergang nach Famagusta. Westlich von Agía Nápa erstreckt sich bei Dekéleia (Δεκέλεια) eine britische Militärbasis, durch die die Straße zum Übergang **Strovília** und ebenfalls nach Famagusta führt.

Bei **Pýla** (Πύλα), einem Dorf in der Green Line etwas nordwestlich von Dekéleia, gibt es den Übergang **Pérgamos** (Πέργαμος, türk. Beyarmudu) in den türkischen Norden (▶ Baedeker Wissen, S. 330).

★★ AKÁMAS-HALBINSEL

Griechisch: Ακάμας | **Höhe:** 0–668 m ü. d. M.

»Zypern ist die wirkliche Heimat der Aphrodite. Niemals sah ich eine Insel mit so weiblichem Charakter, niemals atmete ich solche Luft voller gefährlicher, süßer Versuchungen«, schreibt der griechische Dichter Nikos Kazantzakis. Auf der Akámas-Halbinsel im äußersten Nordwesten Zyperns, kann man sie atmen, hier liegt die süße Versuchung in der Luft – über einem kleinen Pool unter Feigen, in dem einst Aphrodite mit dem trojanischen Helden Akámas badete. Es ist eine der schönsten Gegenden Zyperns, im Frühjahr übersät mit Blüten und eher dünn besiedelt.

Die Akámas-Halbinsel ist ein Refugium für alle Naturliebhaber, für Fans von Orchideen und Meeresschildkröten und für Liebhaber von einsamen Strandbuchten. Hier gibt es das Leben in kleinen, ruhigen Bergdörfern, klare Luft, blaues Meer und guten Wein – alles ist ein wenig verschlafener, ruhiger und ursprünglicher als an der Südküste.

Natürliches Refugium

Paradies mit Schattenseiten

Verlassene Dörfer

Doch die Schönheit ist bedroht, das Paradies hat seine Schattenseiten. Nicht immer war die Halbinsel so entvölkert, vor der Teilung Zyperns lebten in den Dörfern viele türkische Bewohner, weideten ihre Schafe zwischen wildem Thymian und rotem Mohn. Heute erinnern nur noch verlassene Orte an diese Zeiten.

Von einem dieser ausgestorbene Dörfer, in dem ein griechisch-türkisches Paar gegen alle politischen Widerstände seine Liebe lebte, erzählt der auf einer wahren Geschichte basierende Spielfilm »Akamas« von Panikos Chrysanthou (2006). Als einer der ersten zyprischen Filme auf internationalen Festivals präsentiert, wurde er trotz seiner zutiefst humanen Botschaft von den Behörden im Land verboten. Grund: ein EOKA-Kämpfer (▶ S. 328), der in einer Kirche (!) einen vermeintlichen Verräter exekutiert.

Die Akámas-Halbinsel: dünn besiedelt, mit einer Landschaft von wilder Schönheit

BAEDEKER ÜBERRASCHENDES

5X GUTE LAUNE

Das hebt die Stimmung.

1. PARTYBOOTE

Kühle Drinks, laute Musik, ein DJ als Taktgeber, der die Regler aufdreht. Und los geht es, um irgendwo in einer Bucht zu ankern und dann im glasklaren Wasser zu baden. (▶ **S. 53, 62, 143, 177, 253**)

2. MUSIK UND TANZ

Tanzen liegt den Zyprern im Blut. Warum nicht einfach mitmachen? Am Wochenende sind die **Bouzoukias** in der Regel gut gefüllt, (Volks-) Tanzlokale, in denen meist live musiziert wird. (▶ **S. 391**)

3. BABY-SCHILDKRÖTEN

Auf Zypern gibt es einige Strände, an denen Meeresschildkröten ihre Eier ablegen. Geschützte **Brutplätze**, wo die Minis nach dem Schlüpfen in Massen dem Meer zustreben, findet man im Norden auf der Karpas-Halbinsel (Golden Beach; Alagadı Beach), im Süden auf der Akámas-Halbinsel (Lara Beach). Kundige Führungen bietet das Schutzprojekt **Society for Protection of Turtles**. (▶ **S. 246**)

4. BEIM PARAGLIDING ...

... lautlos schwebend die Küste aus der Vogelperspektive erleben: Den **Zweipersonen-Gleitschirm** steuert ein erfahrener Pilot, man selbst sitzt vorne und genießt die Aussicht. Eine unbeschreibliche Erfahrung ... (▶ **S. 287**)

5. WASSER-PARKS

Wasserrutschen und Wasserspiele aller Art garantieren in den **Water Parks** von Agía Nápa, Limassol oder Páfos hohes Unterhaltungspotenzial für die ganze Familie – eine ideale Abkühlung in den glühend heißen Sommermonaten. (▶ **S. 53, 143, 177**)

Bewahrung der wilden Schönheit

Bedrohte Naturlandschaft

Seit Jahren bemühen sich Umweltschützer, die Akámas-Halbinsel in ihrer ursprünglichen, wilden Schönheit zu bewahren. Viele Zyprer lockt das schnelle Investment in Hotel- und Bungalowanlagen ohne Rücksicht auf die Natur. Straßen werden verbreitert, wo vorher Orchideen blühten, Moolen gebaut zugunsten ruhiger Strände, das kostbare Neptungras vernichtet. Durch Subventionierung von **Agrotourismus** versucht die Regierung, Alternativen aufzuzeigen. Alte Dorfhäuser können mit staatlicher Unterstützung saniert und als Ferienhäuser vermietet werden. Man kann mitten im Dorf in einem typischen Haus wohnen und beim Tavli-Spiel mit den Einheimischen im Kaffeehaus sitzen. Natur genießen, im August den vom Aussterben bedrohten **Meeresschildkröten** beim Schlüpfen zuschauen (▶ Baedeker Wissen, S. 246), festes Schuhwerk einpacken und loswandern! Es gibt gut ausgeschilderte **Wanderwege**, die fantastische Ausblicke eröffnen.

Natur zu Fuß erleben

Naturlehrpfade

Fremdenverkehrszentrale (CTO) und Forstverwaltung haben auf der Akámas-Halbinsel verschiedene Naturlehrpfade ausgewiesen (2–7 km lang; diverse Schwierigkeitsgrade; Faltblatt bei der CTO; Broschüre zum Download unter www.visitcyprus.com »nature trails«). Ideale Bedingungen bieten die blütenreichen Monate von Februar bis April mit ihrem milden Klima.

Die gut markierten Naturlehrpfade **Aphrodite** und **Adonis** starten bei den Aphrodite-Bädern (▶ S. 65) und sind mit informativen Hinweistafeln versehen. **Festes Schuhwerk** ist unbedingt erforderlich. Gut trainierte Wanderer sollten die Kombination Adonis- und Aphrodite-Pfad wählen. Der Einstieg des Rundweges ist entweder an den Bädern der Aphrodite, zunächst der breiten Küstenpiste folgend, oder etwa 200 m vor dem Restaurant »Baths of Aphrodite«.

Pólis Chrysochoús

Größter Ort der Halbinsel

Strand und erholsame Natur

Pólis Chrysochoús (Πόλις Χρυσοχούς; 2000 Einw.), 2 km von der Küste entfernt am Ostrand der Akámas-Halbinsel, bedeckt die Ruinen des antiken Márion – sehenswerte Ausgrabungen sind aber nicht vorhanden. Die abgelegene Kleinstadt wartet mit **schönen Stränden** an der weit geschwungenen **Chrysochoús-Bucht** auf und wird von Individualtouristen geschätzt, die Ruhe in naturnaher Umgebung suchen. Die Anfahrtswege zu den kunsthistorisch bedeutsamen Stätten sind allerdings recht weit, sodass Pólis als Ausgangspunkt für Besichtigungsfahrten weniger geeignet ist.

Info: www.polis.org.cy

AKÁMAS-HALBINSEL ERLEBEN

CTO

In Pólis Chrysostochoús:
Vasileos Stasioikou 2
Tel. 26 32 24 68

Für Jazz-Fans ist das jährliche **Paradise Jazz Festival** im Val's Place in Gialia (▶ S. 66, S. 393) ein Muss.
Aug. oder Sept.
www.paradisejazzfestival.com

ALKION

Mehrmals täglich Touren mit dem **Glasbodenboot** entlang der Akámas-Halbinsel.
www.latchiboatcruises.com

LATCHI WATER SPORTS

Boots-Charter, PADI-Tauchbasis, Jet- und Wasserski, Surfen, Parasailing u. v. m.
Am Hafen von Latsí
Tel. 26 32 20 95, www.latchiwatersportscentre.com

ARAOUZOS TAVERN €€

Rustikale Taverne in traditionellem Ambiente mit Kaminfeuer im Winter, schöner schattiger Innenhof. Gute landestypische Küche, hervorragendes Mezé.
Káthikas, Georgiou Kleanthous 17, zwischen Pólis und Páfos
Tel. 99 23 17 64

MOUSTAKALLIS TAVERN €€

Die Taverne wurde vom »Mann mit dem Moustache« gegründet. Inzwischen ist seine Familie in zweiter und dritter Generation für die leckeren, traditionellen Speisen in typischer Tavernenatmosphäre zuständig.
Pólis, 9is Iouliou 10
Tel. 26 32 28 83

ART CAFÉ KIVOTOS 3000 €€

Eine ruhige, grüne Insel in der Altstadt. Für alle, die sich nach deutschem Kuchen, leckeren Säften und Büchern zum Schmökern und der wunderbaren Gastfreundschaft von Tine sehnen.
Pólis, gegenüber Polizeistation
Tel. 99 55 51 93

FINIKAS €€

Gute, landestypische Gerichte. Besonders empfehlenswert: Lamm mit Bohnen.
Pólis, in der Fußgängerzone
Tel. 26 32 34 03

MOSFILOS TAVERN €€

In einem alten türkischen Kaffeehaus werden typisch traditionelle Gerichte mit lokalen Zutaten serviert. Unprätentiös und schmackhaft.
Pólis, Arsinois Street 23
Tel. 26 32 21 04

HALFWAY HOUSE RESTAURANT ARGAKA €€

Authentisch, schön, mit Blick aufs Meer. Sehr freundlicher Service und schmackhaftes Essen. Ein Wohlfühlort auf der Terrasse.
Argaka
Küstenstraße Pólis – Argaka
Tel. 26 32 21 29

POLIS HERB GARDEN €€

In einem umgebauten alten Haus inmitten eines neu angelegten Gartens kann man schmackhaftes Essen, verfeinert mit organisch angebauten Kräutern, und die

charmante Gastfreundschaft des Wirtes Tassos genießen.
Pólis, Arch. Makariou III 24
Tel. 99 58 63 54
www.polisherbgarden.com

PORTO LATCHI €€

Gutes Fischrestaurant in einer alten ausgebauten Johannisbrotscheune mit traditioneller Arkaden-Architektur, Terrasse zum Meer (auf der anderen Straßenseite). Abends in der Saison griechische **Live-Musik** oder Jazz. Im oberen Stockwerk eine gemütliche Café-Bar.
Latsí, Tel. 26 32 15 30
www.portolatchi.com

CHRISTOS TAVERN €

Urige Dorftaverne in einem alten Haus, lokale Hausmannskost.
Droúseia, Dorfzentrum
Tel. 99 42 85 86

ANASSA €€€€

Das 1998 eröffnete Hotel Anassa (»Königin«) ist das Luxushotel Zyperns. Direkt über dem Meer, einen wunderschönen Sandstrand zu Füßen, gilt es als Treffpunkt der Reichen und des Jet-Set. Mosaiken, Keramiken, Marmorinkrustationen und andere edle Materialien schmücken den prachtvollen Bau, der aus verschiedenen Wohneinheiten, Fitness- und Spa-Bereich besteht und einen wunderbaren Garten besitzt.
Zwischen Latsí und »Aphrodite Beach«
Tel. 26 88 80 00
www.anassa.com

ELYSIUM €€€€

Neben den Königsgräbern gelegen, bietet das Fünfsterne-Deluxe-Hotel Luxus, Ruhe und Abgeschiedenheit in elegantestem Ambiente. »Paradiesisch« ist auch der Spa-Bereich.
Káto Páfos, Vasilissis Verenikis
Tel. 26 84 44 44
www.elysium-hotel.com/de

APHRODITE BEACH €€

Von hier aus können Wanderer und Mountainbiker direkt auf die Akámas-Halbinsel starten. Das von einer Familie geführte Hotel liegt an einem ruhigen Kieselstrand mit glasklarem Wasser.
4 km westl. von Latsí
Tel. 26 32 10 01
www.aphrodite-beachhotel.com

DROUSHIA HEIGHTS HOTEL €€

Modernes, gut ausgestattetes Hotel in schöner Hanglage mit Blick auf Hügel, Berge und Meer und einem großem Swimmingpool. Gut geeignet als Ausgangspunkt für Wanderungen.
Droúseia, Páfos
Tel. 26 33 22 00
www.droushiaheightshotel.com.cy

STEPHANOS HOTEL APARTMENTS €€

Nette, familiär geführte Anlage aus verschiedenen Apartmentblocks.
Pólis, Arsinoe Street 8
Tel. 26 32 24 11
www.stephanos-hotel.com

SOULI BEACH HOTEL €

Haus in ruhiger Lage direkt an der Küste mit schlicht möblierten Zimmern, Pool und hübschem Terrassenrestaurant. Die Bäder der Aphrodite sind nur 4 km entfernt.
Westl. von Latsí
Tel. 26 32 10 88
www.soulibeachhotel.com

Von der Bronzezeit bis zur Teilung Zyperns

Orts-geschichte

In der späten Bronzezeit gründeten vermutlich achäische Einwanderer die Siedlung **Márion**, die um 1000 v. Chr. zu einem Stadtkönigtum heranwuchs. Erst durch den Kupferabbau erwarb die Stadt im 5. Jh. ein gewisses Ansehen. In den Auseinandersetzungen mit den Persern um 499 v. Chr. stellte sich Márion zunächst auf deren Seite, verweigerte jedoch anschließend die geforderten Tributzahlungen. Bei den Thronstreitigkeiten nach dem Tod Alexanders d. Gr. ergriff Márion Partei für den Diadochen Antigonos. Nach dem Sieg von Ptolemaios I. wurde es Ende des 4. Jh.s dem Erdboden gleichgemacht. Ptolemaios II. ließ die Stadt wieder aufbauen und nannte sie **Arsinóe**. Unter byzantinischer Herrschaft erhielt sie den Namen **Pólis tis Chrysochoús** (»Stadt des goldhaltigen Landes«). Während der Konflikte zwischen der griechischen und der türkischen Bevölkerungsgruppe in den 1960er-Jahren wurde Pólis durch türkische Luftangriffe abermals schwer beschädigt. Nach der **Teilung** Zyperns mussten türkische Zyprer die Stadt verlassen.

Funde aus Márion und Arsinóe

Archäo-logisches Museum

Das **Archäologische Museum** in einem neoklassizistischen Gebäude präsentiert Funde des Stadtkönigtums Márion/Arsinóe und der Umgebung vom Neolithikum bis ins Mittelalter. Besonders beachtenswert sind die archaischen »Free-Field«-Keramikgefäße mit Vogel- oder Fischmotiven (Raum I), interessant außerdem die Rekonstruktion eines **Schiffsrumpfs** mit Amphoren, Münzen, Tonfiguren und Schmuck.
Sehenswert ist auch die Kirche **Ágios Andrónikos** (Schlüssel im Museum), die bis 1974 als Moschee genutzt wurde und im Inneren mit byzantinischen Fresken des 16. Jh.s geschmückt ist.

Museum: Arch. Makariou III Av. | Mo.–Fr. 8–16, Sa. 9–15 Uhr

Auf der Akámas-Halbinsel

(Nicht nur) Action und Fun

Latsí

Der kleine Ort Latsí (Λατσί) liegt wenige Kilometer westlich von Pólis. Bis Anfang der 1990er-Jahre war er ein verträumter, malerischer Fischerhafen mit bunten Booten. Die alten **Lagerhäuser** für die Früchte des Johannisbrotbaums (Karuben) wurden vor einigen Jahren in schicke Restaurants und Tavernen umgestaltet. Heute reisen in der Hochsaison Hunderte von Tagesurlaubern mit Reisebussen an, um an der belebten Strandpromenade entlang zu bummeln. Abends gibt es zyprische Live-Musik. Von Latsí aus kann man schöne **Bootsausflüge** entlang der Küste zum **Kap Arnaoútis** (Ακρωτήριο Αρναούτης) unternehmen, dem westlichsten Punkt von Zypern. Viele Boote stoppen zwischendurch zum Baden oder Tauchen in den kristallklaren Buchten, die allerdings felsige Strände haben.

APHRODITES LIEBESQUELLE

Müde? Abgespannt? Die alten Zyprer wussten einen Rat: Trink' aus der **Fontana Amorosa**, Aphrodites Liebesquelle. Leider ist die Stelle 5 km westlich der Bäder der Aphrodite inzwischen verschüttet. Trotzdem lohnt es sich, hinzufahren, besonders mit dem Mountainbike von Pólis aus (mehrere Radverleihe). Das Gefälle auf der Akámas-Halbinsel ist nicht sehr groß, und auf der 12 km langen Fahrt entlang der Steilküste eröffnen sich immer wieder herrliche Ausblicke auf die weit geschwungene **Chrysochoús-Bucht**. Und wenn man dann einen Schluck aus der eigenen Flasche nimmt, fühlt man sich gleich wieder viel jünger.

Auf den Spuren der antiken Liebesgöttin

Bäder der Aphrodite

Von Pólis aus erreicht man nach ca. 8 km das Restaurant »Baths of Aphrodite«. Dort endet die Asphaltstraße und damit die Fahrt für Pkws und Busse. Nur geländegängige Fahrzeuge können gen Westen weiterfahren. Ein von Johannisbrot-, Feigen- und Eukalyptusbäumen beschatteter Pfad führt zu den 200 m entfernten Bädern der Aphrodite/Loutrá tis Afrodítis (Λουτρά της Αφροδίτης). Aus einer Felsnische tritt Süßwasser in einen Teich, in dem Aphrodite dem Mythos zufolge im Schatten eines Feigenbaums gebadet haben soll. (Heute ist Baden hier verboten.) Dabei wurde sie von **Akámas**, dem Sohn des Theseus, überrascht. Sie verliebten sich ineinander. Das Liebesabenteuer wurde jedoch durch den Verrat einer alten Frau, der personifizierten Verleumdung, jäh beendet, und Aphrodite musste auf den Olymp zurückkehren. An der Grotte beginnen gut ausgeschilderte Wanderwege.

Küstenstraße um die Bucht von Chrysochoús

Östlich von Pólis

Östlich von Pólis liegen die ehemaligen **Kupferbergwerke**, deren Produktion 1979 eingestellt wurde. Noch heute sieht man verlassene Lagergebäude und Verladeanlagen der Límni-Mine. Die gut ausgebaute, doch kaum befahrene **Küstenstraße** um die Bucht von Chrysochoús führt entlang eines vom Tourismus wenig berührten Küstenstreifens.

Die Dörfer waren bis zum Beginn des Bürgerkrieges griechisches und türkisches Siedlungsgebiet. Seit Flucht und Vertreibung der türkischen Bewohner stehen viele Häuser leer und verfallen zunehmend. Vereinzelt siedelten sich griechische Familien hier an, die vom Ertrag der Avocado- und Zitrusplantagen leben.

Im Örtchen **Pomós** (Πωμός) findet man kleine Buchten und einen malerischen Hafen vor einsamer Bergkulisse, der bis 1974 ein wichtiger Fischerhafen war. Nicht weit entfernt, im in den Berghängen gelegenen Dorf Gialia, findet im Spätsommer ein beliebtes Jazzfestival statt (► S. 62, S. 393).

Pilgerkirche des heiligen Rafaíl

Pachýammos

Zu den wenigen Sehenswürdigkeiten dieser Strecke zählt die Pilgerkirche **Ágios Rafaíl** aus den 1990er-Jahren in Pachýammos (Παχύαμμος) mit Fresken im traditionellen Stil zur Vita des jüngsten Heiligen der orthodoxen Kirche, dessen Gebeine erst 1959 auf Lesbos entdeckt wurden. Der im 15. Jh. von den Türken zu Tode gefolterte hl. Rafaíl wird hier mit seinen Leidensgenossen Nikolaos und Irini gezeigt. Auffallend die Darstellung schnurrbärtiger böser Türken in den Fresken. Vor der Kirche erinnert ein **Denkmal** an 60 griechische Zyprer, die bei den Kämpfen um Kókkina/Erenköy starben.

Umfahrung einer türkischen Enklave

Káto Pýrgos, Páno Pýrgos

Die Küstenstraße endet 22 km nordöstlich von Pólis bei der türkischen Enklave **Kókkina** (Erenköy), die seit 1974 von türkischen Soldaten gehalten wird. Sie zwingt den Reisenden auf schmalen, steil ansteigenden Straßen in die Berge. Wo sie bei **Káto Pýrgos** (Κάτω Πύργος), einem bescheidenen Badeort mit Kieselstrand, wieder in die Küstenstraße mündet, beginnt die Pufferzone. 4 km landeinwärts schwelen im Bergdorf **Páno Pýrgos** (Πάνω Πύργος) im Sommer Holzkohlenmeiler, die beinahe den gesamten zyprischen Bedarf an Holzkohle abdecken.

Von hier führt eine neue, kurvenreiche Straße zum Kloster ► Kýkko. Die Hauptstraße geht weiter über den Checkpoint Pyrgos-Limnítis/Yeşilırmak (► Baedeker Wissen, S. 330) nach Gemikonaği/Karavostási, ► Sóloi und ► Mórfou/Güzelyurt.

Wandern in der Ávakas-Schlucht.
Festes, wasserdichtes Schuhwerk ist unbedingt nötig!

Altes Dorf mit traditionellen Bauten

Droúseia

Etwa 10 km südlich von Pólis liegt auf einer Anhöhe Droúseia (Δρούσεια; 700 m ü. d. M.; Hotel ▶ S. 63). Von hier bietet sich ein herrlicher Blick auf die Bucht von Pólis. Das **Dorfmuseum** zeigt anschaulich die Geschichte der Akámas-Halbinsel, ihre spezifische Flora und Fauna sowie die Gerätschaften traditioneller Handwerke. Samstagvormittags werden Weben, Sticken und Instrumentenbau vorgeführt.

Museum: Mo. - Sa. 7.30–14.30 Uhr | Tel. 26 33 20 56

Sanfter Tourismus auf dem Laóna-Plateau

Laóna-Projekt

Um weitere Abwanderung aus den Dörfern zwischen Páfos und Pólis zu verhindern und das ehemalige türkisch-zyprische Siedlungsgebiet zu nutzen, begann 1980 die Umweltorganisation »Friends of the Earth«, unterstützt durch EU und Leventis-Stiftung, sanften Tourismus auf dem Laóna-Plateau zu etablieren: In den Dörfern Káthikas, Páno und Káto Akourdáleia, Milioú und Krítou Térra, deren einzige Einnahmequelle bisher Landwirtschaft war, werden Häuser restauriert und in Ferienwohnungen umgewandelt, ohne den Dorfcharakter zu zerstören – eine nachhaltige Alternative zum Massentourismus. Ein Umweltzentrum bietet in **Krítou Téra** (Κρίτου Τέρα) in der restaurierten Volksschule Lehrgänge und Exkursionen an.

Cyprus Environmental Studies Center: Krítou Téra, Páfos
Tel. 26 33 25 32 | www.terracypria.org

Ein Erlebnis für Naturfreunde

Ávakas-Schlucht

Einen weiteren Zugang zur Akámas-Halbinsel gibt es von Süden her. Die asphaltierte Küstenstraße endet knapp 25 km nördlich von Páfos hinter dem Ort Ágios Geórgios (▶ S. 196). Von hier gelangt man mit dem Geländewagen oder zu Fuß zur 3 km langen Ávakas-Schlucht (Φαράγγι Άβακα), durch die der gleichnamige Bach führt – teilweise fließt er unter der Erdoberfläche. Man sollte festes Schuhwerk tragen, denn die Felsen sind oft glitschig. Atemberaubend ist die etwa 500 m lange, manchmal nur 1 bis 2 m breite Hauptschlucht mit bis zu 250 m hoch aufragenden Felswänden. Beeindruckende Tropfsteine, seltene Pflanzen wie die nur hier vorkommende Flockenblume Centaurea akamantis, wilde Johannisbrot-, Feigen- und Olivenbäume, Zypressen sowie Oleander machen diese Schlucht für jeden Naturfreund zum Erlebnis (bis zur Hauptschlucht und zurück ca. 2 Std.). Vorsicht: Vor allem bei nassem Wetter besteht die Gefahr von Steinschlägen.

Schutzprojekt für Meeresschildkröten

Lára-Bucht

Mit einem geländegängigen Fahrzeug kann man auf einem 5 km langen Feldweg von Ágios Geórgios bis zur **Lára-Bucht** fahren. An diesem felsigen Strand betreibt die zyprische Fischereibehörde ein Projekt zum Schutz von Meeresschildkröten (▶ Baedeker Wissen, S. 246). Im Sommer darf der Strand nur mit Einschränkung betreten werden.

 ASÍNOU

Griechisch: Ασίνου | **Höhe:** 450 m ü. d. M.

Die kleine, unscheinbare Scheunendachkirche verschwindet fast in der Landschaft. Die niedrige Tür zum steinernen Innenraum eröffnet einen farbigen Kosmos: Von oben bis unten ist die Kirche mit byzantinischen Fresken ausgemalt, die zu den ältesten und schönsten Zyperns zählen. Der alte Wärter, fast verschmolzen mit der bemalten Wand im Hintergrund, reicht eine Taschenlampe. Das Licht flackert kurz über die ernsten Heiligengesichter. Gerne lassen Zyprer in dieser Schönheit ihre Kinder taufen. Die Heiligen an den Wänden blicken streng auf die Taufgesellschaft im Narthex und lassen sich nicht vom lauten Geschrei der Kinder beeindrucken, die ins Heilige Wasser getaucht werden.

In den nördlichen Ausläufern des ▶ Tróodos-Gebirges, geschützt in einem bewaldeten Tal und gut über die Hauptstraße Nikosia – Tróodos und das Dorf **Nikitári** (Νικητάρι) zu erreichen, wartet das Juwel auf die staunenden Besucher: die kunsthistorisch bedeutendste der zehn zum UNESCO-Weltkulturerbe zählenden **Scheunendachkirchen**. An Sonn- und Feiertagen ist sie beliebtes Ausflugsziel, so haben sich in der Umgebung zwei Tavernen etabliert, die während der Saison und an Feiertagen geöffnet sind.

Im Mittelalter gab es hier einen kleinen Ort namens Asínou, der vermutlich schon im 11. Jh. v. Chr. von Siedlern der antiken Stadt **Asine** in der Argolis (Peloponnes) gegründet worden war.

Wer in Asínou einkehren möchte, bekommt im **Kentro Forviótissa** (€€, Tel. 22 99 99 22) gute traditionelle Küche.

 Panagía Forviótissa

Klosterkirche im einsamen Bergtal

Kirchengebäude

Die im 12. Jh. erbaute Kirche (auch Panagía tis Asínou, Παναγία της Ασίνου) gehörte zu dem bis ins 18. Jh. existierenden Kloster der Panagía »Forvia«, benannt wohl nach den hier in großen Mengen wachsenden Wolfsmilchgewächsen (Euphorbiaceae). Das Kirchengebäude besitzt nur ein Schiff mit Ostapsis und ist mit einem Tonnengewölbe versehen. Der Ende des 12. Jh.s hinzugefügte **Narthex** (Vorhalle) erhielt im Süden und Norden apsisartige Ausbuchtungen. Während der Bau des frühen 12. Jh.s aus Bruchsteinen und Kalkmörtel gemauert worden war, benutzte man für den Narthex bereits behauene Sandsteinquader.

Die Fresken von Asínou gehören zu den wertvollsten in den UNESCO-Scheunendachkirchen im Tróodos-Gebiet.

Als Zypern byzantinische Provinz war

Kirchenstifter

Eine **Inschrift** unter der Darstellung der hll. Konstantin und Helena besagt, dass Nikiphoros »Magistros« (in byzantinischer Zeit ein hoher Beamter oder Richter) um 1105/1106 Kirche und Ausmalung stiftete. Der später angefügte Narthex trägt unter der Darstellung des hl. Georg eine weitere Inschrift mit Stifternamen Nikiphoros, dem »Heiler und Betreuer von Pferden«. Eine Inschrift über der Narthextür nennt das Datum 1333 mit Stifter Theophilos. In dieser Zeit wurden Kirche und Narthex erneut freskiert. Ein Stifterbildnis (frühes 14. Jh.) über der Südtür der Kirche zeigt Nikiphoros Magistros während der Übergabe der Kirche an die Muttergottes: das Gebäude besaß damals offensichtlich noch keinen Narthex, war jedoch schon mit einem Satteldach aus Holz gedeckt.

Jahrhunderte alter leuchtender Bildzyklus

Fresken

Die Malereien von Asínou sind aufgrund hervorragender Restaurationsarbeiten des Dumbarton Oaks Institute der Harvard University Mitte der 1960er-Jahre in klaren Farben erhalten. Die **ältesten Fresken** (Anfang des 12. Jh.s) finden sich im Altarraum und Westteil des Naos

(Hauptraums): Die rhythmisch bewegten Gestalten zeigen Adel und Vergeistigung in zarten Pastelfarben, entsprechend dem klassisch-höfischen »**Komnenenstil**«. In der Wölbung der Apsis ist der byzantinischen Tradition entsprechend Maria mit erhobenen Händen als »Theotókos« (Gottesgebärerin) abgebildet, flankiert von zwei Engeln (im 14. Jh. übermalt). Unter ihr verweist die Apostelkommunion auf das Abendmahl: Jesus verteilt Brot und Wein, Judas dreht ihm den Rücken zu und nimmt das Brot wieder aus dem Mund. Die ganz unten abgebildeten Kirchenväter sollen die Zeitlosigkeit der Kirche versinnbildlichen.

In den Nischen des Altarraums sind Geburt und der Tempelgang Mariens zu erkennen. Das durch pfeilerartige Vorlagen abgetrennte Westjoch birgt ebenfalls Fresken des 12. Jh.s Im Gewölbe ist die Darstellung des Pfingstwunders zu sehen. An der Südwand erscheinen die Auferweckung des Lazarus sowie die Hll. Konstantin und Helena. Die Westwand zeigt den Einzug in Jerusalem, das Letzte Abendmahl und den Tod Mariens, die Nordwand unter der Fußwaschung die 40 Märtyrer von Sebaste, die auf einem zugefrorenen See den Erfrierungstod erlitten.

Die **Fresken des 14. Jh.s** unterscheiden sich deutlich von den frühen Malereien. Die gedrungenen, rustikal wirkenden Figuren im »**Paläologenstil**« sind dunkler und kontrastreicher. Der Einfluss westlicher Vorbilder ist etwa in der Bekleidung der Soldaten erkennbar. Im Gewölbe über der Südtür beginnen die Szenen mit der Geburt Christi, Darbringung im Tempel, Taufe und Verklärung. Auf der anderen Seite sind Judaskuss, Kreuztragung, Kreuzigung und Grablegung dargestellt. Die unterste Zone bilden Darstellungen verschiedener Heiliger der Ostkirche. Auf den pfeilerartigen Vorlagen, die zum Westjoch überleiten, sieht man die Apostelfürsten Petrus und Paulus. Im Narthex sind die Hll. Georg, Mamas auf dem Löwen, der Erzengel Gabriel und die Hl. Anastasia abgebildet. In der Kuppel thront der Pantokrator, umgeben von Engeln. An der Westwand über der Türe und in den Halbkuppeln auf Süd- und Nordseite prangen einzelne Szenen aus dem Zyklus des Jüngsten Gerichtes, besonders spannend: die detaillierte Darstellung der Höllenqualen.

Tel. 22 85 29 22 | Mo.–Sa. 9.30–16, So. 11–16 Uhr

Rund um Asínou

Wanderung nach Ágios Theódoros Soléas

Natur-lehrpfad

Von Asínou Richtung Westen verläuft ein gut markierter Naturlehrpfad mit zauberhaften Ausblicken auf die nördlich gelegene Mórfou-Bucht bis nach Ágios Theódoros Soléas (Άγιος Θεόδωρος Σολέας). Im Frühjahr sind neben anderen Pflanzen auch viele Orchideen zu bewundern (5,6 km; ca. 2 Std.).

Fresken aus venezianischer Zeit

Vizakiá

Gut 6 km nördlich von Asínou liegt die kleine Erzengelkirche (**Archángelos Michail**) von Vizakiá (Βυζακιά), mit Fresken des 16. Jh.s, die aufgrund ihrer auf den ersten Blick naiv wirkenden, doch eindrucksvollen Malweise eines lokalen Künstlers einen Besuch wert sind. Sie stammen aus der venezianischen Epoche und lassen deutlich westlichen Einfluss erkennen.

Dargestellt ist die Lebensgeschichte Christi: auf der Südwand Verkündigung, Geburt, Darbringung im Tempel, Taufe und Auferweckung des Lazarus, auf der Westwand die Kreuzigung. Der Soldat, der Christus den Speer in die Seite stößt, ist hier in venezianischer Adelstracht gegeben. Unter dieser Szene ergänzen Fußwaschung, Abendmahl, Verrat und Kreuzesabnahme die Leidensgeschichte. Ein Beispiel für die volkstümliche, lebendige Erzählweise ist das Abendmahl: Die Apostel halten Gabeln in den Händen. Beim Judaskuss führen die Soldaten venezianische Schwerter.

Schlüssel beim Dorfpfarrer; im Kafeníon fragen

★ CHOIROKOITÍA

Griechisch: Χοιροκοιτία | **Höhe:** 100–200 m ü. d. M.

Bereits im 7. Jt. v. Chr. wohnten hier Menschen, schleppten Steine aus dem Bett des Margni-Flusses und errichteten daraus die Fundamente kleiner runder Häuser. Hier bauten sie Getreide an, hielten Katzen und bestatten ihre Toten. Die aus neolithischer Zeit stammende Ausgrabungsstätte von Choirokoitía, seit 1999 UNESCO-Welterbe, gehört zu den ältesten Siedlungen der Welt.

Früheste Siedler Zyperns

Ursprünglich Jäger und Sammler, wurden die Menschen während der Jungsteinzeit allmählich sesshaft, widmeten sich der Domestizierung wilder Tiere, wie Knochenfunde von Schafen, Ziegen und Tauben beweisen, und betrieben systematischen Ackerbau. Die ersten Kolonisten Zyperns kamen aus Syrien und Kilikien an der türkischen Küste und ließen sich an den wasserreichen Ausläufern der Gebirge nieder. Die **Ausgrabungsstätte** von Choirokoitía (sprich: Chirokitía) liegt etwa 7 km von der Südküste entfernt zwischen ▶ Lárnaka und ▶ Limassol, unweit der Autobahn.

Weitere **neolithische Siedlungen** fand man in Kalavasós (▶ S. 75) bei Choirokoitía, Pétra tou Limníti an der Nordküste, Sotíra bei Koúrion, Shillourokambos und anderen Orten.

Ausgrabungen

Älteste menschliche Ansiedlung

Grabungsanlage

Am Fuß des Südhanges, an dem sich Choirokoitía hinaufzieht, sicherte der Fluss Maróni die Wasserversorgung der Siedlung. Kurz hinter dem Kartenhäuschen wurden fünf neolithische Bauten mit sonnengetrockneten Lehmziegeln, gestampfter Erde, Kalksteinblöcken und Flusskieseln rekonstruiert. Im Innern erkennt man Herdstellen und Schlafzonen. Ebenfalls rekonstruiert wurde die Rampe, über die man das Ausgrabungsgelände betritt. In dem etwa 3 ha großen neolithischen Dorf lebten vermutlich 300 – 600 Menschen.

Tgl. 8.30–19.30, im Winter bis 17 Uhr | 2,50 €

Rundhäuser aus Stein und Lehm

Thóloi

Beiderseits der Mauer, die vom Fluss Maróni den Hügel hinaufführt, reihen sich Rundhäuser, sogenannte Thóloi. Die größten Steinbauten (Durchmesser 5–8 m) konnten zwei bis drei Personen beherbergen, während die kleineren (2–3 m) wohl als Stall oder Vorratskammer dienten. Familien bewohnten mehrere Häuser in einer Art Gehöft. Die vermutlich flach gedeckten Gebilde besitzen ein bis heute erhaltenes, etwa 0,5 m starkes Fundament aus Fluss- und Feldsteinen. Darü-

In solchen Rundhäusern lebten die Menschen auf Zypern in der Jungsteinzeit. Rekonstruierte Thóloi in Choirokoitía.

ber setzte man einen flachen Aufbau aus Lehmziegeln. Einige Häuser besaßen pfeilerartige Stützen im Innern, die ein Zwischengeschoss trugen. Der Boden bestand aus gestampftem Lehm. Eine Sitzbank, Tische und Herdstelle dienten wahrscheinlich als Einrichtung.

Glaube an ein Leben im Jenseits

Bestattungs-rituale

Die Steinzeitmenschen bestatteten ihre Toten unter dem Lehmboden ihrer Häuser. Da mehrere Generationen im selben Haus begraben waren, fand man in einigen Gebäuden bis zu 26 Skelette in Hockstellung, auf der Seite liegend. Aus Angst vor einer Wiederkehr bedeckte man die Leichen mit einem schweren Stein. Schmuck, Vorratsgefäße, Opferschalen, Werkzeuge und Waffen als bevorzugte Grabbeigaben bestätigen den Glauben an ein Leben im Jenseits. Die **Gräber der Frauen** waren reicher ausgestattet als die der Männer; hier fand man Ketten aus Karneol und Klingen aus Obsidian, einem harten, glasartigen Lavagestein, das vom Festland importiert wurde. Die Lebenserwartung der Menschen lag damals bei 33–35 Jahren.

Zwei Besiedlungsschübe

Befestigungsmauer

Ein etwa 2 m breites, 3 m hohes Mauerband schlängelt sich vom Fluss den Hügel hinauf und auf der anderen Seite wieder hinab. Es gehört zu einer Befestigungsmauer, die das erste Dorf schützte. Als es im 4. Jt. v. Chr. neuen Zulauf erhielt, wurden jenseits davon weitere Thóloi errichtet. So gibt die Mauer Aufschluss über zwei Besiedlungsschübe, eine keramiklose Phase, beginnend im 7. Jt. v. Chr., und nach einer rätselhaften Pause von 1500 Jahren im 4. Jt. v. Chr. die Epoche der **Kammstrich-Keramik**. Bis heute ist nicht geklärt, warum Choirokoitía nach dem 4. Jt. v. Chr. nicht mehr bewohnt war.

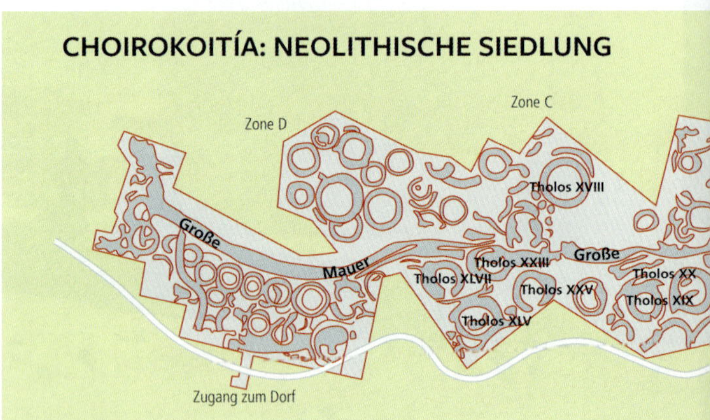

Rund um Choirokoitía

Grabungen aus Jungsteinzeit und Bronzezeit

Kalavasós

Eine weitere neolithische Siedlung findet man bei dem 10 km südwestlich von Choirokoitía gelegenen Ort Kalavasós (Καλαβασός). Kurz vor Kalavasós fährt man links über die Brücke, die den Vasilikós überquert. Hier stehen noch einige alte Waggons des Erzabbaus rund um den Ort. Schon von Weitem erkennbar, schützt unweit der Autobahn ein großes gelbes Zelt mit einer kunstvollen Holzkonstruktion die gut erhaltenen jungsteinzeitlichen **Rundbauten von Ténta** vor Witterungseinflüssen. Hier soll die hl. Helena, Mutter Konstantins d. Gr., um 327 ein Zelt (»Tenta«) aufgeschlagen haben, bevor sie die Kreuzesreliquie ins Stavrovoúni-Kloster (▶ S. 169) trug. Unter dem Fußboden der Thóloi-Bauten entdeckte man ebenfalls Skelette. Zu den interessantesten Funden gehören die ersten **Wandmalereien** Zyperns aus vorgeschichtlicher Zeit (heute im Archäologischen Museum in Nikosia; ▶ S. 169) und ein vollständig erhaltenes Kinderskelett aus dem 7. Jt. v. Chr.

Einige hundert Meter weiter Richtung Autobahn liegen die bronzezeitlichen **Ausgrabungen** von Kalavasós/Ágios Dimítrios, die eine längere Besiedlungskontinuität beweisen als die der Siedlung von Choirokoitía.

Kalavasós-Ténta: Mo.–Fr. 9.30–16 Uhr | 2,50 €

Agrotourismus und Entspannung am Meer

Tóchni, Zígi

In Kalavasós selbst sowie im östlich davon gelegenen **Tóchni** (Τόχνη) sind Unterkünfte eines Agrotourismus-Projekts zu finden. In der Umgebung kann man in **Zígi** (Ζύγι) am Meer sitzen, im »Captain's Table« (€€€ | Tel. 24 33 37 37 | www.captaintable.com) Fisch essen oder dem Bergbau am Reservoir von Kalavasós nachspüren.

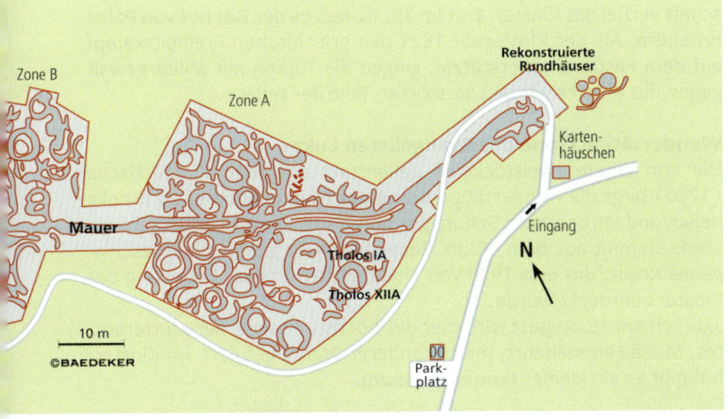

CHRYSORROGIÁTISSA-KLOSTER

Griechisch: Μονή Χρυσορρωγιάτισσας | **Höhe:** 850 m ü. d. M.

Schon die Fahrt von Pólis oder Páfos durch abwechslungsreiche Landschaft mit grünen Hügeln, Weinfeldern und idyllischen Bergdörfern ist ein Erlebnis. Nach der letzten Kurve gelangt man zum aussichtsreich gelegenen Kloster, griechisch Moní Panagías Chrysorrogiátissas. Nach außen noch abweisend, offenbart es seinen Reiz erst im malerischen Innenhof mit Kirche und Weinkeller.

Am Tróodos-Gebirge

Von ▶ Páfos fährt man über die Hauptstraße Richtung Pólis Chrysochoús bis kurz vor Stroumpí, wo man rechts nach Polémi abbiegt. Man folgt einer gut ausgebauten Straße, die allmählich ins Tróodos-Gebirge ansteigt. Das Kloster liegt etwa 3 km südlich des Ortes **Páno Panagiá** (▶ S. 78). Davor steht eine 110 Jahre alte Pinie.

Heilige Jungfrau vom Goldenen Granatapfel

Gründungslegende und Geschichte

Die Ursprünge des Klosters reichen bis 1152 zurück, als der Mönch Ignatius in einer Höhle bei Geroskípou eine **Ikone** unversehrt aus einer Feuerglut gerettet haben soll. Eine andere Version besagt, eine Frau habe diese während des Bilderstreits im 8./9. Jh. bei Konstantinopel ins Meer geworfen. Von den Wellen in Zypern an Land gespült, wurde sie von einem Fischer entdeckt, der sie in einer Höhle versteckte. Später führte die Ikone, die vom Evangelisten Lukas gemalt worden sein soll, zur Gründung des der »Heiligen Jungfrau Maria vom Goldenen Granatapfel« geweihten Klosters. Während der türkischen Herrschaft verfiel das Kloster. Erst im 18. Jh. ließ es der Bischof von Páfos erneuern. Als der Klosterabt 1821 den griechischen Freiheitskampf auf dem Festland unterstützte, gingen die Türken mit Militärgewalt gegen das Kloster vor und zerstörten Teile der Anlage.

Wundertätige Ikone des Evangelisten Lukas

Klosterkirche

Die von einem zweistöckigen Zellentrakt umgeben Klosterkirche (1770) birgt die wundertätige **Ikone der Muttergottes**, die Kranke heilen und Verbrechern Schutz gewähren soll. Die geschnitzte Ikonostasis stammt aus dem 18. Jh. Bemerkenswert ist ein silberbeschlagenes Kreuz, das erst 1970 von einem Hirten in der Umgebung des Klosters entdeckt wurde.
Jährlich am 15. August wird hier der höchste Festtag der Muttergottes, Mariä Himmelfahrt, mit besonderer Pracht gefeiert. Im Klosterhof gibt es ein kleines **Ikonenmuseum**.

Tgl. 9.30/10–12.30, 13.30–16/18.30 Uhr | Tel. 26 72 24 57

Im Chrysorrogiátissa-Kloster ist eine bekannte Weinkellerei zu Hause.

Weinkeller und Klosterinnenhof

Weinkellerei

Das Kloster besitzt 84 **Weinberge** in Lagen bis 1500 m. Im **Klosterkeller** kann man einen Blick in die Weinkellerei mit ihren großen Eichenfässern werfen. Nach überlieferten Methoden wird hier aus heimischen Rebsorten Wein gekeltert: der weiße Xynistéri und die roten Ophthalmo, Mavro und Maratheftiko (▶ Baedeker Wissen, S. 375). Fünf verschiedene Weiß-, Rot- und Roséweine der Marke Monte Rogia werden produziert, darunter der trockene rote Ágios Elías mit Abendmahlszene auf dem Etikett.
Sehr hübsch ist der mit Blumen geschmückte **Innenhof** des Klosters mit einem kleinen **Weinladen**. Die **Klostertaverne** ist genau der richtige Ort, um die Seele baumeln zu lassen: Hier kann man unter Lauben sitzen, den Blick auf das weite Weintal zu Füßen – und den großartigen Klosterwein genießen.

Rund um Chrysorrogiátissa

Auf den Fundamenten eines antiken Heiligtums

Agía Moní

Das kleine **Kloster** Agía Moní (Αγία Μονή), knapp 2 km südlich, soll im 4. Jh. vom hl. Nikolaus auf den Ruinen eines antiken Heiligtums gegründet worden sein. Antike Spolien (Bauteile) wurden in die Mauern der im 17. und 19. Jh. erneuerten Anlage eingefügt.

Berühmter Sohn eines kleinen Winzerorts

Páno Panagiá

In dem 800 m hoch gelegenen kleinen Winzerort Páno Panagiá (Πάνω Παναγιά) 3 km nördlich von Chrysorrogiátissa wurde Erzbischof **Makarios III.** (► Baedeker Wissen, S. 362) geboren. Das aus zwei Räumen bestehende, fensterlose **Geburtshaus** mit gestampftem Lehmboden, in dem Makarios am 13. August 1913 zur Welt kam, kann besichtigt werden (Schlüssel im Makarios Cultural Centre). Der vordere Raum diente der gesamten Familie als Ess-, Wohn- und Schlafzimmer. Im hinteren war das Vieh untergebracht. Fotos und Gebrauchsgegenstände dokumentieren das Leben des großen Kirchenfürsten. Im kleinen **Makarios Cultural Centre** am Dorfplatz sind zudem Familienfotos und Kleidung des Erzbischofs und späteren Staatspräsidenten zu sehen.

Tgl. 9/10–13, 14–17/18 Uhr | Kulturzentrum 0,50 €

FIKÁRDOU

Griechisch: Φικάρδου | **Höhe:** 886 m ü. d. M.

Man glaubt, durch einen Film aus alter Zeit zu gehen. Das idyllische Bergdorf Fikárdou, aufgrund seiner abgelegenen Lage fast vollständig verlassen, wurde zu einer fotogenen Kulisse der Sehnsüchte. Seit 1978 steht es unter Denkmalschutz, 1987 wurde es mit dem »Europa Nostra«-Preis ausgezeichnet.

Nationaldenkmal

Als eines von wenigen zyprischen Bergdörfern blieb Fikárdou im Tróodos-Gebirge vom rasanten Fortschritt der letzten Jahrzehnte mit modernen, großzügigen Wohnhäusern verschont. Hier bekommt man noch eine Vorstellung vom **traditionellen Dorfleben**. Außer Menschen können nur Tiere die schmalen, gepflasterten Gässchen passieren. 1946 wohnten noch 120 Menschen hier.

Die wenigen Bewohner, die heute noch hier leben, beschäftigen sich mit Weinbau, brennen Dzivanía (Tresterschnaps) und stellen aus Traubensaft die Süßigkeit **Kiefterka** (ein mit Rosenwasser, Zimt, Mastix und Mehl abgeschmecktes Gelee) und das Kerzen ähnelnde Konfekt **Soutzoúkos** aus Walnüssen oder Mandeln her, das mit einer Traubensaft-Kuvertüre überzogen wird.

Bilderbuch-Museumsdorf

Architektur der Häuser

Die meisten Steinhäuser sind zweistöckig, die Räume im Erdgeschoss dienen als Lagerräume und Ställe. Eine Ecke ist jeweils für eine kleine **Weinpresse** vorgesehen. Das Flachdach der unteren Räumlichkeiten

wird u. a. zum Trocknen der Weintrauben genutzt. Ein Teil dient als Veranda für den Wohntrakt im Obergeschoss. Dieses besteht aus einem einzigen, nur durch Holzpfeiler unterteilten Raum. Meist gehört auch ein kleiner Hof zum Haus, begrenzt von einer Steinmauer.
Die beiden wichtigsten Gebäude, das **Haus des Katsinioros** (am Nordrand des Dorfes) und dahinter das **Haus des Achilleas Dimitri**, bieten anhand ihrer ursprünglichen Einrichtung und Fotos Einblick in das traditionelle Leben eines zyprischen Tróodos-Gebirgsdorfes.
In der **gemütlichen Taverne** an der Dorfeinfahrt wird zyprische Hausmannskost serviert. Etwa 8 km entfernt liegt das Machairás-Kloster.
Museumsdorf: tgl. 8.30/9.30–16/17 Uhr

Machairás-Kloster

Ein Symbol für Macht und Pracht

Moni Panagía Machairás

Zahlreiche Legenden ranken sich um das in malerischer Lage thronende Kloster Moní Panagía Machairás (Μονή Παναγία Μαχαιράς) in den östlichen Ausläufern des ▶ Tróodos-Gebirges, das Macht und Pracht von Byzanz symbolisiert. In den 1950er-Jahren spielte es eine wichtige Rolle im **Freiheitskampf** als Unterschlupf für von den Briten gesuchte EOKA-Kämpfer.

In der »Taverna Yiannakos« kommt zyprische Hausmannskost auf den Tisch.

In den Ausläufern des Tróodos-Gebirges

Lage und Anfahrt

Südwestlich von Nikosia führt eine Straße vorbei an ▶ Tamassós zum 39 km entfernten Kloster. Die letzten Kilometer folgt man einer kurvenreichen Straße hoch bis zur malerisch am Fuß des gleichnamigen Berggipfels (1423 m) gelegenen Abtei, die mit ihren zwei benachbarten **Picknickplätzen** ein beliebtes Ausflugsziel der Hauptstädter ist. Schneller erreicht man das Kloster jedoch auf der Zufahrtsstraße über Fikárdou.

Das Kloster darf nur **in dezenter Kleidung** (keine kurzen Hosen oder Röcke!) betreten werden. Fotografieren und Filmen ist nicht gestattet.

Tgl. 8.30–17/18 Uhr | Tel. 22 35 93 34

Eines der ältesten und bedeutendsten Klöster

Gründungslegenden, Geschichte

Zwei moderne Mosaiken neben der Klostertür berichten von der Gründungslegende: Im 12. Jh. fanden die Eremiten Neóphytos und Ignatius in einer Höhle nahe dem heutigen Kloster eine **Marienikone**, neben der ein rätselhaftes **Messer** (gr. machaíri) steckte, das später zum Klosternamen führte. Als der byzantinische Kaiser Manuel Komnenos von dem Fund erfuhr, stiftete er Ländereien und Geld zur Gründung eines Klosters. Nach einer anderen Legende soll Anfang des 14. Jh.s Alice d'Ibelin, Gemahlin des Lusignan-Königs Hugo IV., in die Priesterräume der Klosterkirche eingedrungen sein, obwohl Frauen der Zutritt verboten war. Die Muttergottes strafte sie daraufhin mit Stummheit. Im selben Jahrhundert flüchtete die Familie des Königs Jacques I. vor der Pest nach Machairás.

Nachdem ein Brand Ende des 19. Jh.s das alte Kloster zerstört hatte, wurde es im neoklassizistischen Stil wieder aufgebaut. Erst Anfang der 1990er-Jahre wurden die Wandmalereien hinzugefügt.

Ikone der Muttergottes

Klosterkirche

Die viel verehrte, silberbeschlagene Ikone der Muttergottes, die wie durch ein Wunder einer Feuersbrunst des 19. Jh.s entging, ist heute in der **Ikonostasis** der Klosterkirche zu sehen. Ihr werden die Heilung von Wunden und die Fähigkeit, Regen zu spenden, zugesprochen.

In der **Sakristei** im Kellergewölbe werden religiöse Bücher und Handschriften aufbewahrt.

Gedenkstätte für einen Freiheitskämpfer

Grigoris Afxentiou

In einem kleinen Raum dokumentieren Fotografien und Kleider das Leben des in der Nähe verstorbenen zyprischen EOKA-Freiheitskämpfers Grigoris Afxentiou (1928–1957), der während der Unabhängigkeitskämpfe gegen die britische Kolonialmacht in den 1950er-Jahren Unterschlupf im Kloster fand. Als er durch den Verrat eines Bauern entdeckt wurde, zog er sich in eine Höhle unterhalb des Klosters zurück, wo er am 3. März 1957 bei einem von den Briten gelegten Brand zu Tode kam.

Auf einer **Aussichtsterrasse** hinter dem Kloster wird der Nationalheld mit einer riesigen Bronzestatue geehrt. Zur **Höhle** hinunter geht es auf einer Straße, die weiter nach Politikó (▶ Tamassós, S. 200) führt (14 km).

GALÁTA

Griechisch: Γαλάτα | **Höhe:** 600 – 620 m ü. d. M.

Galáta an den Ufern des Flusses Klarios ertrinkt buchstäblich im satten Grün. Das Dorf ist bekannt für wohlschmeckendes Gemüse und Früchte, die dort in großen Mengen produziert werden: Äpfel aller Arten, Aprikosen, Pfirsiche, Kirschen, Pflaumen und Trauben. Denkmalgeschützte Häuser, freskengeschmückte Scheunendachkirchen und das geruhsame Dorfleben auf der Platia machen den Reiz des lebendigen Ortes aus, der wie das benachbarte ▶ Kakopetriá eine beliebte Sommerfrische ist.

Von den einst sieben Kirchen des Ortes sind Panagía tis Podíthou und Panagía Theotókos (Archángelos) nördlich von Galáta hervorzuheben. Im **Kafeníon** am Dorfplatz kann man unter schattigen Bäumen auch einen zyprischen Kaffee trinken kann.

Panagía tis Podíthou

UNESCO-Welterbe

Scheunendachkirche

Die zum einstigen Klosterkomplex der Panagía tis Podíthou gehörende Scheunendachkirche der Eleoúsa (Barmherzigen Maria) wurde kurz nach 1500 errichtet und zählt wegen ihrer leuchtenden Bemalung, die allerdings nicht vollständig erhalten ist, mit mehreren anderen Kirche diesen Typs zum UNESCO-Welterbe. Sie besitzt ein Satteldach, das auf einer die Kirche umgebenden Mauer aufliegt, sodass sich ein zusätzlicher Umgang um den Kirchenbau ergibt.

Individualisierung des strengen Stils

Fresken

Die Fresken zeigen deutlich den Einfluss der italienischen Renaissance, die den strengen byzantinischen Malstil durch stärker individualisierte Darstellungen auflockert. Eine Inschrift an der Westfassade nennt das Baudatum: 1502. Abgebildet sind die **Stifter** Demetre de Coron, ein französischer Adeliger, und seine Frau Helena. Der Stifter übergibt das Kirchenmodell der Muttergottes. Links daneben erkennt

Außen unscheinbar, doch unter ihrem Satteldach innen prächtig ausgemalt: Panagía tis Podíthou, eine der typischen Scheunendachkirchen im Tróodos-Gebirge

man Bildnisse weiterer Stifter. Die Apsis zeigt die **Thronende Muttergottes** mit Kind, flankiert von zwei Engeln. Stilistisch erinnert diese Darstellung an die Fresken in der lateinischen Kapelle des Klosters in ▶ Kalopanagiótis. Darunter folgt die beeindruckende Szene der **Apostelkommunion**; die schönen, klassischen Gesichter der Apostel zeigen deutlich westlichen Einfluss. Im Ostgiebel ist Moses zu sehen, der die Gesetzestafeln empfängt und den brennenden Dornbusch sieht. Szenen der Geschichte Joachims und Annas zieren Nord- und Südwand des Bema (Altarraum). Die dynamisch wirkende **Kreuzigungsszene** an der Westwand stellt durch ihre perspektivische Darstellung am deutlichsten die Verbindung mit der Renaissance her.

Besichtigung nach Voranmeldung: Tel. 99 67 17 76

 Panagía Theotókos

Fresken im traditionellen, strengen Stil

Familienkapelle

Die Kirche Panagía Theotókos (Gottesgebärerin), auch **Archángelos Michális** (Erzengel-Michael-Kirche), von 1514, etwa 100 m südlich, war früher eine Familienkapelle. An der Nordtür sind die **Stifter** Stefano Zacharia und seine Frau zu sehen; die Malereien spendeten Polos Zacharias, seine Frau Madelena und ihre Kinder. Letztere sind bildlich unter dem Thronenden Christus der Déesis, der Figurengruppe mit Christus und Maria, dargestellt. Madelena lässt einen Rosenkranz durch ihre Hände gleiten, was darauf schließen lässt, dass sie der römisch-katholischen Glaubensrichtung angehörte. Die hinter ihr kniende Tochter hält ein Buch mit Versen des Akáthistos-Hymnos, eines orthodoxen Marienhymnus, in den Händen. Vermutlich wurden die Kinder orthodox erzogen. Der Name des Malers wird ebenfalls genannt, Symeon Axéndi, der auch in der Kirche des hl. Sozómenos (▶ unten) arbeitete. Die **Fresken** sind rustikaler als die der Panagía Podíthou und verkörpern den traditionellen, starren und hieratischen Malstil.

Zyklus des Neuen Testaments

Ikonografisches Programm

An der **Südwand** zieht sich der neutestamentliche Zyklus entlang, beginnend mit der Verkündigung. Es folgen Geburt Christi, Darbringung im Tempel, Auferweckung des Lazarus, Einzug in Jerusalem, Verklärung Christi und Abendmahl. Die **Westwand**, symbolisch die dem Tod zugewandte Seite, ist mit Kreuztragung, Kreuzigung und Kreuzabnahme geschmückt. Daneben sieht man die Fußwaschung, Jesus am Ölberg, den Judaskuss, Christus vor den Hohepriestern, vor Pilatus und die Verleugnung Petri. An der **Nordwand** folgen Verspottung, Geißelung, Beweinung, Auferstehung, Begegnung Christi mit Maria Magdalena und Abstieg Christi in die Vorhölle (Anástasis) sowie die Marienlegende. Im **Altarraum** erkennt man die Himmelfahrt Christi, das Pfingstwunder – und aus dem Alten Testament das Gastmahl Abrahams sowie die Opferung Isaaks.

Besichtigung nach Voranmeldung: Tel. 99 67 17 76

Rund um Galáta

Freskenzyklus im postbyzantinischen Stil

Ágios Sozómenos

Oberhalb der alten Straße von Galáta nach ▶ Kakopetriá liegt rechts hinter der neuen Dorfkirche die Kirche des hl. Sozómenos mit Holzdach und einem weiteren sehenswerten Freskenzyklus. Im 16. Jh. ließen 13 Dorfbewohner den Bau errichten, die Malereien stiftete ein Mann namens Ioánnis (Inschrift über der Westtür).

Szenen aus dem Neuen Testament zieren den oberen Teil der Wand. Der Zyklus beginnt über der Südtür mit der Verkündigung. Unter den Heiligen (untere Wandhälfte) sind der hl. Mamas und der hl. Georg hervorzuheben. Neben dem Bildnis des hl. Georg werden der Stifter des Freskos und der Maler Symeon Axéndi genannt. Darüber sind Szenen aus dem Leben des hl. Georg und die Geschichte Mariens dargestellt. An der Nordwand erkennt man Soldatenheilige. Die Außenseite der Kirche war ebenfalls bemalt. An der Nordwand sind das Weltgericht und die sieben Kirchenkonzile, darunter der Triumph der orthodoxen Kirche, abgebildet. In der Mitte der Geistlichen ist das thronende Kirchenoberhaupt zu sehen.

Tel. 99 67 17 76 | nur nach Voranmeldung

★★ KAKOPETRIÁ

Griechisch: Κακοπετριά | **Höhe:** 670 m ü. d. M. | **Einwohner:** 1200

Das Dorf im fruchtbaren Solea-Tal entstand auf einem Felsrücken im wasserreichen Klarios. Bis heute bewahrt der denkmalgeschützte Kern mit kleinen Gassen und einer großen Mühle seinen Charme. Im Sommer ist es mit seinen Pappeln am Dorfplatz ein beliebter Ort für Touristen und wohlhabende Zyprer mit Ferienhäusern, die der flirrenden Hitze in der Ebene entfliehen möchten.

Ferienort im Tróodos

Kakopetriá (»Schlechter Fels«), das sich unmittelbar an ► Galáta anschließt, ist mit mehreren Hotels, zahlreichen Tavernen und Kafenía, die sich um den großen Dorfplatz gruppieren, einer der beliebtesten Ferienorte im Tróodos-Gebirge. Neben Tourismus ist die Kultivierung von **Apfelbäumen** eine wichtige Einkommensquelle der Dorfbewohner. Der Ort ist bekannt für sein ausgezeichnetes **Glykó**, in süßem Sirup eingelegte Früchte, Gemüse und Walnüsse.

Denkmalgeschützter Ortskern

Hauptstraße

Lohnend ist ein Rundgang durch den denkmalgeschützten Ortskern, der sich auf einem Berggrat zwischen zwei Flüssen hinzieht, die sich hier zum Klarios vereinigen. Die gepflasterte Hauptstraße ist nur so breit, dass früher zwei beladene Esel aneinander vorbei kamen. Die

Eine enge Gasse im denkmalgeschützten Kern von Kakopetriá

aus dem 18./19. Jh. stammenden **Häuser** mit Steinfundamenten, verputzten Lehmziegelwänden und kunstvoll geschnitzten Holzbalkonen wurden mit staatlicher Unterstützung restauriert und sind meist Ferienwohnungen.
www.kakopetria.org.cy

 Ágios Nikólaos tis Stégis

Panoptikum orthodoxer Bilderwelten

UNESCO-Welterbe

Der Olympos grüßt von oben, unten rauscht der Bach, und gut geschützt durch ein zweistöckig aufgepfropftes Dach erhebt sich die vollständig ausgemalte Kreuzkuppelkirche 3 km oberhalb des Ortes. Die auffällige Bedachung war zum Schutz vor den Wetterunbilden im Gebirge notwendig und gab der Kirche des hl. Nikolaus ihren Beinamen »tis Stégis« (vom Dach). Unter seinem Schutz konnte sich ein Panoptikum orthodoxer Bilderwelt erhalten.

Wandbilder aus sechs Jahrhunderten

Nach der Restaurierung

Die gut erhaltenen Fresken in Naos (Kirchenraum) und Narthex stammen aus sechs Jahrhunderten, ab dem frühen 11. Jh. – sie gehören damit zu den ältesten Zyperns. Im Laufe der 1960er-Jahre zeigte sich, dass die byzantinischen Malereien in den zyprischen Kirchen einer Reinigung und Konservierung bedurften. In Zusammenarbeit mit der UNESCO begannen internationale Spezialisten mit ihrer konservatorischen Arbeit.
Auch in dieser Kirche baute der Restaurator sein Gerüst unter die Kuppel. Auge in Auge mit **Christus als Weltenherrscher** (Pantokrator) führte er den Reinigungspinsel, und der Staub der Jahrhunderte rieselte zu Boden. Die ursprüngliche Pracht der mineralischen und pflanzlichen Farben kam zu Tage. Die **Panagía Galaktotrophoúsa** (Milch spendende Muttergottes), schwarz vom Kerzenrauch, zeigt wieder ihren Sohn, geborgen an ihrer Brust – wie der malende Mönch sie im 12. Jh. an der Ostwand des südlichen Kreuzarms darstellte. An einigen Bildern ließen die Restauratoren kleine, dunkle Rechtecke zurück, um zu verdeutlichen, wie das Fresko im nicht gereinigten Zustand aussah.

Einige der ältesten Fresken Zyperns

Rundgang

Der Rundgang führt zu den Fresken des 11. Jh.s an der Südwand und im Westen des **Naos**. Aus dem südlichen Arm der Kreuzkuppelkirche leuchtet die Darstellung der Geburt Christi mit der Milch spendenden Muttergottes auf Gläubige und Besucher herab. Sich nach Westen wendend, wird man von der expressiven, ohne übliche Bildtrennung ineinander übergehenden Komposition der Metamorphose und dem Einzug in Jerusalem in den Bann gezogen. Der Marientod darunter ist

OBEN: Zyklus orthodoxer Fresken im Innern von Ágios Nikólaos tis Stégis (hier das Gewölbe über der Ikonostasis)

RECHTS: Wie alle anderen UNESCO-Scheunendachkirchen ist auch die Kirche des hl. Nikolaus äußerlich von schlichter Strenge.

nur in Fragmenten erhalten. Die **40 Märtyrer von Sebaste**, die wegen ihres Übertritts zum Christentum den Erfrierungstod erleiden mussten, sind ein beliebtes Motiv im orthodoxen Glauben. Im nördlichen Kreuzarm wird der Tod Christi am Kreuz betrauert, daneben fährt er strahlend gen Himmel (14. Jh.).
Der Blick in die **Apsis** eröffnet Erstaunliches: Man sieht die verblassten alten Fresken aus dem 11. Jh. zerstört durch Hammerhiebe. Auf diese Weise wurde die Mauer zum frischen Verputzen und neuen Bemalen mit denselben Darstellungen im 14. Jh. vorbereitet. Das Department of Antiquities entschloss sich, die zweite, jüngere Malschicht abzunehmen und als Highlight im Ikonenmuseum in Nikosia (▶ S. 166) auszustellen. Neben der **Ikonostasis** prangt der hl. Nikolaus. Klein und um Segen bittend ließ sich der fromme, unbekannte Stifter der Fresken neben ihm abbilden.
Auf dem Weg hinaus schickt der Pantokrator in der **Kuppel** Besuchern seinen Segensgruß hinterher. Wie üblich wurde im **Narthex** das Jüngste Gericht dargestellt; leider ist es nur bruchstückhaft erhalten, da vor dem Bau des Schutzdaches eindringende Feuchtigkeit die Fresken im Tonnengewölbe zerstört hatte. Die Reiterdarstellung des hl. Georg fiel dem Einbau einer Tür zum Opfer, sichtbar sind noch die grausamen Folterqualen, die der Heilige vor seinem Märtyrertod erleiden musste.

Di.–Sa. 9–16, So. 11–16 Uhr, an öffentl. Feiertagen geschl.

Panagía Theotókos

Stifterkirchlein am Rand des Ortes

Scheunendachkirche

Am Ortsrand von Kakopetriá, rechts der alten Straße nach Galáta, erhebt sich in einem **Friedhof** ein kleines, unscheinbares Scheunendachkirchlein aus dem 16. Jh. (UNESCO-Welterbe). Die bemalten Wände der Panagía Theotókos (»Gottesgebärerin«) bestehen aus Lehmziegeln, das Fundament aus Steinen.

Kapelle einer venezianischen Familie

Rundgang

Über dem Eingang sind die **Stifterbildnisse** von Leontios und seiner venezianischen Frau Lucrezia mit dem Erbauungsdatum 1520 zu sehen. Die Nordwand zeigt Szenen wie die Grablegung, die beiden Marien am leeren Grab, Auferstehung, Pfingstwunder und den Tod Mariens. Ins Auge fällt bei Letzterer die den apokryphen Schriften entstammende Szene des jüdischen Priesters **Jephonias**: Dieser versuchte durch Berühren des Todeslagers die Gottesmutter zu entehren. Ein Engel schlug ihm jedoch zuvor die Hände ab.
Im Bema zieren die Opferung Isaaks, das Gastmahl Abrahams, die Himmelfahrt Christi und Propheten die Seitenwände. Das **Gastmahl Abrahams** mit drei Engeln steht in der orthodoxen Kirche symbo-

lisch für die Dreifaltigkeit. Im Gewölbe der Apsis ist die Muttergottes mit zum Gebet erhobenen Händen ohne Kind (Typus der **Blacherniótissa**) dargestellt, begleitet von den Erzengeln Gabriel und Michael, darunter Apostelkommunion und Kirchenväter.

★ KALOPANAGIÓTIS

Griechisch: Καλοπαναγιώτης | **Höhe:** 720 m ü. d. M. | **Einwohner:** 350

An den Nordhängen des Tróodos-Gebirges, etwa 20 km vom Ort Tróodos entfernt, erstreckt sich im unteren Marathása-Tal, einem Zentrum des Kirschanbaus, das Bergdorf Kalopanagiótis mit dem ehemaligen Kloster des hl. Ioánnis Lampadistís.

Im Dorf geht es über die Setrachos-Brücke zum **Kloster** des hl. Ioánnis Lampadistís. Auf der anderen Seite der Brücke tröpfeln etwas unterhalb schwefelhaltige heilende **Thermalquellen** (Rheuma und Hautkrankheiten), die man über neu gestaltete Spazierwege erkunden kann. Der Name Lampadistís begegnet einem noch ein weiteres Mal: eine Weinkellerei gleichen Namens wurde – einem Ufo gleich – auf eine Bergkuppe in Dorfnähe gebaut.

Der alte Ortskern

Luxuriöses Hoteldorf

Ein Teil des alten Dorfkerns wurde im Rahmen des ambitionierten Agrotourismus-Projekts Casale Panayiotis zum Hoteldorf umgestaltet und revitalisiert. Die Hotelzimmer liegen, luxuriös gestaltet, im Dorf verteilt in mehreren alten Dorfhäusern. Ein Luxus-Spa sowie zwei Restaurants und Bar ergänzen das neue, besondere Ambiente.

Casale Panayiotis (€€): Tel. 22 95 24 44 | http://casalepanayiotis.com

★ Kloster Ágios Ioánnis Lampadistís

Drei Kirchen unter einem Dach

Die Anlage

Unter einem gemeinsamen Dach sind drei Kirchen zusammengefasst: die Kreuzkuppelkirche des Ágios Irakleídios (hl. Herakleidios) aus dem 11. Jh. im Süden, die dem hl. Ioánnis Lampadistís geweihte Kirche des 18. Jh.s in der Mitte und die Lateinische Kapelle aus dem 15. Jh. im Norden. Ihre wertvollen, von der Renaissance beeinflussten **Fresken-Malereien** zählen heute zum UNESCO-Welterbe.
Ein **Aufzug** von der Bergstraße ins Tal des Klosters (kostenpflichtig) erspart den langen **Treppenweg**.

Mo.–Sa. 9–13, 14–16/18, So. 10–16/18 Uhr | Tel. 99 21 82 98

Zwei Serien von Freskenbildern

Ágios Irakleídio

Die dem **Hl. Herakleidios** (► S. 202), dem ersten Bischof von ► Tamassós, geweihte Kreuzkuppelkirche wurde im frühen 13. Jh. im **Komnenen-Stil** freskiert. In der Kuppel thront der von Engeln und Propheten umgebene Pantokrator, in den Zwickeln die vier Evangelisten. Im Westarm erkennt man die Auferweckung des Lazarus, Opferung Isaaks und Kreuzigung. Das wertvollste Fresko ist »Der Einzug in Jerusalem« mit einem ungewöhnlichen Detail: Die Knaben, die Palmzweige abschneiden, tragen Lederhandschuhe. Ungewöhnlich ist auch die Platzierung der Opferung Isaaks, üblicherweise im Bema. Das Gewölbe des Südarms zeigt die Himmelfahrt Christi.
Die zweite Serie von Fresken im **spätbyzantinischen Stil** mit rustikalerem Charakter (15. Jh.) zeigt 30 Szenen aus dem Leben Christi, von Verkündigung und Geburt (Ostwand über dem Altar) bis zur Grablegung. Das Apsisgewölbe schmückt das Bild Mariens vom Typus der **Blacherniótissa**, der stehenden Gottesmutter ohne Kind, die Hände zum Gebet erhoben.

Kirche und Grab eines Lokalheiligen

Ágios Ioánnis Lampadistís

In der tonnengewölbten Kirche Ágios Ioánnis Lampadistís, Anfang des 18. Jh.s an Stelle eines Gebäudes aus fränkischer Zeit errichtet, findet sich das Grab des Lokalheiligen Ioánnis Lampadistís, dessen Schädelreliquie in einem Silbergefäß ruht. Laut Legende zog er im 11. Jh. das Klosterleben einer Ehe vor, sodass die enttäuschten Brauteltern ihn durch Zauberei erblinden ließen. Sein Grab im Herakleidios-Kloster wurde entdeckt, als ein Epileptiker durch zufällige Berührung damit geheilt wurde. Daraufhin errichtete man hier im 12. Jh. eine Kirche, zu der Tausende von Pilgern in der Hoffnung auf Heilung von Krankheiten strömten.

Seltene Heil- und Wunderszenen

Gemeinsamer Narthex

Beide Kirchen besitzen einen gemeinsamen Narthex, der im 15. Jh. wegen der großen Pilgerströme errichtet wurde, um Kranke mit ihren Betten dort zu lagern. So zeigen die Fresken passender Weise auch Szenen der **Wunderheilungen** Christi: In der oberen Zone der Ostwand erkennt man sein Treffen mit der Samariterin am Brunnen, es folgen Heilungen eines Lahmen, eines Wassersüchtigen, dessen aufgedunsenen Bauch Christus mit der Hand berührt, und eines Blindgeborenen. In der mittleren Zone berichtet Maria Magdalena zwei Aposteln vom leeren Grab Christi. Die nächste Bildfolge zeigt sie nochmals am leeren Grab, ihre Begegnung mit Christus, den ungläubigen Thomas und die »Erscheinung am See«, bei der Jesus den Fischern zu einem vollen Netz verhilft. An der Südseite der Ostwand sind das Weltgericht und vier Stifterfiguren dargestellt. Über der Tür der Südwand erkennt man die alttestamentlichen Szenen: Drei Jünglinge im Feuerofen und Daniel in der Löwengrube.

Umgeben von üppigem Grün: das Bergdorf Moutoullás im Marathása-Tal

Eine **Inschrift** über dem Südeingang erwähnt einen Maler aus Konstantinopel, der wohl 1453 nach der Eroberung der Stadt durch die Türken nach Zypern geflohen war.

Lockerung der strengen Bildsprache

Lateinische Kapelle

Im Unterschied zu den byzantinischen Wandmalereien der beiden anderen Kirchen weisen die Fresken der Lateinischen Kapelle (15./16. Jh.) Einflüsse der italienischen Renaissance auf, wobei das byzantinische Bildprogramm in der Ikonografie bewahrt ist. Keine andere zyprische Kirche entfernt sich so auffallend von der traditionellen byzantinischen Symbolsprache; beispielsweise erscheinen nicht nur Verräter, sondern auch Christus im Profil.

Thema der Malereien ist der **Akáthistos-Hymnos** (»im Stehen gesungen«), berühmtester Marienhymnus der Ostkirche. In 24 Strophen, von denen jede mit einem anderen Buchstaben des griechischen Alphabets beginnt, erzählt er die Begebenheiten der Geburt Christi

nach den Überlieferungen der apokryphen Schriften, beginnend mit der Verkündigung (Südwand) und endend an der Nordwand mit der thronenden Muttergottes, der sich zwei Päpste nähern.
Die Apsis zeigt dem byzantinischen Freskenkanon entsprechend die Muttergottes mit Kind. An den Seitenwänden erkennt man Moses, der die Gesetzestafeln empfängt (links) und vor dem brennenden Dornbusch (rechts), in der Lünette der Apsis das durch seine perspektivische (!) Darstellung bestechende Gastmahl des Abraham.

Außerhalb des Klosters

In der alten Dorfschule neben dem Kloster wurde 2001 ein von der Leventis-Stiftung finanziertes kleines **Ikonenmuseum** eröffnet (Öffnungszeiten wie Kloster).

Ikonenmuseum

Einige Meter oberhalb des Klosters steht die kleine Kirche **Panagía Theosképasti** unter einer 700 Jahre alten Eiche, in deren Astwerk in einem Baumhaus die Kirchenglocke hängt.

Rund um Kalopanagiótis

Holzhandwerk und Welterbe-Kirche

Moutoullás

Der nächste Ort talaufwärts ist das 2 km südlich auf 760 m Höhe gelegene Gebirgsdorf Moutoullás (Μουτουλλάς). Hier wird die zyprische Süßwarenspezialität **Soutzoúkos** in großen Mengen hergestellt: auf Schnüren gereihte, in angedickten Traubenmost getunkte Mandeln oder Walnüsse. Die Birnen von Moutoullás sollen ebenfalls besonders gut schmecken. Das Dorf ist auch für die Pflege handwerklicher Traditionen bekannt. Hier werden noch die alten Holztröge zum Teigkneten (Vournes) verkauft und lange Bretter mit muldenartigen Vertiefungen, in denen das Brot zum Backofen getragen wird (Sanides). Bekannt ist Moutoullás auch wegen seiner unzähligen **Kirschbäume**.

Besichtigen kann man die kleine Kirche **Panagía tou Moutoullás** von 1280 am Ortsende (Schlüssel im Kafeníon gegenüber). Sie gilt als älteste vollständig erhaltene Scheunendachkirche Zyperns (UNESCO-Welterbe). Die stark beschädigten Fresken folgen dem üblichen Schema byzantinischer Gotteshäuser mit Heiligen in der unteren und Szenen aus dem Leben Christi in der oberen Zone.

Gebirgsdorf in Kirschblüten-Pracht

Pedoulás

Nach weiteren 6 km erreicht man am oberen Ende des Marathása-Tals den 1100 m hoch gelegenen Ferien- und Hauptort der Region Pedoulás (Πεδουλάς; 195 Einw.) mit kleinen Hotels und mehreren Tavernen. Von der Hauptstraße aus blickt man von oben auf die Hausdächer des Dorfes, in alt-zyprischer Manier noch mit Wellblech gedeckt. Beliebt sind Ausflüge nach Pedoulás vor allem im Frühjahr, wenn über 100 000 **Kirschbäume** ihre weiße Pracht entfalten.

Die kleine Scheunendachkirche **Archángelos Michail** (15. Jh.) im unteren Teil des Dorfes (Schlüssel im Museum) zählt ebenfalls zum UNESCO-Welterbe. Die gut erhaltenen, naiv und volkstümlich wirkenden Malereien deuten auf einen lokalen Künstler. Auffallend ist die überlebensgroße Figur des Erzengels Michael. Über der Nordtür überreicht ihm der Stifter Basileos (mit seiner Familie dargestellt) ein Modell der Kirche. Die Gewänder der Frauen zeigen Stickereien, wie man sie heute in ► Léfkara findet. Vorherrschend ist ein rustikaler Stil, nur die Kleidung der Soldaten beim Judaskuss zeigt westlichen Einfluss. Das Wappen der Lusignan in der Ikonostasis lässt auf eine Stiftung aus fränkischem Adel schließen.

Neben der Michaelskirche zeigt ein **Byzantinisches Museum** historische Ikonen des 13.–20. Jh.s, die teilweise aus den alten Kirchen des Dorfes stammen.

Infos: http://pedoulasvillage.net
Archángelos-Michail-Kirche: tgl. 9–18 Uhr | Tel. 99 11 23 52
Byzantinisches Museum: Di.–So. 10.30–16.30 Uhr | Tel. 22 95 26 29

KÍTI

Griechisch: Kíτι | **Höhe:** 50 m ü. d. M.

Die Kirche Panagía Angelóktistos birgt als unvermuteten Schatz ein frühchristliches Mosaik, eines von wenigen erhaltenen Beispielen dieser Zeit. In ihrer Apsis funkelt der goldene Hintergrund durch Tausende, goldüberzogene Mosaiksteinchen, die die Muttergottes hinterfangen.

Von Lárnaka gelangt man auf der B 4, vorbei an Flughafen und Salzsee, nach Kíti. Der Name des Dorfes leitet sich von **Kítion** ab, dem antiken Namen des heutigen ▶ Lárnaka, dessen Bewohner wohl im 6./7. Jh. vor den Arabern ins Hinterland hierher flohen. Eingebettet in eine Anlage mit alten Atlantischen Pistazien-Bäumen und einem **Kaffeehaus**, kommt die Architektur der byzantinischen Kreuzkuppelkirche schön zur Geltung.

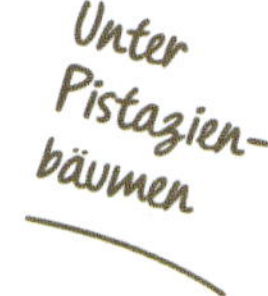

Wohin in Kíti?

Vorikonoklastisches Marien-Mosaik

Die der Muttergottes geweihte, »von den Engeln erbaute« Kirche wurde in mehreren Bauabschnitten errichtet, beginnend mit der aus dem 6. Jh. erhaltenen Ostapsis einer **frühchristlichen Basilika** mit Mosaiken: Die stehende Muttergottes vom Typus der **Panagía Hodegetría** (Wegweisende) mit dem Kind auf dem linken Arm vor goldenem Hintergrund wird von den Erzengeln Michael und Gabriel flankiert. Es ist das einzige vorikonoklastische Beispiel auf Zypern. Das Mosaik wird von einem farbenfrohen Fries mit Papageien, Enten und Hirschen zwischen Akanthusblättern eingefasst.

Nach Zerstörung durch die Araber wurde die Kirche im 11./12. Jh. als **Kreuzkuppelkirche** neu errichtet, später fügte man weitere Kapellen und Anbauten hinzu. Der heute als Narthex benutzte Südannex wurde im 13. Jh. als Privatkapelle der Familie de Gibelet errichtet, deren Wappen unterhalb des Glockenturmes angebracht ist. Das Kreuzrippengewölbe zeugt von der fränkischen Herkunft der Stifter. An der Westwand weist eine Grabplatte mit einer Inschrift die Verstorbene als »Madame Simone, Frau des Sire Renier de Gibelet« aus.

Mo.–Sa. 7–18.45/16.45, So. 9.30–18.45/16.45 Uhr

Bäume am Kirchplatz

Terpentinpistazien

Vor der Kirche stehen Terpentinpistazien (Pistacia terebinthus) mit duftenden Zweigen und essbaren Früchten. Aus der Rinde der über 300 Jahre alten Bäume wurde wohlriechendes Terpentin gewonnen.

Rund um Kíti

Heiliger Christophoros mit Hundekopf

Tersefánou

Etwa 2 km nordwestlich von Kíti liegt in der Nähe des Tremithós-Staudamms (hinter der Brücke rechts abbiegen) im Ortsbezirk Tersefánou (Τερσεφάνου) die kleine Kirche **Ágios Geórgios tis Arperá** aus dem 18. Jh. (Schlüssel im Bauernhof daneben). Unter den Wandmalereien sticht das Stifterbildnis des griechischen Dragoman Christophakis über der Nordtür hervor. Die Ikonostasis enthält eine Ikone, die den hl. Christophoros mit einem Hundekopf darstellt. Einer byzantinischen Legende nach soll er vor seiner Bekehrung dem Volk der Menschen fressenden Hundeköpfigen (Kynokephalen) angehört haben.

KOLÓSSI

Griechisch: Κολόσσι | **Höhe:** Meereshöhe

In Kolóssi, einst Komturei des Johanniter-Ritterordens, wurde der süße Dessertwein Commandaría erzeugt, den die Götter liebten und von dem der griechische Dichter Euripides im 5. Jh. v. Chr. berichtete, Pilgerscharen hätten Zypern nur seinetwegen aufgesucht. Dazu gibt es spannende Kreuzritterarchitektur und eine mittelalterliche Zuckerfabrik, etwa 10 km westlich von Limassol.

Johanniterburg

Der Johanniter-Orden auf der Insel

Komturei Kolóssi

Bereits um 1210 schenkte der fränkische König Hugo I. den Johannitern fruchtbare Ländereien um Kolóssi, wie er zuvor ▶ Bellapais in Nordzypern den Prämonstratensern überlassen hatte. Auch als diese ihren Hauptsitz von Zypern nach Rhodos verlegten, blieb Kolóssi ihre Komturei (Kommende). Der fruchtbare Ackerboden ermöglichte reichen Ertrag an Weizen, Wein, Baumwolle, Öl und Rohrzucker. 1373 griffen die Genuesen erfolglos die Burg an. Mitte des 15. Jh.s begann man unter dem Großkomtur **Louis de Magnac**, die Burganlage zu renovieren und ihr das heutige Aussehen zu verleihen.

Eine der besterhaltenen Burgen Zyperns

Heutiges Aussehen

Von der einst riesigen Wehranlage von 1454 blieb nur der 21 m hohe, quadratische (16 × 16 m) **Hauptbefestigungsturm** (Donjon) intakt. Auf Höhe des ersten Obergeschosses ist an der Ostseite das könig-

liche **Wappen** der Lusignan unter einer Krone zu sehen, bestehend aus den Einzelwappen der Königreiche Jerusalem und Zypern, der Familie der Lusignan und Kleinarmeniens. Darunter und daneben finden sich die Wappen verschiedener Großmeister.
Tgl. 8.30–17/19.30 Uhr | 2,50 €

Rundblick über Weinfelder

Donjon

Man betritt den Donjon über eine hoch gelegene neue Zugbrücke, die zum **ersten Stockwerk** führt. Über dem Eingang prangt eine kunstvoll verzierte Pechnase. Im Erdgeschoss befanden sich Lager- und Vorratsräume sowie Zisternen, im ersten Geschoss vermutlich Küche und Aufenthaltsraum. In einem der zwei Räume sorgte ein Kamin für Heizung. Ein Fresko links des Eingangs zeigt eine Kreuzigungsszene mit dem Wappen von Louis de Magnac.
Über eine Wendeltreppe gelangt man ins **zweite Geschoss** mit den Repräsentationsgemächern. Große Balkenlöcher in der oberen Wandhälfte zeigen, dass sich hier ein Zwischengeschoss aus Holz befand, das wohl als Schlafgemach diente. Die Kamine sind mit Wappen des Louis de Magnac verziert. Von der Wehrplattform des obersten Stockwerkes hat man einen schönen Rundblick über die Weinfelder bis nach Limassol.

Die Große Halle in der Johanniterburg Kolóssi

RICHARD LÖWENHERZ UND DIE BEFREITE BRAUT

BAEDEKER WISSEN

Die Herrschaft der Kreuzfahrer auf Zypern war im Grunde einem Zufall zu verdanken: Richard Löwenherz hatte auf dem Weg ins Heilige Land seine Schwester aus der Gefangenschaft bei Tancred von Sizilen befreit. Doch dann kam ein Sturm auf ...

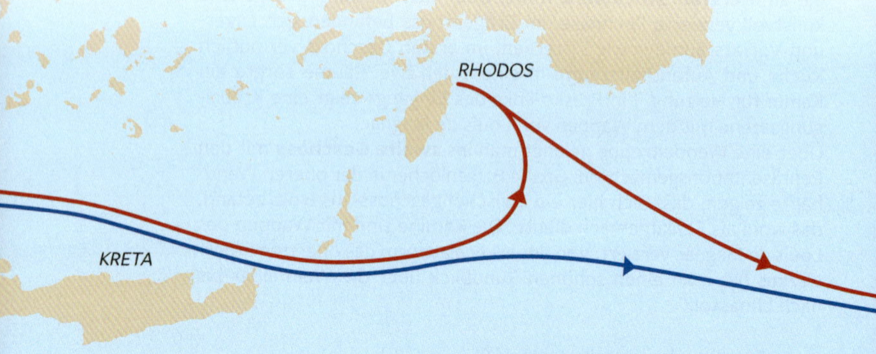

Flotte von König Richard Löwenherz

Flotte mit der Schwester und der Verlobten Richards

▶ **Trennung der Flotte**
Vor Kreta trennte ein Sturm die Flotte von Richard. Einige Schiffe, darunter die mit seiner Schwester Johanna und seiner Verlobten Berengeria von Navarra, wurden nach Zypern abgetrieben. Richard hatte es nach Rhodos verschlagen, von wo er sich nach Zypern aufmachte.

ZYPERN
während des dritten Kreuzzugs

»Kaiser« Isaak Komnenos

1189 — 1190

Friedrich I. Barbarossa – Zug über den Balkan und durch Kleinasien – Friedrich ertrinkt im Fluss Saleph.

DRITTER KREUZZUG
Ziel: Rückeroberung von Jerusalem

Richard I. von England – Sizilien

Philipp II. von Frankreich – Sizilien

Nach Jerusalem über Zypern
Richard eroberte die Insel und beendete damit die Tyrannei des »Kaisers von Zypern« Isaak Komnenos. Vor dem Weiterzug nach Palästina verkaufte er die Insel an die Templer. Akkon wurde belagert und eingenommen, Jerusalem jedoch nicht. Die Templer wiederum verkauften bereits 1192 Zypern an die Lusignans, die bald 300 Jahre die Insel beherrschten.

▶ **Burgen auf Zypern**
Burg Hilarion sicherte die lebenswichtige Verkehrsader von der Nordküste durch das Gebirge in das Zentrum der Insel. Buffavento und Kantara wachten über die Küste und die Mesaoria-Ebene; Kantara sicherte überdies den Zugang zur Karpas-Halbinsel.

▶ **Grundriss der Burg Buffavento**

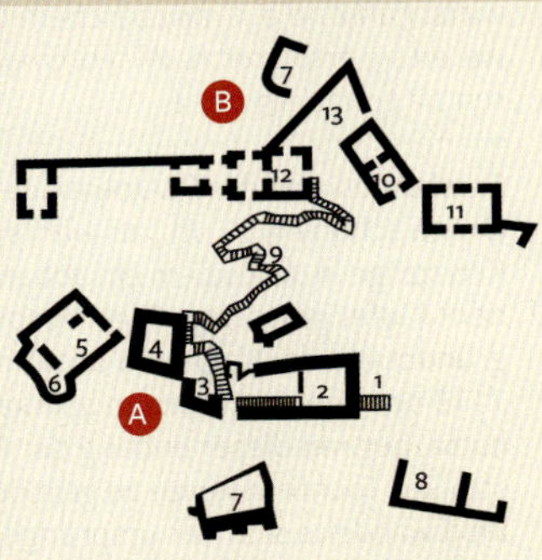

A Unterburg
1 Eingang
2 Eingangsturm
3 Gebäude
4 Großes Gebäude
5 Wohngebäude
6 Rundkerker

B Oberburg
7 Zisterne
8 Stallungen
9 Treppe
10 Gebäude
11 Kaserne
12 Häuserzeile
13 Nordspitz

Templer-Großmeister Robert de Sablé kauft Zypern für 100 000 weiße Goldstücke.

Guido von Lusignan, Titularkönig von Jerusalem, kauft die Insel für 60 000 Goldstücke.

1191 | 1192

Zypern | Akkon | Jaffa | vor Jerusalem | Askalon | Rückkehr nach England

Akkon | Rückkehr nach Frankreich

JOHANNITER: DIENER DER ARMEN UND KRANKEN

Für die Johanniter war Zypern nur eine Zwischenstation. Ihr Engagement auf dieser Insel beschränkte sich nicht auf karitative Dienste – auch in der Landwirtschaft und auf militärischem Gebiet waren sie erfolgreich. Willkommen waren sie trotzdem nicht.

Entstanden war der St.-Johannes-Orden schon im 11. Jh., als während der Kreuzzüge in Jerusalem ein Johannes dem Täufer geweihtes Pilgerhospiz gegründet wurde. Nachdem der Papst 1113 den Johanniterorden anerkannt hatte, begann dieser entlang der Pilgerstraßen Tochterhospize zu gründen. Bald wandelte sich der ursprünglich karitative in einen »**militärischen**« **Orden**, der gegen die »Ungläubigen« kämpfte. Nach dem Fall von Akkon 1291 mussten die Johanniter wie auch die anderen Kreuzfahrerorden das Heilige Land verlassen. Ihren Hauptsitz verlegten sie für 19 Jahre nach Zypern, anschließend nach Rhodos und nach der Vertreibung durch die Türken 1522 auf die Insel Malta.
Während der Reformation spaltete sich der Orden in einen evangelischen (**Johanniter**) und einen katholischen (**Malteser**) Zweig. Während der Französischen Revolution wurde der Orden von Malta vertrieben, fand aber Aufnahme im russischen St. Petersburg, bis er sich schließlich in Rom niederließ. 1852 stelle Friedrich Wilhelm IV. den Johanniterorden zunächst in Preußen als geistlichen Ritterorden wieder her. Malteser und Johanniter arbeiten heute weltweit in der Unfallhilfe und im Krankentransport.

Nicht nur Caritas

Als die Johanniter 1291 das Heilige Land verlassen mussten, siedelten sie sich auf Zypern an, wo der Orden Ländereien in Limassol und Nikosia und bei Kolóssi eine Burg besaß. Laut ihrer ursprünglichen Berufung als Diener der Armen und Kranken errichteten sie ein Hospital. Daneben engagierten sie sich in der Herstellung von **Zucker**, der mit Einführung des Zuckerrohrs durch die Araber seit dem 7. Jh. auf Zypern gewonnen wurde. Seine Produktion nahm einen enormen Aufschwung, und die Johanniter bauten in ihrer Großkommende Kolóssi ein Imperium auf. Zwischen ausgehendem 13. und 16. Jh. war die Insel im ganzen Abendland für Zuckerproduktion bekannt.

Schmeckt noch mit neun Teilen Wasser: der Dessertwein Commandaría

Wohn- und Wehrturm (Donjon) der Johanniterfestung Kolóssi

Auch im **Weingeschäft** erwiesen sich die Ritter als geschickte Produzenten, besonders den Dessertwein Commandaría (► S. 380) stellten sie in großen Mengen her. Der Ordenswein scheint es in sich gehabt zu haben, denn in einem Bericht über einen Weinberg in der Diözese Páfos empfahl der Jerusalempilger Ludolf von Sudheim 1336: »Zu einem Teile Wein neun Teile Wasser« zuzugeben, falls »aber jemand ein Fass voll von diesem Weine tränke, so wird ihn derselbe nicht bloß berauschen, sondern seine Eingeweide verbrennen und vernichten«.
Auch ihren Kampf gegen die »Ungläubigen« setzten die Johanniter fort, mussten jedoch als Inselbewohner neue Wege beschreiten. Innerhalb kurzer Zeit kaufte der Orden gut ausgerüstete Galeeren, und schon um 1300 war von einer kleinen kampfbereiten Ordensflotte die Rede. Eine Quelle bezeichnet sie sogar als die stärkste **Seestreitmacht** des Mittelalters.

Nur geduldet

Durch kluge Politik seines Großmeisters Wilhelm von Villaret vermehrte der Orden auf Zypern und in Europa seine Privilegien und Besitztümer. Dies missfiel Heinrich II., dem fränkischen König von Zypern. Er verbot ihm den Erwerb weiterer Ländereien und machte den Johannitern klar, dass sie auf Zypern nur geduldet seien. Als sich diesen 1306 die Gelegenheit bot, mit päpstlicher Zustimmung und genuesischer Piratenhilfe den byzantinischen Statthalter von Rhodos zu vertreiben, griffen sie zu. In einem dreijährigen Krieg eroberten sie die Insel und errichteten dort 1310 ihr Hauptquartier. Auf Zypern behielten sie jedoch noch einige Zeit ihre Besitztümer und produzierten weiter Zucker und Wein.

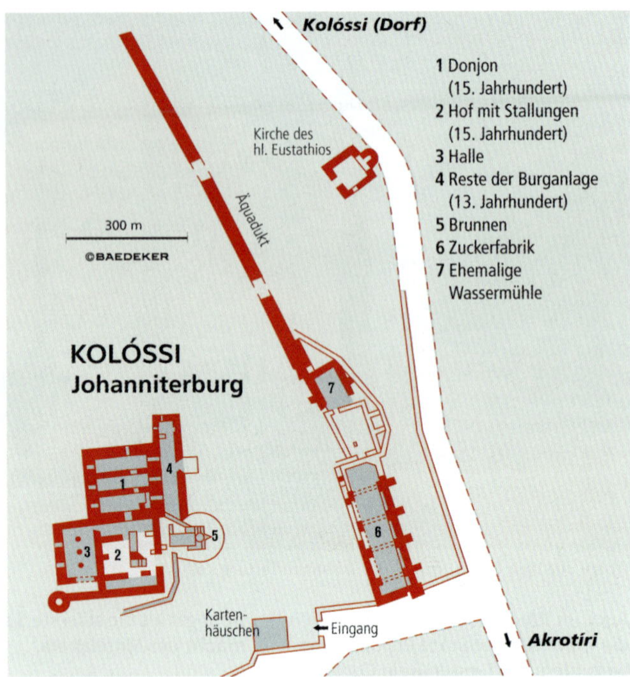

Baumriese

Zuckerfabrik

Im Osten liegen die Ruinen der alten **Zuckerfabrik**, bestehend aus einem rechteckigen, tonnengewölbten Hauptgebäude und weiteren Räumen Sie beherbergten eine **Wassermühle** mit Mahlstein, auf die das **Aquädukt** zulief.

Ein **Tipu-Baum** (Tipuanu tipu oder Machaerium tipu) unweit des Aquäduktes stammt aus Südamerika und gehört zur Familie der Hülsenfrüchtler. Er ist über 160 Jahre alt und inzwischen 27 m hoch.

Kirche eines der großen Ritterheiligen

Ágios Eustáthios

100 m außerhalb der Burganlage steht die byzantinische Kirche des hl. Eustathios. Eustathios, einer der großen Reiterheiligen und Märtyrer der orthodoxen Kirche, der als Offizier unter Kaiser Trajan (1./2. Jh. n. Chr.) diente, soll die legendäre Begegnung mit einem Hirsch bekehrt haben, der ein weißes Kreuz im Geweih trug. Die im 12. Jh. errichtete, im 15. Jh. restaurierte Kreuzkuppelkirche diente vermutlich den Johannitern als Gotteshaus. Wenige Reste eines Freskos zeigen den Kirchenpatron.

Schlüssel im Wärterhäuschen von Kolóssi

★ KOÚKLIA · PALÄA PÁFOS

Griechisch: Κούκλια · Παλάια Πάφος | **Höhe:** 100 m ü. d. M.
Einwohner: 670

Das heutige Dorf Koúklia ist der unscheinbare Nachfolger des antiken Schauplatzes der großen Aphrodisien, Feiern zu Ehren der Göttin der Liebe, Erotik und Fruchtbarkeit. Nach der Zerstörung in frühchristlicher Zeit zeugen nur wenige Reste von der Bedeutung des wichtigsten Aphrodite-Heiligtums der Antike.

Das Dorf, gut 15 km südöstlich von ► Páfos, lebt von Anbau und Verarbeitung von Erdnüssen. Sein Name leitet sich von der fränkischen Festung Covocle ab, die aus Spolien des römerzeitlichen Heiligtums errichtet wurde. An dieser Stelle lag das antike Páfos mit dem berühmtesten Aphrodite-Heiligtum der altgriechischen Welt, von dem heute kaum etwas erhalten ist. Um sie nicht mit dem an der Küste gegründeten Néa Páfos (Neu-Páfos; ► S. 181) zu verwechseln, wurde die Anlage ab dem 4. Jh. v. Chr. in Paläa Páfos (Alt-Páfos) umbenannt.

Die Bedeutung als **religiöses Zentrum** (13. Jh. v.–4. Jh. n. Chr.) ist auf den nahe gelegenen mythischen Geburtsort der Aphrodite zurückzuführen: Einige Kilometer südöstlich soll die Göttin bei **Pétra tou Romioú** (► S. 104) dem Schaum des Meers entstiegen sein.

 Aphrodite-Heiligtum

Gründungsmythen und Geschichte

Kult der Muttergottheit

Laut dem griechischen Schriftsteller Pausanias (2. Jh. n. Chr.) wurde das Heiligtum vom arkadischen König Agapenor von Tegea gegründet, der hier auf dem Rückweg von Troja landete. Ein anderer Mythos schreibt dies dem sagenumwobenen Priesterkönig Kinyras, Sohn des Pafos, zu. Historisch belegt ist eine **Siedlung** seit dem 15. Jh. v. Chr. Während der Hellenisierung Zyperns ließen sich im 12. Jh. achäische Siedler in Páfos nieder. Sie fanden dort den Kult der Muttergottheit **Ischtar-Astarte** vor, die in Form eines konischen schwarzen Steins verehrt wurde. Aus dieser »Magna Mater« (Große Mutter) wurde im Lauf der Jahrhunderte die griechische Göttin **Aphrodite**.

Die **Könige von Páfos** waren politische und religiöse Oberhäupter ihres Staats. Der erste namentlich genannte Herrscher, Eteandros, leistete im 7. Jh. v. Chr. den Assyrern Tribute. Während des ionischen Aufstands (499 v. Chr.) erhob sich Páfos gegen die **Perser**, musste sich diesen jedoch 498 v. Chr. nach einer Belagerung geschlagen ge-

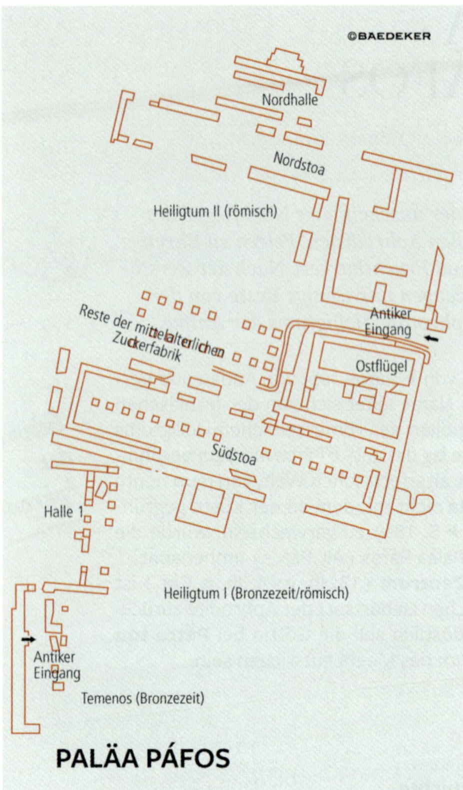

ben. In archaischer und klassischer Zeit stand Páfos auf dem Höhepunkt der Macht. Nikokles, der letzte unabhängige Priesterkönig, gründete Ende des 4. Jh.s **Néa Páfos** am Meer. Als kurz darauf unter den Ptolemäern die Stadtkönigtümer aufgelöst wurden, behielten die Könige von Paläa Páfos die Funktion als **Hohepriester der Aphrodite**. Néa Páfos übernahm politisch und wirtschaftlich die Rolle von Paläa Páfos, dessen Ruhm sich nur noch auf das Heiligtum bezog.
Auch in römischer Zeit zog das Heiligtum Pilger aus aller Welt an, so besuchte beispielsweise Kaiser Titus den Tempel der Aphrodite. Bis ins 4. Jh. n. Chr. blühte Paläa Páfos, erst die Ausbreitung des Christentums wirkte sich nachteilig auf den Kult aus. In byzantinischer Zeit war Alt-Páfos nur noch ein unbedeutendes Dorf.

Festspiele zu Ehren der Liebesgöttin

Aphrodisien

Jedes Frühjahr wurden in Paläa Páfos die großen Aphrodisien abgehalten, Festtage zu Ehren der Göttin. Aus aller Herren Länder kamen Pilger nach Néa Páfos, um von dort in einer großen Prozession durch die Heiligen Gärten nach Paläa Páfos zu ziehen. Vor dem Heiligtum pflanzte man der Göttin junge Bäumchen als Weihgaben. Die Mysterienfeiern dauerten mehrere Tage. Nach einem **rituellen Meeresbad** maß man sich in kultischen Wettkämpfen. Wettbewerbe lockerten die Feierlichkeiten auf. In die Aphrodisien wurde auch der **Kult des Adonis** einbezogen, des schönen Liebhabers der Aphrodite. Höhepunkt der Feierlichkeiten war die **Heilige Hochzeit**, eine Vereinigung des Priesterkönigs mit der Göttin in Gestalt einer Priesterin. Den heiligen Stein salbte man mit Öl und brachte Aphrodite Opfer aus Weihrauch, Parfum, Balsam und Honigplätzchen.

Begleiterscheinungen des Kults

Tempel-prostitution

Ein Bestandteil der Aphrodite-Feiern war vermutlich Tempelprostitution, wie sie Herodot im 5. Jh. v. Chr. beschreibt. Diese Sitte war wohl ein Initiationsritus für die Männer, während die Jungfräulichkeit der Frau eine Weihgabe für Aphrodite darstellte. Außerdem brachte sie dem Heiligtum wichtige Einnahmen.
In römischer Zeit soll sich im heiligen Bezirk ein **Orakel** befunden haben; Verfolgten wurde hier **Asyl** gewährt.

Das Ausgrabungsgelände

Archäologische Grabungsstätten

Anlage

Vom Bezirk (Temenos) des antiken **Heiligtums** (▶ S. 104) am südlichen Ortsrand blieb außer einigen Grundmauern aus der späten Bronze- und der Römerzeit (Heiligtum I und II) kaum etwas erhalten, da die Steine in späteren Jahrhunderten für Häuser oder das in fränkischer Zeit zur Überwachung der Zuckerrohrraffinerien von den Lusignan errichtete Château de Covocle als Baumaterial verwendet wurden. Die Zuckerproduktion war ein einträglicher Wirtschaftszweig. Die Ruinen der mittelalterlichen **Zuckerfabrik** liegen unterhalb des Kastells in den Feldern nahe der Autobahn. Außerhalb des Orts sind Reste einer alten **Belagerungsrampe** zu erkennen, die im 5. Jh. v. Chr. von den Persern angelegt wurde (▶ S. 104).
Tgl. 8.30–17/19.30 Uhr | 4,50 €

Verwaltungsburg der Zuckerrohrmühle

Archäo-logisches Museum

Durch einen großen Torturm betritt man den Innenhof des Château de Covocle, das unter den Lusignan im 13. Jh. zur Verwaltung der Zuckerrohrmühle errichtet wurde und heute als Museum dient. Nur das gotische Strebewerk in der großen Halle unterhalb des Museums erinnert noch an fränkische Zeit, denn das Kastell wurde unter den Osmanen baulich stark verändert.
Das Museum mit ist im oberen Kastelltrakt untergebracht. Der erste Raum beherbergt neben dem schwarzen **Kultstein der Aphrodite** römische Münzen mit Abbildung des Heiligtums, einen großer Krug aus der Bronze- und eine kleine Badewanne aus der Eisenzeit. Der zweite Raum zeigt Funde vom Chalkolithikum bis zum Mittelalter, meist Weihgeschenke an die Göttin oder Funde, die man in der aus antikem Schutt aufgebauten persischen Belagerungsrampe machte. Interessant sind auch Elfenbeinarbeiten der Bronzezeit, Skulpturfragmente aus archaischer Zeit und die Rekonstruktion der persischen Belagerungsrampe von Paläa Páfos und des römischen Mosaiks »**Leda mit dem Schwan**«.
Beachtenswert ist ein gut erhaltener **Sarkophag** (5. Jh. v. Chr.), der 2006 beim Bau eines Hauses unweit des Aphrodite-Heiligtums gefun-

den wurde. Die farbigen Bilder seiner Langseiten zeigen in einem griechisch-orientalischen Mischstil Herakles im Kampf gegen Troja und eine Darstellung des geblendeten Riesen Polyphem, aus dessen Höhle Odysseus und seine Gefährten, unter Schafe gebunden, entkamen.

Im Temenos, dem heiligen Bezirk

Heiligtum I und Heiligtum II

Auf dem Ausgrabungsgelände außerhalb des Kastells stehen heute noch riesige Kalksteinblöcke aus der späten Bronzezeit, die **Temenos-Mauer** aus kyklopischem Mauerwerk. Die Funktion der Löcher im Gestein ist bis heute nicht geklärt. Im heiligen Bezirk stand wohl der **Kultstein der Aphrodite** unter einem dreigeteilten Baldachin, wie ihn römische Münzen zeigen (Abbildungen im Museum). Im Nordwesten wurde der Temenos-Bereich von einer Halle abgegrenzt, deren Pfeilerbasen noch zu sehen sind. Das Heiligtum II aus römischer Zeit entstand vermutlich nach einem Erdbeben im 1. Jh. n. Chr. Im Norden wurden zwei Säulenhallen angebaut, die einen Hof umgaben.

Römische Villa mit Mosaikboden

»Leda mit dem Schwan«

Etwa 40 m westlich des Heiligtums ist auf dem Boden eines römischen **Peristylhauses**, das wohl Priesterinnen als Wohnraum diente, in situ die Kopie des berühmten Mosaiks »Leda mit dem Schwan« zu sehen (Original im Archäologischen Zypern-Museum in Nikosia).

Kirche aus Steinen des Aphrodite-Tempels

Panagía Chrysopolítissa

Östlich des Heiligtums II liegt die kleine **Katholiki-Kirche** oder Panagía Chrysopolítissa des 12. Jh.s (früher Panagía Afrodítissa), die aus Steinen des Aphrodite-Tempels errichtet wurde. Interessant ist ein **Fresko** mit Personifizierung der Flüsse Euphrat und Tigris als Wasser speiende Masken an der Westwand (Schlüssel beim Kassenhäuschen). Die spitzbogige Arkadenwand stammt von einem ehemaligen Klosterkomplex.

Wo die Perser Alt-Páfos belagerten

»Perserrampe«

Die »Perserrampe«, von der aus die Perser Alt-Páfos belagerten, liegt auf der anderen (nördlichen) Seite des Dorfes auf dem Marcello-Hügel (0,5 km vom Ortsrand). Viele daraus geborgene archaische Fundstücke sind im Museum ausgestellt. Heute ist es eine spannende Ruine, die durch einen Tunnel begehbar ist.

Rund um Koúklia

Wo Aphrodite dem Meerschaum entstieg ...

Pétra tou Romioú

Etwa 7 km südöstlich von Koúklia liegt der berühmte **Aphrodite-Felsen** an einer weit geschwungenen Bucht, in der die Göttin dem Schaum des Meeres entstiegen sein soll. Ihr mythischer Geburtsort

erhielt den Namen Pétra tou Romioú (Πέτρα του Ρωμιού), Fels »der Römer«, wie Osmanen und Araber die Griechen des Oströmischen Reichs bezeichneten. Laut einem späteren Epos soll hier der byzantinische Held Digenis die Landung arabischer Piraten verhindert haben, indem er riesige Felsen auf ihre Schiffe schleuderte und sie im Meer versenkte.
Man parkt beim Touristenpavillon und geht durch den schmalen Durchgang unter der Küstenstraße hindurch zum schönen **Kieselstrand** mit den aus dem Meer ragenden weißen Kalksteinfelsen.

BAEDEKER MAGISCHE MOMENTE

ABENDSONNE UND EWIGE LIEBE

Die **Sonnenuntergänge** gehören zu den eindrucksvollsten Erlebnissen auf Zypern. Am Spätnachmittag hat man vom **Aussichtspunkt** an der Küstenstraße, etwa 100 m westlich des Touristenpavillons, die besten Lichtverhältnisse für ein Erinnerungsfoto vom **Aphrodite-Felsen**. Der mythische Geburtsort der Aphrodite ist ein herrlicher Kieselstrand. Der Volksmund erzählt, dass ein im Gewand eines geliebten Menschen versteckter Kiesel von hier ewige Liebe garantiert. Nehmen Sie einen mit!

PISSOÚRI ERLEBEN

HILL VIEW €€€–€€
Im Restaurant des gleichnamigen Apartment-Hotels kann man bei unvergleichlichen Ausblicken in das umliegende Tal anspruchsvoll dinieren.
Stadiou 60, Pissouri, Tel. 25 22 19 72, http://hillview.com.cy

COLUMBIA BEACH RESORT PISSOÚRI €€€€
An der idyllischen Bucht von Pissoúri liegt das vor allem bei deutschen Gästen beliebte erstklassige Hotel mit viel Flair. Es ist geschmackvoll eingerichtet, bietet gute Küche und einen großen Wellness-Bereich.
Pissoúri, Tel. 25 83 30 00
www.columbiaresort.com

An einer der schönsten Buchten Zyperns

Pissoúri

Weitere 7 km östlich liegt, malerisch an einen Steilhang geschmiegt, das Dorf Pissoúri (Πισσούρι) mit einem stimmungsvollen **Dorfplatz**. Weitab vom Bergdorf gelangt man nach etwa 3 km zu dem vom Massentourismus bisher weitgehend verschonten Badeort **Pissoúri Beach** mit zahlreichen Restaurants, einigen Apartmenthäusern und einem kleinen Sandkiesstrand. Das einzige Hotel an diesem Küstenabschnitt ist das erstklassige »Columbia Beach Resort« (► S. 404/405). Von Pissoúri Beach kann man in Richtung Westen wunderschöne Spaziergänge entlang des einsamen Küstenabschnitts machen. Die weißen Kalksteinfelsen bilden zuweilen bizarre Formationen.

★★ KOÚRION

Griechisch: Κούριον | **Höhe:** 70–80 m ü. d. M. |

»Tritt ein …«, steht auf dem Fußbodenmosaik im Haus des Eustólios. Einen schöneren Platz für eine Stadt hätten sich auch die Götter nicht aussuchen können: Auf einem weiten Plateau über weißen Felsen, mit Blick auf das blaue Meer hinter einem herrlichen Strand liegen die Ruinen der antiken Stadt Koúrion. In ihnen verbergen sich Geschichten von Schmerz und Entsetzen eines verheerenden Untergangs. Mühsam berappelte sich die Stadt noch einmal, bevor sie endgültig vom Sand bedeckt wurde.

Geniale Lage

Der Ort war gut gewählt: An der Rückseite des Hügels floss einst der **Koúris**, einer der wasserreichsten Flüsse Zyperns. Er wurde in die Nymphäen der Stadt geleitet, bewässerte Stadt und Äcker. Auf der

Meerseite weitet sich eine lang gestreckte **Bucht**, idealer Landeplatz für die zahlreichen Holzschiffe. Das steile Hochplateau bot Schutz und strategische Aussicht. Der Blick vom bis heute genutzten **Theater** ist atemberaubend und reicht bis zum südlichen Kap der Insel. Es ist ein unvergessliches Erlebnis, hier an einem lauen Sommerabend eine Aufführung zu erleben.

Die Ausgrabungen der römischen und frühchristlichen Stadt wurden in einem **Archäologischen Park** zusammengefasst. Dazu gehören auch die weiter westlich gelegenen Grundmauern des antiken Stadions und des Apollon-Hylátes-Heiligtums (▶ S. 115).

Blühendes Stadtkönigtum

Gründungsmythos und Geschichte

Der griechische Historiker Herodot (5. Jh. v. Chr.) erzählt von der Gründung Koúrions im 13. Jh. v. Chr. durch Krieger, die nach den Schlachten um Troja nicht zurück in die griechische Heimat segeln wollten. Funde beweisen, dass Koúrion jahrhundertelang ein blühendes Stadtkönigtum war. Im 7. Jh. musste es Tribut an die Assyrer zahlen. Als sich die griechischen Städte im 5. Jh. unter Onesilos von Salamis gegen die persische Herrschaft auflehnten, lief Stasanor, König von Koúrion, zu den Persern über und verhalf ihnen so zum Sieg. Das stolze Koúrion über dem Meer blieb durch alle schwierigen und wechselhaften Zeiten eine wohlhabende Hafenstadt auf sicherem Fels.

Weiter Ausblick von der antiken Stadt Koúrion auf dem Hochplateau

KOÚRION ERLEBEN

COURION BEACH

Unterhalb der Ausgrabung von Koúrion erstreckt sich ein langer, unbebauter Strand mit drei **Tavernen**. Baden ist hier angesagt – ein wahres Vergnügen an langen, heißen Sommertagen.

AVDIMOU BAY

Eine unverbaute Bucht mit klarem Wasser, Kieselstrand und zwei kleinen Tavernen.

SHAKESPEARE FESTIVAL

Im Juni werden im **antiken Theater** Stücke von Shakespeare aufgeführt. Eine stimmungsvolle Atmosphäre – mit herrlichem Blick auf die Küste.
www.shakespeareatcurium.com

INTERNATIONAL FESTIVAL OF ANCIENT GREEK DRAMA

Aufführungen antiker Dramen. Auch hierfür ist das antike Theater neben dem in Páfos eine der Spielstätten.
www.greekdramafest.com

Opfer eines spätantiken Erdbebens

Naturgewalten

Der 21. Juli 365 veränderte alles. Ein schweres **Erdbeben** mit Epizentrum bei Kreta zerstörte die Gebäude, begrub Familien unter sich, tötete mehr als 500 Männer, Frauen und Kinder und riss den Hafen in einem gewaltigen Seebeben mit.

In der römischen Stadt Koúrion lebten damals bereits zahlreiche Christen. In einem **Haus mit Erdbebenschäden** und Resten eines Wohnzimmers entdeckte man die Skelette einer kleinen Familie: »Romeo und Julia« – wie sie Jahrtausende später getauft wurden – und ihr kleines Kind (▶ Baedeker Wissen, S. 112). Der Mann trug einen Ring mit den griechischen Initialen Christi – »X P« (Chi-Rho). In den Wohnräumen fand man eine Bronzelampe in Form einer Ente, Münzen und Geschirr, im Stall das Skelett eines dreizehnjährigen Mädchens, zu Tode getrampelt von einem Esel.

Frühchristliche Zeit bis Mittelalter

Wiederaufbau

Beim Wiederaufbau der Stadt errichtete man neue Gebäude auf den Ruinen, darunter das Peristyl-**Haus des Eustólios**. Symbole und Sprüche in den erhaltenen Bodenmosaiken lassen einen christlichen Bauherren vermuten. Als **Bischofssitz** erlebte Koúrion noch einmal einen Aufschwung, u. a. entstand eine frühchristliche Basilika. Doch Einfälle der **Araber** brachten neue Zerstörungen, und die stolze Stadt auf dem Hochplateau verlor zunehmend an Bedeutung. Schließlich wurde der Bischofssitz in das sicherere, landeinwärts gelegene Dorf Episkopí verlegt. Im Mittelalter erhielt die reiche venezianische **Familie Cornaro** das Gelände als Lehen von den Kreuzrittern und baute in der Umgebung das lukrative Zuckerrohr und später Baumwolle an.

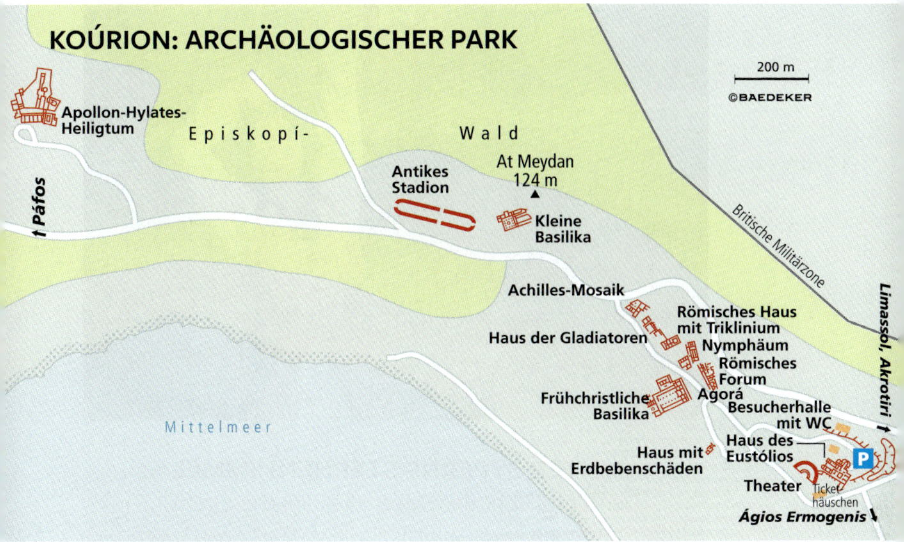

KOÚRION: ARCHÄOLOGISCHER PARK

200 m
©BAEDEKER
Apollon-Hylates-Heiligtum
Episkopí-Wald
Páfos
Antikes Stadion
At Meydan 124 m
Kleine Basilika
Britische Militärzone
Limassol, Akrotiri
Achilles-Mosaik
Haus der Gladiatoren
Römisches Haus mit Triklinium
Nymphäum
Römisches Forum
Agorá
Frühchristliche Basilika
Besucherhalle mit WC
Mittelmeer
Haus mit Erdbebenschäden
Haus des Eustólios
P
Theater
Ticket-häuschen
Ágios Ermogenis

Erkundung des Geländes

Grabungen

1873 entdeckte hier der umstrittene italienisch-amerikanische Offizier und Schatzräuber Luigi Palma di Cesnola (► S. 128) neben anderen Objekten seinen »Schatz von Koúrion«, ein Sammelsurium von Schmuckstücken. Seit 1933 finden systematische Ausgrabungen von Wissenschaftlern statt.

Archäologischer Park

Die archäologischen Grabungsstätten des antiken Koúrion liegen etwa 15 km von ► Limassol entfernt hoch über dem Meer an der Steilküste, nahe der Bucht von Episkopí.

Tgl. 8.30–17/19.30 Uhr | 4,50 €

Rekonstruiert und neu genutzt

Theater

Durch den auf halber Höhe am Berg gelegenen Eingang zur antiken Stadt gelangt man zum Theater an der südlichen Spitze des Hügels. Es wurde von amerikanischen Archäologen ausgegraben, die 1961 Teile des stark zerstörten Baus rekonstruierten. Im Sommer finden hier regelmäßig Aufführungen statt.

Das Theater entstand im 2. Jh. n. Chr. auf einem kleineren hellenistischen Vorgängerbau des 2. Jh.s v. Chr. Die halbrunde Spielfläche (Orchestra) wird vom halbrunden Zuschauerraum (Cavea) für 3500

UNTER ZYPERNS STERNENHIMMEL

Der Mond über dem Meer, die Ränge gut gefüllt, die Stimmung erwartungsvoll wie vor fast zweitausend Jahren. Eine Theater- oder Musikaufführung im **antiken Theater von Koúrion** zu erleben, während am Himmel die Sterne funkeln, gehört zu den unvergesslichen Erlebnissen eines Sommerurlaubs auf Zypern. Beim Sommerfestival des antiken Dramas (► S. 108) ist es einer der traditionellen Spielorte.

Menschen umschlossen. Dahinter erhob sich einst die Bühnenwand (Skene) bis zur vollen Höhe der Sitzreihen. Von einem überwölbten Korridor konnte man über fünf Gänge die Sitzreihen erreichen, von denen die obersten von einer Kolonnade überragt wurden. Anfang des 3. Jh.s entfernte man die untersten Sitzreihen und brachte ein Metallgitter an, was auf die bei Römern so beliebten Tierhetzen schließen lässt. Die Erdbeben des 4. Jh.s hinterließen einen Trümmerhaufen.

Haus des Eustólios

Frühchristliches Haus mit Badetrakt
In direkter Nachbarschaft liegt ein frühchristliches Peristylhaus aus dem 4./5. Jh. mit Badeanlagen. Vom Eingangsbereich mit Inschrift (Mosaik) »Tritt ein ... Glück für das Haus« gelangt man in einen einst von Säulen umgebenen **Innenhof**, in dessen Mitte ein Impluvium Wasser auffing.

An der höchsten Stelle des Areals liegt der Badetrakt. Der große zentrale **Aufenthaltsraum** ist mit Mosaiken geschmückt, darunter eine Darstellung der Ktisis (Personifizierung des Schöpferischen Geistes) mit dem Maß eines römischen Fußes in der Hand. Im Westen liegen die **Hypokausten**, mit denen die Bäder von unten geheizt wurden. Im Norden schließt ein halbrundes Wasserbecken an.
Weiter geht es zu den **Mosaiken** des den Hof umgebenden Peristyls. Eine fragmentarische Inschrift nennt den Namen Eustólios als Erbauer dieser »kühlen, windgeschützten Zuflucht«, eine zweite vor einem Mosaikfeld mit christlichen Tiermotiven erklärt: »Anstelle von großen Steinen und solidem Eisen, glänzender Bronze und Diamant ist dieses Haus umgürtet von den viel verehrten Symbolen Christi.« Der Fisch als frühchristliches Christus-Symbol ist gleich zweimal abgebildet, Vögel wie Graugans, Fasan, Rebhuhn und Perlhuhn stehen für das Paradies.

Ins Zentrum der antiken Stadt

Akropólis-Bezirk

Auf angelegten Pfaden geht man vom Theater durch das Grabungsareal und zu Aussichtspunkten über dem Meer. Hält man sich etwas links, gelangt man zu den Ruinen eines **Hauses mit Erdbebenschäden** (▶ Baedeker Wissen, S. 112). Geradeaus erreicht man eine große Stoa mit monolithischen Säulen und korinthischen Kapitellen aus dem 3. Jh. n. Chr., die zum römischen Forum gehörte. Auch Mauern von hellenistischen Gebäuden wurden im Akropólis-Bezirk entdeckt. Im Osten schließt ein römisches Gebäude, vermutlich ein Wohnhaus, an die Stoa an. Ein **Nymphäum** des 1. Jh.s diente als Wasserspeicher der Stadt Koúrion. Im Anschluss folgen große Badeanlagen. Einige Säulen im Akropólis-Bezirk wurden wieder aufgerichtet.

KOÚRION: THEATER UND HAUS DES EUSTÓLIOS

1 Orchestra
2 Cavea
3 Skene
4 Treppenturm
5 Vorhof
6 Korridor, Eingangsbereich
7 Aufenthaltsraum mit Ktisis-Mosaik
8 Peristylhof mit Wasserbecken
9 Eustólios-Inschrift
10 Christus-Inschrift
11 Osthalle

Badeanlage

20 m

©BAEDEKER

DER TOD KAM IM SCHLAF

Nach den Angaben des spätantiken Historikers Ammianus Marcellinus (um 330 bis um 395) ereignete sich das Erdbeben, das die Stadt Koúrion zerstörte, in den frühen Morgenstunden des 21. Juli 365 und überraschte die meisten Menschen im Schlaf. Bei Ausgrabungen 1934 und 1984–1987 entdeckte man in einem »Haus mit Erdbebenschäden« die Reste eines Wohnzimmers sowie die Skelette seiner einstigen Bewohner.

❶ Innenhof
Das weiträumige Haus aus schweren Steinblöcken (vermutlich Ende 1. / Anfang 2. Jh.) war wenige Jahre vor dem Erdbeben in mehrere Wohneinheiten umgebaut worden. Von der Straße aus gelangte man durch einen langen Durchgang zunächst in den Innenhof.

❷ Größter Raum
Der größte Raum mit einer zentralen Säule besaß ein Ziegeldach.

❸ Nebenräume
In den übrigen Räumen wurden drei männliche Skelette, eine Bronzelampe in Form einer Ente, Ton- und Glasvasen, Bronzemünzen und Haushaltsgeschirr gefunden (im Museum Episkopí).

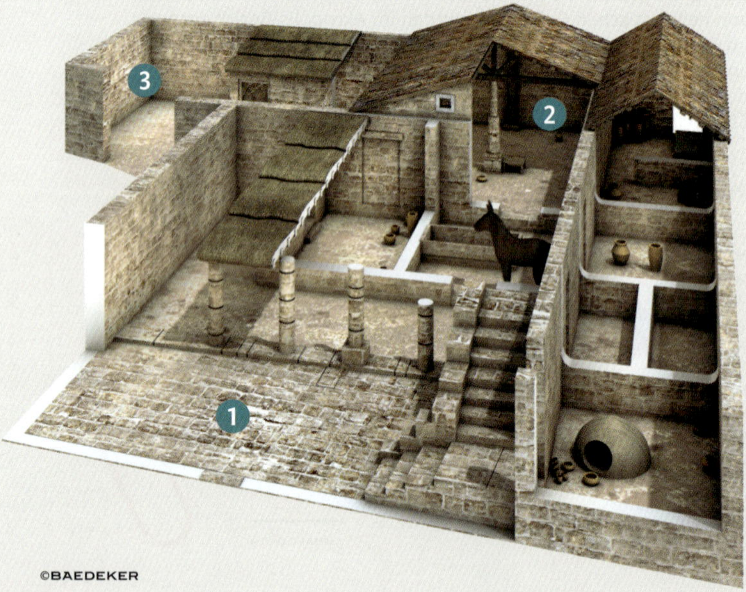

©BAEDEKER

❹ Tablinum (Speisesaal)
Im 4. Jh. war der ehemalige Speisesaal in einen Stall und ein Schlafzimmer umgebaut worden. Hier fanden Archäologen die Skelette einer Kleinfamilie, später »Romeo und Julia« genannt. Der Mann (etwa 25 Jahre) hatte vergeblich versucht, mit dem Körper in »Löffelstellung« eine Frau (etwa 19 Jahre) und ein Kleinkind (höchstens 1 1/2 Jahre) vor herabfallenden Steinen zu schützen.

❺ Stall
Im Stall fand man die Skelette eines Esels und eines etwa 13-jährigen Mädchens. Untersuchungen ergaben, dass es schon vor dem Erdbeben gestorben war, vermutlich wollte es nach dem sich unruhig aufbäumenden Tier schauen und wurde dabei von dessen Hufen tödlich getroffen.

Ein Gladiatorenpaar mit Schiedsrichter zeigt dieses Mosaik im Haus der Gladiatoren.

Einzigartige Kampfdarstellungen

Haus der Gladiatoren

Das Atriumhaus einer reichen Patrizierfamilie (3. Jh.) ist nach den **Mosaiken** in seinem Innenhof benannt. Das nördliche zeigt zwei bewaffnete Gladiatoren mit stumpfen Schwertern beim Übungskampf. Ihre Namen sind über den Köpfen lesbar: Margareitis und Ellinikos. Auf dem zweiten Mosaik geht ein schwer bewaffneter Kämpfer (Lytras) mit gebogenem Dolch auf seinen Gegner los (Mosaik beschädigt). Eine unbewaffnete Figur in weißer Toga, wohl der Schiedsrichter (Dareios), versucht, den Kämpfer zu beruhigen.

Haus den Achilles

Achilles-Mosaik

Unweit der Straße Richtung Páfos liegen Reste eines römischen Gebäudes (4. Jh. n. Chr.). Dessen Hof wird an zwei Seiten von Zimmern und einem Portikus mit dem stark beschädigten Achilles-Mosaik begrenzt. Es zeigt Achilles in Frauenkleidern, der im antiken Mythos von seiner Mutter Thetis an den Hof des Königs Lykomedes von Skyros geschickt wurde, um dort verkleidet unter dessen Töchtern aufzuwachsen und nicht gemäß einem Orakel im Trojanischen Krieg zu fallen. Da Troja jedoch ohne Achilles nicht zu besiegen war, bediente sich Odysseus einer List und trat mit Waffengeschenken vor den König. Als er plötzlich das Kriegshorn blasen ließ, verriet sich Achilles, indem er zu den Waffen griff. Diesen Moment stellt das Mosaik dar.

Im anschließenden Gebäude zeigt das reich ornamentierte Bodenmosaik Bildfragmente mit dem Raub des Ganymed durch Zeus in Gestalt eines Adlers.

Eines der größten Gotteshäuser Zyperns

Frühchristliche Basilika

Gegenüber dem römischen Forum legt die frühchristliche Basilika steinernes Zeugnis von der erneuten Besiedlung Koúrions nach dem Erdbeben im 4. Jh. ab. Von hier hat man eine schöne Aussicht auf den Strand von Koúrion. Die gut erhaltenen Fundamente deuten auf eine dreischiffige Basilika (55 m lang, 37 m breit) mit halbrunder Apsis, die von zwei Pastophorien (Räume für Priester) flankiert wird.
Östlich der Apsis lag ein Portikus, durch den man über die seitlichen Nebenräume die Basilika betrat. Ein Baldachin, getragen von vier Säulen, deren Fundamente noch an Ort und Stelle sind, überspannte den Altar. Eine Chorschranke, deren Einlassungen noch erkennbar sind, trennte den Altarbereich vom Kirchenraum. An die Seitenschiffe schlossen sich die den Ungetauften vorbehaltenen Katechuména (Nebenräume) an, bestehend aus je einem Korridor mit Sitzbänken.

Taufkirche des Bistums

Baptisterium

Nördlich der Basilika lag die dreischiffige Taufkirche des Bistums mit Atrium, Reinigungsbrunnen und einem schmalen Narthex. Das große Taufbecken an der Südwand zwischen zwei Säulen war für die damals übliche Erwachsenentaufe gedacht. Die beiden lang gezogenen Räume links und rechts dienten dem Umkleiden und Salben des Täuflings.

Außerhalb der Grabungsstätten

Antikes Stadion

Rund 1 km westlich der Grabungsstätten liegt an der Straße Richtung Páfos das antike Stadion (2. Jh.). Bis ins 5. Jh. veranstaltete die Stadt Koúrion hier Wettkämpfe anlässlich militärischer Siege oder religiöser Feste. Neben Stadienläufen gab es Diskuswerfen oder Ballspiele. Die Länge des Stadions (eigtl. gleichnamiges Längenmaß von 192,27 m) wurde hier auf 186 m verkürzt. Etwa 150 m östlich entdeckte man die Grundmauern einer dreischiffigen **Basilika** (spätes 5. Jh.).

 Apollon-Hylátes-Heiligtum

Heiligtum des Waldbeschützers

Gelände

Nach weiteren 2 km auf der Straße nach Páfos führt eine Stichstraße zum Heiligtum des Apollon Hylátes (Ierón Apóllonos Ylátou). Hier wurde Apollon als Beschützer des Waldes und der Tiere verehrt. Das heutige Erscheinungsbild des Heiligtums geht auf römische Zeit zurück, doch entdeckte man auch Reste einer sakralen Stätte aus dem 7. Jh. v. Chr. Zwei Tore führten in der Antike in den heiligen Bereich.
Tgl. 8.30–17/19.30 Uhr | 2,50 €

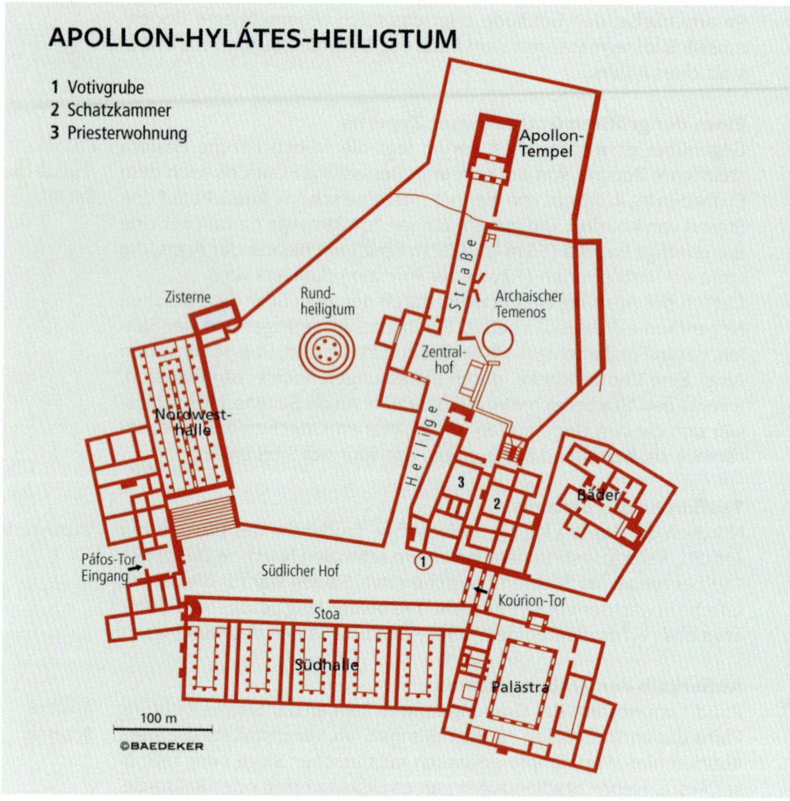

Anlagen für Sport und Bad

Palästra

Vor dem östlichen Koúrion-Tor liegt außerhalb des heiligen Bereiches die antike **Palästra** (1. Jh.) für Ringkämpfe und Ballspiele. Ihr großer, sandbedeckter Hof ist von Säulengängen umschlossen. Sie führen zu sieben Räumen für das Umkleiden, Einölen und Waschen der Athleten. Im großen Stein-Pithos in der Nordostecke des Hofs fanden diese Wasser, um sich zu erfrischen.

Ebenfalls außerhalb des heiligen Bezirks stieß man auf **Badeanlagen** (1./frühes 2. Jh.). Deutlich sind die Hypokausten erkennbar, die ähnlich einer Fußbodenheizung von unten den Raum erwärmten.

Räume für Pilger

Südlicher Hof

Durch das Koúrion-Tor betritt man den heiligen Bezirk. Linker Hand liegt die große **Südhalle** mit fünf gleichförmigen Räumen, verbunden durch einen Säulengang. Durch den Portikus betritt man die einzelnen Räume, die an drei Seiten von einem erhöhten Säulenumgang dorischer Ordnung begrenzt werden. In diesen Räumen ruhten sich vermutlich die Pilger aus und stellten ihre Weihgaben auf. Eine Inschrift über einer der Türen informiert, dass zwei der Räume durch den römischen Kaiser Trajan 101 errichtet wurden. Die gegenüberliegende **Nordwesthalle** blieb nur in ihren Fundamenten erhalten.

Das Innerste des Heiligen Bezirks

Heilige Straße

Die lange, gepflasterte Heilige Straße führt zum Tempel, vorbei an Priesterwohnungen und Schatzkammer. Ein archaischer Steinaltar aus dem 7. Jh. ist das älteste Relikt des Heiligtums.

Der rekonstruierte **Tempel des Apollon Hylátes** (1. Jh.) wurde auf Fundamenten eines spätklassischen oder hellenistischen Vorgängerbaus errichtet. Eine breite Treppe führt zu dem römischen Podiumstempel vom Typ des Prostylos, dessen Vorhalle von vier Säulen mit selten vorkommenden nabatäischen Kapitellen getragen wurde.

Zum ältesten Teil des Heiligen Bezirks zählt das archaische **Rund- oder Baumheiligtum** (6. Jh. v. Chr.), um das Prozessionen zu Ehren des Waldgottes führten. Sieben Gruben im Fels weisen auf Bäume hin, die im Mittelpunkt der antiken Kulthandlungen standen.

Am Ende der Heiligen Straße nahe dem Ausgang liegt eine kleine, halbrunde **Votivgrube** für Opfergaben. Seit dem 5. Jh. v. Chr. häuften die Priester hier Apollon geweihte Geschenke auf, die nicht vernichtet werden durften. Diese Vertiefung wurde zur Fundgrube der Archäologen.

Koúrion Museum

Archäologisches Museum der Grabungsstätte

Episkopí

Rund 1,5 km östlich von Koúrion wurde im ehemaligen Wohnhaus des amerikanischen Koúrion-Ausgräbers George McFadden gegenüber der Dorfkirche von Episkopí (Επισκοπή) das kleine Koúrion Museum mit archäologischen Funden untergebracht. Zu sehen sind Weihgeschenke aus dem Apollon-Heiligtum wie der steinwerfende Apoll, Männer mit Stiermasken oder Krieger auf Streitwagen, ferner Inschriften und Münzen, die Zeugnis von der Besiedlung dieser Gegend vom Neolithikum bis in frühchristliche Zeit ablegen. Höhepunkt sind die bei Ausgrabungen im Akropólis-Bezirk von Koúrion gefundenen Skelette von »Romeo und Julia«, einer jungen Familie, die beim Erdbeben im 4. Jh. verschüttet wurde (▶ 108).

Nördlich von Episkopí sind britische Soldaten in einer Siedlung mit eigenen Schulen, Sportanlagen und einem Krankenhaus stationiert.

Mo.–Fr. 8–15.30 Uhr

★ KÝKKO-KLOSTER

Griechisch: Μονή Κύκκου | **Höhe:** 1140 m ü. d. M.

»Brauchst du Wasser für die Reben, geh' zur Panagia von Kýkko.« Die Regen spendende Ikone, angeblich vom hl. Lukas persönlich gemalt und ein Geschenk aus Konstantinopel, ist der spirituelle Mittelpunkt eines reichen und mächtigen Klosters. Der ehemalige Erzbischof und Staatspräsident Makarios III., einst dessen Novize, liegt hier begraben.

Zyperns mächtigstes Kloster

Etwa 12 km westlich von Pedoulás (▶ S. 92) erreicht man über eine kurvenreiche Straße das in der gesamten orthodoxen Welt berühmte Kloster Kýkko. Dieses reichste und mächtigste Kloster Zyperns verdankt sein hohes Ansehen seiner angeblich vom Evangelisten Lukas gemalten, Regen spendenden Marienikone, mit Silber beschlagen und in einen kostbaren Rahmen eingefasst. Zudem war **Erzbischof Makarios** Novize hier, später wurde das Kloster sein bevorzugter Rückzugsort. Dessen noch heute großer Grundbesitz und seine zahlreichen Landwirtschaftsbetriebe werden zentral von Nikosia aus verwaltet. Das Kloster fördert soziale Einrichtungen wie Krankenhäuser, Schulen und Museen und besitzt erheblichen politischen Einfluss.

Eine feierliche, sakrale Atmosphäre herrscht im Museum des Kýkko-Klosters.

Besonders an Sonn- und Feiertagen, bei Taufen und Hochzeiten herrscht hier reger Betrieb. Mit hotelähnlichen **Pilgerherbergen**, die aber Zyprern (oder Wanderern) vorbehalten sind, einem großen Restaurant und Imbissbuden ist das Kloster auf Besucherandrang eingestellt. Es wird auf **angemessene Kleidung** Wert gelegt, lange Hosen für Männer und knielange Röcke für Frauen (am Eingang auszuleihen). Pilger können hier wohnen und in die mystische Atmosphäre eines orthodoxen Klosters eintauchen.
Draußen vor den Klostermauern herrscht auf einem **Markt** reges Treiben – mit Verkauf von Knabbereien, Süßigkeiten, dem eigenen Dessertwein »Kyprion Nama« und anderen Souvenirs.

Der Eremit und die Ikone

Gründungslegende

Das Kloster wurde Ende des 11. Jh.s von dem Einsiedlermönch Isaias gegründet. Laut Legende heilte dieser die Tochter des byzantinischen Kaisers Alexios I. Komnenos von Konstantinopel und erhielt als Dank die vom Evangelisten Lukas gemalte **Marienikone** samt nötigen Finanzmitteln, um ein Kloster dafür zu errichten. Da es mehrfach abbrannte, blieb von dem ursprünglichen Bauwerk nichts erhalten.

Die heutigen Klosterbauten

Klostergänge, Klosterkirche

Die heutigen Klosterbauten stammen aus dem 19. und 20. Jh. Die in den 1990er-Jahren entstandenen Mosaiken der Klostergänge und die nur unwesentlich älteren Wandmalereien der Klosterkirche erstrahlen in der ganzen herrlichen Pracht orthodoxer Kunstfertigkeit. Der schwarze Bronzearm neben der Marienikone vor der Ikonostase erinnert an die Legende, nach der ein Schwarzer einst den Frevel beging, sich eine Zigarette an der Öllampe vor der Ikone anzuzünden. Die Strafe folgte auf dem Fuße: Sein Arm verwandelte sich in Bronze. Erwähnenswert ist außerdem das Rostrum eines Schwertfisches, gespendet von einem Seemann, der aus Seenot errettet wurde.

Sammlung sakraler Kleinodien

Museum des Kýkko-Klosters

Ende der 1990er-Jahre wurde im Nordwesttrakt des Klosters ein großes, eindrucksvoll gestaltetes Museum eröffnet, das einem beim Betreten sofort mit seiner feierlichen, sakralen Atmosphäre gefangen nimmt. Aus verschiedenfarbigem Granit und Marmor gestaltete Fußböden, mit verziertem Nussbaumholz verkleidete Decken, dezente Beleuchtung und vom Band erklingende liturgische Gesänge stimmen den Besucher auf die sakralen Kleinodien von unschätzbarem Wert ein, die die Mönche im Lauf der Jahrhunderte gesammelt haben. Zu den ältesten Handschriften gehört eine beidseitig beschriftete, 4 m lange Pergamentrolle aus dem 12. Jh. mit der Chrysostomos-Liturgie, die bis heute im orthodoxen Gottesdienst am häufigsten gefeiert wird.

Klostermuseum: tgl. 10–16/18 Uhr | 5 €

Erzbischof und Freiheitskampf

Grabmal von Makarios III.

Griechische Zyprer kommen auch wegen des Grabes von Makarios III. (► S. 362), an dem Soldaten Ehrenwache halten (2 km westl. auf einer Anhöhe). Der Erzbischof und Staatspräsident ließ sich hier zu Lebzeiten eine Kapelle errichten, in deren Nähe er auch seine letzte Ruhestätte fand. Die Grabinschrift richtet sich an die griechischen Zyprer: »Griechisches Volk, wo ich mich auch befinde, ich will, dass du weißt, dass ich mit dir bin. Meine Seele, mein Herz und mein Denken wenden sich immer dir zu, und ich will immer mit dir sein.«
Während der Freiheitskämpfe in den 1950er-Jahren unterstützte das Kloster die Untergrundbewegung EOKA. Etwa 2 km entfernt befand sich ein Unterschlupf von deren Führer General **Georgios Grivas**.

Rund um Kýkko

Geheimnisvolle Urlandschaft

Tal der Zedern

Nach weiteren 16 km auf der kurvigen, teils unbefestigten Straße gelangt man in das abgeschiedene Tal der Zedern (1100 m) an den Südhängen des **Trípylos** (1408 m; 2,5 km langer Wanderweg zum Gipfel). Im Volksglauben ist die **Zeder** ein Symbol des Todes. Geheimnisvoll, ja unheimlich wirkt diese unberührte Urlandschaft. Die ca. 40 000 hier wachsenden endemischen Zypern-Zedern (Cedrus brevifolia) sind eine Unterart der Libanonzeder. In der Antike war ihr Holz ein beliebtes Baumaterial für Schiffe und Häuser und einst auf der gesamten Insel verbreitet. Äußerst selten sieht man hier auch die unter Artenschutz stehenden zyprischen **Mufflons**, die nur noch in wenigen Gegenden wild vorkommen. Die Weiterfahrt vom Tal der Zedern bis Stavrós tis Psókas führt über eine Schotterpiste.

Forststation und Wanderwege

Stavrós tis Psókas

Viel schneller erreicht man die einsam gelegene **Forststation** Stavrós tis Psókas (Σταυρός της Ψώκας; 800 m) auf der Asphaltstraße, die vom Kýkko-Kloster durch Zedern-, Pinien-, Zypressen- und Eichenwälder über Ágios Nikólaos führt. Die Forststation ist von vulkanischen Berggipfeln umgeben, die als Feuerwachstellen dienen und ein hervorragendes Panorama des **Páfos-Waldes**, des größten zusammenhängenden Kiefernwaldes der Insel, bieten. Sehenswert ist das **Wildgehege für Mufflons** oberhalb des gut ausgestattenen Picknickplatzes. Die Forststation bietet auch Unterkunft (Tel. 26 99 18 40, 99 63 81 97, 99 64 03 74) und eine einfache Gaststätte.
Stavrós tis Psókas ist Ausgangspunkt dreier gut markierter **Wanderwege**: Der Rundwanderweg Horteri beginnt auf halbem Weg zwischen Forststation und **Selládi tou Stavroú** (5 km; anstrengend), gleich zwei Wege starten in Selládi tou Stavroú: ein Rundwanderweg (2,6 km) und der Wanderweg Selládi – Heliport (1,9 km).

BAEDEKER ÜBERRASCHENDES

5x TYPISCH

Dafür fährt man nach Zypern.

1. SCHEUES NATIONALTIER

Zyperns Nationaltier ist das unter Naturschutz stehende **Mufflon**, das nur noch selten in freier Wildbahn anzutreffen ist. Bestände des wendigen, doch scheuen Wildschafs schützt das Freigehege der Forststation **Stavrós tis Psókas** im abgelegenen Tal der Zedern. (▶ **S. 120**)

2. FAMILIE ÜBER ALLES

Zyprer sind **Familienmenschen**. Auf den Flaniermeilen spaziert nicht selten die ganze Familie fein herausgeputzt, und später geht's im großen Kreis in die Taverne zum Essen.

3. KAFÉ

Zyprischer Kaffee mit seinem starken, bitteren Aroma soll am besten seinen Geschmack entwickeln, wenn er in einem **Brikki-Kännchen** mit langen Griffen im heißen Sandbett zubereitet und dabei langsam erhitzt wird. Noch heute ist diese Zubereitungsart nicht nur im privaten Haushalt, sondern auch in manchem Kafeníon gebräuchlich. (▶ **S. 385**)

4. VERY BRITISH

Linksverkehr, Steckdosen und **englische Sprachkenntnisse** machen die Insel zu einem Paradies für ausgewanderte Briten. Gute Englischkenntnisse der zyprischen Bevölkerung wiederum erleichtern auch anderen Touristen die Verständigung erheblich.

5. HEILIGENVEREHRUNG

Ikonen spielen in der orthodoxen Religion eine fundamentale Rolle. Bis heute lassen es sich Gläubige einiges kosten, sie von Mönchen in darauf spezialisierten Klöstern malen zu lassen und anlässlich von Taufen oder Hochzeiten in den Kirchen aufzuhängen.

★★ LAGOUDERÁ

Griechisch: Λαγουδερά | **Höhe:** 1000 m ü. d. M.

Das Dorf inmitten herber Berglandschaft birgt eine äußerlich schlichte Klosterkirche mit sensationellen Fresken. Sie zählen zum Schönsten, was Zypern zu bieten hat.

Das Gebirgsdorf Lagouderá liegt 25 km östlich des Ortes Tróodos, auf halber Strecke zwischen ► Nikosia und ► Limassol in der östlichen Tróodos-Region Pitsiliá. Die Landflucht der jüngeren Zyprer hat die Region hart getroffen, zurückgeblieben ist der Eindruck, die Zeit sei stehen geblieben: Zwischen Weinreben und Oliven streichen die Katzen durch verfallende Häuser.

Infos: www.lagoudera.org/en

Moní Panagías tou Arakoú

Außen unscheinbar, doch innen großartig

UNESCO-Scheunendachkirche

Oberhalb des kleinen Ortes, an der Straße nach Saránti, steht eine unscheinbar wirkende Scheunendachkirche, die zu einem ehemaligen Kloster gehört und den umfangreichsten Freskenzyklus mittelbyzantinischer Zeit auf Zypern besitzt (UNESCO-Welterbe). Wie im Fall von ► Asínou (Forviótissa) trägt die Gottesmutter, der die Kirche geweiht ist, auch hier den Beinamen einer Pflanze (»arakás«: Erbse).

LAUGOUDERÁ MONÍ PANAGÍAS TOU ARAKOÚ

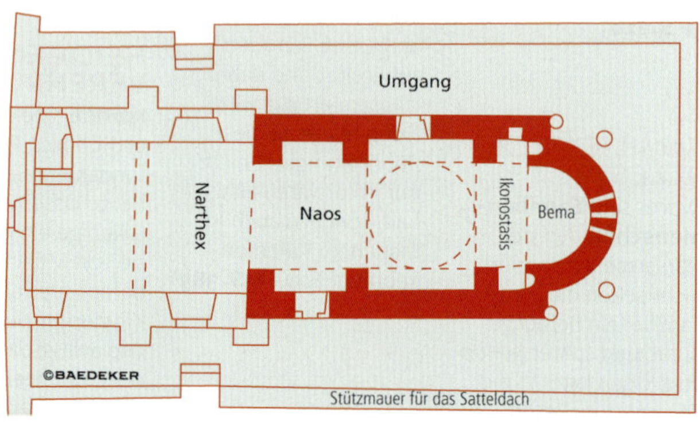

Manierierte Eleganz: das prächtige Fresko der »Geburt Christi«

Ausdrucksvollste Wandmalereien Zyperns

Fresken im Komnenen-Stil

Die einschiffige, Ende 12. Jh. entstandene Anlage besitzt eine Kuppel, über die später ein Satteldach auf Stützmauern gezogen wurde, nicht ausgemalt ist ihr Westteil. Die gut erhaltenen **Fresken**, die zu den ausdrucksvollsten Wandmalereien Zyperns zählen, erstrahlen in leuchtenden Farben. Laut Inschrift wurden sie 1192, nach der Eroberung Zyperns durch die Kreuzritter, wohl von Künstlern aus Konstantinopel im klassischen **Komnenen-Stil** geschaffen. Die dynamisch wirkenden Figuren besitzen durch Überlängung und helle Pastellfarben eine fast manieriert wirkende Eleganz, typische Kennzeichen der mittelbyzantinischen Periode.

An der **Nordwand** nennt eine Stifterinschrift unterhalb der Darstellung des Keramídions (Ziegel mit Abbild Christi) einen Mann namens Leon Auxentes. Die Wölbung des **Altarraums** (Bema) wird geschmückt durch die Thronende Gottesmutter mit Kind, umgeben von den Erzengeln Gabriel und Michael; darunter die Büsten zyprischer Geistlicher und orthodoxe Kirchenväter. Hervorzuheben sind an den Seiten des Bema zwei Säulenheilige, die in frühchristlicher Zeit im syrischen Raum als Eremiten lebten. Im Gewölbe erkennt man die Himmelfahrt Christi, in der **Kuppel** das Bild des von Engeln umgebenen Pantokrator, zwischen den Fenstern die Propheten des Alten Testaments, in den westlichen Zwickeln die vier Evangelisten und in den östlichen die Verkündigung.

Unter der Kuppel an der Nordwand der Kirche erkennt man in einer Lünette den **Tempelgang Mariens**. Den apokryphen Schriften zufolge wurde Maria von ihren Eltern in Begleitung von sieben reich gekleideten Jungfrauen aus dem Hause Juda in den Tempel gebracht, um nach einem Gelübde Gott zu dienen. Darunter sind der hl. Nikolaus, das Keramídion und die **Darbringung im Tempel** zu sehen, in der der alte Priester Simeon das Kind mit einem Ohrring (!) auf dem Arm trägt, daneben Johannes der Täufer mit einer nach oben weisenden Geste. Im Gewölbe des Naos folgt die Anástasis, der Abstieg Christi in die Vorhölle, darunter die Taufe Christi.
An der **Südwand** erkennt man in der Nische unter der Kuppel den Tod Mariens, darunter die schlanke, stehende Gestalt der Muttergottes mit Kind auf dem Arm, neben ihr der überlebensgroße Erzengel Michael. Besonders schön ist die **Geburt Christi** gegenüber der Anástasis. Unten bilden Heilige den Abschluss der Malereien.
Tgl. 9/10–13.30, 14.30–17/18 Uhr | Tel. 99 55 73 69, 96 30 15 08

Rund um Lagouderá

Wandern im Tróodos-Gebirge

Naturlehrpfade

Von Lagouderá führen Naturlehrpfade zur einsam gelegenen Kirche **Stavrós tou Agiasmáti** bei Platanistása (7 km; 3 Std.) und nach **Agrós** im Tróodos-Gebirge (6 km; 2,5 Std.).

LÁRNAKA · LÁRNAX

Griechisch: Λάρναξ | **Höhe:** Meereshöhe | **Einwohner:** 51 000

Lárnaka ist nicht zu unterschätzen. Es ist die älteste bewohnte Stadt Zyperns und war in der Antike als Kítion bekannt. Die Uferpromenade mit dem Stadtstrand ist heute palmenbestanden und voller Flair. Teile der Altstadt wurden renoviert, Tavernen und Cafés locken Besucher. Das kulturelle Angebot mit Museen, Kirchen und Ausgrabungen ist vielfältig und lohnt einen Besuch.

An einer weiten Bucht

Die drittgrößte Stadt Zyperns liegt an einer großen Bucht im Südosten der Insel auf den Ruinen der antiken Stadt Kítion. Im 17. Jh. erhielt sie ihren heutigen Namen **Lárnax**, abgeleitet von den vielen Sarkophagen (gr. lárnax), die hier gefunden wurden. In der Frankenzeit wurde sie **Salines** genannt, denn seit der Antike wurde der nahe gelegene Salzsee zur Salzgewinnung genutzt.

Lárnaka abends: Der Platz neben der Kirche Ágios Lázaros ist beliebter Treffpunkt.

Versteckter Charme

Stadtbild

In Lárnaka landen heute die meisten Zypernurlauber. Hier entstand 1974, nach dem Verlust des Flughafens von ▶ Nikosia, zwischen dem seichten Salzsee und der Meeresküste der neue internationale Flughafen. Eine belebte Durchgangsstraße führt am Salzsee vorbei durch die Randlagen Lárnakas zum Hotelviertel, das sich 5 km nordöstlich Richtung ▶ Agía Nápa erstreckt.

Den Charme der Stadt entdeckt man beim Schlendern über die breite **Strandpromenade** mit ihren imposanten Laternen und hohen Palmen, einigen klassizistischen Kolonialbauten sowie unzähligen Restaurants und Cafés. Die kleinen Gassen im ehemaligen **Türkenviertel**, die vielfach noch ihre alten türkischen Namen tragen, laden mit Schmuck- und Lederwarengeschäften zu einem Einkaufsbummel ein.

Zu Ehren der Rettung Noahs

Pfingsten

Am Pfingstmontag zelebrieren die orthodoxen Gläubigen das **Kataklysmos-Fest** (gr. »Überschwemmung«), das zu Ehren der Rettung Noahs vor der Sintflut abgehalten wird. Man bespritzt sich gegenseitig mit Wasser, um sich von Sünden rein zu waschen. Dabei sind Anklänge an antike Bräuche nicht zu übersehen. In der Antike feierte man Wasserfeste zu Ehren der Aphrodite, die dem Meer entstiegen war und als Schutzgöttin der See galt.

LÁRNAKA ERLEBEN

CYPRUS TOURISM ORGANISATION

Neben Stadtplänen, Infos und Broschüren werden kostenlose **Stadtspaziergänge** auf Englisch angeboten: Mi. 10 Uhr ab CTO Büro.
Plateia Vasileos Pavlou, Tel. 24 65 43 22, www.visitcyprus.com

ANTHESTIRIA-FEST

Blumenfest mit großem Umzug (► S. 395).
Im Mai (variabel)

KATAKLYSMOS

Ein großes religiöses und populäres Volksfest, das an die Geburt der Aphrodite und die lokale Variante der Sintflut erinnert. Es wird mit feierlicher Messe, Umzug, Bootsparaden, Sportwettbewerben und folkloristischen Vorführungen begangen.
Pfingsten

LÁRNAKA-KULTURFESTIVAL

Diverse Musik-, Theater- und Tanzvorführungen.
Im Juli

Der **Mackenzie Beach** (südwestlich, der Stadt in der Einflugschneise des Flughafens) bietet eine gute touristische Infrastruktur mit verschiedenen Wassersportmöglichkeiten, Cafés und Restaurants. Einen schmalen, ruhigen Strand findet man südlich von Lárnaka rund um das **Kap Kíti**. Am **Lárnaka Public Beach** (10 km östlich des Stadtzentrums) liegen viele Hotels.

In den Seitenstraßen bekommt man **Souvenirs** wie Süßigkeiten, Schwämme oder Ikonen. Boutiquen und Fachgeschäfte findet man in der **Ermou** und der **Zinonos Kitieos** Street.

Viele Restaurants findet man an der **Uferpromenade**. In der Piyale Paşa Street hinter dem Kastell gibt es einige gute **Fischrestaurants**.

❶ ART CAFÉ 1900 €€

Hervorragende Küche, hausgemachte Kuchen, diverse Teesorten, Vegetarisches. Ausgesuchte Weine und 65 Biersorten in der Kellerbar. Livemusik: Jazz im Café, Blues & Rock in der Bar.
Stasinou Street 6, Tel. 24 65 30 27

❷ SECRET GARDEN WINE AND COFFEE BAR €€

Ein schöner Innenhof lohnt den Besuch für gutes Essen, schmackhaften Kuchen und einen leckeren Drink.
Agiou Lazarou Street 28
Tel. 24 10 30 78

❸ TAKIS KEBAB HOUSE €

Sehr gute Gerichte vom Grill.
Nikolaou Rossou Street 7
Tel. 24 65 37 56
www.takiskebabhouse.com

❶ GOLDEN BAY BEACH HOTEL €€€€

Lárnakas Topadresse, ruhige Lage, etwas außerhalb, direkt am Strand. Mit breit gefächertem Wassersport-, Beauty- und Wellness-Angebot.
Dekeleia Road
Tel. 24 64 54 44
www.goldenbay.com.cy

❷ ELEONORA HOTEL APARTMENTS €€

Zentrale Lage am Ermou Square, modern eingerichtet.
Ermou Street 55, Tel. 24 62 44 00
www.eleonorahotelapts.com

❸ LIVADHIÓTIS €€

Studios für bis zu vier Personen in einem Apartmenthaus.
Nik. Rossos Street 50
Tel. 24 62 62 22
www.livadhiotis.com

❶ Art Café 1900
❷ Secret Garden Wine and Coffee Bar
❸ Takis Kebab House

❶ Golden Bay Beach Hotel
❷ Eleonora Hotel Apartments
❸ Livadhiótis

Das Kastell von Lárnaka steht direkt am Strand.

Von der Gründung bis zur Türkenherrschaft

Antike und Mittelalter

Schon in der Bronzezeit besiedelt, wird in der Bibel eine Stadt **Kittim** erwähnt, die von einem Enkel **Noahs** gegründet worden sein soll. Funde aus dem 14. und 13. Jh. v. Chr. lassen auf große Kupferverarbeitungsstätten und rege Handelstätigkeit schließen. Die Stadt der Achäer wurde von einem Erdbeben zerstört. Phönizische Siedler gründeten um 800 v. Chr. die Stadt **Kítion** an derselben Stelle, die zu einem der wichtigsten Stadtkönigtümer Zyperns avancierte. Ein Bündnis mit den Persern half Kítion bei der Eroberung anderer Städte. Hier wurde 336 v. Chr. der Philosoph **Zenon** (► S. 367) geboren, Begründer der stoischen Philosophenschule in Athen. Das **Christentum** soll durch den **hl. Lazarus** von Bethanien nach Kítion gelangt sein. Von Juden in einem segel- und ruderlosen Boot ausgesetzt, soll er hier an Land getrieben worden sein und wurde erster Bischof. Im Mittelalter war die Stadt bedeutender Einschiffungshafen für **Kreuzritter** und **Pilger**. Während der Herrschaft des osmanischen Reiches spielte Lárnaka eine zentrale Rolle als Handelsstadt und wurde diplomatischer Mittelpunkt der Insel.

Ein Ausgräber von zweifelhaftem Ruf

Luigi Palma di Cesnola

Einen zweifelhaften Ruf erwarb der US-amerikanische Konsul Luigi Palma di Cesnola (1832–1904), der 1865–1876 in Lárnaka weilte, mit Billigung der osmanischen Behörden antike Stätten plünderte (und dabei unwiderruflich zerstörte) und zahlreiche Fundstücke nach New York verschiffte (heute Metropolitan Museum), begleitet von pseudowissenschaftlichen Publikationen. Renommierte Archäologen warfen ihm vor, aus rein kommerziellem Interesse der seriösen Forschung großen Schaden zugefügt zu haben.

Aufschwung als Seehafen

Wirtschaftsboom nach 1974

In englischen Kolonialzeiten verlor Lárnaka an Bedeutung. Nach der türkischen Invasion 1974 und dem Verlust des Hafens von ▶ Famagusta in Nordzypern erlebte die Stadt mit Ausbau des Seehafens zum zweitwichtigsten Exporthafen der Insel einen neuen Aufschwung. Lárnaka wurde zur **Drehscheibe im Nahostverkehr**. Zahlreiche westeuropäische Firmen und arabische Geschäftsleute ließen sich hier nieder. Seit dem großen Flüchtlingsstrom von 1974 wuchs die Bevölkerung auf das Vierfache. Dadurch litt auch die Altstadt stark, neue Siedlungen entstanden in aller Eile und prägen das Gesicht der Außenviertel.

Wohin in Lárnaka?

Hafenblick von der osmanischen Festung

Hafenkastell

Am südlichen Ende der Uferpromenade erhebt sich direkt am Strand (Ankara Street) das wuchtige osmanische Kastell, 1625 auf den Mauern eines venezianischen Vorgängerbaus errichtet. Durch eine zweistöckige Toranlage gelangt man in den Innenhof. Rechts vom Eingang führt ein Aufgang ins obere Geschoss, in dem ein kleines **Museum** Funde aus dem antiken Kítion, aus einer spätbronzezeitlichen Stadt nahe der Chala Sultan Tekke sowie aus fränkischer und osmanischer Zeit zeigt. Eine Treppe im hinteren Teil des Hofs führt auf den **Wehrgang**, von dem sich ein schöner Blick auf Meer und Hafen bietet. Von dem Kastell wurden in osmanischer Zeit Kanonenschüsse zur Begrüßung vorbeifahrender Schiffe abgefeuert. Unter den Briten diente es als Gefängnis.

Mo. – Fr. 8–17/19.30, Sa. und So. 9.30–17 Uhr | 2,50 €

Schönste Moschee der Stadt

Al Kebir Camii

Eine Inschrift datiert die Moschee gegenüber dem Kastell auf das Jahr 1835, allerdings errichtete man sie auf den Fundamenten einer lateinischen Kirche des 16. Jahrhunderts. Der **Reinigungsbrunnen** stammt aus dem 18. Jahrhundert. Außerhalb der Gebetszeiten kann sie besucht werden, der Innenraum ist jedoch nicht ausgeschmückt.

Kirche für die Reliquien des ersten Bischofs

Ágios Lázaros

Vom Hafenkastell aus gelangt man über die Lazarou Street zur Kirche Ágios Lázaros (10. Jh.), eine der vier byzantinischen Mehrkuppelkirchen Zyperns. Der hohe **Turm** mit filigranen Steinmetzarbeiten und die spitzbogige **Loggia** im Süden wurden erst im 19. Jh. angefügt.

Im 9. Jh. entdeckte man an dieser Stelle einen Sarkophag mit dem Namen des ersten Bischof Zyperns: **Lazarus**. Anfang des 10. Jh.s errichtete man eine imposante Kirche über seinem Grab. Die dreischiffige Anlage war bis ins 20. Jh. eine Klosterkirche. Drei in osmanischer Zeit gekappte Kuppeln überwölben das Mittelschiff. Beachtung verdienen die als Spolien verwendeten römerzeitlichen **Kapitelle** des antiken Kítion an den Vierungspfeilern und die prachtvolle **Ikonostasis** aus dem 18. Jh. Eine Ikone am Pfeiler nahe des Südeingangs (17. Jh.) zeigt die Auferweckung des hl. Lazarus. Rechts der Ikonostasis führt eine Treppe zur **Krypta**, wo mehrere Sarkophage zu sehen sind. In einem sollen die Gebeine des Heiligen gefunden worden sein. Doch das Grab ist leer. Ein Teil der Reliquien wurde zunächst nach Konstantinopel verbracht, dort 1204 von den Kreuzrittern geraubt und nach Marseille verschleppt und wird heute in St. Lazare in Autun/Burgund bewahrt. Das Haupt des Lazarus verblieb auf Zypern und wird in einem goldenen Schrein am Eingang der Kirche verehrt. In einem **Museum** hinter der Kirche sind wertvolle Ikonen zu sehen.

Plateia Agiou Lazarou | Mo.–Sa. 8–17.30/18.30,
So. 6.30–12.30, 15.30–17.30/18.30 Uhr

★ Pierides-Museum

Rettung vor dem Ausverkauf

Das Pierides-Museum birgt neben dem Zypern-Museum in Nikosia (▶ S. 169) die bedeutendste archäologische Sammlung Zyperns. Es hat seinen Sitz in der **Villa** des 1811 geborenen Diplomaten und Kaufmanns Dimitrios Pierides, der aus einer der einflussreichsten Familien Zyperns stammt. Um den Ausverkauf zyprischen Kulturerbes zu verhindern, erwarb er zahlreiche archäologische Funde aus der Zeit von Chalkolithikum bis Mittelalter. Seine Sammlung wurde von den folgenden Generationen erweitert und 1974 in eine **Stiftung** überführt. Im ersten Raum links sind Funde aus Chalkolithikum, Bronzezeit und geometrisch-archaischer Epoche ausgestellt. Neben verschiedenen Idolen ist vor allem Keramik der Bronzezeit zu sehen. Interessant ist eine rohe, männliche **Terrakottafigur aus Soúskiou** aus chalkolithischer Zeit (4. Jt. v. Chr.): 36 cm hoch und auf einem Hocker sitzend, stützt sie ihren Kopf auf die Hände. Ein großes Loch am Hinterkopf (zum Einfüllen einer Flüssigkeit) und ein kleineres am Penis lassen auf ein Rhython (Gießgefäß) schließen. In der gleichen Vitrine ist eine Pyxis in Form eines Sarkophags aus geometrischer Zeit zu sehen.
Der nächste Raum zeigt **Keramik** der geometrischen und archaischen Zeit. Die Vasen des lokalen »Free-Field«-Stils (um 700–475 v. Chr.) gehören wegen ihrer schönen Bemalung zu den sehenswertesten Exponaten. Im dritten Raum sind neben schwarz- und rotfigurigen Vasen Terrakottafiguren ausgestellt. Der letzte Raum zeigt **Glasobjekte** aus der Römerzeit und **Sgrafitto-Keramik** des Mittelalters. Interessant sind auch die historischen **Landkarten** im Treppenaufgang.

Zinonos Kiteos 4 | Mo.–Do. 9–16, Fr., Sa. bis 13 Uhr | 3 €

Museen für jeden Geschmack

Kunst, Naturkunde, Archäologie

Die am Nordende der Strandpromenade errichteten, nach Verlegung des Handelshafens überflüssig gewordenen Lagerhallen von 1880 wurden aufwendig renoviert. Seit 1996 befindet sich hier die **Städtische Galerie** mit Werken lokaler Künstler und unregelmäßigen Wechselausstellungen.
Kinder werden im **Naturkundemuseum** am Stadtpark ihre Freude haben (Flora, Fauna, Geologie, Insekten- und Unterwasserwelt). Im Außenbereich gibt es Flamingos, Pelikane, Makaken und Pfaue, im Garten einen kleinen Spielplatz.
Durch die Lordou Vyronos (Lord Byron Street) gelangt man vom Pierides-Museum zum **Archäologischen Museum**. Es enthält neolithische Funde aus ▶ Choirokoitía und Kalavasós, bronzezeitliche Metallwerkzeuge, Tonwaren aus dem antiken Kítion und Arsós sowie mykenische und bronzezeitliche Keramik. Besonders hervorzuheben ist eine Vase, die aus sieben zusammengefügten kleineren Vasen besteht. Zu sehen ist auch ein ägyptischer Sarkophag (7. Jh. v. Chr.).

Städtische Galerie: Plateia Evropis | Mo.–Fr. 9–13, 16–19, Sa. 10–13 Uhr | Eintritt frei
Naturkundemuseum: Leof. Grigoriou Afxentiou
Mo.–Fr. 9–17 Uhr | 1,70 €
Archäologisches Museum: Plateia Kalograion
Mo.–Sa. 8/9–16 Uhr | 2,50 €

Reste der antiken Stadt

Ausgrabungsstätte Kítion

Durch die Kímonos Street gelangt man zur Archiepiskopou Kyprianou Avenue, in deren Nähe die spärlichen Reste des antiken Kítion liegen. Alle weiteren Siedlungsbereiche der antiken Stadt liegen unterhalb des modernen Lárnaka. Die beiden **Heiligtümer** aus dem zweiten Jt. v. Chr. und der heilige Garten dazwischen wurden nach ihrer Zerstörung um 1200 v. Chr. in einen neuen Tempelkomplex (33 × 22 m) einbezogen. Hier wurden **Kupferwerkstätten** mit ihren Schmelzöfen und Brunnenschächten entdeckt. Zu den interessantesten Funden gehören eine Elfenbeinfigur des ägyptischen Gottes Bes und eine Opiumpfeife aus Elfenbein, die wohl bei religiösen Zeremonien geraucht wurde.

Mo.–Fr. 8.30/9.30–16/17 Uhr | 2,50 €

Rund um Lárnaka

Wasserleitung im Stil der Römer

Kamares-Aquädukt

An der alten Straße nach Limassol im Westen liegt das 1745 vom türkischen Gouverneur Abu Bekir Pascha errichtete Aquädukt. Die einst 10 km lange Wasserleitung brachte Wasser aus dem südwestlich gelegenen Trémithos-Fluss. Bis 1939 war sie in Betrieb.

Lebensraum für Wasservögel

Salzsee

Am Weg von Lárnaka zum Flughafen erstreckt sich der zweitgrößte Salzsee Zyperns (knapp 3 km²), an dem zwischen November und März Flamingos vom Kaspischen Meer und andere Zugvögel überwintern. Da er bis zu 2 m unter dem Meeresspiegel liegt, sickert im Winterhalbjahr Meerwasser durch die Dünen in die Senke, verdunstet bis August und bildet eine bis zu 3 cm dicke Salzschicht, die schon in der Antike abgebaut wurde. Bei Bedarf leitete man früher zusätzlich Meerwasser durch Pipelines in den See. Mit Hilfe von Eseln, später auch kleinen Traktoren wurde das Salz abgetragen und in großen Haufen am Rand des Sees gelagert. Vom Mittelalter bis zu Beginn des 20. Jh.s war Salz ein wichtiges Exportgut nach Europa und in die Nachbarländer. Wegen der zunehmenden Luftverschmutzung durch den nahen Flughafen wird seit 1992 kein Salz mehr abgebaut.
Im Volksmund wird die **Entstehung** des Salzsees durch einen Fluch des Lazarus erklärt. Die Besitzerin eines Weingartens wollte dem hungrigen Heiligen keine Trauben abgeben, worauf er den fruchtbaren Garten in eine Salzwüste verwandelte.

Grabmoschee und Pilgerstätte

Chala Sultan Tekke

Jenseits des großen Salzsees erblickt man die **Grabmoschee** der Chala Sultan (Χαλά Σουλτάν Τεκκέ; türk. Hala Sultan). Von Lárnaka kommend, biegt man kurz vor der Zufahrt zum Flughafen rechts ab zu der von Palmen und Zypressen umgebenen klosterähnlichen Anlage (Tekke), eine der wichtigsten islamischen Pilgerstätten nach der Kaaba in Mekka und dem Grab des Propheten Mohammed in Medina. Hier soll der Legende nach die mutmaßliche Pflegemutter oder Tante Mohammeds begraben sein. **Chala Sultan** (arab. **Umm Haram**), soll einer weiteren Version gemäß die Tante eines engen Vertrauten Mohammeds gewesen sein. Als Frau des Statthalters von Palästina kam sie während des Eroberungszuges 647 n. Chr. im Gefolge des Sultans nach Zypern und stürzte an dieser Stelle vom Maultier zu Tode. Die heutige Moschee, die das Grab der Chala Sultan birgt, stiftete der damalige osmanische Gouverneur Seyyit Emir Effendi 1816.
In der **Gartenanlage** steht der übliche Reinigungsbrunnen. Nach klassischer Regel ist der quadratische Unterbau der **Moschee** von einer runden Kuppel überwölbt, getragen von acht reliefartigen Pfeilern. Die karge Ausstattung des weiß getünchten und mit einem Tep-

Flamingo-Kolonie im großen Salzsee vor der Grabmoschee Chala Sultan Tekke

pich ausgelegten Baus besteht aus einer Gebetsnische (Mihrab) und einer Kanzel (Minbar).
Neben der Gebetsnische führt ein Durchgang in die **Türbe** (Mausoleum). Das Grab hinter einem schmiedeeisernen Gitter wird von einem Monolithen überwölbt, der auf zwei Stützen ruht. Verschiedene Legenden erklären die Herkunft dieser Steine: Entweder flog ein Stein am Todestag der Umm Haram von Mekka nach Zypern und schwebte über dem Grab, eine andere Version erwähnt drei Steine, die von Jerusalem nach Zypern schwammen, eine dritte will wissen, dass Engel den Stein vom Sinai hierher brachten. In einem Nebenraum stehen **Sarkophage** muslimischer Prominenter, darunter der der Urgroßmutter König Abdullahs von Jordanien.
Tgl. 8.30–17/19 Uhr | frei

Ein Riesenspaß für Kinder

Mazotos Camel Park

20 km südwestlich von Lárnaka in Richtung Limassol liegt dieser klassische Familien-Vergnügungspark mit Hüpfburg, Go-Kart-Parcours und Streichelzoo. Kinder und Erwachsene können sich auf dem Rücken von Dromedaren über eine sandige Wüstenpiste schaukeln lassen. Diese waren bis zum Zweiten Weltkrieg ein gebräuchliches Verkehrsmittel auf Zypern.
Kiti to Mazotos, Mazotos | Tel. 24 99 12 43 | 9–17/19 Uhr
4 €; Reiten (15 Min.) 10 € | www.camel-park.com

Fresken der Kirche des Heiligen Antonius

Kelliá

Rund 7 km nordöstlich von Lárnaka gelangt man zum Dorf Kelliá (Κελλιά), das seit dem frühen Mittelalter besteht. Die Kirche des hl. Antonius (Άγιος Αντώνιος; Schlüssel im Kafeníon) liegt auf einem kleinen Hügel. Sie setzt sich in ihrer heutigen Gestalt aus einem Konglomerat von Bauteilen des 11. und 15. Jh.s zusammen. Das Kircheninnere ist mit Fresken (frühes 11.–13. Jh.) geschmückt. Von besonderer Schönheit ist dabei die Szene der Opferung Isaaks am Südwestpfeiler, die stilistische Ähnlichkeit mit den Malereien der Kirche Ágios Nikólaos tis Stégis in ► Kakopetriá aufweist.

Dörfchen auf der Green Line

Pýla

Von Lárnaka erreicht man das kleine Dorf Pýla (Πύλα) über eine Stichstraße in nordöstlicher Richtung. UN-Soldaten wachen über den Frieden des Dorfplatzes mit Kirche und Moschee und Kaffeehäusern für beide Volksgruppen. Das kleine Dorf besitzt insofern politische Brisanz, als es auf der Green Line, der Pufferzone zwischen beiden Landesteilen, liegt. Von seinen rund 1000 Einwohnern sind etwa 300 Zyperntürken, die übrigen Zyperngriechen. Beide Volksgruppen leben friedlich nebeneinander, besitzen eigene Bürgermeister und eine eigene Volksschule. Bei Pýla liegt der **Übergang Pérgamos** nach Nordzypern (► Baedeker Wissen, S. 330).

Stavrovoúni-Kloster

Fantastisches Panorama

Lage und Anfahrt

Wie ein Adlerhorst thront das älteste und strengste Kloster Zyperns 17 km westlich von Lárnaka auf einem Felskegel (690 m). Von der Autobahn Limassol–Nikosia biegt man kurz vor Kórnos rechts ab, folgt einer gewundenen Straße vorbei am **Kloster der hl. Barbara** (Agía Varvára). Dort sind die Wirtschaftsräume der Mönche untergebracht. Der Ruhm des Klosters **Stavrovoúni** (»Kreuzesberg«), das von der hl. Helena gegründet wurde, beruht auf einem Stück des Kreuzes Christi. **Frauen ist der Eintritt verwehrt**, ein Ausflug lohnt sich trotzdem, denn der Blick auf die weite Küstenlandschaft mit ihren wogenden Getreidefeldern, den Salzsee von Lárnaka in der Ferne (► S. 132) und das Meer zu Füßen ist imposant. Ein ausgeklügeltes **Kanalisationssystem** versorgt das Kloster in diesem trockenen Gebiet mit Wasser, das vom Brunnen am Fuß des Berges hochgepumpt wird. Früher sammelte man das Wasser in vier unterirdischen Zisternen.

Einlass nur für Männer | tgl. 8–12, 14–17, im Sommer 15–18 Uhr

Reliquien vom Kreuze Christi

Gründungslegende

Das Kloster soll im 4. Jh. auf Geheiß der **Hl. Helena**, Mutter Konstantins d. Gr., gegründet worden sein, die 327 n. Chr. mit Kreuzesreliquien aus dem Heiligen Land heimkehrte und durch einen Sturm auf Zypern strandete. An der Stelle des heutigen Klosters lag damals ein Aphrodite-Heiligtum. Ein Engel gab Helena im Traum die Weisung, ein Gotteshaus auf Zypern zu errichten, doch als sie erwachte, waren die **Kreuzesreliquien** verschwunden, der Aphrodite-Altar auf dem Berg stand in Flammen. Als man hier die unversehrten Reliquien fand, gründete sie ein Kloster, dem sie Teile der Kreuzesreliquien überließ. Dies markierte das Ende einer langen Trockenperiode. Unter den Lusignan übernahmen Benediktinermönche das Kloster, im 15. Jh. plünderten es Mamelucken; ihnen wird auch die Entwendung der Kreuzesreliquie nachgesagt (Splitter im Silberkreuz im Kircheninneren enthalten).

Wieder erstanden nach dem Brand

Heutige Anlage

Der heutige Bau wurde im 19. Jh. nach einem Großbrand auf Resten des alten Klosters errichtet. Die **Kreuzkuppelkirche Allerheiligen** birgt ein wertvolles Holzkreuz des 15. Jh.s, verziert mit Szenen aus dem Leben Christi. In der **Krypta** unter der Kirche werden die Mönche begraben. An der Nordseite des Klosters entdeckte man eine Geheimkrypta, die in Notzeiten als Versteck diente. Heute befindet sich hier die **Kapelle** der hll. Konstantin und Helena.

Auch für Frauen geöffnet: die Kreuzkuppelkirche Allerheiligen im Stavrovoúni-Kloster

Königliche Lusignan-Kapelle mit Fresko-Resten

Pyrgá Auf dem Rückweg zur Autobahn Richtung Nikosia biegt man nach etwa 2 km zu dem Dorf Pyrgá (Πυργά) ab. Die **Königliche Kapelle** (»Medieval Chapel«), der hl. Katharina geweiht, wurde vermutlich von fränkischen Herren errichtet. Darauf verweisen nicht nur gotische Bauelemente, sondern auch Wappen der Lusignan an den Gewölbegurten, die Darstellung fränkischer Personen in den Fresken und die französische Beschriftung der Malereien. Der damalige König Janus von Lusignan ist auf einem Fresko im Inneren zu sehen.
Der 1421 errichtete einschiffige Bau besitzt einen rechteckigen Grundriss ohne Apsis. Drei Eingänge führen in die Kirche. Von den einst reichen Malereien haben sich nur Reste erhalten. In der Kreuzigungsszene erkennt man König Janus und seine Frau Charlotte von Bourbon. Die Beweinung Christi darunter zeigt einen lateinischen Bischof, vermutlich den zweiten Stifter. Der Stil der Fresken, dem Byzantinischen stark verhaftet, weist in der Darstellung der Muttergottes als Hodegetría (Wegweisende) auch italienische Züge auf.
Mo.–Fr. 8.30–16, im Sommer 9.30–17 Uhr | 2,50 €

LÉFKARA

Griechisch: Λεύκαρα | **Höhe:** 600–650 m ü. d. M. | **Einwohner:** 900

H 6

Am Straßenrand sitzen Frauen auf niedrigen Stühlen und sticken. Nach alter Tradition fertigen sie die berühmten »Lefkarítika«, »Spitzen«, die eigentlich Hohlsaumstickereien sind. Die gute Bergluft, das hübsche Dorf mit seinen roten Ziegeldächern und den verzierten Holzbalkonen, der Blick von der Kirche in die Landschaft und natürlich die Souvenirläden lohnen den Besuch.

Malerisches Doppeldorf

An den Südausläufern des Tróodos, zwischen ▶ Limassol und ▶ Lárnaka, trifft man auf das große, wohlhabende Doppeldorf Léfkara, das aus dem unteren Ortsteil **Káto Léfkara** und dem wunderschön gelegenen Bergdorf Páno Léfkara (Oberes Léfkara) besteht. Die steinzeitliche Ausgrabungsstätte ▶ Choirokoitía ist etwa 15 km entfernt. Trotz des Touristenrummels in der Reisesaison ist **Páno Léfkara** mit seinen liebevoll gepflegten alten Häusern ein malerischer Ort. Die verschnörkelten Holzbalkone oder Erker im ersten Stock spenden in der warmen Jahreszeit angenehmen Schatten. Léfkara besucht man am besten morgens, bevor die Touristenbusse aus den Badeorten eintreffen. Dann kann man die Schönheit des Ortes mit seinen schmuck renovierten Häusern so richtig genießen.

Beliebte Mitbringsel sind filigrane »Lefkarítika« aus dem Bergdorf Páno Léfkara.

Filigrane Kunstwerke aus Garn

Léfkara-Spitzen

An den beiden Hauptstraßen beherbergt fast jedes Haus einen Souvenirladen, in dem Léfkara-Spitzen und kunstvolle traditionelle Silberarbeiten wie Besteck, Tabletts oder Schmuck (teilweise aufdringlich) angeboten werden. Frauen sitzen vor den Häusern und fertigen die traditionsreichen **Hohlsaumstickereien** mit geometrischen Mustern, die Léfkara weit über die Inselgrenzen hinaus bekannt machten. Bis Mitte des 20. Jh.s verkauften Händler die textilen Kunstwerke teuer in europäischen Großstädten. Die Anfertigung der »Lefkarítika« kann bis in venezianische Zeit zurückverfolgt werden, als das kühle Bergdorf venezianischen Adelsdamen als Sommerfrische diente. Sie vertrieben sich die Zeit mit Hohlsaumstickereien und unterwiesen ihre ortsansässigen Hausbediensteten in diesem filigranen Handwerk. Selbst Leonardo da Vinci kam angeblich 1481 nach Léfkara und erwarb hier ein Altartuch für den Mailänder Dom. Die Stickereien werden teilweise überteuert angeboten (oder es ist Billigware aus Taiwan), daher sollte man bei Verhandlungen und Kauf vorsichtig sein.

LÉFKARA ERLEBEN

LEFKARA COFFEE YARD BAR-RESTAURANT €–€€

Im Schatten von Weinranken genießt man traditionelle und internationale Küche und leckeren Kuchen.
Timiou Stavrou, Páno Léfkara
Tel. 24 10 51 15

IOSIPHIS HOUSE €

Im Iosiphis House wohnt man nett in gemütlichen Ferienwohnungen in einem liebevoll restaurierten Landhaus.
1st Apriliou 19, Páno Léfkara
Tel. 24 66 46 77

Wohin in Léfkara?

Wohnkultur in einem Bürgerhaus

Volkskundemuseum

Im restaurierten Patsalos-Haus, Wohnhaus einer wohlhabenden Familie, ist ein Volkskundemuseum untergebracht, mit Einrichtungsgegenständen des ausgehenden 19. Jh.s sowie typischen Hohlsaumstickereien und Silberarbeiten aus Léfkara.
Mo.–Sa. 8.30/9.30/10–16/17 Uhr | Tel. 24 34 23 26 | 2,50 €

Mit Ikonenmalerei tragen die Nonnen zum Unterhalt des Klosters bei.

Eines der wenigen Frauenklöster Zyperns

Moní Agíou Miná

Von Páno Léfkara führt ein Sträßchen über **Káto Drýs** (Κάτω Δρύς), Geburtsort des hl. Neóphytos (▶ Neófytos-Kloster, S. 197), zum 8 km südwestlich gelegenen Kloster des hl. Minas (Μονή Αγίου Μινά), einem der wenigen Frauenklöster Zyperns. Heute erhalten die Nonnen das 1670 gegründete Kloster durch den Verkauf von Marmeladen und getrockneten Kräutern. Die Klosterkirche (1754) besitzt eine schöne holzgeschnitzte Ikonostasis: Die Hauptikone stellt den **hl. Minas** dar, einen orthodoxen Reiterheiligen und einstigen Soldaten der römischen Armee in Phrygien (Kleinasien). Weil er sich zum Christentum bekannte, wurde er unter Diokletian (3. Jh.) hingerichtet.

9.30–11.30, 14/15–16/16.30 Uhr | Eintritt frei

★ LIMASSOL · LEMESÓS

Griechisch: Λεμεσός | **Höhe:** Meereshöhe | **Einwohner:** 101 000

Die kosmopolitischste Stadt Zyperns hat sich in den letzten Jahren neu erfunden. Ein Jachthafen wurde gebaut, die Altstadt herausgeputzt und eine Uni gegründet, die studentisches Leben in die Stadt bringt. Touristen mögen die hübsche Altstadt, die zum Ausgehspot umgestalteten Markthallen, hervorragende Hotels und die günstige Lage für Ausflüge in alle Winkel der Insel. Die Einheimischen schätzen die Einkaufsmöglichkeiten und das abwechslungsreiche Nachtleben. Auch kulturell hat Limassol einiges zu bieten – nicht zuletzt die nur einen Sprung entfernten Ausgrabungen von ▶ Koúrion.

Das an der Südküste östlich der Halbinsel Akrotíri gelegene Limassol ist seit der Inselteilung 1974 und dem Verlust von ▶ Famagusta zweitgrößte Stadt sowie wichtigster Hafen und Warenumschlagplatz. Durch Aufnahme von 45 000 Flüchtlingen aus dem Norden und dem Bürgerkrieg im Libanon wuchs sie nach 1974 rapide und hat auch wirtschaftlich erhebliche Bedeutung. Hotels in allen Preisklassen säumen den Strand, zum Hafen gehört das größte **Kreuzfahrtschiff-Terminal** Zyperns, lange Tradition haben Konservenfabriken und die Getränkeindustrie mit den Weinkellereien KEO, Etko und Loel.

Bischofssitz, Kreuzritterburg und Inselhafen

Geschichte

In der **Antike** stand Limassol im Schatten der großen Stadtkönigtümer ▶ Koúrion und Amathoús. In byzantinischer Zeit gab es hier Bischofssitz und Festung westlich der heutigen Burg. 1191 landete der englische König **Richard Löwenherz** im östlich gelegenen Amathoús, machte die Stadt dem Erdboden gleich und befreite seine Braut Berengaria von Navarra aus den Händen des Isaak Komnenos, der sich zum Herrscher Zyperns aufgeschwungen hatte. Richard eroberte die ganze Insel und übergab sie, bevor er sich auf den Dritten Kreuzzug weiter ins Heilige Land begab (▶ Baedeker Wissen, S. 96), den **Kreuzrittern**, die ihren Hauptsitz in die Festung von Limassol verlegten.

Nach Zerstörung von Amathoús begann der Aufstieg Limassols, der in den folgenden Jahrhunderten mehrfach zum Erliegen kam. Im 14. Jh. wurde die Stadt Opfer einer schweren Überschwemmung. 1330 plünderten sie die Genuesen, im 15. Jh. fielen Mamelucken ein. Die Eroberung durch die Osmanen 1571 ging mit schweren Verwüstungen einher. Bis zum Beginn der **britischen Herrschaft** 1878 und der Errichtung des Militärstützpunktes Akrotíri blieb Limassol unbedeutende Provinzstadt. Erst danach wurde der Hafen ausgebaut.

Zeugen des Wirtschaftsbooms

Hochhäuser und Glaspaläste

Limassol ist heute eine geschäftige Stadt mit modernen Glaspalästen und von namhaften Architekten entworfenen Hochhäusern, die vom Wirtschaftsboom zeugen. Vierspurig braust der Verkehr auf der Spyrou Araouzou zwischen Neubauzeile und der von Palmen gesäumten Uferpromenade vorbei, die den Blick auf Dutzende von Containerschiffen freigibt.

Im Gefolge des Wirtschaftswunders wurde der **Tourismus** wichtige Erwerbsquelle. Heute verbringt etwa ein Drittel aller Besucher seinen Urlaub in Limassol, das die Rolle der verloren gegangenen Hotelstadt Varósia/Famagusta (▶ S. 230) übernahm. Seit Mitte der 1990er-Jahre werben Hotels, Lokale und Geschäfte zunehmend in Kyrillisch. Haben doch seit Zusammenbruch der Sowjetunion **russische Geschäftsleute** Firmen in Limassol gegründet und vertreiben sich die Zeit in exklusiven Nachtclubs, Bars, Diskotheken und teuren Restaurants.

Seepromenade und Hafenviertel

Stadtbild

Im Palmengarten entlang der **Seepromenade** wurden in den letzten Jahren moderne Skulpturen aufgestellt. Anders als in ▶ Lárnaka gibt es keinen Badestrand direkt im Zentrum. Die Spyrou Araouzou stößt im Südwesten auf den **alten Hafen**, der trotz Wirtschaftskrise der vergangenen Jahre komplett umgestaltet wurde. Ehemals abgesperrt, ist er inzwischen ein beliebtes **Ausgehviertel** mit modernen Restaurants und Cafés, in denen man am Wasser sitzen kann.

Nebenan errichtete man die **Limassol Marina** in privater Trägerschaft. Auf schwimmenden Inseln entstanden Luxusvillen und Liegeplätze für Jachten. Damit hat auch Zypern, wie viele andere Mittelmeeranrainer, einen **Jachthafen** für die »Reichen und Schönen«.

6X EINFACH UNBEZAHLBAR

Erlebnisse, die für Geld nicht zu bekommen sind

1. KARNEVALS-PARADEN

In **Limassol** wird der Karneval besonders bunt, ausgelassen und turbulent gefeiert – mit Kostümparaden und einem großen Wagenumzug.
(► S. 142)

2. GESCHICHTE HAUTNAH

Das **Stadtmuseum Leventis** in der Altstadt von Nikosias dokumentiert in einem restaurierten Stadthaus anhand interessanter Exponate die reiche, oft komplizierte Geschichte Zyperns und seiner Hauptstadt – bei freiem Eintritt! (► S. 159)

3. TREFFPUNKT WOCHENMARKT

Die Wochenmärkte der Insel bieten statt Touristenkitsch oft noch viel **bäuerliches Flair** sowie Waren und Gebrauchsobjekte für einheimische Kunden. Eine gute Gelegenheit, herumzuschauen und ins Gespräch zu kommen.

4. SONNENUNTERGANG AM MEER

Am Strand von **Pétra tou Romioú**, an dem die Liebesgöttin Aphrodite angeblich dem Meeresschaum entstieg, findet sich ein schöner Aussichtspunkt für den Sonnenuntergang.
(► S. 105)

5. GOTTESDIENST

Der Besuch eines orthodoxen Gottesdienstes hilft, gläubige Zyprer besser zu verstehen. Die Kirche **Ágios Lázaros** in Lárnaka bietet dafür einen besonders stimmungsvollen Rahmen.
(► S. 129)

6. »LOST PLACES«

Als Folge politischer und wirtschaftlicher Entwicklung mussten viele Zyprer ihre Heimat aufgeben. Viele **verlassene Dörfer** – etliche auf der Akámas-Halbinsel – sind nur noch Ruinen. Andere – wie Fikárdou – versucht der Staat durch Förderprojekte aufzuwerten und ihnen als Museumsdörfern neues Leben einzuhauchen. (► S. 59, 78)

Türkisch geprägt

Altstadt

In der Altstadt geht es ruhiger zu. Einige Straßen im ehemaligen türkischen Viertel tragen noch türkische Namen, Geschäfte bieten Lederwaren, Gold- und Silberschmuck und die Hohlsaumstickerei aus Léfkara an. Mit staatlicher Unterstützung und strengen Denkmalschutzauflagen wird renoviert. Hübsche Häuser vergangener Jahrhunderten werden restauriert und selbst der architektonische Charme der 1950er-/1960er-Jahre wiederentdeckt. Der Platz um das Kastell ist **Fußgängerzone** mit vielen Lokalen, die heimische Küche bieten. In der Nähe der ebenfalls renovierten **Markthalle**, die unter dem Namen Agora die größte Food Hall Zyperns ist, entstand die Uni. Kaum wurden Lehrsäle gebaut, schon eröffneten Cafés und kleine Läden, und Street Art bringt neues Flair in das Viertel.

Unmittelbar östlich der Stadt beginnt im Vorort **Germasógeia** die Hotelzeile, die sich zwischen Küstenstraße und einem schmalen Sandstrand bis jenseits von Amathoús hinzieht (8 km). Je weiter man stadtauswärts fährt, desto gepflegter und luxuriöser werden Hotels und touristische Einrichtungen.

LIMASSOL ERLEBEN

CTO

www.visitcyprus.com;
www.limassoltourism.com
www.limassolmarina.com

Montags wird eine **kostenlose Führung** auf Englisch angeboten (in der Hauptsaison Reservierung empfohlen). In der Hauptsaison werden u. U. mehr Führungen veranstaltet.
Alter Fischerhafen, Touristeninformation: Syntagmatos Square
Tel. 25 36 27 56

KARNEVAL

Karneval wird im Februar ausgelassen gefeiert. Die Leute aus Limassol bezeichnen ihn als absolut einzigartig weit und breit und tatsächlich gilt er als eines der beliebtesten Feste auf Zypern. Limassol ist in diesen Tagen im Ausnahmezustand. Die Feierlichkeiten beginnen mit dem Einzug des Karnevalsprinzen am Donnerstag, der große Höhepunkt ist dann am Faschingssonntag die **Kostümparade** am Leoforos Makariou. Eine Besonderheit sind die auf ihre italienische Herkunft verweisenden **Kantadori** oder Serenadensänger, die mit Gitarrenbegleitung auf den Straßen von Limassol Liebeslieder zum Besten geben. Am Samstag findet deren Parade statt – was ein Riesenspaß ist, denn dabei besprühen sich Jugendliche gegenseitig (und oft auch Passanten) zum Spaß mit Rasierschaum aus Spraydosen.
Februar, www.limassol.org.cy

MUSICAL SUNDAYS

Konzerte im Onisilos Seaside Theater an der Uferpromenade.
April–Juli jeden So.

ANTHESTIRIA

Das **Blumenfest** mit farbenfrohen Blumenkorsi an einem Sonntag im Mai geht auf die antiken Dionysien zurück (▶ S. 395).

Im Mai (variabel)

CYPRUS CONTEMPORARY DANCE FESTIVAL

Im Rialto Theatre treten sehr gute einheimische und internationale Tanzkompanien auf.

Juni

LIMASSOL SUMMER EVENTS

Verschiedene Folklore- und Musikveranstaltungen.

Juli

WEINFEST

Gegen eine geringe Eintrittsgebühr kann man in den ersten beiden Septemberwochen das **Weinfest im Stadtpark** besuchen. Alle größeren Kellereien und viele kleine Weinproduzenten bieten Weine zum Probieren an. Ein Erlebnis ist es, Weintrauben selbst zu »pressen«. Wie in der Antike watet man barfuß in einem großen, mit Trauben gefüllten Container. Das Fest ist eine Erinnerung an die antiken, dem Gott des Weins gewidmeten Dionysien. Mitreißend sind die ausgelassene Volksfeststimmung mit zyprischen Tänzen, Volksmusik und verschiedenen Theateraufführungen.

Anfang Sept.
www.cyprusisland.net/attractions/limassol-wine-festival

EUROPEAN LIMASSOL FESTIVAL

Klassische Musik.

Dez.-März

STRÄNDE

Östlich der Stadt liegt das Hotelviertel mit schmalen, in der Regel aufgeschütteten Stränden, die aber gepflegt sind und diverse Wassersportmöglichkeiten bieten: darunter **Lady's Mile Beach** (▶ S. 147). Wer noch ein Stück weiter westlich fahren möchte (16 km), kann sich am **Courion Beach** unterhalb der Ausgrabungen an einem langen Strand mit drei Fischtavernen entspannen.

WASSERSPORT

Wassersport wird in den meisten Hotels angeboten.

GOLF

Der **Vikla Golf & Country Club** liegt etwa 20 km nordöstlich von Limassol an den Hängen des Tróodos-Gebirges und bietet einen schönen 18-Loch-Golfplatz in zauberhafter Landschaft.

Vikla Village, Kelláki
Tel. 99 31 27 98
http://vikla4golf.com

FASOURI WATERMANIA

Am Stadtrand bietet Zyperns größter Wasserpark diverse Attraktionen, die besonders Familien mit Kindern Spaß machen: 30 Wasser- einschließlich »Kamikaze«-Rutsche, Lazy River, Wellenbad und Erlebnisbecken.

Juni–Aug. 10–18, Sept., Okt., Mai bis 17 Uhr
www.fasouri-watermania.com/en
Eintritt: 30 €

WANDERN AM STAUDAMM

Oberhalb von Germasógeia, einem Vorort Limassols, stößt man auf einen großen, in zauberhafter Macchia-Landschaft gelegenen Staudamm. Ein kleiner Rundweg führt von **Foinikária** über eine Insel im See (1,3 km; 30 Min.), ein abwechslungsreicher Naturlehrpfad verläuft oberhalb des Sees über die Berghänge Richtung Kelláki (11 km).

Im staatlichen **Handicraft Centre** kann man authentisches Kunstwandwerk zu moderaten Preisen erwerben
Themidos 25; tgl. außer So.

Boutiquen und Fachgeschäfte findet man in der **Agiou Andreou Street**. Bezahlbare Maßschuhe gibt es u. a. bei **Lydias Made to Measure Shoes**.
Tzámi 14; http://lydias-shoes.com

Jeden Samstag gibt es frisches Obst und Gemüse aus der Region auf dem Bauernmarkt.
Lelas Karagianni Street

In der Touristen- und Hotelzone östlich des Stadtzentrums gibt es zahlreiche Restaurants und Bars mit einheimischer und internationaler Küche. Rund um die **Markthalle** haben sich nette Cafés und einfache Restaurants etabliert. Außerdem lohnt ein Abstecher in den Vorort **Germasógeia**: Dort kann, wer mag, dem Rummel entfliehen und traditionelle Tavernen mit griechischer Musik besuchen.
In der **Carob Mill**, dem restaurierten Komplex einer Johannisbrotmühle, sind nicht nur schicke Restaurants, Cafés und eine kleine Brauerei untergebracht, sondern auch ein Museum zur einstigen Bedeutung des Johannisbrotbaums für Zypern.
Vasilissis Street, beim Kastell
www.carobmill-restaurants.com

1 KARATELLO TAVERN €€€

Herzhafte zyprische Tavernen-Klassiker, zeitgemäß interpretiert. Das stilvolle Restaurant mit Außenterrasse gehört zum Komplex der Carob Mill (▶ oben).
Vasilissis Street, Carob Mill
Tel. 25 82 04 64
www.carobmill-restaurants.com

2 LIMANAKI FISH RESTAURANT €€€

Das wohl beste Fischrestaurant der Stadt ist im Amathus Beach Hotel direkt am Strand zu finden.
Leoforos Amathountos 75b, im »Amathus Beach Hotel«
Tel. 25 83 20 00
www.amathuslimassol.com

3 THE OLD NEIGHBOURHOOD €€

Gute Fischtaverne, die zentral hinter dem Kastell liegt.
Agkyras Street 14
Tel. 25 37 60 82

4 ARISTOS & KIKI KEBAB HOUSE €

Die Einheimischen können nicht irren. Riesige Portionen, schmackhaft zubereitet, zu fairen Preisen. Spezialität neben griechischen Klassikern – natürlich – Kebab.
Ariadnis 14, Mouttagiaka, Germasógeia
Tel. 25 32 37 69

1 AMATHUS BEACH HOTEL €€€€

An der Uferstraße nach Amathoús, einige Kilometer östlich des Stadtzentrums, am Strand gelegen. Elegante Wohlfühlzimmer, großer Pool nicht nur zum Planschen, Tennisplatz und Wellness-Center, mehrere Restaurants (▶ oben) und Bars.
Leoforos Amathountos 75b
Tel. 25 83 20 00
www.amathuslimassol.com

2 ALASIA HOTEL €€€

Sehr gepflegtes Hotel mit Restaurant und Spa, zentral gelegen, aber nicht direkt am Meer. Aus einigen Zimmern hat man einen schönen Blick.
Haidariou Street 6, Tel. 25 33 20 00
www.alasiahotel.com.cy

❸ S PAUL HOTEL €€€

In einem alten Stadthaus stylish eingerichtetes Boutique Hotel mit schönem Innenhof.

Ifigeneias Str. 5A, Tel. 25 75 54 54
www.spaulhotel.com

❹ CHRIELKA €€

Unterschiedliche Ferienapartments in günstiger Lage: Strand und Altstadt liegen praktisch vor der Tür.

Olympion 7
www.chrielka.com

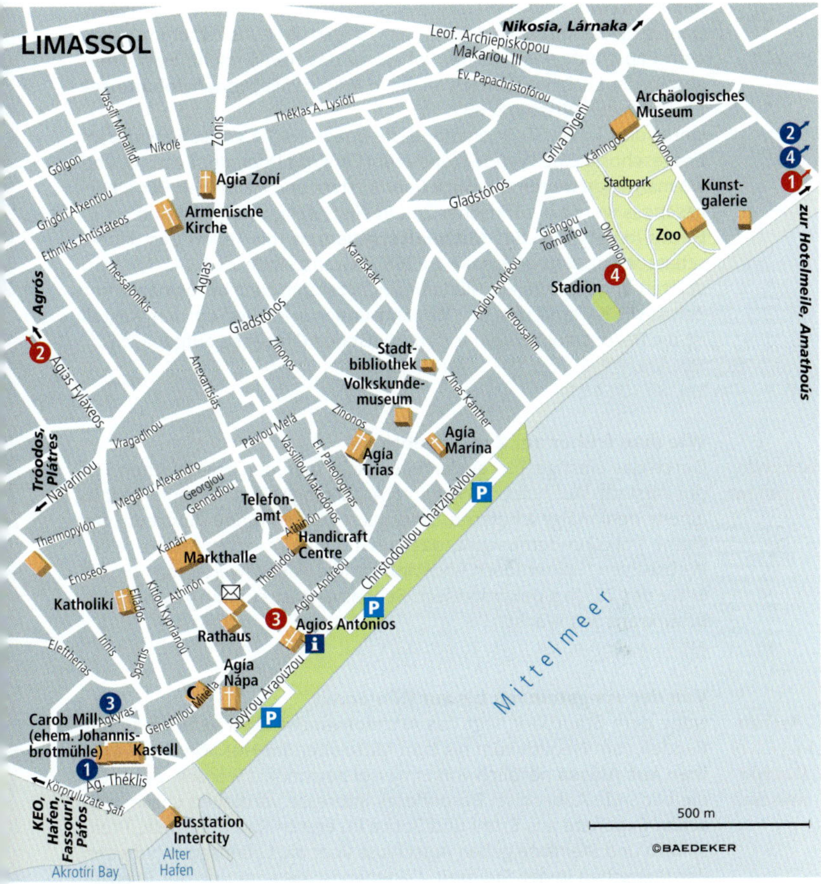

❶ Karatello Tavern
❷ Limanaki Fish Restaurant
❸ The Old Neighbourhood
❹ Aristos & Kiki Kebab House

❶ Amathus Beach Hotel
❷ Alasia Hotel
❸ S Paul Hotel
❹ Chrielka

Wohin in Limassol?

Wo Richard Löwenherz heiratete

Kastell

Die Festung im Zentrum der Altstadt, das einzige historisch bedeutsame Gebäude von Limassol, spiegelt die wechselvolle Stadtgeschichte. In der auf Resten eines byzantinischen Kastells errichteten Burg soll Richard Löwenherz 1191 seine Braut Berengaria geehelicht haben. Dann ging die Anlage an den Templer-Orden über. Als dieser im 14. Jh. vom Papst aufgelöst wurde, fiel sie an das französische Herrschergeschlecht Lusignan, danach an die in ▶ Kolóssi lebenden **Johanniter** (▶ Baedeker Wissen, S. 98).

Unter den Johannitern entstand die quadratische gotische **Halle** im Erdgeschoss. Eine Wendeltreppe führt auf das Dach der Festung, von wo man einen weiten **Ausblick** über Altstadt und Hafen hat. Das Obergeschoss wurde in türkischer Zeit in ein Gefängnis umfunktioniert.

Heute logiert hier das **Mittelaltermuseum** mit Teilen des Silberschatzes von Lamboúsa (▶ S. 255), Grabsteinen des 14.–16. Jh.s, Waffen und Rüstungen, Münzen aus byzantinischer bis osmanischer Zeit sowie Keramik des 13.–19. Jahrhunderts. Im Hof vor dem Kastell ist die Rekonstruktion einer byzantinischen **Ölpresse** aufgebaut.

Mo.–Sa. 8/9–17, So. 10–13 Uhr | 4,50 €
Tel. 25 30 54 19

Wie man früher auf Zypern lebte

Volkskundemuseum

Durch das einstige Türkenviertel erreicht man den griechischen Teil der Altstadt. Auf halbem Weg zum Archäologischen Museum liegt in einem denkmalgeschützten Stadthaus an der Agiou Andreou das kleine Volkskundemuseum, das anhand von Trachten, Stickereien, Webstühlen, Spinnrädern und Mobiliar die Lebensweise vom 19. bis Mitte des 20. Jh.s dokumentiert. Sehenswert ist ein fein gearbeiteter Brautkranz aus Wachs.

Agiou Andreou 253 | Tel. 25 36 23 03 | Mo.–Fr. 8–14.30 Uhr | 2 €

Von der Jungsteinzeit bis zur Römerzeit

Archäologisches Distriktmuseum

Nahe dem Stadtpark liegt das Archäologische Distriktmuseum mit Funden vom Neolithikum bis zum Mittelalter. Im Hof können **Mosaiken aus Alássa** nördlich von Limassol bewundert werden, darunter die badende Aphrodite. Besonderes Interesse verdienen chalkolithischen Exponate aus Erími und Sotíra im ersten Raum. Nadeln, Pfeilspitzen und Steinäxte geben Aufschluss über die Lebensgewohnheiten der Menschen in der Steinzeit. Daneben ist Keramik von der Bronzezeit bis zur römischen Epoche zu sehen. Im zweiten Saal überwiegen **Funde aus Amathoús**, darunter archaische und römische Kleinplastiken, Bronzeobjekte aus verschiedenen Epochen, Siegel und Schmuck. Der dritte Raum zeigt Plastiken und Sarkophage.

Vyronos 5/Anastasi Sioukri | Tel. 25 30 51 57 | Mo.–Sa. 9–16 Uhr

Für Automobilenthusiasten

Cyprus Motor Museum

Zyperns einziges Automobilmuseum ist ein Paradies für Autoliebhaber. Die Ausstellung zeigt eine Auswahl vom Ford Model T bis zum gepanzerten Cadillac von Erzbischof Makarios.

Epimitheos Str. 3056 | Mo.–Fr. 9–17, So. 10–17/18 Uhr
http://cyprusmotormuseum.com.cy | Tel. 25 39 39 12 | 15 €

Rund um Limassol

Zum südlichsten Punkt von Zypern

Lady's Mile Beach

Südwestlich von Limassol liegt auf der Halbinsel Akrotíri der südlichste Punkt Zyperns, **Kap Gáta** (Katzen-Kap). Südlich des neuen Hafens beginnt der **schönste Strand** bei Limassol, Lady's Mile Beach. Der weitgehend unberührte Abschnitt, mit öffentlichen Verkehrsmitteln erreichbar, besteht zunächst aus Kies, dann aber aus feinem Sand. Benannt ist er nach der Stute eines britischen Offiziers, der hier täglich entlangritt. Am südlichen Ende des Lady's Mile Beach liegt eine einfache **Taverne**, die köstlich zubereitete Fischgerichte serviert.

Kultur des Olivenbaums

Oleastro Olive Park

In Anógyra (Ανώγυρα) nordwestlich von Limassol betreibt Familie Ellinas Olivenanbau nach Ökonormen. Unterhaltsam und lehrreich informiert ihr **Oleastro Olive Park** (mit kleinem Museum, Laden und Restaurant) über Geschichte, Kultur und Verarbeitung dieses hochwertigen, für Zypern so wichtigen Naturprodukts.

tgl. 10–18 Uhr | www.oleastro.com.cy | 3 € (inkl. Verkostung)

Organisches, zertifiziertes Olivenöl gibt es im Oleastro Olive Park.

Akrotíri-Halbinsel

Zugvögel im militärischen Sperrgebiet

Die Halbinsel Akrotíri (Ακρωτήρι) selbst gehört zu Großbritannien und ist im Bereich der Garnisonen und des Militärflugplatzes Sperrgebiet. In der Mitte liegt ein 9 km² großer **Salzsee**. Im Winter kann man an seinem nördlichen Ufer nahe Lady's Mile Beach Flamingos und andere Zugvögel beobachten.

Besonders gut gelingt dies vom **Akrotiri Environmental Education Centre** am Ortsrand von Akrotíri-Stadt. Dort ist auch Wissenswertes über die Tradition des Korbflechtens und die Orchideen am Rande des Salzsees zu erfahren.

4640 Akrotiri | Mo.–Fr. 7.30–14, Sa., So. 9–13 Uhr, an Feiertagen geschlossen | Tel. 25 82 65 62 | https://sbaadministration.org | www.akrotirimarsh.org

Erími

Kupferzeitlicher Fundort mit Weinmuseum

Erími (Ερήμη), 14 km westlich von Limassol an der Straße nach Páfos, ist einer der bedeutendsten chalkolithischen Fundplätze der Insel. Allerdings befinden sich die Keramikfunde in den Archäologischen Museen von Limassol (► S. 146) und Nikosia (► S. 169).

Das in einem traditionellen Steinhaus untergebrachte **Cyprus Wine Museum** lädt ein zu einer Reise durch die Weinbaugeschichte.

Weinmuseum: Paphou 42 | tgl. 10–17 Uhr, an Feiertagen geschlossen | 5 € (inkl. ein Glas Wein) | www.cypruswinemuseum.com

Amathoús

Reste einer der ältesten Königsstädte

Folgt man von Limassol der Uferstraße ostwärts Richtung Lárnaka, vorbei an unzähligen Ferienhotels, gelangt man nach 8 km zu den Ruinen der **antiken Stadt** Amathoús (Αμαθούς), deren Hafenanlage und ein großer Teil der Unterstadt mit Wohnhäusern vom Meer überspült wurden. Französische Archäologen legten auf dem 150 m hohen Hügel oberhalb der Straße spärliche Reste der **Akropólis** und eines späthellenistischen **Aphrodite-Tempels** frei. Ein schöner Ort, um den Sonnenuntergang zu erleben. Oben steht die Kopie der hier gefundenen größten Steinvase der Welt (Original heute im Pariser Louvre).

Auf dem Weg passiert man Gräber des 7. bis 2. Jh.s v. Chr. und die antike Stadtmauer. Die in der Grabungsstätte gefundenen Hathor-Kapitelle verweisen auf die kuhköpfige ägyptische Göttin. Anschaulicher jedoch ist die besser erhaltene, teilweise rekonstruierte **Agorá** am Fuß des Berges, wo das **Nymphäum** gegenüber der Schautafel gut erkennbar ist. Man erreicht die Agorá entweder auf einem Fußweg parallel zur Autostraße oder biegt von dieser direkt zum Eingang der Ausgrabungsstätte ein (Schild beachten).

Laut **Ariadne-Mythos** bei Plutarch (1./2. Jh.) verließ Theseus die hochschwangere Ariadne in Amathoús, wo sie in den Wehen starb und später als »Aphrodite Adriadne« in dem Heiligtum verehrt wurde. Die Besiedlung des Gebiets begann wohl schon in der Eisenzeit. Wie das antike Kítion (▶ S. 131) gewann auch Amathoús durch **Kupferminen** Bedeutung als Handelszentrum. Als einziges Stadtkönigtum lehnte es sich im 5. Jh. v. Chr. nicht gegen die Perser auf, erst im 3. Jh. unterstützte es Alexander d. Gr. mit Kriegsschiffen gegen diese. Der Niedergang der in römischer und frühchristlicher Zeit blühenden Stadt begann mit Arabereinfällen im 7. und 8. Jh., bis sie 1191 durch **Richard Löwenherz** endgültig zerstört wurde (▶ S. 140). Grabräuber und die Verwendung ihrer Steine für den Bau des Suezkanals trugen ein Übriges dazu bei, die Anlage zu plündern (Funde heute im Archäologischen Distriktmuseum; ▶ S. 146).

Leoforos Amathountos | tgl. 8.30–17, im Sommer bis 19.30 Uhr | 2,50 €

Die Ausgrabungsstätte Amathoús mit einer Kopie der von französischen Archäologen freigelegten größten Steinvase der Welt (Original im Pariser Louvre)

Honig im Frauenkloster

Moní Agíou Geórgiou Alamánou

Auf der alten Landstraße Richtung Osten biegt man kurz nach dem Kraftwerk zum Kloster (Moní) Ágios Geórgios Alamános (Μονή Γεώργιου Αλαμάνου; 15 km östlich von Limassol) in einem sich zum Meer öffnenden Tal ab. Der Legende nach wurde die von Wein- und Obstgärten umgebene Abtei im frühen Mittelalter von einem deutschen Eremiten gegründet, der an Zyperns Küste strandete. In dem von Touristen wenig besuchten Frauenkloster fand der letzte der berühmten Ikonenmaler des Barnabas-Klosters nach der Inselteilung ein neues Heim. Die Nonnen züchten Blumen, machen Honig, und die Eier, die sie verkaufen, gelten als die besten Zyperns.

Schönster Strand zwischen Limassol und Lárnaka

Governor's Beach

Nach weiteren 4 km auf der Autobahn biegt man bei der Ausfahrt 17 zum Governor's Beach ab, dem schönsten Strand zwischen Limassol und Lárnaka mit kleinen Badebuchten aus dunkelbraunem Sand und glatt geschliffenen weißen Felsen. Hier machen viele Zyprer gerne Campingurlaub.

Empfehlenswert ist eine **Fahrradtour** oder eine kleine **Wanderung** (4 km) zwischen Governor's Beach und Moní Agíou Geórgiou Alamánou am Meer entlang. Unterwegs passiert man immer wieder beeindruckende Felsformationen.

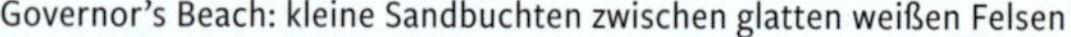

Governor's Beach: kleine Sandbuchten zwischen glatten weißen Felsen

★★ NIKOSIA · LEFKOSÍA

Griechisch: Λευκοσία | **Höhe:** 165 m ü. d. M.
Einwohner: 276 400 (Nord-Nikosia 55 500)

Ledra, Leukos, Nikosia, Lefkosía und Lefkoşa – viele Namen kursieren für die über 2700 Jahre alte, heute geteilte Stadt. Die Green Line trennt den Süden vom Norden und die griechischen von den türkischen Zyprern. Nikosia bietet viel: eine sanierte Altstadt, eine moderne Neustadt, Museen von Weltrang, Theater, Musik, Tavernen und einen entspannten Lebensstil.

Nikosia (gr. Lefkosía, türk. Lefkoşa), die letzte geteilte Hauptstadt der Welt, liegt in der Mesaoría-Ebene und ist von Limassol, Lárnaka und Agía Nápa über die Autobahn schnell zu erreichen. Seit 1964 verläuft mitten durch die Stadt die **Trennungslinie** zwischen der Republik Zypern und dem türkischen Norden (► S. 261 und ► Das ist ..., S. 8). In Nikosia haben Regierung, Botschaften, alle zentralen Organisationen sowie namhafte Firmen ihren Sitz. Nach Schließung des internationalen Flughafens am Stadtrand 1974 begegnete man der drohenden wirtschaftlichen Stagnation mit dem Bau einer Autobahn nach ► Limassol, unerlässliche Verbindung zum größten Exporthafen Zyperns.

Übergänge in den Norden

Green Line

Entlang der Ermou-Straße, einst Herz der Altstadt, verläuft heute die oft nur einige Meter breite Green Line. Ihren Namen erhielt sie, als in den 1960er-Jahren die damals erst geplante Trennungslinie auf der Landkarte mit einem grünen Stift markiert wurde. Bestehend aus Sandsäcken, Stacheldraht und alten Öltonnen entlang der Pufferzone, ist sie an drei Stellen durchlässig (Baedeker Wissen, ► S. 330). Der **Fußgängerübergang** als Verbindung zweier Fußgängerzonen an der Ledra-Straße erleichtert die Besichtigung beider Seiten der Altstadt. Ein **zweiter Übergang am »Ledra Palace Hotel«** ist für Fußgänger und Fahrzeuge mit Sondererlaubnis geöffnet. Hier liegt das **Home for Cooperation** mitten in der Pufferzone. Die Initiative, die sich dem Dialog zwischen den Konfliktparteien verschrieben hat, bietet fundierte Hintergrundinformationen, Führungen und ein Café (► Das ist ..., S. 11). Der **dritte Checkpoint Agios Dhometios** liegt am Stadtrand von Nikosia und ist für alle Fahrzeuge offen. In der Pufferzone überwacht immer noch die **UNO** die Ruhe auf beiden Seiten.

Wechselnde Herrscher

Geschichte

Früheste Spuren einer Besiedlung des heutigen Stadtgebiets stammen aus der Bronzezeit. Im 7. Jh. wurde **Ledra** in assyrischen Schrif-

ten als eines von zehn tributpflichtigen Stadtkönigtümern erwähnt, im 6. Jh. v. Chr. dem mächtigen Stadtkönigtum Salamís angegliedert. Im 3. Jh. v. Chr. gründete Leukos (Levkos), Sohn des ptolemäischen Königs Soter I., auf dem Gebiet des alten Ledra **Leukosía** (Levkosía), das mehrmals von Erdbeben zerstört wurde. Die Römer nannten die Stadt Lefkothea und zeigten wenig Interesse an ihr.
Im 4. Jh. n. Chr. wurde die Stadt unter **byzantinischer** Herrschaft Bischofssitz. Im 7. Jh. brachten Arabereinfälle byzantinische Flüchtlinge von den Küstenorten. Später erwarb der **Templerorden** die Insel von Richard Löwenherz (Baedeker Wissen, ▶ S. 96). Während des Aufstands gegen die Templer 1192 tauchte erstmals die lateinische Bezeichnung **Nikosia** auf.
Die größte Blütezeit erlebte die Stadt unter der Herrschaft der **Lusignan** ab dem Ende des 12. Jahrhunderts. Sie wurde Hauptstadt des Königreichs und Sitz eines römisch-katholischen Bischofs. Nicht weniger als 250 Kirchen, ein großer Königspalast und prächtige Adelshäuser prägten das Stadtbild im Mittelalter.
Im ausgehenden 15. Jh. übernahmen die **Venezianer** die Macht und bauten die Stadt aus. Um drohenden Türkeneinfällen vorzubeugen, errichteten sie im 16. Jh. eine kleinere neue **Stadtmauer**, die stärker befestigt war, für die jedoch große Teile der Stadt niedergerissen werden mussten. Nach einer siebenwöchigen Belagerung durch die Türken 1571 wurde Nikosia Sitz eines **osmanischen Gouverneurs**, blieb Verwaltungssitz auch während der britischen Kolonialzeit (187–1960) und gewann nach und nach seine heutige Bedeutung.

Nach der Teilung

Flüchtlingsströme

1974 errichtete man für griechische Flüchtlinge aus den von türkischen Invasoren besetzten Inselgebieten neue Wohnsiedlungen, bis heute gibt es dafür staatliche Unterstützung. Während der Südteil durch Wohnungsbau und Industrieansiedlung eine stürmische Entwicklung nahm, fiel der Norden (Lefkoşa) bis zur Öffnung der »Green Line« in einen Dornröschenschlaf. Seit Anfang der 1990er-Jahre wird für die Hauptstadt der Republik Zypern offiziell wieder der Name **Lefkosía** benutzt.

Geschichte des modernen Zypern

Centre of Visual Arts and Research

Die Geschichte des modernen Zypern wird heute im 2014 eröffneten **CVAR** (Centre of Visual Arts and Research) einer privaten Stiftung anhand von Gemälden, Kostümen und anderen Alltagsobjekten lebendig: das Inselleben vom 15. bis Mitte des 20. Jh.s mit Fokus auf die Ära der britischen Herrschaft. Angeschlossen ist eine umfangreiche Bibliothek.

CVAR: 285 Ermou Street | Tel. 22 30 09 99
Winter Di. – So. 9.30–17, Sommer Mo. – Sa. 9.30–17 Uhr
5 € | www.severis.org/cva

Mediterranes Leben – Straßencafé im Herzen der Altstadt von Nikosia

Viertel in Aufbruchstimmung

Die alte venezianische Stadtmauer umschließt sternförmig die Altstadt. In einigen Vierteln, wie **Chrysaliniótissa** um die gleichnamige Kirche, wurden in den letzten Jahren Häuser restauriert. Ein Rundgang zwischen Omeriye-Moschee und Chrysaliniótissa-Kirche lädt zum Verweilen in Cafés, kleinen Galerien und Museen zwischen Altstadthäusern ein, immer wieder mit Blick auf die Demarkationslinie. Eine Oase der Ruhe bildet das verkehrsberuhigte, romantische Viertel **Laïki Geitoniá**.

Zwischen bröckelnden Bauten der Kolonialepoche pulsiert in weiten Teilen der Altstadt quirliges, mediterranes Leben. Es gibt eine hippe Flanierzone mit stylishen Cafés und **Einkaufsstraßen**, alternativen **Bars** und ausgezeichneten **Restaurants**. In verwinkelten Seitenstraßen stößt man auf kleine **Galerien** und sehenswerte Museen. An der nächsten Straßenecke scheint dagegen die Zeit stehen geblieben. Hier fertigen ältere Männer noch Schuhe, reparieren Autos mit dem Schraubenschlüssel oder sitzen auf Plastikstühlen im neonbeleuchteten Kafeníon. Durch knarzende Türen längst verlassener Gebäude schimmern viktorianische Fußbodenfliesen, über die lautlos eine Katze huscht. Nicht nur entlang der Ledra-, auch in der Ermou-Straße leuchten frisch renovierte Hausfassaden in der Abendsonne. Mittendrin ist 2021 die stattliche Kathedrale des Hl. Barnabas geweiht worden, die ein Wunschprojekt des verstorbenen Erzbischofs Chrysostomos II. war.

Außerhalb der Altstadt wächst das **moderne Nikosia** mit Prestigebauten von Zaha Hadid und Jean Nouvel. Hier liegt auch das besuchenswerte Zypern-Museum (▶ S. 169).

Eine völlig andere Welt

Neustadt

Eine ganz andere Welt findet man in der Neustadt. Wenn die Touristen in ihre Hotels an der Küste zurückkehren, lässt das emsige Treiben jenseits des Festungsrings in den neuen Stadtvierteln längst nicht nach. Moderne Vorstädte entstanden nach 1974. Aufgrund ihrer günstigen Lage in der Mesaoría-Ebene war dem Wachstum der Stadt keine natürliche Grenze gesetzt. Zahlreiche Firmen ließen sich im Ballungsraum Nikosia nieder. In den Neustadtvierteln liegen Ministerien, Konsulate, Büros und Banken. Moderne Geschäfte, Bars und Musikkneipen laden in den **Einkaufsstraßen Evagorou** und **Archiepiskopou Makariou III** zum Flanieren ein und bieten jenes Bild, das man von mitteleuropäischen Großstädten kennt.

NIKOSIA ERLEBEN (NORD-NIKOSIA ▶S. 263)

VISIT NICOSIA

Visit Nicosia bietet englischsprachige **Themenführungen** an, die man vorab bucht.
Treffpunkt am Alten Rathaus, Eleftheria Square
www.visitnicosia.com.cy (guided tours), Tel. 22 88 96 00

STADTRUNDGANG

Die Initiative **Home for Cooperation** (▶ Das ist ..., S. 11) macht sich den Dialog zwischen den Konfliktparteien zur Aufgabe. Spannende Fragen zu den unterschiedlichen Kulturen können während eines Stadtrundgangs gelöst werden. Auch Fahrradverleih.
Markou Drakou 28, in der UN-Pufferzone, Tel. 22 44 57 40
www.home4cooperation.info

ÜBERGÄNGE

Ledra Street (in der Altstadt, am Ende der gleichnamigen Hauptgeschäftsstraße): nur zu Fuß passierbar und wie alle Übergänge rund um die Uhr geöffnet. **Checkpoint Ledra Palace** (westlicher Rand der Altstadt): ebenfalls nur für Fußgänger. Taxis stehen auf beiden Seiten bereit (Infos am Checkpoint, Tel. 22 30 32 32). **Ágios Dométios** (in der Neustadt nahe der Pferderennbahn): auch mit dem Fahrzeug passierbar. (▶ Baedeker Wissen, S. 330)

In der **Ledra Street** (griech. Lidras) findet man internationale Ladenketten, in den Gassen ringsum winzige, von Kunsthandwerkern und Designern betriebene Boutiquen. In der **Laïki Geitoniá** bestimmen Souvenirläden das Bild, die neben allerlei Touristenkram auch Spitzen oder Backgammon-Bretter verkaufen. Zentrale Shopping-Meile in der Neustadt ist die **Stasikratous Street**.
Im **Chrysaliniótissa Crafts Centre** gruppieren sich um einen Innenhof Ateliers mit Kunsthandwerk aus Glas,

Keramik, Holzschnitzereien, Ikonen, sowie ein vegetarisches Restaurant. Dimonaktos 2, Mo.–Fr. 10–17, Sa. 10–13 Uhr (Anruf vor dem Besuch empfohlen. Tel. 99 55 62 50, Tel. 22 34 74 65)

Im staatlichen **Cyprus Handicraft Centre** kann man Handwerkern bei der Herstellung von handgewebten Stoffen, Stickereien, Silberarbeiten, Schnitzereien oder Keramikartikeln zuschauen und die Erzeugnisse kaufen. Leofóros Athalássis 186, Hauptstraße von Nikosia nach Limassol Tel. 22 30 50 24, Mo.–Sa. 8/8.30 bis 13/14, 16.30–19 Uhr, Mi., Sa. nur vormittags

❶ ZANÉTTOS €€€
Beliebtes zyprisches Mezé-Restaurant (seit 1938!) hinter der Omeriye-Moschee mit einer riesigen Auswahl. Trikoupi 65, Tel. 22 76 55 01 Mo.–Sa. 19–24 Uhr (Sa. reservieren)

❷ PIATSA GOUROUNAKI €€
Hervorragende Grillgerichte! Und es gibt auch eine vegetarische Platte. Faneromenis 92

❸ KATHODON €€
Gutes deftiges Essen, leckere Salate und vegetarische Vorspeisen. Ledras 62 D, Tel. 22 66 16 56

❹ AEGEON €
Gemütliche Taverne nahe dem Famagusta-Tor, romantischer Innenhof, gutes zyprisches Essen. Ektoros 40, Tel. 22 25 30 30

❺ DA PAOLO €
Exquisite italienische Küche in angenehmem Ambiente mit Terrasse an der Stadtmauer. »Zyprische« Holzofenpizza mit Féta und Halloúmi. Bei Einheimischen sehr beliebt, daher möglichst reservieren! Konstantinou Paleologou 52 Tel. 22 43 85 38

❻ MATTHEOS €
Schlichte Kantine mit unprätentiöser Küche und rustikalen Klassikern. Plateia 28 Oktovriou 6 Tel. 22 75 58 46

❶ BREW LAB
Wer dem Duft fair gehandelten Kaffees folgt, landet in dem winzigen, sympathischen Café. Sitzplätze am Gehsteig und kleiner Hof am Hinterhaus. Stasikratous 3, Tel. 22 66 62 31

❷ PLATO'S BAR
Gleich mehrere Bars in einem schönen historischen Gebäude. Gespielt werden Blues und Rock. Platonos 8, Tel. 22 66 65 52

❶ CLASSIC HOTEL €€
Gepflegtes, modernes Hotel nahe Páfos-Tor, 10 Min. bis zum Checkpoint Ledra Palace Hotel. Rigainis 94, Tel. 22 66 40 06 www.classic.com.cy

❷ CENTRUM HOTEL €€
Am Rand der Laïki Geitoniá, schickes Ambiente, angenehme Atmosphäre. Pasikratous Street 15 Tel. 22 45 64 44 https://centrumhotelcyprus.com

❸ ROYIATIKO HOTEL €€
Solides gutes Hotel in zentraler Lage mit einfachen, geräumigen Zimmern. Apollonos 27, Tel. 22 44 54 45 http://royiatikohotel.com.cy

NIKOSIA • LEFKOSÍA • LEFKOŞA
Kyrénia/Girne
Atatürk Kulturzentrum
Şehitler Meydam
Osman Paşa Caddesi
Cemal Gürsel Caddesi
İnönü Meydam
Quirini
Kyrénia-Tor
Vice Presidential Palace
Mevlevi Tekke Museum
Grenz-übergang
Mula
Regierungs-gebäude
Atatürk Meydanı
Dikili Tas (Venezianische Säule)
Hospital
Laleli Moschee
Kanli Moschee
ARAB AHMET
Arab Ahmet Moschee
Sarayönü Moschee
KORKUT EFENDI
Ehem. Ledra Palace Hotel
Goethe-institut
Venezianische Wälle
Dervisch Pascha Haus
Rüstem Kitabevi
Büyük Hamam
Büyük Han
Kumarcılar Han
Korkut Hamam
Tourounjilou Moschee
Armenische Kirche
KARAMANZADE
Playing Field
Niedrige Gerichte
Roccas
Katholische Kirche
St. Joseph's Convent
Páfos Tor
Maroniter-Kirche
Faneroméni Kirche
Stadtpark
Parlaments-gebäude
Theater
Telefon-amt
British Council
Feuerwehr
Venetian Walls
Petrol Office
Krankenhaus
Zypern Museum
Tripoli
Machairas Kirche
Debenhams-Kaufhaus
Shacolas-Tower
LAIKÍ YITONIÁ
Stadtmus. Leventis
Plateia Stylianou Lenas
Plateia Lloyd George
Bus-station
Plateia Eleftherias
National-bank
Rathaus
D'Avila
Amerikanische Akademie
St. Paul's Kirche
Tróodos
200 m
©BAEDEKER

1 Zanéttos
2 Piatsa Gourounaki
3 Kathodon
4 Aegeon
5 Da Paolo
6 Mattheos
7 The Ískemleci
8 Grön Vegan Yard
9 Sabor
10 Sedirhan Café

1 Classic Hotel
2 Centrum Hotel
3 Royiatiko Hotel
4 Güneş Rezidans Hotel Sun

1 Brew Lab
2 Plato's Bar

Green Line

Stadtmodernisierung: der von der Stararchitektin Zaha Hadid entworfene Eleftheria Square am Südende der Ledra Street

Wohin in Nikosia?

Venezianische Festungsmauer

Bollwerk mit Freizeitwert

Der nach Plänen des venezianischen Architekten Giuliano Savorgnano 1567 errichtete Festungsring ist knapp 5 km lang und umschließt mit seinen elf **Bastionen** (fünf davon im südlichen Teil) sternförmig die Altstadt. Heute noch tragen diese die Namen bekannter venezianischer Familien. Um besseren Schutz vor den Osmanen zu bieten, bestand der im Vergleich zum Vorgängerbau kleinere Ring aus dickeren, schräg gestellten Mauern und war von einem Wassergraben umgeben. Um das Schussfeld nicht zu behindern, ebnete man alle Gebäude außerhalb der Mauern ein, darunter die Grabkapelle der Lusignan und das Dominikanerkloster. Im September 1570 drangen nach knapp siebenwöchiger Belagerung die ersten osmanischen Truppen unter Mustafa Pascha in die Stadt ein, deren Eroberung fast 20 000 Menschen das Leben kostete.

Durch die Festungsmauer führten ursprünglich drei **Stadttore** ins Zentrum: im Westen die Porta Domenica, das heutige Páfos-Tor; im Osten die Porta Giuliana, später **Famagusta-Tor** genannt, heute am

besten erhalten und am meisten fotografiert, im Norden die Porta del Provveditore, das heutige Kyrénia-Tor. Heute sind die **Wallanlagen** an vielen Stellen für den Verkehr durchbrochen. Im trockengelegten Wassergraben wurden Parks, Sport- und Spielplätze angelegt.
An der **Plateia Eleftherías** (Freiheitsplatz) neben der D'Avila-Bastion ist im Wallgraben und auf Straßenniveau das neue Projekt der verstorbenen Architektin Zaha Hadid entstanden. Mit Hilfe eines Grüngürtels will es den Innenbereich in einen Stadtpark verwandeln, um den ein palmengesäumter Fußweg führt – ein Platz, der zum Spazieren einlädt.

Beliebteste Einkaufsmeile und Übergang

Ledra/Lidras Street

Innerhalb der venezianischen Festungswälle sind die Hauptsehenswürdigkeiten Nikosias zu finden. Ausgangspunkt einer Stadtbesichtigung ist die Plateia Eleftherías. Hier beginnen die beiden **Haupteinkaufsstraßen** der Altstadt, Ledra (auch Lidras) und Onasagorou, die Fußgängern vorbehalten sind.
Von der Ledra Street zweigt unweit des Eleftheria Square die **Rigenis Street** ab, mit ihren Seitengassen das Rotlichtviertel der Stadt. Am früheren Nordende der Ledra Street, das durch die Green Line für Jahrzehnte versperrt war (die einzige Stelle, an der man die Green Line fotografieren darf), besteht seit 2009 der **Übergang** in die nördliche Altstadt (▶ S. 154). Jetzt lassen sich für Touristen zu Fuß leicht beide Altstadtteile erkunden, Einheimische können im jeweils anderen Teil einkaufen.

Stimmungsvolles Altstadtviertel

Laïki Geitoniá

Im Altstadtviertel Laïki Geitoniá treffen sich Tagesausflügler von den Küstenorten. In den gepflasterten Gassen und an schattigen Plätzen findet man stimmungsvolle Tavernen und Restaurants, kleine Souvenirgeschäfte, Buchläden und Galerien. Hier werden Stickereien, Korbwaren, Schmuck und Antiquitäten angeboten.

Soziale und historische Entwicklung

Leventis Museum

Im Laïki Geitoniá liegt an der Ippocratou Street das **Stadtgeschichtliche Museum** und erste Geschichtsmuseum Zyperns (1989 eröffnet). Von der Leventis-Stiftung finanziert, ist es in einem dreistöckigen Kaufhaus aus dem 19. Jh. untergebracht. Im Erdgeschoss und im ersten Stock wird die soziale und historische Entwicklung Nikosias von der Antike, über byzantinische, fränkische und osmanische Zeit bis zur britischen Kolonialherrschaft und der Gegenwart anhand von Fotografien, Kleidungsstücken, Münzen, Bildern, Rekonstruktionen und Landkarten dokumentiert. Im zweiten Stockwerk sind Wechselausstellungen und ein Lesesaal untergebracht.
Ippocratou 15–17 | Di.–So. 10–16.30 Uhr | frei
www.leventismuseum.org.cy

BAEDEKER WISSEN

DER ZYPERNKONFLIKT: »OPERATION ATTILA« UND FOLGEN

»Welche Hälfte? Es heißt, dass der Mensch sein Vaterland lieben soll, das hat mir auch mein Vater oft gesagt. Mein eigenes Vaterland ist zweigeteilt. Welche der beiden Hälften soll ich lieben?« Dieses Gedicht der türkisch-zyprischen Dichterin Neşe Yaşın wurde im griechischen Teil der Insel zur heimlichen Hymne Zyperns und von Marios Tokas vertont. Heute ist es eines der populärsten Lieder der Republik Zypern.

Der Zypernkonflikt geht auf die Eroberung der Insel 1571 zurück, als etwa 30 000 Türken angesiedelt wurden. Während der 300-jährigen osmanischen Herrschaft festigte sich die Macht der orthodoxen Kirche, die unter den katholischen Franken und Venezianern ihrer Bedeutung beraubt war. Der Erzbischof vertrat die Belange der griechischen Volksgruppe, etwa vier Fünftel der Bevölkerung. Mehrere Aufstände gegen die osmanische Herrschaft wurden blutig niedergeworfen. Mit der Staatsgründung Griechenlands 1830 entwickelte sich die Idee der »**Enosis**« (**Vereinigung**), des Anschlusses aller griechischsprachigen Gebiete an das Mutterland. 1878 schloss das Britische Empire einen Vertrag mit dem Osmanischen Reich, der dem Sultan militärischen Schutz gegen das russische Vordringen auf dem Balkan zusagte. Im Gegenzug traten die Türken Zypern ab. Die Insel, die mit dem Bau des Suezkanals 1869 ein begehrter Stützpunkt auf dem Weg nach Indien geworden war, wurde 1925 **britische Kronkolonie**.

Unter dem Codenamen »Operation Attila« besetzten türkische Truppen 1974 ein Drittel der Insel.

Befreier oder Besatzer?

Hoffnungen der Zyprer, Großbritannien werde die Insel an Griechenland abgeben, zerschlugen sich schnell. Nach dem Ersten Weltkrieg gab es erste gewaltsame Auseinandersetzungen zwischen Enosis-Anhängern und britischer Kolonialmacht. Großbritannien ging hart gegen die Zyprer vor, aus den ehemaligen »Befreiern« waren Besatzer geworden. Das Britische Empire war an einem unabhängigen Zypern nicht interessiert, hätte dies doch einen wichtigen strategischen Stützpunkt gefährdet.
Die britische Politik, die alles dafür tat, die Trennung der beiden Volksgruppen zu festigen, ist bis heute ein entscheidender Punkt in der Geschichte Zyperns. Während der Befreiungskämpfe ab 1955 mit der von **Georgios Grivas** (▶ S. 361) organisierten griechisch-zyprischen **EOKA** (▶ S. 328), einer nationalistischen militärischen Widerstandsbewegung, erschütterten Attentate, Bombenanschläge und Demonstrationen die harte Haltung der Briten. Die Türken wiederum hatten ihre eigene nationalistische Kampftruppe gebildet, die **TMT** (▶ S. 328), die für **Taksim** (Teilung) kämpfte und aus deren Reihen die Briten Hilfstruppen rekrutierten. Von jetzt an kämpften Zyprer gegen Zyprer.

Kurswechsel

Erzbischof Makarios III. (▶ S. 362), 1956 auf die Seychellen verbannt, vollzog dort einen politischen Kurswechsel. Statt der von den Briten favorisierten Teilung der Insel in zwei autonome Gebiete schlug er ein unabhängiges Zypern ohne Bindung an die Türkei oder Griechenland vor. Ende 1958 stimmten Griechenland, die Türkei und Großbritannien seinem Vorschlag zu. Die »Mutterländer« Türkei und Griechenland sowie Großbritannien arbeiteten die zukünftige Verfassung Zyperns aus und erhielten die Erlaubnis, eigene Truppenkontingente auf Zypern zu unterhalten und im Notfall zu intervenieren, Großbritannien verblieben sogenannte souveräne britische Basen, immerhin 3 % der Insel.

Unabhängigkeit

Gemäß der Verfassung von 1960 wurde neben dem Staatspräsidenten Erzbischof Makarios III. ein Zyperntürke Vizepräsident, Fazil Küçük, der mit seinem Vetorecht die Geschicke des Landes mitbestimmen sollte. Die Vertreter der Volksgruppen wurden nur von Angehörigen der jeweiligen Ethnien gewählt. Schon 1963 traten erste **Probleme** auf, durch Vetos, mit denen türkische Vertreter Gesetzesentwürfe blockierten, und durch griechische Zyprer, die die Unabhängigkeit nur als Zwischenetappe zum Endziel Enosis ansahen. Hinzu kam, dass die Führung der türkischen Zyprer unter Rauf Denktasch von Anfang an auf die Teilung der Insel zusteuerte. Als Erzbischof Makarios 1963 versuchte, zum »besseren Funktionieren« des Staates die Verfassung zu revidieren, kam es zu bewaffneten Auseinandersetzungen. Die türkischen Vertreter legten ihre Regierungsämter nieder, und die Zyperntürken zogen sich in Enklaven, militärisch gesicherte Gebiete, zurück.
1964 wurde ein **Waffenstillstand** geschlossen, gesichert durch eine UN-Friedenstruppe. Über die Hälfte der türkischen Zyprer lebte jetzt in Enklaven, die von griechischer Seite einer **ökonomischen Blockade** unterworfen wurden. Als diese 1968 aufgehoben wurde, kehrten nur wenige Zyperntürken

Ein Dokumentationszentrum in der Lidras Street erinnert an Vermisste.

in ihre Heimatdörfer zurück. Zwischen 1968 und 1974 herrschte spürbare Entspannung zwischen den Volksgruppen, da sich 1968 bei den Präsidentschaftswahlen 95 % der griechischen Zyprer gegen die Enosis ausgesprochen hatten. Gespräche zu Verhandlungen über eine neue gemeinsame Verfassung begannen.

Schicksalsjahr

1974 löste Griechenland eine neue Krise aus, als die Athener Militärjunta mit Hilfe zyprischer Fanatiker Erzbischof Makarios zu stürzen versuchte. Am 15. Juli wurde der Präsidentenpalast beschossen. Makarios musste fliehen. Über einen Radiosender forderte er sein Volk zum Widerstand auf. Griechenland setzte einen neuen Präsidenten ein: **Nikos Sampson**, ein nationalistischer Zyperngrieche, der an Massakern an Zyperntürken teilgenommen hatte. Unter Berufung auf den Garantievertrag von 1960 marschierten türkische Truppen unter dem Codenamen »**Operation Attila**« ein. Im Morgengrauen des 20. Juli 1974 patrouillierten die ersten Kriegsschiffe vor der Nordküste Zyperns. Sie sollten die türkische Bevölkerung vor Übergriffen griechischer Extremisten schützen. Hilfe aus Griechenland war nicht zu erwarten, dort stürzten Studenten am 24. Juli die Militärjunta, und nach über sieben Jahren wurde wieder eine demokratische Regierung eingesetzt.
Nach kurzem Waffenstillstand und erfolglosen Verhandlungen in Genf erfolgte die **zweite Invasion**. Bis zum 20. August war ein Drittel der Insel türkisch besetzt. Eine ethnische Säuberung begann, 160 000 Griechen wurden aus den besetzten Gebieten vertrieben; wer zurückkehrte, wurde erschossen. Nur auf der Karpas-Halbinsel im Norden blieb eine griechische Minderheit, der der Fluchtweg in den Süden abgeschnitten war. Rund 980 Zyprer, Zyperngriechen und Zyperntürken gelten bis heute als vermisst. Die türkischen Zyprer wurden von den Türken aufgefordert, in den Norden umzusiedeln.

Welche Hälfte?

Heute trennt die 180 km lange **Green Line** die Insel, bewacht von griechisch-zyprischen und türkischen sowie von UN-Friedenstruppen. Bis 2003 war sie für Zyprer unpassierbar. Nur ausländische Tagesgäste konnten den einzigen Übergang Ledra Palace Hotel in Nikosia zu Fuß überqueren. Seit dem EU-Beitritt Zyperns 2004 gibt es mehrere Übergänge (► Baedeker Wissen, S. 330), und Zyprer beider Volksgruppen können diese passieren. Neşe Yaşins Traum von der Wiedervereinigung ihres Vaterlandes aber scheint derzeit auf der Insel nicht mehr sehr populär.

Schönste mittelalterliche Altstadtkirche

Tripiótis-Kirche

Nördlich des Viertels Laïki Geitoniá steht die schönste mittelalterliche Kirche der Altstadt, die Tripiótis-Kirche, in einer früher wohlhabenden Wohngegend. 1690 ersetzte die dem **Hl. Michael** geweihte Kirche einen Vorgängerbau des 15./16. Jahrhunderts. Aufschluss darüber geben Architekturfragmente über dem Westportal: acht marmorne Dreipässe, die mit Giebeln und Fialen geschmückt sind. Noch älter ist das Friesfragment über dem Südportal, das einen Mann zwischen Weinblättern zeigt, von menschlichen Figuren und Vogelwesen umgeben. Beachtenswert ist die schöne Ikonostasis aus dem 17./18. Jh. mit gold- und silberbeschlagenen Ikonen.

UNVERGLEICHLICHE ENTSPANNUNG

Eine gepflegte Entspannungsoase mit orientalischem Charme, in der man sich ausgiebig verwöhnen lassen kann, ist das geschmackvoll restaurierte, im osmanischen Stil gestaltete **Hamam Omeriye** (► S. 164), das mit dem europäischen Kulturpreis »Europa Nostra« prämiert wurde. Neben original türkischem Dampfbad bietet es ein breites Spektrum an Behandlungen mit verschiedenen Verwöhnpaketen, darunter Massagen und Körperpeelings. Ruhe und Tiefenentspannung. Unbedingt einige Stunden Zeit einplanen!

Das frühere Zentrum

Faneroméni-Kirche

Bis zur Teilung Nikosias war hier das Zentrum der Stadt. Über die Onasagorou und Faneromenis Street gelangt man zur Kirche der **Panagía Faneroméni** (Παναγία Φανερωμένης, Erscheinungskirche), die 1872 während der osmanischen Herrschaft in einem klassizistisch-byzantinisch-lateinischen Mischstil anstelle einer zerstörten Kirche aus dem 12. Jh. errichtet wurde. Im Inneren überblickt Gottvater mit dreieckigem Heiligenschein (Symbol für die Dreifaltigkeit) die Kirche mit ihrer prächtigen Ikonostasis und großen Kristallleuchtern. Das **Mausoleum** im Garten der Kirche beherbergt die Gebeine von vier Bischöfen (darunter Erzbischof Kyprianos), die der türkische Gouverneur 1821 hinrichten ließ, um von weiteren griechischen Befreiungskämpfen abzuschrecken. In einem zur Kirche gehörenden Gebäude ist die **Faneroméni-Bibliothek** untergebracht. Nebenan ist die 1857 als Mädchenschule gegründete Faneroméni-Schule eine der wichtigen Bildungsstätten der Stadt.
Ganz in der Nähe steht zwischen Pfefferbäumen die **Arablar-Moschee** auf den Resten einer christlichen Kirche.

Moschee und Badehaus

Omeriye-Moschee

Über die Areos Street gelangt man zur heute von Syrern verwalteten Omeriye-Moschee. Erbaut wurde sie auf den Ruinen eines aus dem 14. Jh. stammenden, 1570 durch die türkische Artillerie zerstörten Augustinerklosters. Neben dem Dominikaner- und dem Franziskanerkloster war es das dritte große Kloster der Stadt. Im Inneren erkennt man noch das gotische Strebewerk der einstigen katholischen Kirche. Eine kleine, gewölbte Kapelle an der Nordseite, jetzt Betraum für muslimischen Frauen, zeigt ein schönes gotisches Rosettenfenster. Vom **Minarett** aus bietet sich ein herrliches Panorama der Stadt bis zum Pentadáktylos (»Fünf-Finger-Berge«). Das **Hamam** gegenüber der Moschee diente als Kirche, später als Moschee, bevor es schließlich in ein öffentliches Badehaus umgewandelt wurde.

Hamam: Plateia Tyllirias 8 | Di.–So. 10.30–20.30 Uhr, Do. Frauentag, Hamam 35 €, Verwöhnpakete ab 75 € | www.hamamomerye.com

Wohnhaus des großen Dragoman von Zypern

Haus des Hadjigeorgákis Kornesios

Die Patriarchou Grigorou führt zu dem im 18. Jh. errichteten Haus des Dragoman **Hadjigeorgákis Kornesios** (▶ S. 365). Ein **Dragoman** hatte im 18. Jh. die Funktion eines Vermittlers oder Dolmetschers zwischen Erzbischof und Sultan in Istanbul. Das Marmorrelief mit dem Markuslöwen über dem Portal ist ein Relikt aus venezianischer Zeit. Steinbauweise war im 18. Jh. auf Zypern unüblich, da zu teuer; die meisten Wohnhäuser bestanden aus Lehmziegeln. Durch die schmalen Öffnungen des **Holzerkers** oberhalb des Markuslöwen konnten die Damen des Hauses, ohne selbst gesehen zu werden, das Treiben auf der Straße beobachten. Im Inneren des dreiflü-

Anspruchsvolle Wohnkultur in osmanischer Zeit: das Haus des hohen Steuerbeamten und Vermittlers Hadjigeorgákis Kornesios

geligen Hauses öffnen sich große Arkaden zum Hof mit einem kleinen türkischen Bad. Die Wohn- und Repräsentationsräume im ersten Stock sind heute in ihrer ursprünglichen Einrichtung zu besichtigen.
Patriarchou Grigoriou 20 | Di.–Fr. 8.30–15.30, Sa. 9.30–16.30 Uhr | 2 €

Rund um den Erzbischöflichen Palast

Nördlich des Hauses des Dragoman liegen rund um den Erzbischöflichen Palast an der **Plateia Archiepiskopou Kyprianou** die wichtigsten Sehenswürdigkeiten der nachklassischen Zeit.

Die neue Kathedrale

Barnabas-Kathedrale

Die größte Kirche in Nikosias ist die 2021 eröffnete, dem Hl. Barnabas geweihte Kathedrale in der Nähe des erzbischöflichen Komplexes. Mit diesem Neubau erfüllte sich Erzbischof Chrysostomos II. inmitten der Altstadt den Traum eines Prachtbaus.

Residenz des Erzbischofs von Zypern

Erzbischöflicher Palast

Das anlässlich der Unabhängigkeit 1961 als Ersatz für den Alten Erzbischöflichen Palast fertiggestellte Gebäude im neobyzantinischen Stil dokumentiert Macht und den Reichtum der orthodoxen Kirche (nicht zugänglich). Hier residierte der erste Präsident der Republik,

Erzbischof Makarios III. Zwischen Volkskundemuseum und Johanneskathedrale steht die Büste des Erzbischofs Sophronios, 1865–1900 geistliches Oberhaupt der zyprischen Kirche. Eine zweite Marmorbüste zeigt den 1821 von den Türken hingerichteten Erzbischof Kyprianos.

Johanneskathedrale

Die ehemalige Hauptkirche des Erzbistums
Direkt neben dem Palast wurde 1662 die unauffällige Kathedrale **Agíos Ioánnis** (Αγίος Ιωάννης) an der Stelle einer Benediktinerkirche aus fränkischer Zeit errichtet. An ihrer äußeren Süd- und Westseite erhielten sich Architekturfragmente und ein Wappen aus der Lusignan-Zeit. Nachdem die Kirche um 1730 zur Kathedrale erhoben wurde, ließ man die Wände mit postbyzantinischen Fresken ausmalen. Erst 1858 wurde der Glockenturm angefügt.
Das einschiffige, tonnengewölbten Innere dominiert die mit Blattgold überzogene hölzerne **Ikonostasis** mit Ikonen des 18./19. Jahrhunderts. Unterhalb der Kanzel (18. Jh.) zeigt die älteste Ikone, im 17. Jh. von Theodoros Poullakis gemalt, den Evangelisten Johannes. Den Erzbischofsstuhl rechts der Ikonostasis ziert eine Ikone des Hl. Barnabas. Der doppelköpfige Adler, Symbol der orthodoxen Kirche, taucht als großes Emblem auf dem Fußboden auf, auf dem die Erzbischöfe bei ihrer Amtseinführung standen.
Die **Fresken** sind fast vollständig erhalten und restauriert. Die interessantesten an der Südseite, rechts des Erzbischofthrones, zeigen die Auffindung der Gebeine des Hl. Barnabas und ihre Anerkennung durch den byzantinischen Kaiser. Dieses Ereignis führte zur **Autokephalie**, der Unabhängigkeit der zyprischen Kirche.
Mo.–Fr. 9–15, Sa. 9–12 Uhr

Byzantinisches Museum

Museum und Galerie der Makarios-Stiftung
Im rechten Seitentrakt des Erzbischöflichen Palastes logiert das Kulturzentrum der **Makarios-Stiftung**, zu dem das **Ikonenmuseum** (Byzantine Museum) im Erdgeschoss, die Sammlung europäischer Malerei im 1. Stock und eine Ausstellung zum griechischen Unabhängigkeitskrieg 1821–1829 gehören.
Etwa 150 Ikonen (8.–18. Jh.), die Erzbischof Makarios aus verschiedenen Kirchen Zyperns zusammengetragen ließ, bilden den Grundstock einer weltweit bedeutenden **Ikonensammlung**. Die älteste Ikone, eine Darstellung der Gottesmutter, wurde in Enkaustik-Technik gefertigt, die der hll. Cosmas und Damian entstand im 10. Jh., in der Blütezeit der Ikonenmalerei (12. Jh.) die des hl. Johannes aus der Kirche von ▶ Asínou. Von den Ikonen, die im 13. Jh. erstmals westlichen Einfluss zeigen, beeeindruckt eine von Dominikanermönchen gestiftete Ikone der Muttergottes: Die Bildstreifen an den Seiten sind mit lateinischen Schriftzeichen versehen. Mit Eroberung Zyperns durch die Osmanen 1571 vollzog sich ein deutlicher Einbruch in der Ikonenmalerei.

Am Ende des Saales birgt ein rekonstruierter Raum **Fresken** (15. Jh.) aus der Kirche Ágios Nikólaos tis Stégis in ▶ Kakopetriá. In einem Nebenraum sind seit 1992 die berühmten **frühchristlichen Mosaiken** der Panagía-Kanakariá-Kirche bei Lythránkomi (▶ S. 242) ausgestellt. Sechs der nach der türkischen Invasion 1974 aus der Kirche gestohlenen Mosaiken, u. a. Darstellungen der Evangelisten Johannes und Matthäus (6. Jh.), tauchten 1989 im Kunsthandel wieder auf, weitere Fragmente wurden später gefunden und der Regierung Zyperns im Süden der Insel zurückgegeben. Auch werden Freskoteile aus der Antiphonítis-Kirche im Norden Zyperns gezeigt, die ebenfalls einem Kunstraub zum Opfer fielen (▶ S. 252) und 1997 wiederentdeckt wurden.
Im 1. Stock ist eine **Kunstgalerie** untergebracht mit europäischer Malerei von der Spätrenaissance bis ins 20. Jh., aber auch griechischer Kunst ab dem 19. Jh. und zyprischer Gegenwartskunst.

Museum: Mo.–Fr. 9–16.30, Sa. 9–13 Uhr | Galerie: Mo.–Fr. 9–13, 14–16 Uhr | 4 € | www.makariosfoundation.org.cy (nur gr.)

Eliteschule mit freiheitlicher Tradition

Pan-zyprisches Gymnasium

Gegenüber dem Erzbischofspalast liegt das Panzyprische Gymnasium (1812), Elitelehranstalt der Stadt. In diesem ältesten Gymnasium mit bester Schulbücherei Zyperns breitete sich in den 1950er-Jahren der Enosis-Gedanke (▶ S. 328) wie ein Lauffeuer aus. Der englische Schriftsteller Lawrence Durrell, damals Lehrer in der britischen Kolonie, beschrieb in seinem Reisebericht »Bittere Limonen« die Anfänge des zyprischen Aufstands gegen die britische Kolonialherrschaft. Bedeutendster Schüler des Gymnasiums war Erzbischof Makarios III.

Die Ikonenausstellung im Byzantinischen Museum ist eine der bedeutendsten weltweit.

Größte Ethnografie- und Volkskunstsammlung

Volkskundemuseum

An der Nordseite der Kathedrale erhebt sich der **Alte Erzbischöfliche Palast**, ursprünglich ein Benediktinerkloster (15. Jh.). Noch heute erkennt man den Kreuzgang und einige Mönchszellen. Von 1730 bis zum Umzug in den neuen Palast (▶ S. 165) hatte hier der Erzbischof seinen Sitz, danach wurde hier das Volkskundemuseum untergebracht. Ausgestellt sind zyprische Trachten, Schmuck- und Webarbeiten, Stickereien, Gebrauchsgegenstände, eine alte geschnitzte Truhe und Gemälde naiver zyprischer Maler (darunter eine Hochzeitsszene von Michalis Kashialos). Ein Raum wurde in traditionell zyprischer Weise eingerichtet.

Mo. 10–14, Di.–Fr. 9.30–16, Sa. 9–13 Uhr | 2 €
www.cypriotstudies.org/Mouseio.html

Ein Blick zurück in die blutige Vergangenheit

Museum des Nationalen Kampfes

Das Museum in einem Seitentrakt des Alten Erzbischofpalastes dokumentiert den Freiheitskampf der **Untergrundbewegung EOKA** (▶ S. 328), die 1955–1959 gegen die britische Herrschaft für die »Enosis« kämpfte, den Anschluss Zyperns an Griechenland (▶ Baedeker Wissen, S. 160). Neben Fotografien, Presseausschnitten und Veröffentlichungen veranschaulichen Waffen und Modelle selbstgebastelter Bomben den grausamen Kampf mit all seinen Folgen. Sogar ein Galgen, an dem griechische Aufständische hingerichtet wurden, und das Auto des EOKA-Anführers Georgios Grivas (▶ S. 361) sind im Garten zu sehen.

Mo.–Mi., Fr. 8–14, Do. auch 15.30–19.30 Uhr | 2 €

Auf der Podokataro-Bastion

Freiheitsdenkmal

Vom Erzbischöflichen Palast führt die Straße direkt auf das monumentale Freiheitsdenkmal auf der Podokataro-Bastion zu. Die kurz nach der Befreiung von der britischen Kolonialherrschaft 1960 aufgestellte Skulpturengruppe soll das in seinem Freiheitsbestreben vereinigte zyprische Volk symbolisieren: Zwei EOKA-Kämpfer ziehen das Fallgitter eines Gefängnisses hoch, aus dem Männer, Frauen, Kinder und Geistliche heraustreten. Als Krönung steht die personifizierte **Eleftheria** (Freiheit) über ihnen.

Besterhaltener Eingang in den Festungsring

Famagusta-Tor

Folgt man dem Altstadtring bis zur Athinas weiter nördlich, gelangt man zum **Famagusta-Tor** auf der Bastion Caraffa, in venezianischer Zeit einer der drei Eingänge in den Festungsring. Das einst nach dem Vornamen seines Architekten Porta Giuliana genannte Tor, ist das am besten erhaltene Stadttor Nikosias und dient heute als städtisches Kulturzentrum. Dahinter liegt eine kleine **Open-Air-Arena**, in der im Sommer Konzerte stattfinden.

Mo.–Fr. 10–13, 16 /17–20 Uhr

Im ehemaligen Türkenviertel

Chrysaliniótissa-Kirche

Durch verwinkelte Gässchen führt der Weg ins **Chrysaliniótissa-Viertel** mit typischen Holzerkern und kleinen Handwerksbetrieben. Das ehemaligen Türkenviertel, in dem mehrere Straßen an der Green Line enden, wird seit Jahren saniert und entwickelt sich zu einem beliebten **Szene-Treff**. Die Kirche **Panagía Chrysaliniótissa** (»Muttergottes des goldenen Flachses«) in der Antigonou Street ist benannt nach einer auf Leinen gemalten Marienikone des 11. Jahrhunderts. Die im 15. Jh. errichtete Kirche mit zwei Kuppeln gilt als ältestes byzantinisches Gotteshaus und besitzt eine Sammlung seltener alter Ikonen.

Zypern-Museum

Mouseiou 1 | Di.–Fr. 8–18, Sa. 9–17, So. 10–13, an gesetzlichen Feiertagen 10.30 bis 13, an jedem 1. Mi. im Monat 8–20 Uhr | Eintritt frei

Panorama zyprischer Kulturgeschichte

Archäologisches Museum

An der Leoforos Mouseiou liegt – gegenüber von Stadttheater und Parlamentsgebäude – das bedeutendste archäologische Museum der Insel. Spektakuläre Fundstücke vom Neolithikum bis zur byzantinischen Epoche vermitteln ein geschlossenes Bild zyprischer Kulturgeschichte. 1882 gegründet, bezog es erst 1909 seinen heutigen klassizistischen Bau, den der britische Gouverneur zum Gedenken an Königin Viktoria errichten ließ. Angegliedert ist eine **Bibliothek**.

NIKOSIA: ZYPERN-MUSEUM

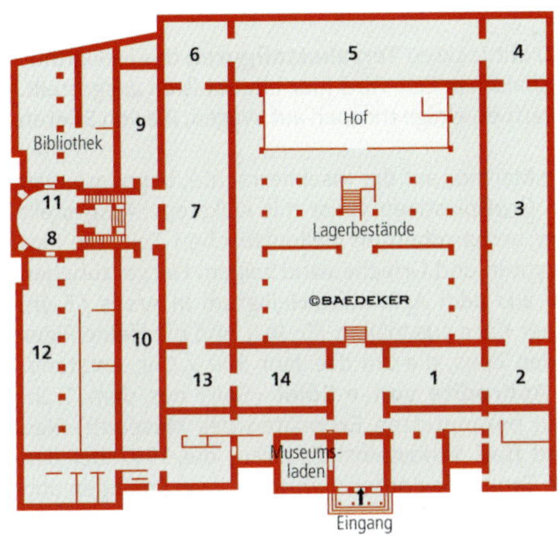

1 Neolithikum, Chalkolithikum
2 Bronzezeit
3 Bronzezeit, klassische Epoche
4 Archaische Epoche
5 Archaische bis römische Epoche
6 Bronzestatue des Kaisers Septimius Severus
7 Bronzekunstwerke, Gold- und Silberschmuck
8 Rekonstruktionen von Gräbern
9 Grabmonumente
10 Krypto-minoische Silbenschrift
11 Funde aus den Königsgräbern von Salamís
12 Bronzeherstellung
13 Statuen von Salamís
14 Terrakottafiguren

Rundgang durch die Sammlungen

Saal 1: Funde aus ▶ Choirokoitía geben Aufschluss über das Neolithikum: violinförmige **Steinidole** aus Andesit, Karneolketten, Steingefäße und frühe Kammstrich-Keramik. Neben chalkolithischen kreuzförmigen Idolen aus Speckstein sind Tongefäße der Rot-auf-Weiß-Keramik (Red on White Painted) zu sehen. Beachtenswert das chalkolithische Tonmodell eines Heiligtums, in dem weibliche Tonidole mit einem Geburtsloch gefunden wurden.

Saal 2: Zu den bedeutendsten Ausstellungsstücken gehören **Terrakotta-Modelle von Heiligtümern** und Arbeiten des alltäglichen Lebens. Das frühbronzezeitliche Tonmodell aus Vounoús stellt eine Mysterienfeier dar, an der Priester und eine Mutter mit Kind teilnehmen. Gegenüber dem Eingang stehen drei stierköpfige Wesen an der Temenos-Mauer, über die ein Mann, dem der Zutritt verboten ist, heimlich die Zeremonien beobachtet. Rotpolierte **Keramik** (Red Polished) der frühen Bronzezeit zeigt verschiedene verspielte Formen.

Saal 3: Neben der typisch bronzezeitlichen Keramik mit Rot-auf-Schwarz-Malerei (Red-on-Black-Ware) oder der schwarz bzw. weiß überzogenen Keramik (Black bzw. White Slip) sind **mykenische Vasen** ausgestellt, die auf Handelsbeziehungen zur westlichen Ägäis schließen lassen. Die bedeutendste, der **Zeus-Kratér** (14. Jh.), zeigt eine Szene aus Homers »Ilias«: Zeus hält die Schicksalswaage, bevor die Männer mit ihren Kampfwagen in den Krieg ziehen. In den freistehenden Vitrinen gibt es neben einem Fayence-Rhython der späten Bronzezeit und kleinen Gefäßen in Form von Granatäpfeln am Ende des Raumes rot- und schwarzfigurigen **attische Keramik**. In der Saalmitte rechts sind beachtenswerte Vasen der archaischen Epoche ausgestellt, die im »freien malerischen Stil« (»Free Field Style«) gestaltet sind. Hervorzuheben sind die Motive Stier mit Lotusblume und Vogel mit Fisch im Schnabel.

Saal 4: Von den 2000 entdeckten **Terrakottafiguren** des Heiligtums von Agía Iríni aus archaischer Zeit wird hier ein Großteil ausgestellt. Die meisten sind bewaffnet, einige thronen auf Wagen, die von Stieren gezogen werden.

Saal 5: Da Mangel an Marmor auf der Insel herrschte, begnügte man sich bei archaischen Großplastiken meist mit Kalkstein. Ausgestellt sind **Weihgaben** der archaischen bis hellenistischen Zeit, die Einflüsse aus Syrien, Ägypten und Griechenland zeigen. Hervorzuheben sind der Frauenkopf aus dem Aphrodite-Heiligtum in Arsós (3. Jh. v. Chr.), der Kopf einer Kore aus Idálion (5. Jh.) und die kleine Figur des blitzschleudernden Zeus, die um das Jahr 500 v. Chr. entstand. Die wunderschöne **Aphrodite von ▶ Sóloi** (Soli) aus dem 1. Jh. v. Chr. gehört zu den bekanntesten Exponaten des Museums. Neu hinzugekommen sind fünf Sandsteinskulpturen, die 1997 bei den Königsgräbern von ▶ Tamassós entdeckt wurden: zwei Sphingen und drei Löwen (6. Jh. v. Chr.).

Saal 6: Die überlebensgroße Bronzestatue des römischen **Kaisers Septimius Severus** aus Kythréa in der Pose eines Athleten diente der Selbstverherrlichung römischer Imperatoren.
Saal 7: Im ersten Teil des Raumes überwiegen **Bronzeobjekte**: Waffen, Münzen, Siegel und kleine Statuetten. Die Kuh aus ▶ Vouní (5. Jh.) und der Gehörnte Gott von Énkomi aus dem 12. Jh. v. Chr. zählen zu den interessantesten Stücken. **Gold- und Silberschmuck** ist im hinteren Teil des Saals ausgestellt. Zu erwähnen sind das Goldzepter aus einem Grab bei Koúrion (11. Jh. v. Chr.) und eine Silberschale aus Énkomi (14. Jh. v. Chr.).
Saal 8: Über Stufen gelangt man in ein unteres Geschoss, wo typische **Gräber mit Grabbeigaben** vom Neolithikum bis in das 5. Jh. n. Chr. rekonstruiert wurden.
Saal 9: Grabmäler, Stelen, Urnen und Sarkophage verschiedener Epochen dokumentieren ebenfalls Begräbnisrituale der Antike. Die Stele einer Frau, die einen Vogel in der Hand hält, besitzt eine Inschrift in kyprischer Silbenschrift mit dem Namen der Verstorbenen.
Saal 10: Tafeln mit **Schriftzeichen** aus verschiedenen Epochen zeugen von der Schriftkundigkeit antiker Völker. Bedeutendstes Exponat ist eine Tafel mit der bis heute nicht entzifferten kypro-minoischen Silbenschrift, die ins 16. Jh. v. Chr. datiert wird.

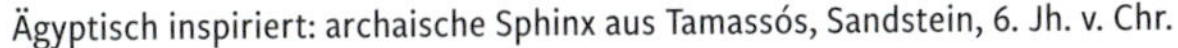

Ägyptisch inspiriert: archaische Sphinx aus Tamassós, Sandstein, 6. Jh. v. Chr.

Saal 11: Beachtenswert sind die berühmten Grabbeigaben der **Königsgräber von ▶ Salamís** (Nordzypern). Ein großer Dreifußkessel mit Greifenprotomen, Wagenbeschlägen und Pferdegeschirr aus dem prächtigen **Grab 79** (8./7. Jh. v. Chr.) bezeugen den Reichtum des Verstorbenen. Ein elfenbeinverzierter Stuhl sowie ein Bett waren dem Toten mit ins Grab gegeben worden.
Saal 12: Eine Dokumentation über die Gewinnung von Kupfer und die Herstellung von Bronze sowie Karten mit den bedeutendsten **Kupferfundstätten** vermitteln die Wichtigkeit dieser Materialien in antiker Zeit. Die Nachbildung einer Kupfermine sowie die Erklärung des Schmelzverfahrens geben Aufschluss über die antike Technik der Kupfergewinnung und -verarbeitung.
Saal 13: In diesem Saal sind römische Statuen des **Gymnasium von Salamís** aus dem 2. Jh. n. Chr. zu sehen: Apollon mit der Lyra, Herakles, Nemesis und Hera.
Saal 14: Neben der Tonfigur einer vogelköpfigen Gottheit sind Brettidole und Stiermodelle aus der Bronzezeit aufgestellt. Tonstatuetten von der geometrischen bis zur klassischen Zeit zeigen neben Götterfiguren Szenen des täglichen Lebens.

Rund um Nikosia

Naherholungsgebiet westlich der Stadt

Athalassa-Nationalpark

Der Athalassa-Nationalpark westlich von Nikosia (links der Straße nach Lárnaka und Limassol) mit Naturlehrpfaden, Picknickplätzen, einem botanischen Garten und Sportmöglichkeiten ist ein beliebtes Naherholungsgebiet.

Reste eines antiken Stadtkönigtums

Dáli

Etwa 15 km südlich von Nikosia liegt das moderne Dorf **Dáli** (Δάλι). An der Umgehungsstraße führt ein Hinweisschild zu zwei Hügeln südlich des Dorfes mit den Ruinen der antiken Stadt **Idálion**, einem der bedeutendsten Stadtkönigtümer Zyperns. Bereits vor der achäischen Kolonisation gegründet, war es bis in klassische Zeit besiedelt und wurde im 5. Jh. von den Phöniziern erobert. Dem Mythos zufolge wurde Adonis, der Geliebte der Aphrodite, dort von einem Eber, den Ares geschickt hatte, getötet. Schwedische und amerikanische Archäologen fanden außer alten Gräbern Reste der mächtigen, 6 m hohen Stadtmauer des 5. Jahrhunderts. Da sich jedoch der berüchtigte »Kunstgräber« und -räuber Luigi Palma di Cesnola (▶ S. 128) Ende des 19. Jh.s hier bereits betätigt hatte, wurden in Idálion kaum nennenswerte Objekte mehr gefunden (heute im Museum). An der Straße nach Potamiá liegt am Rand von Dáli die kleine, einschiffige Kirche **Ágios Demetriános** (Anfang 14. Jh.).
Museum: Mo.–Fr. 8.30–16 Uhr

In Idálion soll ein Eber Aphrodites Geliebten Adonis getötet haben.

Zwölf-Apostel-Kirche mit schönen Fresken

Péra Chorió

18 km südlich von Nikosia liegt links der Autobahn Richtung Limassol (Abfahrt 8) die kleine Zwölf-Apostel-Kirche **Dódeka Apostolón** von Péra Chorió (Πέρα Χωριό) am Rande eines Friedhofs. Die Wandmalereien der einschiffigen Kirche aus dem 12. Jh. sind teilweise schlecht erhalten, da sie teilweise auf den noch feuchten Putz aufgetragen wurden. Dafür sind an manchen Stellen Vorzeichnungen erkennbar. Die Kuppel zeigt wie üblich Christus als Pantokrator, umgeben von Engeln, die Apsis die Apostelkommunion, ein in der Ostkirche geläufiges Thema, das später von den Protestanten aufgegriffen wurde. Judas, ganz rechts, spuckt das Brot wieder aus. Darüber erkennt man die Muttergottes zwischen Petrus und Paulus. Im Kirchenschiff ist die Himmelfahrt Christi in plastischer Malweise gestaltet.

Bronzezeitliche Siedlungsreste

Alámpra

4 km südwestlich von Péra Chorió fand man in Alámpra (Αλάμπρα) die wenigen Reste einer bedeutenden bronzezeitlichen Siedlung.

Frühchristliche Höhlenkirche

Káto Defterá

Rund 14 km südwestlich von Nikosia gelangt man kurz vor Káto Defterá (Κάτω Δευτερά) zu einer frühchristlichen Höhlenkirche. Vom Parkplatz führt eine Brücke über den Fluss Pediaios auf die Felswand zu. Geweiht ist diese Kirche der **Panagía Chrysospiliótissa** (Muttergottes von der Goldhöhle), die nach der Kreuzigung Christi die Höhle mit ihren Fingernägeln aus dem Gestein gekratzt haben soll, um ihrem Schmerz Ausdruck zu verleihen.
Von hier kann die Fahrt weitergehen bis ▶ Tamassós und zum Machairás-Kloster (▶ S. 79). Weiter Richtung Westen erreicht man Peristeróna.

Schimmernde Kuppeln im Abendlicht

Peristeróna

Peristeróna (Περιστερώνα; 2100 Einw.), 28 km westlich von Nikosia an der Straße nach Tróodos und am Peristeróna-Fluss gelegen, war bis zur Teilung Zyperns ein griechisch-türkisches Dorf. Frisch renoviert präsentiert sich dort die Kirche der Hll. Barnabas und Hilarion von ihrer besten Seite. Rot schimmern ihre fünf Kuppeln im Abendlicht und grüßen das nahe Minarett der Moschee (Schlüssel für die Kirche im Kafeníon daneben).

Seltenes Beispiel einer Fünfkuppelkirche

Ágios Várnavas tis Iláris

Die Mehrkuppelkirche, ein in Zypern seltener Typus, ist eines der bedeutendsten Bauwerke ihrer Zeit. Die beiden **Kirchenpatrone** (nicht identisch mit dem Hl. Barnabas, Begründer der zyprischen Kirche, und dem Eremiten Hilarion), zwei junge, wohlhabende Männer aus Kappadokien, dienten als Offiziere unter Theodosius II. (5. Jh.). Zum Christentum bekehrt, verschenkten sie Hab und Gut an die Armen und lebten fortan in großer Frömmigkeit. Ihre Reliquien gelangten nach Zypern, wo man ihnen eine Kirche errichtete.
Die fünf Kuppeln der dreischiffigen Basilika sind kreuzförmig über den Schiffen angeordnet (▶ Geroskípou, Plan Agía Paraskeví, S. 199). Schwere, sich zu Arkaden öffnende Pfeiler trennen die Seitenschiffe vom Mittelschiff. Von der ursprünglichen Ausstattung sind lediglich ein Fresko der Muttergottes (12. Jh.) am Nordostpfeiler und die hölzerne Tür des Westeingangs erhalten. Die restlichen Malereien – wie das Bildnis des Königs David am Nordostpfeiler – entstanden im 16. Jh. Im Narthex, einem Anbau aus späterer Zeit, finden sich zwei **Grabmonumente**. Da die Sitte, Tote in der Kirche zu begraben, nur bei katholischen Christen üblich war, wurde die Kirche wohl auch unter den Franken benutzt, worauf auch das marmorne Weihwasserbecken hinweist. Unter den aus dem 16./17. Jh. stammenden **Ikonen** fällt die Darbringung im Tempel (1520) auf; eine Inschrift nennt den Namen des Stifters Zaphiris, der vor dem Hohepriester kniet. Im nördlichen Seitenschiff hängen vier Ikonen aus dem 15. und 16. Jh. mit Bildnissen des hl. Paulus, der Muttergottes, Christi und des Hl. Barnabas.

Griechisch: Πάφος | **Höhe:** 0–150 m ü. d. M. | **Einwohner:** 63 600

Sehnsuchtsort der Antike, Dorado für Kunstliebhaber und Badeparadies für heutige Besucher. 1962 fand ein Bauer, der sein steiniges Feld am Meer pflügte, plötzlich bunte Splitter, und der Boden vor ihm gab kleine Flächen bunter Mosaiksteine frei. Das Provinzstädtchen wurde ins Rampenlicht des archäologischen Interesses katapultiert. Seither wird das Areal systematisch ausgegraben, eine Sensation folgt der nächsten. Und mittendrin steht immer noch das kleine, einfache Haus der Bauernfamilie.

Verlegung einer Stadt ans Meer

Néa Páfos, das neue Pafós, dessen Mosaiksteinchen unter kargem Boden ruhten, wurde im 4. Jh. v. Chr. gegründet. Nikokles, letzter Priesterkönig von Paläa Páfos (Alt-Páfos), wagte die Verlegung einer ganzen Stadt ans Meer. Der neue Hafen erwies sich als Wachstumsmotor. Von hier konnten Holzexporte nach Ägypten gesteuert und Pilger zum **Aphrodite-Heiligtum** in Paläa Paphos (bei ► Kouklia) um Abgaben erleichtert werden. Die **Ptolemäer** warfen ein Auge auf Zypern, eroberten es und machten Pafós im 2. Jh. v. Chr. zu ihrer neuen Hauptstadt. Zeugnis über den Wohlstand dieser Zeit hellenistischer Blüte legen die »**Königsgräber**« ab (► S. 192), in denen allerdings nicht Könige, sondern reiche Bürger der Stadt luxuriös bestattet wurden.

Unter den Römern Sitz eines Prokonsuls, erlebte Néa Páfos seine größte Blüte. Nach einem Erdbeben im 1. Jh. v. Chr. ließ Kaiser Augustus die Stadt in ganzer Pracht wieder erstehen, wovon die reich mit Mosaiken ausgestatteten **römischen Wohnhäuser** zeugen. 45 n. Chr. kamen Paulus und Barnabas auf einer Missionsreise nach Zypern und bekehrten in Pafós den römischen Prokonsul Sergius Paulus zum Christentum.

Dann begann der lange Schlaf des weit im Westen abgelegenen Städtchens. Erweckt wurde es erst durch die Teilung Zyperns und die Suche nach neuen Möglichkeiten für Wirtschaft und Tourismus.

Die Kleinstadt Páfos heute

Káto Páfos, Ktíma

Heute ist die Distrikthauptstadt, bestehend aus den Ortsteilen Káto Páfos und Ktíma (oder Páno Páfos), wirtschaftliches und kulturelles Zentrum einer landwirtschaftlich geprägten Region mit Bananen- und Zitrusplantagen und Weingärten. **Káto Páfos** (Unterstadt; ► S. 180) ist das touristische Zentrum mit Bars, Souvenirläden und einem palmengesäumten Strand. **Ktíma** (Oberstadt; ► S. 191), das alte Zentrum dagegen, wo Einheimische ihren Geschäften nachgehen, zeigt sich deutlich ruhiger.

Frisch herausgeputzt

UNESCO-Welterbe

Zahlreiche Sehenswürdigkeiten in und um Páfos zählen zum Welterbe der UNESCO. 2017 nicht zuletzt wegen der spektakulären Grabungen **Europäische Kulturhauptstadt**, wurde Páfos herausgeputzt, die Altstadtsanierung um Markthalle und Kebir-Moschee brachte alten Glanz zurück. Verkehrsberuhigte Gassen mit ihren Geschäften und Bars locken Flaneure. Nicht weit entfernt finden Sonnenanbeter schöne Strände, und für Natur- und Wanderfreunde ist die einsame ▶ Akámas-Halbinsel in einem Tagesausflug erreichbar.

PÁFOS ERLEBEN

CTO

Hier erhält man Karten, Hotelführer sowie Broschüren zu Wandern, Radfahren und Agrotourismus, Infos über Verkehrsmittel u. v. m. Für die kostenlosen **Führungen** jeweils am Donnerstag ab Market Bus Stop ist eine Reservierung erforderlich.
In Ktíma/Páno Páfos: Agoras 8
Tel. 26 93 28 41, 26 81 15 00
Am Flughafen: Tel. 26 42 31 61

Der **Internationale Flughafen Páfos** 8 km südöstlich wird von Linienfluggesellschaften und Billiglinien bedient. Verbindungen ins Zentrum mehrmals tgl. mit **Pafos Buses** (www.pafosbuses.com): Linie 613 vom Busbhf. Karavella (Ktíma) zum Flughafen, Linie 612 etwa stdl. von dort zum Busbhf. am Hafen (Káto Páfos). Eine einfache Fahrt kostet etwa 1,50 €, ein Taxi zwischen Flughafen und Páfos etwa 30 €.
www.hermesairports.com

Fernbusse (InterCity) verkehren mehrmals wöchentlich vom Bhf. Karavella in Ktíma nach Nikosia und Limassol. Zuverlässige **Taxi**-Unternehmen sind Aphrodite Taxi und Paphos Taxi.
www.intercity-buses.com/en
www.aphrodite-taxi.com
www.paphosineedataxi.com

Allgemeine Informationen:
www.paphos.com/v/festivals

Wie auch an anderen Orten auf Zypern wird das **Anthestiria-Blumenfest** mit einem großen Umzug gefeiert (▶ S. 395).
Mai (variabel)

Stimmungsvolle Aufführungen antiker Dramen im Sommer während des **International Festival of Ancient Greek Drama** an mehreren Originalspielstätten auf Zypern unter Teilnahme internationaler Theatergruppen, u. a. im Odeion von Páfos.
Juli, www.greekdramafest.com

Für Jazz-Fans ist das **Paradise Jazz Festival** alljährlich im »Paradise Place« in Gialia ein Muss (▶ S. 62).
Aug. oder Sept.
www.paradisejazzfestival.com

Im Herbst findet ein **Weinfestival** im mittelalterlichen Kastell von Káto Páfos statt – mit Weinverkostungen und einem reichen Kulturprogramm.
Sept./Okt.
Infos: Tel. 99 93 35 82

Am besten kauft man in Ktíma/ Páno Páfos ein. In der **Leoforos Archiepiskopou Makariou** findet man Boutiquen und Fachgeschäfte.

Obst und Gemüse gibt es täglich auf dem **Städtischen Markt** bei den alten Markthallen. Dort und in den Hallen werden zyprisches Handwerk, Süßigkeiten, Spirituosen und allerlei Souvenir-Kitsch angeboten. Nördlich der Markthallen liegt das ehemalige türkische Viertel.

Eine gute Bäckerei ist **Artognosia** in der Neofytou Nikolaidi 29. Alles wird in Handarbeit hergestellt und schmeckt einfach köstlich.
www.artognosia.com

Das **The Place** verkauft Produkte kleiner lokaler Kunsthandwerksbetriebe und Lebensmittelproduzenten: Keramik, Holzarbeiten und Mosaiken, Honig, Gewürze, Olivenöl oder traditionelle Süßigkeiten. Zudem gibt es Vorführungen kunsthandwerklicher Techniken. Freundliche, unaufdringliche Beratung. Ein guter Ort zum Kauf hochwertiger Souvenirs.
Konstantinou Kanari 56
Mo., Di., Do., Fr. bis 14 Uhr
www.theplacecyprus.com

Im Stadtgebiet gibt es kleine, teils aufgeschüttete Strände, außerhalb der Stadt, der Poseidonos Street folgend, kommt der **Strand von Geroskípou** mit Badeanstalt und **Aphrodite Waterpark** (▶ rechts) mit Wasserrutschen, nordwestlich von Páfos gibt es Kieselstrände. Erst an der **Coral Bay** (▶ S. 194), etwa 10 km von Páfos entfernt, laden schöne kleine Sandbuchten zum Baden ein (es gibt einen regelmäßigen Linienbusverkehr).

Fast alle größeren Hotels an den Stränden bieten verschiedene **Wassersportarten** an. Tauchunterricht erteilt die Tauchschule **Cydive**. Die schönsten **Tauch-Spots** liegen Richtung Nordwesten an der ▶ Akámas-Halbinsel.
Cydive: Poseidonos 1
Tel. 26 93 42 71
www.cydive.com

Ausflüge auf den Rücken von **Pferden** oder Ponys organisiert **George's Ranch**. Anfänger und Fortgeschrittene können hier reiten. In der Umgebung liegen zudem zwei **Golfclubs**.
George's Ranch: St. George Road
Tel. 99 64 77 90
https://georgesranchcyprus.com

APHRODITE WATERPARK

Familienvergnügen mit allem, was am und im Wasser Spaß macht. Während sich die Eltern eine Massage gönnen, kämpft der Nachwuchs mit einem Minivulkan.
Poseidonos, Káto Páfos, 1,5 km südl. des Zentrums
geöffnet März bis Oktober
Tel. 26 91 36 38
30 €, Kinder 17 €
www.aphroditewaterpark.com

PAFOS WATERSPORTS

Pafos Watersports ist ein bekannter und zuverlässiger Anbieter für Bootstouren, Ausflüge und ein breites Spektrum an Aktivitäten, darunter Wasserski und Parasailing.
Poseidonos, Káto Páfos
Tel. 99 73 93 44
www.pafoswatersports.com

PÁFOS ZOO

Giraffen, Tiger, Känguruhs, Affen und viele Vögel kann die ganze Familie im Zoo zwischen Ágios Geórgios und Pégeia bestaunen ▶ S. 196

Die Spanne reicht von internationaler bis zu traditioneller zyprischer Küche. Günstig essen kann man in zahlreichen Schnellimbiss-Restaurants oder den landeinwärts gelegenen Restaurants in Káto Páfos. Gute Fischküche und stimmungsvolle Atmosphäre gibt es am **Hafen** mit Blick auf das Kastell.

1 SEVEN ST. GEORGE'S TAVERN €€€ (► Plan S. 191)
Vieles von dem, was George und Lara in ihrer rustikalen Taverne in Geroskípou servieren, haben sie im eigenen Garten geerntet. Der Rest kommt frisch vom Markt. Die Trauben für den ausgezeichneten Hauswein stammen ebenfalls aus eigenem Bioanbau.
Anthypolochagou Georgiou
M. Savva 37, Geroskípou
Tel. 99 65 58 24

2 CHRISTOS GRILL AND SEAFOOD €€ (► Plan S. 191)
Zyprische Küche mit schönem Ausblick über die Stadt zum Meer.
Petraki Miltriadous 11
Páno Páfos, Tel. 26 93 27 95

3 DEMOKRITOS TAVERNA €€
Gutes Mezé-Lokal mit Musik- und Tanzvorführungen.
Agiou Antoniou/Dionysou, Káto Páfos, Tel. 26 93 33 71

4 MUSE €€ (► Plan S. 191)
Angesagtes Café, gute Küche, super Blick.
Andrea Ioannou 16, Páno Páfos (Ktíma), Tel. 26 94 19 51

5 PELIKAN RESTAURANT €€
Vorzügliche Fischküche am Hafen mit einem Pelikan als Maskottchen.
Apostolou Pavlou 102, Káto Páfos
Tel. 26 95 25 00
www.paphospelicanrestaurant.com

6 BEATRIZ € (► Plan S. 191)
Stylish, lecker, freundliches Café mitten in der Altstadt.
Constantinou Kanari,
Páno Páfos (Ktíma)
Tel. 26 93 35 97

7 MINAS TAVERNA €
Einfach, zünftig, lecker, frisch und kaum touristisch
Pafias Afroditis 1,
Ecke Apostolou Pavlou Ave.
Tel. 26 95 31 49

Die meisten Hotels liegen in Káto Páfos entlang der Poseidonos Avenue oder außerhalb an der Küstenstraße Richtung Coral Bay.

1 ANNABELLE €€€€
Zauberhaftes Hotel im byzantinischen Stil, große Poolanlage inmitten exotischer Pflanzen, kleiner Strand.
Poseidonos 10
Tel. 26 88 50 00
www.annabelle.com.cy

2 ALMYRA €€€
Etwa 10 Gehminuten bis zum Hafen. Designerhotel, in dem auch Familien mit sehr kleinen Kindern willkommen sind.
Poseidonos 12, Tel. 26 88 87 00
www.almyra.com

3 CYNTHIANA BEACH HOTEL €€
Einige Kilometer außerhalb, abseits der Küstenstraße, ruhig zwischen Bananenhainen gelegen, direkt an einem kleinen Felsenstrand.
Kissónerga, an Küstenstraße zur Coral Bay, Tel. 26 93 39 00
www.cynthianahotel.com

4 ROMAN BOUTIQUE HOTEL €€
Nahe dem Leuchtturm und den Ausgrabungsstätten liegt das originelle,

wie eine Filmkulisse wirkende Hotel im neo-antiken Stil mit Pool. Ein zweites, im gleichen Stil gebautes Hotel (II) liegt schräg gegenüber.
Tombs of the Kings Ave 10
Tel. 26 94 54 11
www.romanhotel.com.cy

❺ VASILIAS NIKOKLIS INN €€

Acht Zimmer in einem hübschen, einfachen Hotel. Mit schön bewachsener Terrasse und einer Taverne mit Pergola.
Nikokleia, 15 km im Hinterland südöstlich von Páfos
Tel. 26 43 22 11
www.vasilias.nikoklis.com

❻ AXIOTHEA HOTEL €

In der Oberstadt nahe der Kathedrale, etwa 3 km vom Zentrum. Kleine Zimmer mit Balkon, familiäre Atmosphäre.
Ivis Malioti 2, Tel. 26 93 28 66
www.axiotheahotel.com

❼ KINIRAS HOTEL €

(► Plan S. 191)
Romantisches kleines Altstadthotel in Ktíma in der Einkaufsstraße, mit hervorragendem Restaurant in einem lauschigen Innenhof.
Ktíma (Oberstadt), Arch. Makariou 91, Tel. 26 94 16 04
www.kinirashotel.com

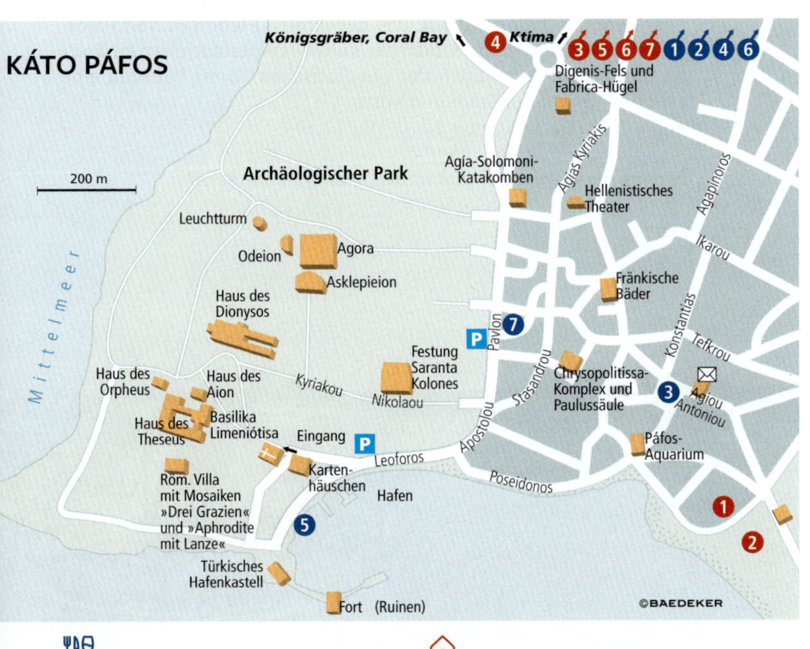

❶ Seven St. George's Tavern
❷ Christos Grill and Seafood
❸ Demokritos Taverna
❹ Muse
❺ Pelikan Restaurant
❻ Beatriz
❼ Minas Taverna

❶ Annabelle
❷ Almyra
❸ Cynthiana Beach Hotel
❹ Roman Boutique Hotel
❺ Vasilias Nikoklis Inn
❻ Axiothea Hotel
❼ Kiniras Hotel

Wohin in Káto Páfos?

Küstenstraße und Flaniermeile

Poseidonos

Die von Restaurants, Cafés, Souvenir-, Schmuck- und Brillengeschäften gesäumte Küstenstraße Poseidonos ist die Flaniermeile des »Unteren Páfos«, Káto Páfos. Von hier blickt man auf den malerischen Fischerhafen mit dem türkischen Kastell. Highlight von Káto Páfos ist jedoch die Archäologische Grabungsstätte Néa Páfos hinter dem Hafen.

Burg von Páfos mit Hafenblick

Hafen

Mitte der 1990er-Jahre wurden die alten Lagerhäuser und das Zollhaus am Hafen restauriert, der Hafenkai als Fußgängerzone umgestaltet. Kleine Fischerboote, einige Jachten und Glasbodenboote für Ausflugsfahrten zur Lára-Bucht (▶ S. 68) und zur ▶ Akámas-Halbinsel schaukeln im Hafenbecken. An der Hafenmole erhebt sich das 1592 unter den Türken wieder aufgebaute und vorübergehend als Salzspeicher benutzte kleine **Kastell**, das beliebteste Fotomotiv von Páfos. Seine Kerker wurden anlässlich der Kultur-Hauptstadtfeiern zu Galerien umgebaut. Vom Dach des quadratischen Turms hat man eine schöne Aussicht auf Stadt und Küste.

Tgl. 8.30–19.30, im Winter bis 17 Uhr | 2,50 €

Fischerboote im Hafen von Páfos vor dem mittelalterlichen Kastell

 Néa Páfos · Archäologischer Park

8.30–19.30, im Winter bis 17 Uhr
Tel. 26 30 62 17 | 4,50 €

Ausgrabungsstätte der antiken Stadt

Lage und Gelände (Plan S. 179)

Hinter dem Hafen liegt der Zugang zum riesigen Grabungsareal des antiken Néa Páfos. Der **Archäologische Park**, etwa Drittel der antiken Stadt, lädt zu ausgedehnter Erkundung ein. Verlassen kann man ihn durch mehrere Drehkreuze, um an der Felsenküste entlang zum Hafen oder zur nördlichen Stadtmauer zu gelangen. Gleich hinter dem modernen Eingang (mit Toiletten) gelangt man zu einer alten Lagerhalle, umfunktioniert zu Museumsshop und Ausstellungsraum mit einer sehenswerten Präsentationen zu Grabungsgeschichte, natur- und landeskundlichen Themen.

Wer genug Zeit mitbringt, kann auf dem Grabungsgelände **Spaziergänge** abseits der Touristenströme unternehmen. Ersteigen Sie die Anhöhe mit dem Leuchtturm und genießen Sie die Aussicht über Páfos, Meer und Berge. Weiter im Norden gelangt man zu einer **Nekropole** mit teilweise begehbaren Gräbern (▶ S. 192) und kann auch Reste der Stadtmauer und imposante Klippen entdecken.

Prächtige Mosaiken

Römische Häuser

Hauptattraktion des Ausgrabungsareals sind die römerzeitlichen Häuser mit ihren wertvollen Bodenmosaiken. Bei Feldarbeiten fand ein Bauer zufällig Mosaiksteinchen. Archäologen sicherten daraufhin Fundamente und Mosaiken eines römischen Stadthauses, das auf Resten eines hellenistischen Vorgängerbaus (4./3. Jh. v. Chr.) errichtet wurde, wie der Fund von über 2000 Silber-Tetradrachmen (Münzen) aus ptolemäischer Zeit belegt. Da der Gott Dionysos auf den Mosaiken mehrmals dargestellt ist, benannte man das Gebäude nach ihm (► Baedeker Wissen, S. 186). Im Laufe der wissenschaftlichen Arbeiten wurden weitere Häuser entdeckt.

Die in der gesamten antiken Welt übliche **Technik der Mosaikherstellung** erforderte mehrere Arbeitsschritte. Auf dem eingeebneten, festgestampften Boden wurden mehrere Auflageflächen jeweils mit Mörtel erstellt: erst gröbere Steine, dann Kies und Tonscherben. Die oberste Schicht bestand aus feinstem Mörtel, in den die Mosaikteilchen gedrückt wurden. Zur besseren Haltbarkeit rieb man die Oberfläche anschließend mit Marmorstaub, Sand und Kalk ein. Die kleinen **Tesserae** (Würfel), ca. 1 cm² groß, bestanden aus farbigen Steinen, die auf Zypern vielfach vorhanden sind. Lediglich für die Farben Hellorange, Gelb, Grün und Blau verwendete man Glassteine. Die figürlichen Darstellungen waren keine Neuschöpfungen, sondern Kopien nach Musterbüchern, die den Handwerksstätten vorlagen.

Das größte aller freigelegten Häuser

Haus des Theseus

Geradeaus hinter dem Eingang liegt mit 9500 m² Gesamtfläche das größte aller freigelegten Häuser mit über 100 Räumen, vermutlich der Palast des römischen Statthalters. Bereits 1965 begannen polnische Archäologen, das Gebäude aus dem 2./3. Jh. n. Chr. auszugraben. Wohn- und Schlafräume, Räume für rituelle Zwecke und Thermenanlagen sind in der Tradition hellenistischer Peristylhäuser um einen großen **Innenhof** gruppiert. Zur reichen Ausstattung des bis ins 7. Jh. n. Chr. bewohnten Hauses gehörten Wandmalereien, Marmorstatuen und über 1400 m² Mosaikfußboden, meist aus geometrischen Mustern. Figürliche Mosaiken zeigen Themen aus der griechischen Mythologie.

Der **Kampf des Theseus mit Minotaurus** stammt aus dem 3. Jh. und befindet sich in einer halbrunden Apsis am Ende der südlichen Säulenhalle. In der Mitte des kreisrunden Mosaiks ist der Kampf des Theseus mit dem Minotaurus im kretischen Labyrinth dargestellt, der das Untier zu Boden gestreckt hat. Der Kampf wird von zwei Frauengestalten beobachtet: die mit einer Mauer gekrönte Darstellung Kretas (rechts oben) und die ängstlich blickende Ariadne (links oben), die Theseus den Faden gab, um den Ausgang aus dem Labyrinth zu finden. Dieser wird dargestellt durch das Flechtband, das den geometrischen Rahmen bildet.

5x ERSTAUNLICHES

Überraschen Sie Ihre Reisebegleitung: Hätten Sie das gewusst?

1. ANTIKER BILDERREIGEN

Die römischen **Mosaiken von Páfos** erzählen in Bildern von der antiken Gesellschaft und ihrem Spiegelbild im Pantheon der Götter. (► **S. 182**)

2. LANGOHREN DER MACCHIA

Ein Schrecken für die Bauern und ein unerwarteter Anblick für Besucher sind die **wilden Esel** auf der Karpas-Halbinsel. Sie passen gut in die einsame Landschaft und stecken gerne mal den Kopf auf der Suche nach etwas zum Fressen durchs Autofenster. (► **S. 243**)

3. SHAKESPEARES FESTUNG?

Die frisch renovierten Bastionen der Festung in Famagusta sind beeindruckend. In einem ihrer Türme weilte (angeblich!) Shakespeares gleichnamiger Dramenheld, nach dem der **Othello-Turm** benannt wurde. Eine Statue des bedeutenden Dramatikers steht inzwischen auch davor. (► **S. 234**)

4. WIRTSCHAFTS-WISSEN

Allen Wirtschaftskrisen zum Trotz, einer hat es international geschafft: Der zyprische Wirtschaftswissenschaftler **Christopher Antoniou Pissarides** (geb. 1948) erhielt 2010 den Wirtschafts-Nobelpreis.

5. WINTERSPORT IM TRÓODOS

Auf Zypern kann man Ski fahren! Im knapp 2000 m hohen Skigebiet am Nordhang des **Olympos** ist fast jedes Jahr im Januar/Februar Saison – mit Sessel- und mehreren Schleppliften. (► **S. 216**)

Im ehemaligen Repräsentationsraum im Süden findet man das **Bad des neugeborenen Achilles**. Seine göttliche Mutter Thetis wollte die Prophezeiung vom frühen Tod des Sohnes im Trojanischen Krieg durch ein Bad im Wasser des unverwundbar machenden Unterweltflusses Styx verhindern. Doch die Ferse, an der sie das Kind beim Baden hielt, wurde vom Wasser nicht benetzt und blieb verwundbar, eine Verletzung dort führte später zu seinem Tod. Die drei Moíren Klotho, Lachesis und Atropos am rechten Bildrand gemahnen, dass Achilles seinem Schicksal nicht entgehen wird. Dargestellt sind auch zwei Hebammen und Peleus, Achilles' Vater, der mit einem Stab in der Hand auf einem Thron sitzt.
In der Südwestecke des Palastes stößt man auf ein **Poseidon-Mosaik**. Der auf einem Seeungeheuer reitende Meeresgott umfasst liebevoll seine Gemahlin Amphitrite, die ihm den Bart zu kraulen scheint. Ein wahrlich passender Ort – im Schlafgemach des Hauses!

Drei mythologische Motive

Haus des Orpheus

Westlich der Theseus-Villa legte man 1984 die Fundamente eines kleinen Hauses frei, das nach dem hier gefundenen **Orpheus-Mosaik** benannt wurde. Auf dem ca. 4 × 5 m großen Bildfeld ist Orpheus auf einem Felsen sitzend mit seiner Lyra dargestellt, um ihn herum die Tiere des Waldes versammelt, die er mit seiner Musik anlockt. Ein weiteres Mosaik zeigt **Herakles** im Kampf mit dem Nemeischen Löwen. Es wurde bereits 1942 von einem britischen Soldaten entdeckt, doch wieder zugeschüttet. Das dritte Mosaik stellt eine **Amazone** dar, die vor ihrem Pferd eine Doppelaxt in der Hand hält. Die drei Mosaikfelder (2./3. Jh.), stilistisch denen der Dionysos-Villa nahe, sind momentan abgedeckt und warten, wie auch die anderen Mosaiken, auf einen modernen Schutzbau.

Gegenüber dem Haus des Theseus

Haus des Aion

Polnische Archäologen fanden 1983 in dem nach dem Gott Aion benannten Haus gegenüber dem Eingang des römischen Statthalterpalastes (Haus des Theseus) Bodenmosaiken, die vermutlich nach den Erdbeben von 332 und 342 entstanden. Fünf große Mosaikfelder in der Eingangshalle zeigen in drei Reihen Szenen aus der griechischen Mythologie, die farblichen Nuancen der Körperformen im sogenannten schönen Stil wirken äußerst plastisch.
Links oben der Mythos von **Leda mit dem Schwan**: Der schönen Königin von Sparta, begleitet von Jungfrauen und Personifikationen Lakedämoniens und des Eurotas, nähert sich Zeus in Gestalt eines Schwans, um sie zu verführen. Aus ihrer Vereinigung gehen Kastor und Pollux sowie die schöne Helena hervor. Im Mosaikfeld rechts oben sitzt der kleine **Dionysos** auf dem Schoß des Götterboten Hermes (mit Flügelchen an Stirn und Füßen). Dieser übergibt den Knaben dem sich nähernden Silen Tropheus als künftigem Beschützer und

Nymphen, die ein Bad für ihn einlassen. Im Bild unten links erkennt man die Prozession des Dionysos, dessen Wagen von einem Kentaurenpaar gezogen wird. Begleitet wird der feierliche Zug von Musikanten und Satyrn.
Das mittlere Bildfeld ist dem **Schönheitswettbewerb der Kassiopeia und Nereiden** gewidmet, aus dem Kassiopeia als Siegerin hervorgeht. Krisis, personifizierte Gerechtigkeit, setzt ihr die Krone aufs Haupt, während Helios, Zeus und Athena zuschauen. In der Mitte des Mosaiks fungiert der Zeitgott **Aion** – nur sein Kopf ist erhalten – als Schiedsrichter. Rechts ziehen die Nereiden verärgert über den Ausgang des Wettstreits rittlings auf einem Kentauren und Tritonen von dannen.
Das letzte Mosaik unten rechts zeigt die **Schindung des Marsyas**, eines Satyrs, der gewagt hatte, **Apollon** zu einem Musikwettstreit herauszufordern. Daraus ging der Gott mit der Lyra, rechts auf dem Thron sitzend, siegreich hervor. Dem »frevelhaften« Flötenspieler Marsyas wird als Strafe die Haut bei lebendigem Leibe abgezogen. Hier fassen zwei Gefährten des Apollon Marsyas beim Schopf, um das Urteil zu vollstrecken.

Haus eines reichen Bürgers von Páfos

Haus des Dionysos

Der unbekannte Besitzer des Wohnhauses in einem der besten Wohnviertel muss sehr wohlhabend gewesen sein. Das Haus (2. Jh.) erstreckte sich einst über 2000 m^2, von denen 556 m^2 mit Mosaikfußböden bedeckt waren (▶ Baedeker Wissen, S. 186). Größer war nur der Palast des römischen Prokonsuls (Haus des Theseus). Vom Eigentümer eines hellenistischen Vorgängerbaus stammen wohl die 2484 Tetradrachmen-Münzen (204–88 v. Chr.), die in einem Kellerraum entdeckt wurden.
Links des heutigen Eingangs zeigt das älteste, als einziges aus dem hellenistischen Vorgängerbau erhaltene Mosaik aus einfachen schwarz-weißen Kieseln das von Delfinen umgebene Meeresungeheuer **Skylla**. Es folgt **Narziss**, der sich als Strafe für die Abweisung der schönen Nymphe Echo in sein eigenes Spiegelbild verliebte und aus Liebe zu sich selbst verzehrte. Aphrodite erbarmte sich und verwandelte ihn in eine Narzisse. Bildfelder mit Personifikationen (Büsten) eines Jahresgottes (Apollon oder Dionysos?) und der **Vier Jahreszeiten** werden von einem Streifen aus perspektivisch dargestellten Kuben gerahmt. Die Grußformel: »Sei gegrüßt, auch du« lässt auf den ehemaligen Eingang des Hauses schließen.
Der wichtigste Raum, das **Tablinum**, diente als Empfangs- und Speisehalle. Nach einem Mosaik, das den **Triumphzug des Dionysos** darstellt, erhielt das Gebäude seinen Namen. Der Weingott sitzt inmitten seines Gefolges aus Satyrn, Silenen, Pan und Musikanten auf einem Wagen, der von Panthern gezogen wird. Ein großes Bildfeld zeigt die Weinlese, umrankt von Weinlaub, Hasen und Vögeln.

DAS HAUS DES DIONYSOS

Die Mosaiken von Néa Páfos wurden 1962 bei Planierungsarbeiten entdeckt, als auf einem Acker farbige Mosaiksteinchen zum Vorschein kamen. Bei den Grabungen wurde neben anderen Gebäuden das Haus des Dionysos aus dem 2. Jh. freigelegt. Die Mosaiken mit Motiven aus Ovids »Metamorphosen« zeigen Themen, die die Lebensweise der römischen Provinzialoberschicht spiegeln: die Freuden der Liebe, des Weines und der Jagd.

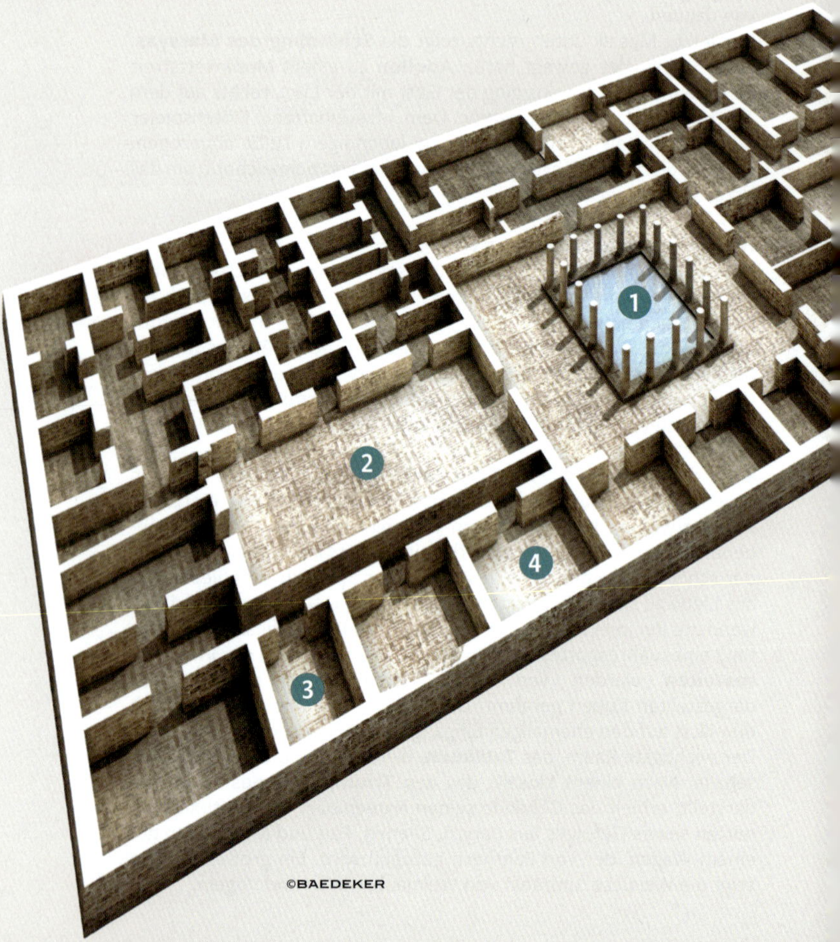

1
2
4
3

©BAEDEKER

➊ Atrium
Mittelpunkt der römischen Villa ist das Atrium, ein von Säulen umgebener **Innenhof**, mit dem **Impluvium**: In diesem Becken wurde Regenwasser gesammelt, von wo es als Frischwasser durch Tonrohre in Zisternen weiterfloss.
Während die Wohn- und Repräsentationsräume mit aufwendigen Mosaiken ausgekleidet sind, besitzen Privat- oder Schlafräume im Ost- und Nordtrakt einfache Kieselböden. Die Böden der Wirtschaftsräume im Westrakt, wie Küchen und Vorratskammern, waren aus gestampftem Lehm.

➋ Tablinum
Dieser Raum war wohl die Empfangshalle, die bei Festen als **Speisesaal** genutzt wurde. Für diesen Anlass wurden Ruheliegen in Hufeisenform aufgestellt.

➌ Ältester Raum
Das Mosaik mit dem aus Homers »Odyssee« bekannten Meeresungeheuer Skylla stammt noch aus dem hellenistischen Vorgängerbau.

➍ Ehemaliger Eingang
Empfangen wurde der hier Eintretende mit der zweigeteilten griechischen Inschrift »chaíre« (sei gegrüßt) »kai sy« (auch du).

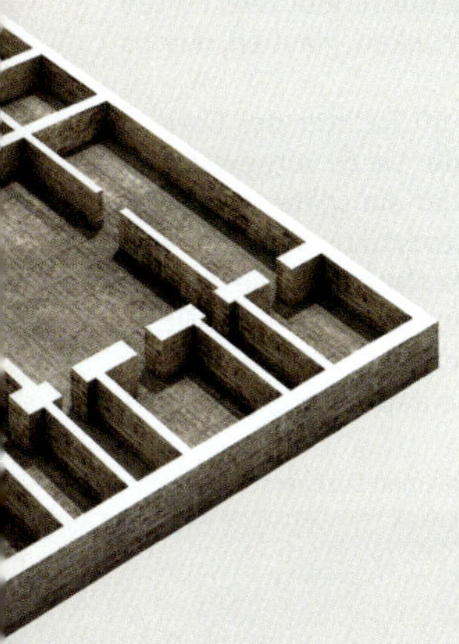

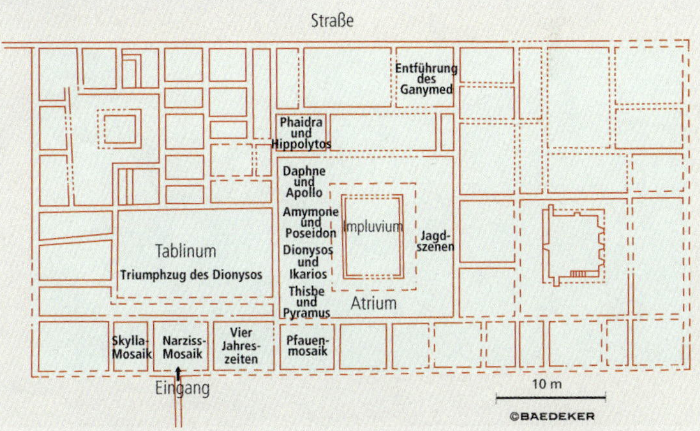

Rund um das **Atrium** verlief eine Säulenhalle, deren Fußboden eine Mosaikenfolge schmückte. Das erste zeigt die Geschichte von **Pyramos und Thisbe**. Da die Eltern des jungen Liebespaares gegen eine Verbindung waren, trafen sich beide heimlich im Wald. Als Thisbe eines Tages als Erste zum Rendezvous kam, floh sie vor einem Panther mit blutverschmiertem Maul. Als Pyramos erschien und das Tier mit Thisbes Tuch im Maul sah, stürzte er sich vor Kummer in sein Schwert, weil er glaubte, diese sei von ihm zerrissen worden. Thisbe folgte ihm in den Tod. – Das folgende Mosaik **Dionysos und Ikarios** stellt die »ersten Weintrinker« dar. Dionysos bringt dem attischen König Ikarios als Dank für seine Gastfreundschaft die Kunst des Weinbaus und -kelterns bei. Links sitzt der Gott mit der Nymphe Akme beim Wein, Ikarios (Mitte), glücklich über die neu erlernte Kunst, gibt zwei Hirten das Getränk zum Probieren. Beide werden betrunken, glauben, Ikarios wolle sie vergiften, und erschlagen ihn.
In **Amymone und Poseidon** weckt eine der 50 Töchter des Danaos auf der Suche nach einer Quelle einen Satyr, der sie zu vergewaltigen versucht. Amymone ruft Poseidon zu Hilfe, der sie später zu seiner Geliebten macht. Das letzte Mosaik des Westportikus stellt die vergebliche **Liebe des Apollon zur Nymphe Daphne** dar. Diese flieht vor dessen Verfolgung zu ihrem Vater, dem Flussgott Peneios. Mithilfe der Götter wird sie in einen Lorbeerstrauch (gr. »dáphne«) verwandelt, dessen Blätter bereits ihren Beinen entsprießen.

Mosaik im Haus des Dionysos: Daphnes Verwandlung in einen Lorbeerstrauch

Im nächsten Raum verliebt sich **Phaidra**, die zweite Frau des Theseus, in ihren Stiefsohn **Hippolytos**. Der links im Bild stehende Jüngling, der sich dem Dienst der Jagdgöttin Artemis verschrieben hatte, weist sie entrüstet ab. In ihrem Stolz verletzt, begeht sie Selbstmord, verleumdet jedoch vorher Hippolytos bei Theseus, er habe ihr nachgestellt. Theseus bittet Poseidon um Hilfe, dieser schickt aus den Wellen einen wilden Stier. Die Pferde des Hippolytos erschrecken bei diesem Anblick und schleifen ihn zu Tode.
Ein kleines Mosaik an der Nordseite des Hauses zeigt die **Entführung des Ganymed**, den Zeus in Gestalt eines Adlers durch die Lüfte entrückt und zum Mundschenk der olympischen Götter macht. Nord-, Süd- und Ostportikus des Atriums sind mit **Jagdszenen** geschmückt, interessant besonders die Darstellung von Mufflons, die bereits in römischer Zeit ein beliebtes Jagdobjekt waren.

Marktplatz, Odeion und Asklepios-Heiligtum

Akropólis

Vom Haus des Dionysos folgt man dem Weg in Richtung Leuchtturm, wo sich einst die antike Akropólis mit dem Asklepieion, Agorá und Odeion befand. Die **Agorá**, der Markt- und Versammlungsplatz, bestand aus einem 95 × 95 m großen Hof mit Säulenumgang. Gegenüber liegt das 1970 rekonstruierte **Odeion**, das bei Erdbeben des 4. Jh.s fast völlig zerstört wurde. Es besaß einst 25 Sitzreihen und bot 3000 Zuschauern Platz. Wie ein Theater bestand es aus einer halbrunden Orchestra, Cavea und Skene, war jedoch im Gegensatz zu diesem überdacht. In den Sommermonaten finden hier regelmäßig kulturelle Veranstaltungen statt (▶ S. 176). Das Mauerwerk links davon gehört zu einem **Asklepieion**, einem dem Gott der Heilkunst geweihten Tempel mit Räumen für Heilschlaf und Therapien. Ein langer Gang verband beide Gebäude.
Dahinter steht ein weithin sichtbarer **Leuchturm**, von dem aus man einen guten Blick über das Gelände genießt. Etwa 300 m nördlich erkennt man die Reste der hellenistischen **Stadtmauer** mit Stadttor und Graben. Hier kann man den Archäologischen Park verlassen und über die Küstenpromenade bis zu den Königsgräbern (30 Min.) oder zurück zum Hafen laufen.

Mittelalterliche Festungsruine

Festung Saranta Kolones

Den Rundgang durch das Ausgrabungsareal beschließt man mit der Besichtigung der mittelalterlichen Festungsruine Saranta Kolones (Vierzig Säulen), so genannt, weil genau 40 römische Säulen für den Bau des Kastells verwendet wurden. Um 1100 wurde es von den Byzantinern zur Sicherung der Küste aus Trümmern antiker Gebäude errichtet und später von den Franken genutzt. Saranta Kolones wird auch mit einer Kreuzfahrerfestung in Verbindung gebracht, die jedoch schon 1222 völlig zerstört wurde. In der Folgezeit diente das Kastell als Steinbruch.

Ruinenareal mit riesiger Basilika

Chryso-
polítissa-
Komplex

Wenn man den Archäologischen Park verlässt und der stark befahrenen Apostolou Pavlou folgt, gelangt man nach 200 m zur spätbyzantinischen Kreuzkuppelkirche **Agía Kyriakí Chrysopolítissa** (Αγία Κυριακή Χρυσοπολίτισσα; 16. Jh.), um die sich ein weitläufiges Ruinenareal erstreckt. Die ältesten Mauerreste stammen von einer frühchristlichen **Basilika** (4. Jh.), die mit 50 m Länge und 38 m Breite, sieben Schiffen und einer Doppelapsis zu den größten auf Zypern zählte, allerdings im 6. Jh. auf fünf Schiffe und eine Apsis verkleinert wurde. Reste von Mosaikfußböden lassen auf eine reiche Ausstattung schließen. Als die Kreuzritter Zypern eroberten, lag sie bereits in Trümmern.

Nördlich liegen die Reste einer dem hl. Franziskus geweihten **fränkischen Kirche** (13. Jh.). Westlich davon wurde angeblich an der **Paulussäule**, einem abgegriffenen Säulenschaft, der Apostel Paulus gefesselt und ausgepeitscht. Laut Apostelgeschichte (13,1–13) bekehrten Paulus und Barnabas auf ihrer Missionsreise durch Zypern den römischen Statthalter Sergius Paulus zum Christentum. Ein Holzsteg und Informationstafeln erschließen die weitläufige Anlage.

In der Nähe der Paulus-Säule ist ein fränkisches **Badehaus** erhalten, das mit mehreren Kuppeln versehen ist. In das mittelalterliche Mauerwerk krallen sich die mächtigen Wurzeln eines abgestorbenen Olivenbaums.

Höhlenkirche und christliche Katakomben

Agía
Solomoní

Folgt man der Apostolou Pavlou Richtung Ktíma, gelangt man zur **Höhlenkirche** Agía Solomoní (Κατακόμβη Αγίας Σολωμονής), in der die frühen Christen Zuflucht suchten. Die auf antike Grabanlagen zurückgehenden **Katakomben** wurden nach der jüdischen Märtyrerin Solomoni benannt, die mit ihren sieben Söhnen während des Makkabäer-Aufstands 166 hier wohl lebendig eingemauert wurde. Die schlecht erhaltenen Malereien der Grottenkirche stammen aus dem 12. Jh. Eine Treppe führt vom Innenhof zu einem Brunnen, dem heilende Wirkung bei Augenleiden nachgesagt wird.

Vor der Höhlenkirche steht eine 300 Jahre alte Terpentinpistazie, an deren Äste Hunderte von **Votiv-Stoffbändern** geknotet sind, die wie buddhistische Gebetsfahnen ein Gebet unterstützen und einen Wunsch erfüllen sollen.

Hellenistische Gräber und ältestes Theater

Fabrica-
Hügel

Weiter nördlich erhebt sich der Fabrica-Hügel (Λόφος Φάμπρικας) mit mehreren hellenistischen **Gräbern**. Der Name Fabrica (Bauhütte) erinnert an Steinmetze, die hier einst arbeiteten. Spuren von Keillöchern zeigen, dass der Hügel in römischer Zeit auch als Steinbruch genutzt wurde. Die Reste eines großen, aus der Ptolemäer-Zeit stammenden **Römischen Theaters**, des wohl ältesten der Insel, finden sich an der Südwestflanke. Eine Aussichtsplattform ermöglicht den Überblick.

Wohin in der Oberstadt Ktíma?

Digenis-Platz

Zentrum von Páno Páfos

Mittelpunkt von Páfos Ktíma (Páno Páfos) ist der Digenis-Platz mit drei neoklassizistischen Gebäuden aus der britischen Kolonialzeit: Gymnasium, Rathaus und Stadtbibliothek. Die **Einkaufsstraße** Makariou III. führt zu der von einem engen Straßengewirr umgebenen **Markthalle**. Die nahegelegene **Agia Sophia Paphou Moschee** war einst eine orthodoxe Kirche, und in die ehemalige Karawanserei **Han Ibrahim** ist ein Kunst- und Kulturzentrum eingezogen. Im alten E-Werk Palia Ilektriki befinden sich seit der Renovierung ein angesagtes Restaurant sowie Räumlichkeiten für wechselnde Ausstellungen.

Ethnografisches Museum

Einblick ins Leben wohlhabender Zyprer

Das private **Volkskundemuseum** ist im Haus der Familie Eliades (ausgehendes 19. Jh.) untergebracht. 1939 legte der Archäologe G. S. Eliades den Grundstock seiner archäologischen und volkskundlichen Sammlung. Das Haus bewahrte seine ursprüngliche Bauweise und Teile der traditionellen Einrichtung, sodass man heute einen Einblick in die Lebensweise reicher zyprischer Bürger hat. Zu sehen sind Mobiliar, Trachten, Handarbeiten, Metallgeräte und Silberarbeiten.

Mo.–Sa. 10–17/18, So. 10–13 Uhr | 3 € | Tel. 26 94 48 33
http://ethnographicalmuseum.com

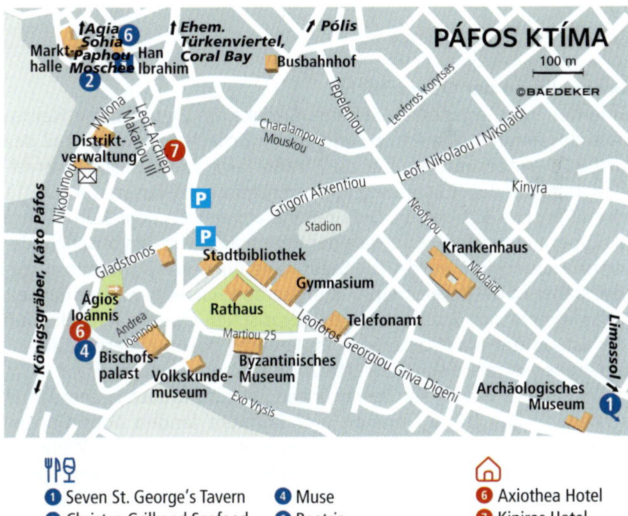

Die »Königsgräber« im antiken Néa Páfos. Die Grabanlagen dokumentieren den Wohlstand der Oberschicht unter den Ptolemäern.

Königsgräber

Grabanlagen der Oberschicht

Anlage

Eine der interessantesten Sehenswürdigkeiten Zyperns, die Nekropole des antiken Néa Páfos rund 2 km nördlich von Páfos, Teil des UNESCO-Welterbes, ist über die Straße Tafon ton Vasileon zu erreichen oder auf dem Küstenweg von den römischen Häusern (► S. 181) zu Fuß in etwa 30 Minuten. Die Gräber stammen aus dem 3. Jh. v. Chr., als Zypern unter der Herrschaft der Ptolemäern vom ägyptischen Alexandria aus regiert wurde. Die Stadtkönigtümer waren bereits aufgelöst, daher ist die Bezeichnung »Königsgräber« irreführend, es handelt sich vielmehr um Grabanlagen der zyprischen Oberschicht, die den Wohlstand der Stadt unter den Ptolemäern dokumentieren. Die gut erhaltenen unterirdischen Grüfte und Kammern wurden bis ins 3. Jh. n. Chr. immer wieder für Bestattungen genutzt. Kreuze lassen darauf schließen, dass frühe Christen hier Zuflucht fanden oder Gottesdienste abhielten. Im Mittelalter dienten einige Gräber als Wohnungen und Werkstätten. Von den antiken Grabbeigaben wurde kaum etwas gefunden, da Schatzräuber wie der Amerikaner Luigi Palma di Cesnola vor allem im 19. Jh. die Gräber systematisch plünderten.

8.30–17, im Sommer bis 19.30 Uhr | 2,50 €

Ägyptischer Typus mit griechischen Details

Peristylgräber

Die eindrucksvollsten Gräber sind die in den Fels gehauenen Peristylgräber, die Wohnhäuser der ptolemäischen Zeit nachahmen. Der Typus des unterirdischen Grabhauses kam aus Ägypten, doch die architektonischen Details sind griechisch: dorische Säulen tragen Architrave mit Triglyphen- und Metopenfries, alles aus dem Kalksandstein gehauen. Vom Innenhof (Atrium) mit Säulenumgang erreicht man die einzelnen Grabkammern, die verputzt und mit Stuck oder Malereien versehen waren. Sie führen zu den **Loculi**, kleinen Nischen, in denen die Toten lagen. In allen großen Grabanlagen fand man einen Brunnen, der auf Bestattungsrituale hinweist.

Bei **Grab 1**, dem oberirdischen Kammergrab direkt beim Eingang, weisen die Wände noch Spuren von Malereien auf. Es besitzt zwei kleine Loculi für Kinder und fünf für Erwachsene. Das folgende **Grab 2** erfuhr in römischer Zeit eine Veränderung, als der Treppenzugang geschlossen und ein neuer Eingang im Süden geöffnet wurde. An der Nordseite brachte man zwei Altäre an.

In **Grab 3** mit großen Innenhof und modern ergänztem dorischem Säulenumgang, führt ein Treppen-Dromos (Gang) hinab. Direkt daneben sind einfache Schachtgräber zu erkennen, umgeben von einer Mauer, Familiengräber der einfachen Bevölkerung. **Grab 4** ist ähnlich wie Grab 3 angelegt, doch vollständig original erhalten.

Eine der größten Grabanlagen ist **Grab 5**. Der Dromos ist über 7 m lang und 2,80 m breit. Große, schwere Pfeiler bilden den Säulenumgang des Innenhofs, in dessen Mitte man einen Brunnen fand. Auf der Südseite liegt die Hauptgrabkammer. Interessant ist der Fund eines großen mittelalterlichen Töpferofens mit Ventilationssystem. Eingeritzte Kreuze und die hier entdeckte Keramik weisen auf eine Benutzung auch noch in christlicher Zeit hin.

Bei **Grab 8** ließ man einen Felsblock mit einer Wasserzisterne darin stehen. Um ihn herum ist ein Gang angelegt, von dem die Grabkammern und -nischen abgehen.

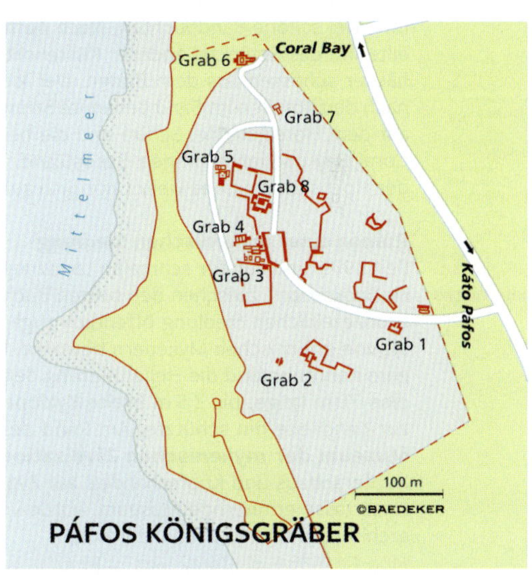

An der Coral Bay, einem der schönsten Strände Zyperns

Rund um Páfos

Badeziel Korallenbucht

Coral Bay

12 km nordwestlich von Páfos entwickelte sich der Badeort Coral Bay um zwei schöne Sandbuchten. Nach Aufhebung des Bauverbots ereilte ihn das Schicksal anderer Küstenorte, Hotels und Apartmenthäuser schossen aus dem Boden. Der kleine Fischerhafen und der nach den Korallen im Sand benannte Strand befinden sich sozusagen auf dem Hotelgelände. Schön sind die beiden **Badebuchten** an der Coral Bay mit ihrem feinen Sandstrand. Ausweichmöglichkeiten in der Hochsaison gibt es weiter nördlich auf der ► Akámas-Halbinsel.

Ruinen einer mykenischen Siedlung

Máa-Palaiókastro

Seit 1995 sind auf der schmalen Landzunge Máa-Palaiókastro (Μάα-Παλαιόκαστρο) zwischen den beiden Buchten die Ruinen einer spätbronzezeitlichen Siedlung öffentlich zugänglich. 1200 v. Chr. wurde sie von griechischen Mykenern bewohnt. Hier begann nach derzeitigem Kenntnisstand die Hellenisierung der Insel. Gut zu erkennen ist eine 70 m lange, bis 3,5 m breite Kyklopenmauer, die die Halbinsel zur Landseite hin schützte. Am Rand des Geländes informiert das **Museum der mykenischen Zivilisation** über die Bedeutung des Kupferabbaus und Kupferhandels auf Zypern. Das an eine fliegende Untertasse erinnernde Museum wurde von dem italienischen Stararchitekten Andrea Bruna errichtet.

Mo.–Fr. 8.30/9.30–16/17 Uhr | 2,50 €

CORAL BAY ERLEBEN

An der **Coral Bay** gibt es unzählige Restaurants und Bars entlang der einzigen Straße. Wer lieber fernab des Trubels speisen möchte, fährt nach **Pégeia** mit netten, ruhigeren Tavernen und guter einheimischer Küche. Zahlreiche Tavernen (und Pensionen) findet man auch in **Ágios Geórgios.**

VIKLARI TAVERN €€

Einzigartiger Panoramablick von einer herrlichen Terrasse, rustikales Ambiente (nur in der Saison geöffnet).
Etwa 3 km außerhalb von Ágios Geórgios Richtung Akámas-Halbinsel, rechter Hand auf einem Hügel, Tel. 26 99 10 88

CORAL BEACH €€€€

Haus mit allem Luxus. Große Gartenanlagen und der herrliche Sandstrand machen es zu einem angenehmen Aufenthaltsort.
Coral Bay Ave. 70, Tel. 26 88 10 00
www.coral.com.cy

THALASSA BOUTIQUE HOTEL & SPA €€€€

Das schicke Boutiquehotel mit Spa liegt auf einer Landzunge. Gäste haben die Wahl zwischen luxuriös ausgestatteten Zimmern und Suiten.
Coral Bay Ave. | Tel. 26 88 15 00
www.thalassa.com.cy

CORALLIA BEACH APARTMENT RESORT €€

Das Resort mit exzellentem Standard ist auch empfehlenswert für Familien mit Kindern. Apartments und Studios sind großzügig angelegt, baden kann man in der nahe gelegenen Coral Bay oder im herrlichen Pool.
Tel. 26 62 21 21
www.coralliabeachhotel.com

Begegnung mit Tieren aller Art

Pégeia

Von der Coral Bay lohnt sich ein Abstecher zum 4 km entfernten, malerisch am Hang gelegenen Dorf Pégeia (Πέγεια), das mit seinen Tavernen und Pubs besonders bei Briten beliebt ist.
Im **Páfos Zoo** zwischen Ágios Geórgios und Pégeia leben auf einem großen Areal, das ursprünglich einen Vogelpark beherbergte, neben Vogelarten aus der ganzen Welt auch Giraffen, Antilopen, Zebras, Mufflons, Reptilien, Riesenschildkröten, Emus und Strauße. Restaurant, Café, Kiosk und Kinderspielplatz runden das Angebot für Familien ab.
Paphos Bird's & Animals Park: Agiou Georgiou | tgl. 9–17/18/19 Uhr 16,50/8,50 € (Kinder) | www.pafoszoo.com

Wallfahrtsort und Badestrand

Ágios Geórgios

Ágios Geórgios (Άγιος Γεώργιος) bei Pégeia ist ein **Wallfahrtsort** mit fünf Kirchen (eine davon aus dem 13./14. Jh.) sowie einer modernen Kreuzkuppelkirche. Drei frühchristliche Basiliken mit Mosaiken und Taufkapelle sowie eine Badeanlage (alle 6. Jh.) wurden in den 1950er-Jahren ausgegraben. Neuere Forschungen brachten eine umfangreiche Siedlung mit **Nekropole** zum Vorschein, die sich in römischer und frühchristlicher Zeit auf Kap und Südhang des Gipfels ausbreitete. Die Stadt, wohl »Drepanum« (Sichel) genannt, besaß einen geschützten Hafen.
Heute besteht der Ort aus Tavernen und Pensionen, **Fischerhafen** und einem kleinen **Badestrand** (ohne Schatten; Sonnenschirmvermietung). Vorgelagert liegt die kleine **Insel Yerónisos** (Γερόνησσος) mit einer weiteren antiken Siedlung (nicht zugänglich). Ágios Geórgios ist Ausgangspunkt für Exkursionen zur ► Akámas-Halbinsel, Ávakas-Schlucht und Lára-Bucht sowie ausgedehnter Wanderungen. Auf dem Weg zur Akámas-Halbinsel erreicht man in den Höhen des Bienenbergs das Neófytos-Kloster.
Antike Siedlung: Sommer 8.30–16, Winter 9.30–17 Uhr | 2,50 €

 Neófytos-Kloster

Kloster eines Einsiedlers

Moní Neofýtos

Knapp 10 km nordöstlich von Páfos liegt in der Nähe von Tala das Neófytos-Kloster (Μονή Νεόφυτος) am Hang des Melissóvounos (Bienenberg) mit **Eremitenhöhle** und benachbarter **Höhlenkapelle**. Eine Café-Snackbar am Parkplatz mit schöner, schattiger Terrasse verkauft Erfrischungen und kleine Speisen, im **Klosterladen** gibt es nach Hausrezepten hergestellte Süßwaren wie in Sesam und Honig geröstete Erdnüsse, in Traubensaft getunkte Walnüsse uvm.
Kloster: von Sonnenaufgang bis Sonnenuntergang, an Feiertagen und während der Gottesdienste für Touristen geschlossen.
Museum, Enkleistra: tgl. 9–13, 14–18, im Winter 9–16 Uhr | Eintritt: 2 €

Die spartanische Kapelle des hl. Neóphytos im Neófytos-Kloster

Bedeutender Geistlicher und Lehrer

Heiliger Neóphytos

Der hl. Neóphytos, 1134 in Káto Drýs (▶ S. 139) bei Léfkara geboren, trat als Novize ins Kloster Ágios Chrysóstomos ein. Auf einer Pilgerfahrt ins Heilige Land geriet er am Hafen von Páfos in Gefangenschaft. Nach seiner Freilassung zog er sich in die Bergwildnis zurück, wo er eine Klause und eine kleine Kreuzeskapelle eigenhändig aus dem Felsen herausarbeitete. Als er, 1170 zum Priester geweiht, Schüler aufnahm, entstand das Kloster. Die Höhlenkapelle wurde zum Altarraum einer größeren Kirche umgestaltet.

Die Frömmigkeit des Heiligen zog bald Pilgerscharen an. Bibeltheoretische und zeitkritische Schriften, Hymnen und Lieder wiesen ihn als hervorragenden Geistlichen des 12. Jh.s aus und dokumentieren die Wirren nach der Eroberung Zyperns durch die Kreuzritter. Um 1214 starb er hochbetagt und wurde in der Enkleistra beigesetzt. Im 15. Jh. gründete man ein großes **Kloster** in der Nähe und verlegte im 18. Jh. seine Gebeine dorthin.

Die Klause des Heiligen

Enkleistra

Die in den Hang gemeißelte und über eine lange Treppe erreichbare Enkleistra betritt man über den Kirchenraum (Naos). Nach rechts folgt der durch eine Ikonostasis vom Naos getrennte Altarraum (Bema) mit einem steinernen Altar. Dann gelangt man in die **Klause** des Heiligen (Cella), die seinen spartanischen Lebensstil zeigt.

Nachdem ab 1159 die Klosterhöhle entstand, wurde sie 1183 von Theodoros Apseudes und um 1197 von einem unbekannten Meister in zwei Malphasen ausgemalt. 1503 wurden die Fresken restauriert und teilweise übermalt. Schon zu Lebzeiten ließ sich hier der Stifter Neóphytos im Kreis der Heiligen abbilden. Die Fresken der Cella oberhalb seiner **Grablege** zeigen die **Anástasis**, den Abstieg Christi in die Vorhölle: Christus greift Adam am Arm und befreit ihn aus der Hölle, dahinter folgt Eva. Auf der anderen Seite treten David und Salomon als Vertreter des Alten Testaments auf. In der **Déesis** (Fürbitte) kniet Neóphytos zu Füßen des thronenden Christus. Interessant ist auch das Bildnis des Heiligen zwischen den Erzengeln Michael und Gabriel (um 1183). Die Fresken des 16. Jh.s aus der Zeit nach der Restaurierung zeigen Szenen der Leidensgeschichte Christi wie Abendmahl, Fußwaschung und das Gastmahl Abrahams an der Südseite.

Die Reliquien des Heiligen

Kirche, Museum

Die von der venezianischen Architektur beeinflusste Klosterkirche gegenüber der Enkleistra entstand Anfang des 16. Jh.s, um den Besucherandrang zu bewältigen. Der dreischiffige Bau wird durch hohe Säulen mit korinthischen Kapitellen unterteilt, das Mittelschiff besitzt eine große Kuppel. Im hölzernen **Sarkophag** links der Ikonostasis liegen die Gebeine des Heiligen, in einem Silbergefäß wird sein Schädel aufbewahrt. Die Ikonostasis selbst, eine hervorragende, rare Holzschnitzerei des 16. Jh.s, birgt die **Ikone** des hl. Neóphytos (19. Jh.) mit einem Silberkreuz in der Hand.

Die erhaltenen **Fresken** entstanden ebenfalls Anfang des 16. Jh.s Im südlichen Seitenschiff erkennt man Szenen aus dem Leben des kinderlosen Ehepaares Anna und Joachim, die den Hohepriester Zacharias mit Geschenken zur Erfüllung ihres Kinderwunsches bewegen wollen, im nördlichen Seitenschiff Szenen aus dem Akáthistos-Hymnos (»im Stehen gesungen«). Zu sehen sind u. a. Verkündigung, Heimsuchung, Geburt und Flucht nach Ägypten.

Im Ostflügel des Klosters wurde ein schönes **Museum** untergebracht mit Tongefäßen, Ikonen, alten Bibeln und Sakralgegenständen.

Klostermuseum: Öffnungszeiten ▶ Kloster

Geroskípou

Von der Pilgerstation zum Ort der Süßigkeiten

Aphrodite-Heiligtum

Südöstlich von Páfos liegt die Ortschaft Geroskípou (Γεροσκήπου). Pilger, die im Hafen von Páfos an Land kamen, wanderten von dem antiken Ort, an dem es wohl ebenfalls ein kleines Aphrodite-Heiligtum gab, durch einen »Heiligen Garten« (gr. »Hierós kíppos«, daher der Ortsname) hinauf zum bedeutenden Aphrodite-Heiligtum von Paläa Páfos (▶ S. 101) im heutigen ▶ Koúklia. Bis zum Zweiten Weltkrieg war

Seidenraupenzucht hier wichtigster Erwerbszweig. Heute profitiert der für seine Keramik und Süßigkeiten bekannte Ort vom Tourismus des nordwestlich gelegenen Páfos.

Süßes und Landestypisches

Cyprus Delight

In den Gassen um die Dorfkirche und an der Durchgangsstraße kann man **Loukoúmia** (Turkish oder Cyprus Delight) erstehen, eine typische mit Puderzucker bestäubte Nascherei aus Fruchtgelee. Probieren Sie auch **Soutzoúkos**, das es überall auf Zypern gibt. Wer etwas Deftiges möchte: In der **Seven St. George's Tavern** wird Landestypisches und nur selbst Angebautes serviert (▶ S. 178).

Fünfkuppelkirche aus der Zeit des Bilderstreits

Agía Paraskeví

Mitten in Geroskípou liegt die geduckt wirkende Fünfkuppelkirche Agía Paraskeví (Αγία Παρασκεύη) aus der Zeit des Bilderstreits (8. Jh.), eine der ältesten Kirchen Zyperns. Nur eine weitere Fünfkuppelkirche ist erhalten: die der Hll. Barnabas und Hilarion in Peristeróna (▶ S. 174). Die dreischiffige Anlage besitzt drei Kuppeln über dem Mittelschiff sowie je eine über den Seitenschiffen. Südlich der Apsis baute man zusätzlich eine überkuppelte Kapelle an. Der **Glockenturm** entstand im 19. Jh., der Westteil erst 1931.

Die Kirche ist der **Hl. Paraskeví** (Freitag) geweiht, die von Augenleidenden um Heilung angerufen wird. Der Legende zufolge wurde sie im 2. Jh. n. Chr. an einem Freitag auf Zypern geboren, verschenkte nach dem Tod ihrer Eltern allen Besitz, um in einer christlichen Gemeinde in Rom zu leben. Während der Christenverfolgung unter Antonius stach man ihr die Augen aus und enthauptete sie.

In der Ostkuppel über dem Altar entdeckte man das Fresko eines Kreuzes mit floraler und geometrischer Dekoration, das in die Zeit des Bilderstreits im 8./9. Jh. datiert wird, im 15. Jh. wurde es mit der

KIRCHE DER AGÍA PARASKEVÍ

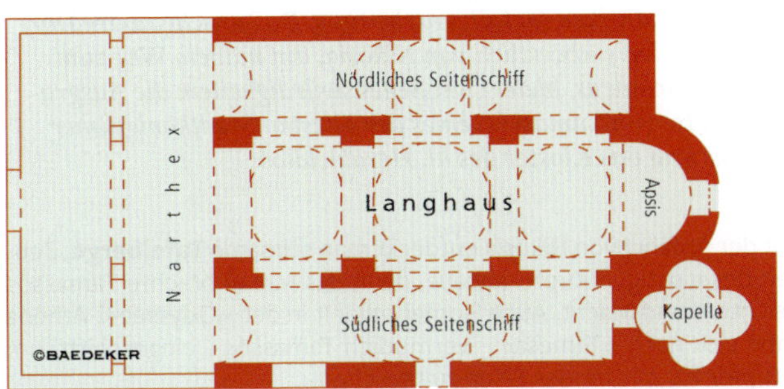

Kreuzigung übermalt. Die späteren **Fresken** stammen aus dem 12. Jh. – wie die Koímisis-Darstellung (Tod der Gottesmutter) an der Nordwand unter der mittleren Kuppel – und aus dem 15. Jh. An der Überfülle abgebildeter Personen erkennt man westlichen Einfluss. Die mittlere Kuppel ist mit der betenden Muttergottes, die westliche mit Christus als Pantokrator geschmückt. Bemerkenswert ist die Darstellung der Taufe Christi an der Südwand unter der mittleren Kuppel. Zu dessen Füßen erkennt man als bärtigen Mann die Personifizierung des Jordan, der vor Christus zurückweicht. Rechts davon sitzt eine alte Frau in einem Nachen, der von zwei Meerestieren gezogen wird. An der nördlichen Mittelwand hängt eine Doppelikone des 15. Jh.s mit Maria und der Kreuzigung.

Mo.–Sa. 8/8.30–13, 14–16/16.30 | Eintritt frei

Traditionelle Volkskunst und Wohnkultur

Das kleine Volkskundemuseum im 1799 errichteten Haus des britischen Konsuls von Westzypern, Andreas Zimboulakis, nahe der Kirche in der Leondiou Street zeigt traditionelle Wohnkultur und Volkskunst des 19. Jahrhunderts. Ausgestellt sind hauswirtschaftliche Gegenstände in einer komplett eingerichteten Küche, landwirtschaftliche Geräte, die Rekonstruktion der Seidenverarbeitung mit Spinn- und Webutensilien, ein Hochzeitsraum mit wertvollen Truhen und Handarbeiten, Töpferwaren und Trachten aus dem Distrikt Páfos.

Tgl. 8.30/9.30–16/17 Uhr | Eintritt frei

TAMASSÓS

Griechisch: Ταμασσός | **Höhe:** 150–200 m ü. d. M.

Das in den Ausläufern des Tróodos gelegene Tamassós mit seinen schier unerschöflichen Kupferminen war eines der wichtigsten Zentren der antiken Metallverarbeitung. Das unscheinbare Dorf Politikó, 20 km südwestlich von Nikosia, auf halbem Weg zum Kloster Machairás, bietet zwei Sehenswürdigkeiten: die Ausgrabungsstätte von Tamassós, eines der ältesten Stadtkönigtümer Zyperns und das Kloster des hl. Herakleidios.

Auf der Anfahrt von Nikosia entdeckt man seltsame **Tafelberge**, Zeugen des einstigen Kupferabbaus, denn das Metall brachte Tamassós Reichtum und Macht. Auch Homer erzählt in der »Odyssee«, Athena habe sich nach »Temesa« – vermutlich Tamassós – eingeschifft, um »Kupfer für blinkendes Eisen zu tauschen«.

Antikes Königreich auf Zypern

Geschichte

Die Siedlung bestand seit dem 3. Jt. v. Chr., zu Homers Zeit (8./7. Jh. v. Chr.) war das Stadtkönigtum berühmt für seine reichen **Kupfervorkommen**, die man noch bis in hellenistische Zeit ausbeutete. Zweimal wurde die Stadt zerstört und wiederaufgebaut: zu Beginn des 5. Jh.s v. Chr. während des ionischen Aufstands und nach der Vertreibung der Perser. Während ihrer Missionsreise auf Zypern im 1. Jh. n. Chr. setzten die Apostel Paulus und Barnabas den ortsansässigen **Herakleidios** (▶ S. 202) zum ersten Bischof von Tamassós ein. Im Mittelalter versank die Stadt in Bedeutungslosigkeit.

Ein spektakulärer Fund

Systematische Erforschung

Erste Untersuchungen stellte ab 1889 der deutsche Archäologe Max Ohnefalsch-Richter an, systematische Ausgrabungen begannen 1970 unter Hans-Günther Buchholz von der Universität Gießen. Im Grabungsgelände entdeckte man neben zwei stattlichen Königsgräbern, die vom Reichtum der Oberschicht zeugen, die spärlichen Relikte eines **Aphrodite-Astarte-Tempels** neben Teilen der **Befestigungsanlage** des antiken Stadtkönigtums. Wertvolle Grabbeigaben waren – wie in Zypern häufig – längst in die Hände von Grabräubern und Plünderern gefallen.

1997 gelang zyprischen Archäologen jedoch ein spektakulärer Fund: fünf große Sandsteinskulpturen aus dem 6. Jh. v. Chr., gefertigt auf der Insel nach ägyptischen Vorbildern mit archaischen Stilmerkmalen: drei **Steinlöwen** und zwei **Sphingen** (heute im Archäologischen Zypern-Museum in Nikosia; ▶ S. 169).

★★ Königsgräber

Auftraggeber aus der Oberschicht

Archaische Kammergräber

Die Größe und reiche Ausstattung der beiden erhaltenen Grabanlagen aus dem 7. Jh. lassen königliche oder aristokratische Auftraggeber vermuten. Die in Stein gemeißelten Schmuckleisten und die Dachkonstruktion weisen auf eine Nachbildung der damals üblichen Holzkonstruktionen hin.

Beide Gräber erreicht man über einen **Treppen-Dromos** (Zugang). Beim **ersten Grab** schmücken den Zugang auf beiden Seiten gemeißelte Kapitelle mit Voluten. Die Grabkammer mit dem Sarkophag betritt man durch eine mehrfach in die Wand gestufte Öffnung, die von einem Giebel bekrönt wird. Die Wände des **zweiten Grabes** werden durch schön behauene Steine gebildet. Auch hier ist der Zugang reich verziert – ähnlich wie bei Häusern oder Tempeln – mit pfeilerartigen Steinblöcken links und rechts, in die große Kapitelle mit Voluten geschnitten wurden. Im Innern erreicht man zunächst eine Vorkammer

mit Nischen. Mit ihren in Stein nachgebildeten Verriegelungen erinnern sie an Türen. Blendfenster und Friese mit Voluten- und Palmetten-Motiven verzieren zusätzlich die Kammer.
Mo.-Fr. 8.30/9.30-16/17 Uhr | 2,50 €

Kloster Ágios Irakleídios

Kloster mit schönem Garten

Anlage

Auf der anderen Seite des Dorfes Politikó steht das um 400 gegründete Kloster des hl. Herakleidios (Moní Agíou Irakleídiou; Μονή Αγίου Ηρακλειδίο), dessen heutige Gebäude, die von einem schönen **Klostergarten** umgeben sind, aus dem Jahr 1773 stammen. Seit 1962 wird der Konvent auf Initiative von Erzbischof Makarios III. wieder von Nonnen bewohnt. Von einer dreischiffigen **Basilika**, die im 9. Jh. von den Arabern zerstört wurde, sind noch Mosaikreste, Säulen und Kapitelle zu sehen. Die heutige zweischiffige Kirche entstand im 15./16. Jahrhundert.

Erster Bischof von Tamassós

Heiliger Herakleidios

Herakleidios, Sohn eines heidnischen Priesters, geleitete die missionierenden Apostel Paulus und Barnabas nach Tamassós. Unterwegs im Fluss Pediaios getauft, wurde er später zum ersten Bischof von Tamassós ernannt. Er betreute die christliche Gemeinde zusammen mit dem in der Apostelgeschichte (21,16) erwähnten **Mnason**, einem der »altbewährten Jünger Christi«, und ließ eine kleine Basilika errichten. Herakleidios werden zahlreiche Wundertaten nachgesagt, wie Auferweckung von Toten oder Bändigung des Hochwassers. In Abwesenheit des hl. Mnason musste der Heilige auf dem Marktplatz von Tamassós den Märtyrertod erleiden. Nach seinem Tod übernahm Mnason das Bischofsamt.

Fresken, Ikonen und Grabkammer

Klosterkirche

Das älteste Gebäude der heutigen **Klosteranlage** ist die kleine Kreuzkuppelkirche mit Steinsarkophagen der hll. Herakleidios und Mnason. Im südlichen Schiff entdeckte man einen alten Stützpfeiler und byzantinische Fresken des 10./11. Jahrhunderts.
Im 17./18. Jh. erlangte das Kloster Ruhm als **Schule der Ikonenmalerei**. Das im 16. Jh. entstandene nördliche Schiff besitzt eine sehenswerte Ikonostasis aus dem 17. Jh. mit den Ikonen Christi, der stillenden Gottesmutter und Johannes des Täufers. Wichtigster Schatz der Kirche ist die Schädelreliquie des hl. Herakleidios. Eine Treppe führt zur **Grabkammer** unterhalb der Apsis der Kirche, in der sich das erste Grab der beiden Heiligen befand.
Mo.-Fr. 8.30-12.30, 15.30-18, Sa., So. 6 - 18 Uhr; an gesetzlichen Feiertagen geschlossen

★ TRÓODOS-GEBIRGE

Griechisch: Τρόοδος | **Höhe:** bis 1951 m ü. d. M.

Das Tróodos-Gebirge nimmt fast ein Drittel der Insel ein und ist voller Überraschungen. Auf Besucher warten beschauliche Dörfer, byzantinische Klöster und Kirchen, herrliche Landschaft, zahlreiche Wanderwege und immer wieder beeindruckende Ausblicke.

Das grüne Herz der Insel ist Zyperns Sommerfrische mit duftendem Kiefern- und Zedernwald sowie Skidestination in den Wintermonaten. Malerische Dörfer mit urigen Tavernen bieten hervorragende landestypische Küche. Im April zieht die **Kirschblüte** Tausende Besucher an, im Oktober und November setzen die **Weinberge** bunte Farbakzente. Tiefe Täler durchfurchen die hintereinander gestaffelten Bergketten. Zum Westen hin laufen die Berge in weites Hügelland aus, das fruchtbares Wein- und Obstbaugebiet ist.

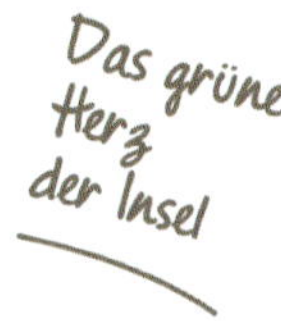

Der nördliche Teil des Gebirges, in dem es viele stillgelegte Kupferminen gibt, ist kaum besiedelt (▶ Akámas-Halbinsel, Pólis Chrysochoús, S. 61). **Hotels** findet man in den Orten Tróodos, Páno Plátres, Pródromos, Pedoulás, Kalopanayiotis, Kyperoúnta, ▶ Kakopetriá und Agrós.

Zyperns Sommerfrische

Bergdörfer

In den abgelegenen Bergdörfern geht seit Jahrzehnten die Bevölkerung zurück, weil junge Zyprer in die Städte abwandern. Doch in den heißen Sommermonaten füllen sie sich wieder mit Leben, wenn Verwandte und Freunde zu Besuch kommen und viele Zyprer ihren Urlaub – im August – in den kühleren Bergregionen verbringen. Der einzige Campingplatz beim Ort Tróodos und die Hotels sind dann überfüllt. In der ganzen Region gibt es schön angelegte, gepflegte **Picknickplätze**.

Der »Schwarzwald« Zyperns

Pflanzen und Tiere

Die Hänge sind ganz überwiegend von Aleppo-Kiefern und in höheren Lagen mit Schwarzkiefern bewachsen; daneben treten auch Zypressen, zyprische Zedern, Steineichen, Goldblatteichen (Quercus alnifolia), Pinien, Maulbeer- und Erdbeerbäume auf. Obstbäume und Weinreben wachsen bis in etwa 1200 m Höhe. Unter den hier lebenden Vogelarten findet man Grasmücken, Steinschmätzer sowie – nur noch selten – Schreiadler, Zwergadler, Schlangenadler und Gänsegeier. Bei Wanderungen sollte man in felsigen Regionen auch auf Schlangen achten, insbesondere die scheuen Levanteottern sind hochgiftig. Vereinzelt begegnet man in den abgeschiedenen Bergregionen noch dem **Mufflon**, dem Nationaltier Zyperns. In der Forststation **Stavrós tis Psókas** und bei Plataniá sind die Tiere in Freigehegen aus der Nähe zu sehen (▶ S. 120).

Besucherzentrum mit geologischem Garten

Tróodos Geopark Visitor Center

Das Tróodos Geopark Visitor Center, unterstützt von der Leventis Foundation, in der ehemaligen Asbest-Mine oberhalb des Ortsteils Páno Amiántos unterhält einen geologischen Garten, in dem die wichtigsten Gesteine des Tróodos-Massivs vorgestellt werden. Es werden auch die Abläufe in der ehemaligen Asbestmine und die antike Metallgewinnung gezeigt. Abgerundet wird die Präsentation mit einem Film über den Tróodos-Naturpark.

Alte Mine Amiántos | Di.–So. 9–16 Uhr | 3 € | www.troodos-geo.org

TRÓODOS ERLEBEN

TROODOS VISITOR CENTER OF THE TROODOS NATIONAL FOREST PARK

Zum ersten Besucherzentrum im gleichnamigen Ort gehört ein kleines Museum (1 €). Der 250 m lange **Botanical and Geological Trail** rund um das Gebäude bietet eine gute Einführung in die Attraktionen der Region.

Mo.–Fr. 9–14.30, Sa., So. bis 16 Uhr, im Winter bis 14.30 Uhr, So. geschl., an Feiertagen geschl., www.troodos-geo.org

TROODOS GEOPARK VISITOR CENTER

Ein zweites Besucherzentrum in einer ehemaligen Asbestmine mit interessanten Gesteinsausstellungen informiert über geologische Themen.

(▶ oben)

WANDERN

Im Tróodos-Gebirge gibt es mehrere ausgewiesene Wanderwege und **Naturlehrpfade**, insbesondere in der Umgebung der kleinen Orte Tróodos und Agrós.

Infos in den Besucherzentren; ▶ S. 207

RADFAHREN

Ebenso durchziehen zahlreiche **Mountainbike-Routen** die Bergregion, drei davon verbinden sich zu einer Rundfahrt um den Olymp. Die Broschüre »Tróodos Cycling Routes« erhält man in den Besucherzentren.

pdf auf: www.visitcyprus.com

CYPRUS BIRDING TOURS

Veranstalter für Touren zu den Habitaten der gerade im Tróodos-Gebirge zahlreich vertretenen heimischen Vogelarten.

www.birdingtourscyprus-bitw.com

In den kleinen Orten des Tróodos gibt es fast überall schlichte Dorftavernen mit einfacher griechisch-zyprischer Küche, auch viele der Hotels verfügen über Restaurants.

BAEDEKER ÜBERRASCHENDES

5X UNTERSCHÄTZT

Genau hinsehen, nicht daran vorbeigehen, einfach probieren!

1. APPETIT-HÄPPCHEN

Kein eigentliches Gericht, eher ein Ritual für sich ist **Mezé**, eine Auswahl von mindestens 15, oft bis zu 25 verschiedenen kleinen Gerichten (Fisch, Fleisch und Vegetarisches), die man am besten in der Gruppe zu sich nimmt: Teller und Platten werden in die Mitte gestellt, sodass jeder sich bedienen kann! (► **S. 383, 384**)

2. ZYPRISCHE KNOLLE

Wer hat sie noch nicht gekauft, die **Frühkartoffeln** aus der ersten Ernte Zyperns. Die rote Erde der **Kokkinochória** scheint buchstäblich noch daran zu kleben. (► **S. 56**)

3. BUNTE BLÜTENPRACHT

Wer mit Zypern trockenheißes Klima und ausgedörrte Landschaften verbindet, sollte die Insel unbedingt einmal im **Frühjahr** besuchen, wenn vereinzelte Regenfälle und erste Sonnenstrahlen die Landschaft buchstäblich in einen bunten Blütenteppich aus Tulpen, Gladiolen, Alpenveilchen, Schwertlilien, wildem Mohn, Zistrosen und Ginster verwandelt hat. (► **S. 20**)

4. AGRO-TOURISMUS

Um die typische Dorfarchitektur zu erhalten, wird ihre Renovierung staatlich unterstützt. Meist wohnt man mitten im Ort innerhalb alter Steinmauern, die nicht selten zu luxuriösen Apartments umgestaltet wurden. (► **S. 404**)

5. WEINE MIT PRÄDIKAT

Die Sonne bringt nicht nur deftigen Massenwein hervor, sondern durchaus auch anspruchsvolle Tropfen. Sechs vom CTO ausgewiesene **Weinstraßen** führen durch die einzelnen Weinbauregionen zu den 40 Winzern der Insel. (► **S. 379**)

LINOS INN €€

Im Restaurant des gleichnamigen Hotels speist man vorzüglich und landestypisch. Mezé werden nach Verzehr berechnet.
Palea Kakopetriá 34
Tel. 22 92 31 61
www.linosinn.com

MYLOS RESTAURANT €€

Im großen, in traditioneller Bauweise errichteten Restaurant können Sie sich die beste Forelle Zyperns (und vegetarische Gerichte) schmecken lassen. Von den oberen Stockwerken bietet sich eine herrliche Sicht auf Kakopetriá. Auch Suiten zur Übernachtung (▶The Mill Hotel).
Milos 8, Kakopetriá
Tel. 22 92 25 36
www.agrotourism.com.cy

KOILADA €

Typische zyprische Regionalküche mit feinem Mezé.
Agrou 115, Agrós, Tel. 25 52 13 03

NERAIDA €

Am Rand von Foiní liegt die sympathische Familientaverne mit guter landestypischer Küche (frische Forelle) und zyprischem Interieur.
Foiní, Tel. 24 42 16 80, 99 44 21 10

PSILO DENDRO €

Forellen-Restaurant in Páno Plátres am Ende des Naturlehrpfades zu den Kalidonia-Wasserfällen und daher beliebt bei Wanderern.
Aidonion 13, oberhalb von Plátres
Tel. 25 81 31 31
www.psilodendro.com

VILLAGE TAVERN €

Kleines Restaurant in traditionellem Ambiente mit einfacher zyprischer Küche in großen Portionen. Von der Terrasse blickt man bis zur Küste.
Arch. Makariou III 26, Páno Plátres
Tel. 96 89 25 95

CASALE PANAYIOTIS €€

Ein Teil des Dorfes Kalopanagiótis wurde im Rahmen eines Agrotourismus-Projekts zum Hoteldorf mit mehreren Restaurants.
▶ S. 88

LINOS INN €€

Wohnen im alten, unter Denkmalschutz stehenden Dorfkern von Kakopetriá, in restaurierten Dorfhäusern, die jedem modernen Komfort entsprechen. »Linos« bedeutet Weinpresse, da man in einem der Häuser eine solche entdeckte. 22 Zimmer, einige davon mit Jacuzzi, und Suiten. Empfehlenswertes Restaurant.
Palea Kakopetria 34, Kakopetriá
Tel. 22 92 31 61, www.linosinn.com

THE MILL HOTEL €€

Das Hotel in traditioneller Bauweise liegt am Platz einer alten Mühle, die zum nahen Kloster Ágios Nikólaos tis Stégis gehörte und bis 1950 in Betrieb war. 13 Zimmer und Suiten mit großartigem Ausblick, empfehlenswertes Restaurant.
Milos 8, Kakopetriá
Tel. 22 92 25 36

HOTEL RODON €

Etwas oberhalb von Agrós gelegenes Hotel mit wunderbarem Panoramablick auf die Berge. Eine gute Küche sorgt für das leibliche Wohl. Zwei Pools, Gym, Spa und Tenniscourt stehen zur Verfügung. Das Haus eignet sich hervorragend für Ausflüge ins Tróodos-Gebirge und nach Nikosia. Auf Spaziergängen ins Dorf kann man die regionalen Spezialitäten kennenlernen (Rosenwasser, eingelegte Früchte, Schinken etc.).
Agrós (östl. Tróodos-Gebirge)
Tel. 25 52 12 01
www.rodonhotel.com

Spektakuläre Blicke vom höchsten Berg der Insel

Olympos

Die höchste Erhebung des Tróodos-Massivs und der gesamten Insel ist der Olympos (1952 m), der von einer britischen Radaranlage gekrönt wird. Eine **Aussichtsplattform** bietet herrliche Rundblicke über den Gebirgszug, bei klarem Wetter kann man bis zur Küste sehen. Rund um den Olympos verlaufen mehrere markierte **Wanderwege**, jeweils als Naturlehrpfade. Östlich davon liegt **Páno Amíantos** (Πάνω Αμίαντος), wo bis vor zwei Jahrzehnten im Tagebau Asbest gefördert wurde. Als dessen krebsfördernde Wirkung weltweit zunehmend Schlagzeilen machte, wurde die Mine stillgelegt. Um die drohende Bodenerosion zu verhindern, wird diese wüstenähnliche Brache mühsam wieder aufgeforstet.

Die Zyprer nennen den Gipfel auch **Chionístra** (Schneestelle), und in der Tat liegt hier bis in den April Schnee, sodass der Olympos nicht nur ideale Wandermöglichkeiten bietet, sondern im Januar und Februar auch als schneesicher gilt. Auf seinen Hängen richtete man mit österreichischer Hilfe vier Skilifte ein und gründete eine Skischule. Neben kleinen Waldabfahrten und Buckelpisten gibt es auch zwei Langlaufloipen.

In der Einsamkeit der Berge

Klöster und Bergkirchen

Über Jahrhunderte gewährte das Gebirge Mönchen und Einsiedlern Abgeschiedenheit. So findet man hier noch zahlreiche **Klöster**, wie Kýkko, Troodítissa, Ómodos und Machairás, sowie kleine byzantinische **Scheunendachkirchen**, in ihrer Gesamtheit UNESCO-Welterbe, wie Asínou, Kalopanagiótis, Kakopetriá, Galáta, Lagouderá, Platanistása, Pedoulás und Moutoullás.

Die Einsamkeit der Berge bot auch Freiheitskämpfern der **EOKA** in den 1950er-Jahren Unterschlupf. Von den Klöstern unterstützt, führten sie den Untergrundkampf gegen die Briten.

 Wanderwege im Tróodos-Gebirge

Einblicke in die Vielfalt der Region

Wege und Naturlehrpfade

In den letzten Jahren wurden im Tróodos-Gebiet zahlreiche Wanderwege eingerichtet und gut ausgeschildert. Beim zyprischen Fremdenverkehrsamt CTO, in den Besucherzentren und im Internet gibt es Informationen zu einzelnen Routen (www.visitcyprus.com). Dennoch kann ein Kompass nicht schaden, um die Wege auch bei fehlender Markierung problemlos zu finden. Besondere Wanderungen führen ins Tal der Zedern (2 Std.) oder von Politikó zum Kloster Machairás (► S. 79; 5 Std.). Mehrere **Naturlehrpfade** (Nature trails) starten am Ort Tróodos. Sie sind mit nummerierten Tafeln versehen, die auf besondere Pflanzenarten hinweisen. Hölzerne Torbögen bilden Anfang und Ende der Pfade.

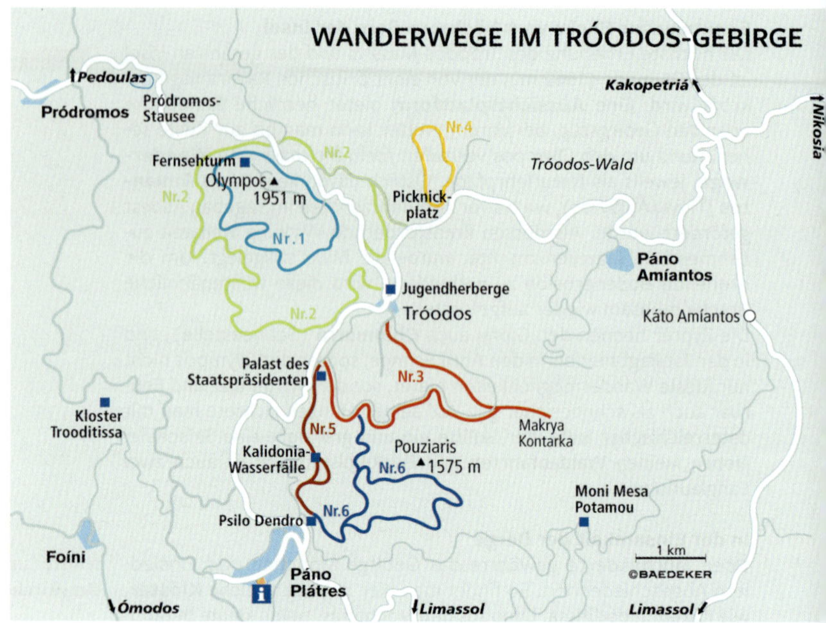

Der **Artemis-Wanderweg** (Nr. 1), eine Rundwanderung um den Olympos (Chionístra), beginnt 1,5 km nordwestlich des Ortes Tróodos an der Straße, die zum Berg hinaufführt (kurz hinter Gabelung Olympos-Pródromos), und verläuft auf etwa 1850 m Höhe (7 km; 2 Std.). Die majestätische Landschaft der Umgebung kann man von einigen Stellen weithin überblicken.

Der **Atalanti-Wanderweg** (Nr. 2) startet an einem hölzernen Tor nahe dem Postamt Tróodos (beim Kreisverkehr), führt in etwa 1700 m Höhe um den Olympos herum und bietet einen überwältigenden Panoramablick auf das Gebirgsmassiv und bis zur Küste (14 km; 4 Std.). Er führt vorbei an einer aufgelassenen Chrommine und endet zunächst nach 9 km an der Straße Tróodos–Pródromos, 4 km nordwestlich des Ortes Tróodos. Diese überquert man und folgt einem Pfad parallel zur Hauptstraße Richtung Tróodos.

50 m südlich von Tróodos beginnt der **Persephoni-Wanderweg** (Nr. 3) zum Aussichtspunkt Makria Kontarka (3 km; 1 Std.). Auch hier bieten sich schöne Ausblicke auf Täler und Dörfer bei Limassol.

Etwa 3 km nördlich von Tróodos führt der **Rundwanderweg Kampos tou Livadiou** (Nr. 4) zum gleichnamigen Picknickplatz (3 km; 1,5 Std.).

Der herrliche **Kalidonia-Wanderweg** (Nr. 5), der sich auch mit Kindern gut bewältigen lässt (3 km; 2 Std.), beginnt knapp 1 km süd-

lich des Tróodos-Platzes an der Straße Richtung Páno Plátres (beim Sommerpalast des Staatspräsidenten) und führt bergab durch das schattige Flusstal des Krýos Potamós (kalter Fluss). Benannt wurde er nach den **Kalidonia-Wasserfällen**, die für diese trockene Mittelmeerinsel einem Wunder gleichkommen. Der Weg endet oberhalb von Páno Plátres bei der Forellenfarm Psilo Dendro (Restaurant).
Von Psilo Dendro aus führt der **Psilo Dendro-Pouziáris-Rundwanderweg** (Nr. 6) zum Gipfel des Pouziáris (9 km; 3 Std.). Zwei weitere Varianten bietet die Route Nr. 6: Nach der Gipfelbesteigung kann man entweder den Weg bis zum Persephoni-Wanderweg wählen (7 km; 3 Std.), oder man folgt dem Waldweg nach Krýos Potamós zum Startpunkt des Kalidonia-Wanderwegs (9,5 km; 4 Std.).

Wohin im Tróodos-Gebirge?

Basis zur Erkundung des Gebirges

Tróodos

Etwa 40 km von Limassol und 75 km von Nikosia entfernt liegt unterhalb des Olympos der höchste Ort der Insel (1700 m), **Tróodos** (Τρόοδος), am Kreuzungspunkt wichtiger Verkehrsstraßen. Eigentlich besteht das winzige Örtchen (24 Einw.) lediglich aus einigen Restaurants, Hotel, Souvenirläden und dem westlich gelegenen **Besucherzentrum**. So ist es nicht verwunderlich, dass er in der Nebensaison wie ausgestorben wirkt. Im Sommer beleben Straßenhändler und Verkaufsbuden das Bild; Pferde können zu Ausritten gemietet werden. Mehrere Wanderpfade haben hier ihren Ausgangspunkt. Betrieb herrscht auch in der Skisaison.
Außerhalb Richtung Páno Plátres liegt die nicht öffentlich zugängliche **Sommerresidenz** des Staatspräsidenten, die 1880 der britische Gouverneur Zyperns errichten ließ. Eine Tafel verweist darauf, dass der französische Dichter Arthur Rimbaud – aus der holländischen Armee desertiert – »mit eigenen Händen« beim Bau behilflich war.

Luftkurort in Aussichtslage

Páno Plátres

Rund 7 km südlich von Tróodos stößt man auf den zweiten touristischen Gebirgsort, Páno Plátres (Πάνω Πλάτρες; 1200 m; 800 Einw.). In wunderschöner Aussichtslage inmitten eines würzig duftenden Kiefernwalds an den Südhängen des Tróodos-Gebirges bietet er einen Panoramablick bis nach Limassol und verfügt über eine gute touristische Infrastruktur. Neben Hotels aller Kategorien, Restaurants und Kafenía gibt es viele Ferienwohnungen, sogar der letzte ägyptische König Faruk besaß eine prachtvolle Villa hier.
Durch den Ort fließt der **Krýos Potamós**, der einzige Fluss Zyperns, der das ganze Jahr über (oft wenig) Wasser führt und zwei Wasserfälle bildet: oberhalb von Páno Plátres die **Kalidonia-Fälle** und unterhalb den **Mylloméri-Wasserfall** (ausgeschilderter Wanderweg).

Ort der Ruhe und Entspannung: der Mylloméri-Wasserfall unterhalb von Páno Plátres

Nördliches Tróodos-Gebirge

Besuchenswerte Orte

Zu den touristisch interessanten Orten im nördlichen Tróodos-Gebirge zählen u. a. Asínou, Galáta, Kakopetriá, Kalopanagiótis sowie das westlich mitten im Páfos-Wald liegende Kýkko-Kloster. Auf dem Weg dorthin liegen die Orte Pedoulás und Moutoulás mit ihren Scheunendachkirchen und einem großen Angebot an frischen und getrockneten Früchten.

Beliebter Wallfahrtsort

Moní Panagías Troodítissa

Knapp 10 km nördlich von Páno Plátres erhebt sich auf einer Höhe von 1300 m das Kloster Panagías Troodítissa (Μονή Παναγίας Τροοδίτισσα), leider seit einigen Jahren für Touristen nicht mehr zugänglich. Seine Gründung im 10. Jh. soll auf die Ikone der »Muttergottes vom Tróodos« zurückgehen, die einst zwei Hirten hier entdeckten. Unter türkischer Herrschaft wurde das Kloster zu einer christlichen Schule umgestaltet, heute ist es Sommersitz des Bischofs von Páfos. Die älteste Bausubstanz bildet die **Klosterkirche** (18. Jh.), die einen Vorgängerbau aus dem 13. Jh. ersetzte.

Seit Langem ist das Kloster ein beliebter Wallfahrtsort, Ziel der Verehrung ist die silberbeschlagene Hauptikone der Muttergottes in der Ikonostasis und ein wundertätiger, die Fruchtbarkeit fördernder Gürtel. Möglicherweise erhielt das Kloster deshalb den Beinamen Panagía Aphrodítissa (Muttergottes Aphrodítissa).

ALS DIE ERDE AUSEINANDERBRACH

Gegen Ende des Erdaltertums vor ca. 250 Mio. Jahren zerbrach der Urkontinent Pangäa in die beiden Großkontinente Laurasia (Nordamerika und Eurasien) und Gondwanaland (Südamerika, Afrika, Indien, Australien, Ozeanien, Antarktis). Zwischen die beiden Großkontinente schob sich das Tethys-Meer, dessen westlicher Zipfel das heutige Mittelmeer und den Persisch-Arabischen Golf formte.

Der von der Tethys überflutete Teil der Erdkruste riss infolge starker Dehnung und Zerrungen auf, Magma floss aus, erstarrte im kalten Meerwasser und breitete sich u. a. in Form von Kissenlaven auf dem Meeresboden aus – der ozeanischen Kruste. Ursprünglich reichte die Tethys vom heutigen Spanien bis nach Südostasien. Beginnend im Tertiär, vor rund 65 Mio. Jahren, näherte sich die Afrikanische Platte der Eurasischen, heute schiebt sie sich jährlich 1–2 cm darunter. Die Tethys wurde immer kleiner, ihre ozeanische Kruste in Richtung Erdinneres gedrückt. Ein **Fragment** der ozeanischen Kruste des Tethys-Meeres blieb erhalten und wurde vor etwa 25 Mio. Jahren als **Tróodos-Massiv** über den Meeresspiegel herausgehoben. 10 Mio. Jahre später erschien unweit nördlich auch das **Pentadáktylos-Gebirge** als schmale Insel. Im Flachwasser zwischen den beiden jungen Inseln lagerten sich Sedimente der heutigen Mesaoría-Ebene ab, und die Flüsse schwemmten von den Inselbergen weiteres Material in diese Niederung. Erst vor 2 Mio. Jahren wurde Mesaoría landfest.

Geologische Sensation

Seit ihrem Auftauchen aus dem Meer sind die Inselberge den abtragenden Kräften von Wasser, Wind und Wetter ausgesetzt. Inzwischen hat die Erosion im Tróodos-Massiv die aus geologisch relativ jungen Meeresablagerungen bestehenden Deckschichten weitgehend abgetragen und die geologisch viel älteren, durch vulkanische Tätigkeit gebildeten **Bruchstücke ozeanischer Kruste** mit Ophiolith (schlangenfarbenes Gestein), Kissenlava und Basaltsäulen freigelegt. Für Geologen ist das eine Sensation, da ozeanische Kruste nur an wenigen Stellen auf der Erdoberfläche zu finden ist und den Wissenschaftlern Aufschluss über die Entwicklung der Ozeane gibt!
Und der informierte Besucher erfreut sich im Tróodos-Gebirge nicht nur an den lieblichen Hügeln, den zerklüfteten Schluchten, den Mikroklimazonen, sondern er wandert im grünen Herzen der Insel auch in dem Bewusstsein, dass dies abwechslungsreiche Terrain einmal Meeresboden war.

Tour entlang …

Sogar eine Tour (2–3 Tage) bietet sich an, auf der man sich die ozeanische Kruste erwandern kann. Ausgangspunkt ist **Tróodos**. Am Ortsausgang folgt man der B9 in nordöstlicher Richtung und erreicht nach 10 km das ehemalige Berggelände bei Páno Amíantos. Folgen Sie der Ausschilderung zum **Tróodos Botanical Garden**. Dort informieren Tafeln über das Wiederaufforstungs-

projekt und die geologischen Besonderheiten der Gegend.
Auf der B9 geht es wieder zurück nach Tróodos. Im hervorragenden Visitor Center lässt sich ebenfalls einiges zu Fauna und Geologie der Gegend in Erfahrung bringen. Alternativ zum weiteren Fußmarsch bietet sich im Ort die Möglichkeit, die waldige Gegend auf **Maultierrücken** zu erkunden. Tiere und Führer warten vor dem Toilettenhäuschen im Dorf auf Kundschaft.
Über das Bergdorf **Pródromos** erreicht man **Pedoulás**, einen kleinen Ferienort mit Tavernen und Hotels. Essen und übernachten kann man auch im wenige Kilometer entfernten **Moutoullás**. Im Nachbardorf ▸ **Kalopanagiótis** folgen Sie der Ausschilderung »Ágios Ioánnis« und erreichen nach wenigen Minuten das Kloster Ágios Ioánnis Lampadistís, das Welterbe-Status genießt. In unmittelbarer Nähe finden sich **Schwefelquellen**, die frei zugänglich sind.

… der Ozeanischen Kruste

Am zweiten Tag führt die Tour über **Gerakiés** weiter zum ▸ **Kýkko-Kloster**. Ein Besuch der üppig dekorierten Klosterkirche ist ein Muss. Folgen Sie der E 912 in nördlicher Richtung und biegen Sie nach etwa 5 km links (gen Osten) in Richtung Pólis ab. Nach weiteren 2 km zweigt auf der linken Seite ein unbefestigter Waldweg ab. Die reichlich kurvige Piste führt durch das einsame, faszinierend schöne **Zederntal**. Wer die schnellere

Die fruchtbare Mesaoría-Ebene entstand aus urzeitlichen Sedimenten.

und bequemere Alternative bevorzugt, bleibt auf der Asphaltstraße. Beide Streckenvarianten führen zur idyllisch gelegenen Forststation **Stavrós tis Psókas** mit Picknickplatz, Gasthaus und Herberge. Im Forstgehege werden die selten gewordenen Bergschafe, zyprische **Mufflons**, gehalten. Auf beschilderten Wanderwegen kann man die Gegend erkunden und die umliegenden Vulkangipfel bestaunen.

Wer es gemächlicher angehen will, setzt die Tour erst am nächsten, dritten Tag fort: Von Stavrós tis Psókas braucht man knapp eine Autostunde bis zur Nordwestküste. Steuern Sie **Pólis Chrysochoús** an. Sehenswert ist das Archäologische Museum, Freiluft-Alternative die schönen Badestrände in Ortsnähe.

Sollten Sie Zeit und Lust haben, die Tour mit einem traumhaften Törn entlang der Akámas-Küste ausklingen zu lassen, fahren Sie bis **Latsí** weiter. Der kleine Hafen liegt nur wenige Kilometer östlich von Pólis. Von dort starten traditionelle Holzsegelboote zu mehrstündigen Ausflügen, die u. a. Kurs auf die mythischen **Bäder der Aphrodite** nehmen. Alternativ geht es mit dem Glasbodenboot zur Akámas-Halbinsel. Für den Hunger vor oder nach dem Törn bietet sich eine Einkehr im »**Porto Latchi**« an (▶ S. 63). Das Lokal in einer Johannisbrotscheune liegt direkt am Hafen; hier gibt es gute Fischgerichte. An Sommerabenden wird meist Live-Musik gespielt. Die gemütliche Café-Bar in der oberen Etage ist immer einen Abstecher wert.

Bergdorf mit Töpfertradition

Foiní

Vom Kloster Troodítissa erreicht man das Bergdorf Foiní (Φοινί; sprich: Finí; 900 m) in einer Talsenke 6 km westlich von Plátres in 1,5 Std. zu Fuß. Seit Jahrhunderten ist es für unglasierte Töpferwaren bekannt, doch stirbt auch hier das traditionelle Handwerk aus. Einst fertigten die Männer nach bronzezeitlichen Vorbildern 1,5–2 m hohe **Pitharia**, Aufbewahrungsgefäße für Korn, Wasser, Wein und Öl, die in den Boden jedes Hauses eingelassen wurden. Heute gibt es nur noch zwei kleine Töpferwerkstätten, doch sind in einem kleinen Museum die vielfältigen Tonwaren dieses Dorfes zu sehen: das **Pilavakio-Museum** wurde von Theophanis Pilavakis im Haus seiner Vorfahren, einer alten Töpferfamilie, gestaltet. Besonders beachtenswert ist ein großer Tontopf, der Wöchnerinnen als Sauna diente. In Foiní werden auch schöne Holzstühle mit Flechtwerk hergestellt.

Pilavakio-Museum: tgl. 9–12, 13–18 Uhr (oder im Kafeníon fragen, Tel. 25 42 15 08)

Schönster Dorfplatz der Krassochória

Ómodos

Nach Meinung von Tourismusplanern besitzt das 10 km südwestlich von Páno Plátres 850 m hoch gelegene Bergdorf Ómodos (Όμοδος; 350 Einw.) den schönsten Dorfplatz der Insel. Vieles erinnert an Griechenland: weiß gekalkte Häuser mit blauen Fensterrahmen, üppig mit Blumen bepflanzte Blechkanister, alte Männer, die im Kafeníon sitzen. Vor jedem Haus flattern auf Stuhllehnen handgefertigte Spitzen und Tücher mit filigranen Häkelkanten. Einnahmequelle wie in den anderen Dörfern des **Weinbaugebietes Krassochória** – Páklina, Plátres, Vása und Kiláni – ist nach wie vor der Wein. Freundlich bittet man die Besucher in die alten, schmalen Häuser mit ihren tief in die Erde ragenden Untergeschossen, wo im Dämmerlicht staubige Fässer stehen, einfache Weinpressen (wie im sogenannten Linós-Haus) und fast mannshohe, runde Tongefäße (Pitharia).

Das **Heiligkreuzkloster** am Ende des kopfsteingepflasterten Marktplatzes wird nicht mehr von Mönchen bewohnt. Laut Legende führten Splitter des Heiligen Kreuzes, von der hl. Helena im 4. Jh. nach Zypern gebracht wie in Stavrovoúni (► S. 134), und ein Stück des Hanfstricks Christi zu seiner Gründung. Die silberbeschlagene Kreuzesreliquie birgt die Ikonostasis. Auch besitzt das Kloster eine Schädelreliquie des Apostels Philippus – eine Schenkung, deren Echtheit Stempel vierer byzantinischer Kaiser bestätigen. Die heutigen Klosterbauten sind neueren Datums. Interessant sind die Klostertrakte mit ihren handgeschnitzten Zedernholzdecken, ein besonders schönes Beispiel besitzt der einstige Kapitelsaal.

Auf dem Klosterareal wurde ein schlichtes kleines **Museum** zum nationalen Kampf untergebracht, da die Mönche die EOKA-Untergrundbewegung unterstützten. In einem weiteren Gebäude sind die für den Ort typischen Spitzenstickereien zu sehen.

Rosenwasser, Früchte und Natur

Agrós

Das etwa 1000 Einwohner zählende Agrós (Αγρός) auf 1100 m Höhe im östlichen Tróodos-Gebirge ist einer der größten Orte der Pitsiliá-Region, berühmt für sein frisches, in ganz Zypern erhältliches Quell- und **Rosenwasser**. Die Blütenblätter der hier gezüchteten aromatischen Damaszenerrose (Rosa damascina) werden im Mai u. a. zu Rosenwasser, -öl, -seife, -brandy und -likör verarbeitet. Auch werden köstliche **Schinken** (Chioméri und Loúnza), schmackhafte Würste (Loukaniká), eingelegte Früchte (Glykó), hervorragende Marmeladen und Süßigkeiten hergestellt.

Im Zentrum neben der großen Dorfkirche birgt eine kleine, neuere Kapelle, zwei wertvolle **Ikonen** aus dem 12. Jh. (Schlüssel im Kafeníon gegenüber), die laut Volksglaube vom hl. Lukas selbst gemalt wurden, durch 40 Mönche aus Kleinasien während des Bilderstreits nach Zypern kamen und zur Gründung eines **Klosters** an diesen Ort führten. Nachdem es verfallen war, verschwanden auch die Ikonen und wurden vom heutigen Priester verschmutzt in einer Scheune wiederentdeckt.

Aus der Essenz von Damaszenerrosen entstehen duftende Produkte.

BAEDEKER WISSEN

(K)EIN ZYPRISCHES WINTER-MÄRCHEN: SKI UND RODEL GUT

Zugegeben, international bekannte Wintersportstars hat die Sonneninsel im Mittelmeer bislang noch nicht hervorgebracht. Und nur die wenigsten Urlauber werden wohl an Zypern denken, wenn ihnen der Sinn nach Ferien mit Skibrettern und Rodelschlitten steht. Tatsächlich kann das mediterrane Eiland aber mit einem veritablen Wintersportgebiet aufwarten.

Wintermärchen am Olympos

Am **Olympos** (1951 m) im Tróodos-Gebirge (► S. 207) schneit es mitunter schon im Dezember. Wirklich schneesicher sind seine Hänge von Januar bis Ende März. Skifahrer finden hier leichte, mittlere und schwierige Abfahrten mit 1–2 km langen Pisten. Vier **Lifte** bringen die Sportler zu den Startpositionen.
Die Zyprer lieben die weiße Pracht – an Wochenenden ziehen Pisten und Loipen im verschneiten Tróodos Freundescliquen und Familien aus Nikosia und den Badeorten magisch an. Wintersportler und solche, die es werden wollen, genießen das frostige Weiß: Ein Sonntag am Mount Olympos – eine Autostunde von Limassol entfernt, wo das Thermometer tagsüber auf Werte zwischen 17 und 19 °C klettert – ist für sie nicht nur unter klimatischen Gesichtspunkten eine willkommene Abwechslung.

Winterfreuden

Das **Wintersportzentrum in Tróodos** richtet alljährlich im Februar nationale Skiwettbewerbe aus. Eines Tages möchte man hier sogar einen internationalen Wettbewerb im Riesenslalom auf die Insel holen. Wer Lust hat, die Hänge des Mount Olympos herunterzubrettern, muss nicht mit voller Montur anreisen. Im Wintersportzentrum können Skier und Zubehör ausgeliehen werden. Skikurse kann man ebenfalls buchen. Zyprische und österreichische Skilehrer bringen Einsteigern die Technik für die richtigen Schwünge bei.
Auch **Schneewanderungen** haben ihren Reiz. Rund um Tróodos führen Wanderwege durch ein mediterranes Wintermärchen, mit verschneiten Aleppo-Kiefern, Goldeichen, Zedern und Platanen, und in einigen Bergdörfern locken mittelalterliche Kirchen und Klöster als Etappenziele.

Wandern auf einsamen Bergrouten

Naturlehrpfade

Rund um Agrós gibt es zahlreiche **Naturlehrpfade.** Eine empfehlenswerte Tour beginnt oberhalb des Orts am Stausee und führt zur byzantinischen Kirche von ▶ Lagouderá mit ihren zauberhaften Fresken (6 km; 2 Std.). Dort kann man sich wieder abholen lassen oder weiter über die Berge zur Kirche Stavrós tou Agiasmáti wandern (7 km; 3 Std.). Ein weiterer Naturlehrpfad, **Madarí** genannt, führt etwas westlich von Agrós über die Bergketten auf die 1612 m hohe Spitze des Adelfí und bietet einmalige Landschaftseindrücke (17 km; 4 Std.), kann aber auch nur in Teilen begangen werden. Denken Sie an gute Wanderschuhe und nehmen Sie in jedem Fall genügend Wasser mit!

Scheunendachkirche im Dörfchen Louvarás

Moní Ágios Mámas

Ebenfalls im östlichen Tróodos-Gebirge, 22 km nördlich von Limassol, liegt **Louvarás** (Λουβαράς; 720 m; 180 Einw.), eines der Winzerdörfer Zyperns, das für seinen Süßwein Commandaría bekannt ist. Am Dorfrand steht ein kleines **byzantinisches Juwel**, die 1455 erbaute, dem hl. Mamas geweihte Scheunendachkirche Moní Ágios Mámas.

Die **Wandmalereien** von 1495 stammen von Philip Goul, der auch die Fresken der Kirche Stavrós tou Agiasmáti in Platanistása schuf. Der Narthex wurde in späterer Zeit hinzugefügt. Der stark geschädigte Freskenzyklus teilt sich in drei Zonen: die beiden oberen mit kleinen, vielfigurigen Szenen, die unterste mit beinahe lebensgroßen stehenden Heiligenfiguren. Die Apsiswölbung zeigt eine Darstellung der Panagía vom Typus der **Blacherniótissa**, der zwischen Engeln stehenden Gottesmutter ohne Kind, die Hände zum Gebet erhoben.

Der **Hl. Mamas** ist Zyperns wohl ungewöhnlichster, aber auch beliebtester Heiliger, denn er wird bei Problemen mit dem Finanzamt angerufen. Seine Hauptkirche findet sich in **Mórfou/Güzelyurt** in Nordzypern und ist heute Museum.

 Stavrós tou Agiasmáti

In bukolischer Berglandschaft

Platanistása

Im östlichen Tróodos-Gebirge erstreckt sich rund 30 km südöstlich von Lagouderá das Dorf Platanistása (Πλατανιστάσα) mit einer der schönsten Bergkirchen Zyperns, Stavrós tou Agiasmáti. Sie liegt einsam am Waldrand, 5 km außerhalb des Dorfzentrums.

UNESCO-Scheunendachkirche

Kreuzesreliquien

Eingebettet in eine bukolisch wirkende Berglandschaft, liegt auf 900 m einsam das byzantinische zum UNESCO-Weltkulturerbe zählende Scheunendach-Kirchlein Stavrós tou Agiasmáti (»Stavrós«: Kreuz) aus dem 15. Jh. mit Zyperns einzigem Freskenzyklus zur Auffindung der Kreuzesreliquien durch die hl. Helena. Das bis auf eine Stützmauer heruntergezogene Dach ergibt einen Außenumgang. Inschriften über Nord- und Südtür nennen den Stifter Peter, Sohn des Peratis, und den Maler Philip Goul, der auch die Kirche des hl. Mamas in Louvarás ausmalte. An der Außenseite der Südwand übergeben die Stifter Christus ein Kirchenmodell.

Lokale Malerschule mit Renaisance-Einflüssen

Fresken-zyklus

Die Fresken im Inneren des Gotteshauses teilen die Wand des einschiffigen Kirchenraums in **zwei Zonen**: oben 30 neutestamentarische Szenen, darunter Kirchenväter und Heilige der orthodoxen Kirche, wie der einen Löwen reitende hl. Mamas und der hl. Georg.

Der Freskenzyklus beginnt an der **Südwand** bei der Ikonostasis (Elisabeth und Zacharias, Evangelisten Lukas und Matthäus, Geburt und Tempelgang Mariä, Geburt Christi, Darbringung im Tempel, Taufe, Auferweckung des Lazarus, Einzug in Jerusalem und Verklärung Christi). Interessant sind eingeschobene genrehafte Szenen wie das Melken der Schafe im Geburtsbild. Häufig auf byzantinischen Bildern zu finden ist die Personifizierung des Jordan in der Taufe Jesu: Zu Füßen Jesu leert er ein Gefäß aus.

Die **Westwand** illustriert Kreuzigung, Kreuzesabnahme, Abendmahl, Fußwaschung, Christus im Garten Gethsemane, Judaskuss und Christus vor den Hohepriestern. An der **Nordwand** folgen die Verleumdung des Petrus, Christus vor Pilatus, Verspottung, Beweinung, Ungläubiger Thomas, Himmelfahrt, Pfingstwunder, Marientod und die Evangelisten Johannes und Markus. Im »Marientod« versucht der Jude Jephonias, das Bett der Gottesmutter zu entehren, doch ein Engel schlägt ihm zuvor die Hände ab.

An der Nordwand illustrieren in einer Nische zehn Miniaturen die **Entdeckung des Hl. Kreuzes** durch die hl. Helena, Mutter Konstantins d. Gr., die sich im 4. Jh. auf der Suche danach ins Heilige Land begab: Ein gewisser Judas behauptet, den Aufbewahrungsort der Reliquien zu kennen (1), streitet dies aber später ab (2), woraufhin man ihn drei Tage in einen trockenen Brunnen sperrt (3). Seine Freilassung (4) erfolgt nach Verraten des Verstecks. Am Berg Golgatha erfährt der betende Judas (5) dank einer göttlichen Eingebung den besagten Ort. Nach Entdeckung der Reliquien (6), werden sie im Triumphzug zur hl. Helena gebracht (7). Einer sterbenden Frau gelingt es, das Kreuz Christi zu erkennen (8). Der bekehrte Judas wird Bischof von Jerusalem und entdeckt die Nägel des Kreuzes, die er der hl. Helena überbringt (12). Diese sinkt vor Ehrfurcht auf die Knie. Das innere Bogenfeld um die Nische zeigt (v. l. n. r.): Vision Konstantins d. Gr. an der Milvischen Brücke; Moses und der brennende Dornbusch; Zug der Israeliten durch das Rote Meer; triumphaler Einzug Konstantins in Rom und Verherrlichung des Hl. Kreuzes.

Die Apsis schmückt eine Muttergottes vom Typ der **Panagía Blacheriótissa**, der stehenden und betenden Maria, von Erzengeln

umgeben, mit zum Gebet erhobenen Händen ohne Kind. Darunter erkennt man Apostelkommunion und Kirchenväter.
Tel. 99 51 41 79 | sporadisch geöffnet; Schlüssel im Kafeníon

Naturlehrpfad nach Lagouderá

Wandern

Ein gut angelegter Naturlehrpfad führt von hier über die Berge nach ► Lagouderá (7 km; 3 Std.). Zu Beginn ist eine Steigung von 300 m zu bewältigen, die aber durch die einmalige Landschaft, im Frühling mit Orchideen bestanden, wieder wettgemacht wird.

Metamórfosis tou Sotíros

UNESCO-Welterbe-Kirchlein

Palaichóri

10 km südöstlich von Platanistása liegt in dem kleinen, malerischen Ort Palaichóri (Παλαιχώρι) oben am Hügel die **Kirche** der Metamórfosis tou Sotíros (Verklärung des Erlösers) aus dem frühen 16. Jh., ebenfalls eine der von der UNESCO geschützten Scheunendachkirchen im Tróodos-Gebiet. Sie ist vollständig mit Fresken ausgemalt, die eine Verwandtschaft mit jenen der Kirchen von Platanistása, Louvarás und Galáta erkennen lassen. Westlicher Einfluss bestimmt auch hier den Freskenstil. Die obere Zone der einschiffigen Kirche zeigt biblische Motive, die untere Heilige der Ostkirche.

Spätbyzantinische und westliche Stileinflüsse

Vollständiger Freskenzyklus

Der Freskenzyklus beginnt an der **Südwand**: Tod der einstigen Dirne Maria von Ägypten, die sich nach Bekehrung in die Einsamkeit zurückzog; drei Jünglinge, die mithilfe ihres Glaubens die Probe im Feuerofen bestehen; Geburt Christi, Darbringung im Tempel, Taufe; Auferweckung des Lazarus; Einzug in Jerusalem und Verklärung. In der »Taufe Jesu« entdeckt man zu Füßen Jesu Personifikationen des Jordan (als fliehender bärtiger Mann) und des Meeres (als Frau auf einem fliehenden Fisch).
An der **Westwand** in der oberen Zone: Abendmahl, Fußwaschung, Christus am Ölberg und Judaskuss. Darunter: Christus wird den Hohepriestern vorgeführt, Christus vor Pilatus, Verleumdung des Petrus und Verspottung Christi. Besonders eindrucksvoll ist der auf einem Löwen reitende Eremit **Mamas**, der von Steuerzahlung (!) befreit wurde, da sich der Statthalter davon beeindrucken ließ.
In der **Apsis**: betende Muttergottes zwischen den Erzengeln Michael und Gabriel, darunter die Apostelkommunion. Judas, ganz links im Bild, spuckt das Brot wieder aus. In der untersten Reihe die Kirchenväter.
Seitenwände: Opferung Isaaks und Gastmahl des Abraham.
Ein kleines **Byzantinisches Museum** zeigt Ikonen, Gewänder und liturgische Geräte.
Di.–Fr. 10–13 Uhr | Tel. 99 82 87 00, 97 79 08 30 | 2 €

Z
ZIELE IN NORDZYPERN

Magisch, aufregend, einfach schön

Alle Reiseziele sind alphabetisch geordnet. Sie haben die Freiheit der Reiseplanung.

Spektakuläre Höhenlage und ein weiter Blick: St. Hilarion ist neben Buffavento und Kantara eine der drei Burgen im Pentadáktylos-Gebirge aus byzantinischer und fränkischer Zeit. ►

★★ BELLAPAIS · BEYLERBEYI

Höhe: 220 m ü. d. M. | Zafer Cd.

Die Ruine der gotischen Abtei hält für Herz und Augen ein großartiges Erlebnis bereit. Anmutig, aber zugleich streng und wuchtig auf einem Felsvorsprung des Pentadáktylos-Gebirges gelegen, widersetzen sich Mauern, Bögen und gotische Schmuckelemente dem Zahn der Zeit. Vom Kloster aus schweift der Blick über die fruchtbare, heute bebaute Küstenebene.

Was die Chorherren der Prämonstratenser, geflüchtet aus dem Heiligen Land, an den Hang des Beşparmak/Pentadáktylos (»Fünf-Finger-Berge«) bauten, an den sich heute das charmant verschlafene Örtchen Bellapais schmiegt, ist einmalig und eines der beliebtesten Fotomotive Nordzyperns. Romantisch wird es am Abend auf der Terrasse des Restaurants »Kybele«, das passenderweise im ehemaligen Wirtschaftstrakt des Klosters untergebracht ist. Die beleuchteten Mauern der Abtei und der Sternenhimmel darüber sind Szenerie für ein stilvolles Dinner mit Wein.

Weiße Friedens-Abtei

Namen von Abtei und Ort

Der Name wandelte sich von »Abbey de la Paix« (Abtei des Friedens) der Lusignan zum umgangssprachlichen Bellapais. Wegen des weißen Habits der Prämonstratenser-Chorherren war das Kloster auch als »Weiße Abtei« bekannt. Als in osmanischer Zeit die Dorfbewohner von Beylerbeyi die Klosterkirche als Dorfkirche herrichteten, verehrten sie ihre Muttergottes folgerichtig als »Panagía tis Asprophórousa« (Muttergottes im weißen Gewand).

Gegründet von Mönchen aus dem Heiligen Land

Geschichte

Gegründet wurde die Abtei 1205 von Augustinermönchen, die nach der Eroberung Jerusalems durch Saladin (1187) nach Zypern flüchteten. König Hugo I. aus dem Hause Lusignan schenkte dem Kloster verschiedene Ländereien. Im 13. Jh. übernahmen es ebenfalls aus dem Heiligen Land geflohene Prämonstratenser. Unter König Hugo III. (1267–1284) entstand die heutige Klosterkirche, während die restlichen Gebäude erst im 14. Jh. errichtet wurden. Der König verlieh dem Abt besondere Privilegien: So durfte er während der Messe die Bischofsmitra und außerhalb der Klosteranlage Schwert und vergoldete Sporen tragen. Durch großzügige Schenkungen erwarb Bellapais Reichtum und großes Ansehen. Der Niedergang des Klosters begann im 16. Jh., als die einst strengen Klosterregeln zu-

Volkstanzgruppe in traditionellen Kostümen beim Auftritt in der Klosterruine

nehmend vernachlässigt wurden. Dann wurde Zypern von den Osmanen erobert, und die Mönche mussten fliehen.

»Atemberaubende Harmonie«

Klosterruine

Der englische Schriftsteller **Lawrence Durrell** (1912–1990; ► S. 418) lebte in den 1950er-Jahren einige Zeit im Ort Bellapais. In seinem Roman »Bittere Limonen« beschrieb er das Kloster: »Ich war auf etwas Schönes gefasst, denn ich wusste bereits, dass das verfallene Kloster von Bellapais eines der bezauberndsten gotischen Überbleibsel der Levante ist, aber ich war nicht auf die atemberaubende Harmonie mit dem kleinen Ort gefasst, der es an der Flanke der Berge umfasst und wiegt.«

Und über den »**Baum des Müßiggangs**« vor der Abtei: »Falls Sie hier zu arbeiten gedenken, setzen Sie sich nie unter den ›Baum des Müßiggangs‹. Sein Schatten macht den Menschen unfähig zu ernster Arbeit. Wie herrlich die Lage der Abtei (Bellapais) ist, wird einem erst klar, wenn man in den inneren Kreuzgang kommt. Durch ein wundervolles, mit marmornen Wappenschildern geziertes Tor tritt man ein und geht hinüber bis zum Rand des steilen Felsens, auf dem der Bau sich erhebt. Die Fenster des Refektoriums rahmen die Ebene unten mit ihren blühenden Hainen und ihren schwankenden Palmen ... Wir wanderten einfach in stiller nachdenklicher Freundschaft zwischen diesem schlanken Maßwerk und den hochschäftigen Säulen, zwischen den Wappenschildern vergessener Ritter und den flammenden Orangenbäumen dahin, bis wir in den Schatten des großen Refektoriums kamen, unter dessen hohem Dach die Schwalben nisteten.«

BELLAPAIS · BEYLERBEYI ERLEBEN

BELLAPAIS MUSIC FESTIVAL
Einzigartige Kulisse für Konzerte klassischer Musik (Chöre, Oper, Konzerte) im Sommer ist die malerische Klosterruine.
Mai und Juni
www.facebook.com/Bellapais-springmusicfestival

AMBELIA VILLAGE €€€
Im Restaurant der gleichnamigen Hotelanlage kocht Chefkoch Altan zyprische Speisen nach überlieferten Rezepten mit traditionellen Zutaten. Die Menüs werden frisch zubereitet, das Gemüse wird im eigenen Garten biologisch angebaut.
Tel. 8 15 36 55
www.cyprus-ambelia.com

KYBELE €€€
Einzigartige Lage innerhalb der Abtei, mit Blick auf die gotischen Ruinen. Atemberaubender Ausblick über die Küstenlinie, vor allem vom winzigen Balkon aus. Schön gestalteter orientalischer Raum.
Bellapais-Kloster
Tel. 8 15 75 31
www.kybele.biz

ABBEY BELL TOWER €€
Hier kann man nett auf dem Dach des Restaurants sitzen und am Abend die wenig entfernte, in orangefarbenes Licht getauchte Abtei bewundern. Das Restaurant ist vor allem für seine leckeren Vorspeisen (Mezeler) bekannt, die einem das Wasser im Mund zusammenlaufen lassen.
Tel. 8 82 00 11

PAŞA LAHMACUN €
Ein Lokal für türkische Pizza, einfach, schmackhaft, oft gut besucht.
Şht. Kom. Ütgm. Sonnur Cd
Tel. 8 15 75 86

BELLAPAIS GARDENS €€€
Direkt unterhalb der Abtei, nur 300 m vom Dorfzentrum entfernt. 17 komfortabel eingerichtete Wohneinheiten mit Terrasse oder Balkon verteilen sich auf mehrere Gebäude, umgeben von einem schönen Garten (Abb. ►S. 403). Im Zentrum der Anlage ein großer Swimmingpool. Mit schönem **Restaurant**, in dem nach Slow-Food-Kriterien gekocht wird.
Tel. 8 15 60 66
www.bellapaisgardens.com

GARDENS OF IRINI €€
Gemütliche, gut ausgestattete Ferienwohnungen aus privater Hand, oberhalb von Bellapais mit Blick über das Dorf. In einem abgeschlossenen Garten kann man unter Orangenbäumen träumen.
Tel. 8 15 28 20

Kirche Heilige Jungfrau vom Weißen Gewand

Klosterkirche

Nach dem üblichen Schema der Reformorden, die die Baupläne der Zisterzienser übernahmen, wurden alle Gebäude in 140 Jahren Bauzeit im rechten Winkel und in genau festgelegter Reihenfolge errichtet. Man betritt das Kloster von Westen durch die burgartige **Toranlage** und gelangt über einen quadratischen Hof in die Vorhalle (**Narthex**) der südlich gelegenen Klosterkirche »Heilige Jungfrau vom Weißen Gewand« (13. Jh.), in deren Wände Grabnischen eingelassen sind, sollte sie doch ursprünglich Grablege der Lusignan werden. Freskenreste stammen aus dem 15. Jahrhundert. Die Kirche besitzt ein breites Mittelschiff, zwei schmale Seitenschiffe und einen quadratischen Chor mit großer Ikonostasis. Eine Tür in der Nordwand führt zu einer Treppe zum zerstörten **Dormitorium**, dem Schlafsaal der Mönche, über die die Chorherren nachts zum Gottesdienst gelangten.

DINNER MIT BLICK

Ein unvergleichlicher Ausblick bietet sich vom Restaurant »**Kybele**« in Bellapais. Und am allerschönsten ist er vom winzigen Balkon (nur für Schwindelfreie!). Und nicht nur die Aussicht ist hervorragend, auch das Essen ist lecker. Und am Abend erlebt man die Abtei stimmungsvoll beleuchtet.

Stimmungsvolle Ruinen

Kreuzgang und Kapitelsaal

An die Kirche schließt sich der **Kreuzgang** mit hohen gotischen Spitzbögen und Resten schönen Flamboyant-Maßwerks aus dem 14. Jh. an. Vier große Zypressen prägen den ehemaligen Klostergarten und sind – auch aus der Ferne – ein beliebtes Fotomotiv. Östlich des Kreuzgangs lag der **Kapitelsaal**, in dem die Ordensleute ihre Versammlungen abhielten. Die Konsolen, auf denen das Kreuzrippengewölbe ruhte, zeigen noch, mit welch prachtvollem Reliefschmuck er einst verziert war. Hieran schloss nördlich ein ursprünglich tonnengewölbter Saal an, **Gemeinschaftsraum** oder Skriptorium (Schreibstube), der einzige beheizbare Raum der Anlage. Das Gewölbe darüber, der Boden des hoch aufstrebenden Dormitoriums, ist längst eingestürzt.

Speisesaal und Wirtschaftsräume

Refektorium

An der Nordseite der Klosteranlage beeindruckt der ehemalige Speisesaal mit einem vollständig erhaltenen Kreuzrippengewölbe. Mit 30 m Breite, 11 m Länge und 11,5 m Höhe ist es eines der größten Refektorien der damaligen Zeit. Vor dem Eingang wurden zwei römische Marmorsarkophage (2. Jh.) als Wasserbehälter aufgestellt. Über dem Portal gegenüber prangen die Wappen der Lusignan, die sie als

KLOSTER BELLAPAIS

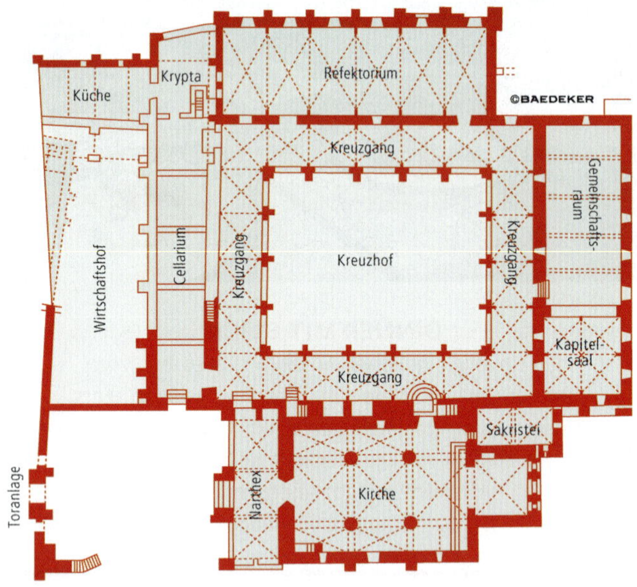

Könige von Zypern und Jerusalem ausweisen. Von der **Kanzel** an der Nordseite mit reichem Maßwerk (14. Jh.) wurde während der schweigend eingenommenen Mahlzeiten aus geistlichen Texten vorgelesen. Sechs Fenster bieten herrliche Aussicht auf ► Kyrénia/Girne. Unter dem Refektorium befand sich ein Vorratsraum. Von den im Westen gelegenen Klostergebäuden, vermutlich Küche und Wirtschaftsräume, sind nur spärliche Reste erhalten.
Tgl. 8–19 Uhr, im Winter bis 17 Uhr | 50 TL

BUFFAVENTO KALESI

Höhe: 954 m ü. d. M.

Die mittelalterliche Burgruine auf dem zweithöchsten Gipfel des Pentadáktylos-Gebirges ist zwar die am schlechtesten erhaltene seiner drei Gipfelburgen. Doch ist der Ausblick auf die Nordküste Zyperns so grandios, dass sich der nicht ganz einfache Weg dorthin wirklich lohnt.

Die seit Jahrhunderten Winden ausgesetzte Burg von Buffavento (it. »Windstoß«) liegt auf einem steilen Felshang des Pentadáktylos-/Beşparmak-Gebirges in der Nähe von ► Bellapais. Anders als ► St. Hilarion und ► Kantara ist sie stark zerstört und nur über einen steilen Aufstieg erreichbar. Doch bietet sich von hier ein **herrlicher Blick** auf die Nordküste mit ► Kyrénia/Girne, auf die Mesaoría-Ebene und die Festung St. Hilarion. Unterhalb der Festung liegt ein Militärgelände, daher ist die Zufahrt von Westen bei Militärübungen nicht möglich.

Auf steilem Felshang

Anfahrt und Aufstieg

Von Nikosia kommend (28 km), fährt man Richtung Famagusta/Gazimağusa, biegt kurz vor Demirhan links zur **Pass-Straße** Richtung Kyrénia/Girne ab und fährt bis zum Kamm hinauf. Entweder nimmt man den hier beginnenden **Wanderweg** (Start an der Taverne »Beşparmak Buffavento«; 7 km, der Weg ist gut markiert), oder man fährt weiter bis zu einem Parkplatz unterhalb der Burg (15 Min.) mit großem Olivenbaum. Weiter geht es zu Fuß den steilen Berghang über 600 Stufen hinauf bis zur Burg (20 Min.). Wie die Burgen von Kantara und St. Hilarion wurde Buffavento im 10. Jh. errichtet und später von den Lusignan befestigt. Als mittlere der drei Burganlagen hatte sie für die Weitergabe von Signalen einst große strategische Bedeutung, wurde zudem als Fluchtburg und Gefängnis benutzt. Nach Machtübernahme der Venezianer Ende 15. Jh. wurde das Kastell geschleift.

Nur schwer zu erreichen sind die Reste der Burg Buffavento. Doch die schöne Aussicht von hier oben lohnt alle Mühen.

Wichtiger Signalposten

Unter- und Oberburg

Von der Festungsanlage mit Mauerwerk aus rauem Bruchstein sind nur wenige Reste erhalten (▶ Plan S. 97). Sie bestand aus einer Unterburg, deren Fundamente noch erkennbar sind, und einer etwa 20 m höher gelegenen Oberburg. Während die Unterburg an den Felsabhang mit Blick auf die Mesaoría-Ebene angelegt ist, erhebt sich die Oberburg auf dem Berggipfel. Die unteren Gebäude dienten den Soldaten als Wohn- und Wachbereich; hier befanden sich auch Stallungen und Vorratsgebäude. Ein steiler **Treppenweg** führt hinauf zur Oberburg. Zu erkennen sind noch Überreste herrschaftlicher Gebäude, dekorative Bauelemente, eine **Zisterne** und ein Beobachtungshaus auf dem höchsten Punkt. Die Mühe des Aufstiegs wird mit einem grandiosen Rundblick über den Inselnorden belohnt.

Von Sonnenauf- bis -untergang

Rund um Buffavento

Kloster im Sperrgebiet

Ágios Ioánnis Chrysóstomos

Etwa 3 km unterhalb des Kastells liegt auf rund 570 m Höhe das berühmte Chrysóstomos-Kloster aus dem 11. Jh. mit mittelbyzantinischen Fresken. Hier soll der hl. Neóphytos als Achtzehnjähriger seine geistliche Laufbahn begonnen haben. Da das Kloster heute in militärischem Sperrgebiet liegt und als Kaserne genutzt wird, ist eine Besichtigung nicht möglich.

In einem engen Tal

Kythréa/ Değirmenlik

Die Passstraße führt 4 km südlich der Abfahrt nach Buffavento zum Städtchen Kythréa/Değirmenlik (5000 Einw.), das im 12. Jh. v. Chr. von Chytros, dem Enkel des Atheners Akamas, gegründet worden sein soll, in der Antike **Chýtroi** hieß und eines der zehn Stadtkönigtümer Zyperns war. Neben einer bronzezeitlichen Nekropole, spärlichen Resten der Akropolis und eines Aphrodite-Tempels fand man hier die berühmte Bronzestatue des römischen Kaisers **Septimius Severus**, die heute im Archäologischen Zypern-Museum in Nikosia zu sehen ist (Saal 6). Die Quelle Kefalovryso in der Nähe versorgte einst über einen 60 km langen **Aquädukt** die Stadt ▶ Salamís mit Wasser. Sie war die stärkste und einzige ganzjährig sprudelnde Quelle am Südhang des Pentadáktylos-/Beşparmak-Gebirges, bis sie Ende der 1980er-Jahre, verursacht durch Sprengungen in den nahen Steinbrüchen, fast ganz versiegte.

★★ FAMAGUSTA · GAZIMAĞUSA · AMMÓCHOSTOS

Höhe: Meereshöhe | **Einwohner:** 44 000

»Perle des Mittelalters« wird Famagusta bisweilen genannt, und wenn heute auch fast nur noch Ruinen von dieser einst glanzvollen Epoche zeugen, entfaltet das Nebeneinander von venezianischer Verteidigungstechnik, fränkischer Gotik und osmanischer Kultur innerhalb der ummauerten Altstadt eine unnachahmliche Atmosphäre, wie man sie sonst nirgends auf der Insel findet.

Perle des Mittelalters

Famagusta, türkisch Gazimağusa (Mağosa), zweitgrößte Stadt Nordzyperns, war bis 1974 bedeutendste Hafen- und Touristenstadt. Nach der Eroberung des Heiligen Landes durch die Sarazenen war sie als Knotenpunkt des Seehandels mit dem Westen reich geworden. Ein Kaufmann konnte vom Gewinn eines einzigen mit Gewürzen beladenen Schiffes eine gotische Kirche stiften. Heute erzählen noch Reste von Palästen und Kirchen von jener glanzvollen Epoche, aber auch von Niedergang und Veränderung in den folgenden Jahrhunderten.

Altstadt mit orientalischem Flair

Stadtbild

Schon der griechische Name **Ammóchostos** (»Versunken im Sand«) deutet auf die Lage der Siedlung an den Sandstränden der

Ostküste Zyperns hin. In der von einer unversehrten venezianischen **Stadtbefestigung** des 15./16. Jh.s (► S. 231) umgebenen Altstadt scheint die Zeit stehen geblieben zu sein. Zwischen Obst- und Gemüsegärten findet man viele, teils verfallene gotische Kirchen, von denen einige in Moscheen umgewandelt, andere zweckentfremdet wurden. Der mit einem Minarett versehene Turm der ehemaligen gotischen **Nikolauskathedrale** (► S. 235) ist das höchste Bauwerk. Mit ihren kleinen und schmalen Gassen, den Obstständen und Schmuckläden bietet die Altstadt im Vergleich zur Neustadt (Yeni Mağusa) entlang der Ausfallstraßen ein **orientalisch** anmutendes Bild. Das breite Warenangebot in kleinen Geschäften und Boutiquen lädt zu einem **Einkaufsbummel** ein. Seit der osmanischen Eroberung lebten die türkischen Zyprer in der Altstadt, während Griechen und Armenier in die Außenbezirke verwiesen wurden.

Ein einst florierender Ort

Varósia/ Maraş

In Varósia/Varosha (Βαρώσια; türk. Maraş), dem ehemaligen **Griechenviertel**, das bis zur Teilung Zyperns 40 000 Menschen bewohnten, konzentrierte sich einst die touristische Infrastruktur der Stadt: Hotelhochhäuser, Banken, Geschäfte, Märkte und Restaurants machten Famagusta zum Touristenzentrum im östlichen Mittelmeerraum. 1974 marschierte die türkische Armee ein und zwang die Bewohner zur Flucht. Heute bietet Varósia einen traurigen Anblick: Durch Bombenangriffe beschädigte Hotels liegen im **militärischen Sperrgebiet** und verfallen. Am 6. Oktober 2020 wurden Teile des Sperrgebiets von türkischen Behörden ohne Absprache mit den griechischen Besitzern zugänglich gemacht. Durch abgesperrte Straßen der Geisterstadt werden Bustouren angeboten, Fahrräder können zur Erkundung ausgeliehen werden und eine Besichtigung zu Fuß ist ebenfalls möglich. Eingang nahe Dr. Fazil Kütcük Stadion und Arkin Palm Beach Hotel durch ein Drehkreuz (8–20 Uhr).

Urlaubszentrum des Nordens

Touristischer Aufschwung

In den 1980er-Jahren erlebte der Fremdenverkehr in Famagusta einen ersten Aufschwung, heute ist es zweitwichtigstes touristisches Zentrum des Nordens. An den schönen **Sandstränden** nordöstlich der Stadt entstanden neue Hotels, und ein Ende dieses Baubooms ist nicht abzusehen. Der einstmals größte **Seehafen** Zyperns jedoch hat durch die Teilung der Insel und das internationale Wirtschaftsembargo gegen den türkisch besetzten Norden an Bedeutung verloren.

An der 1986 gegründeten englischsprachigen Hochschule **Eastern Mediterranean University** sind über 20 000 Studenten aus Nordzypern, der Türkei sowie nahöstlichen und afrikanischen Staaten eingeschrieben. Um die Universität herum boomt die **Neustadt** und dehnt sich immer weiter in die Ebene aus.

Gegen den Flugsand zur Inselhauptstadt

Stadtgeschichte

Im 3. Jh. v. Chr. gründete Ptolemäus II. Philadelphos südlich der antiken Stadt ► Salamís (Constantia) die Siedlung **Arsinoe**. Wegen des starken Flugsandes war sie längst aufgegeben, als im 7. Jh. n. Chr. die Bewohner Constantias vor den Arabern dorthin flohen. Das neu aufgebaute **Ammóchostos** (»Versunken im Sand«) litt jedoch weiter unter dem zerstörerischen Sand und Arabereinfällen. Erst nach Ansiedlung von **Armeniern** im 12. Jh. begann sich der Ort zu entwickeln. Unter den Lusignan erhielt er den Namen **Famagusta**.

Als 1291 mit Akkon die letzte christliche Feste im Heiligen Land an den Islam fiel, flohen Kreuzritter, Ordens- und Kaufleute nach Zypern und ließen sich in Famagusta nieder. Im Zentrum des Ost-West-Handels erlebte die Hafenstadt im 13./14. Jh. ihre **Blütezeit** als eine der reichsten Städte des Mittelmeerraums mit prächtigen Adelshäusern und 70 000 Bewohnern. Sie war Krönungsstadt der Könige von Jerusalem und soll über 365 Kirchen besessen haben. Der **Niedergang** begann 1372 mit Ausbruch des Handelskriegs zwischen Venedig und Genua. Famagusta fiel erst an die Genuesen, 1489 an die Venezianer, 1571 an die Türken. Die griechische Bevölkerung floh, durfte sich aber außerhalb der Stadt ansiedeln. Die Innenstadt blieb bis heute türkisch.

Im 19. und 20. Jh. erlebte Famagusta durch den **Seehafen** einen neuen Aufschwung und war bis 1974 Zyperns wichtigster **Badeort**. Nach schweren Kämpfen fiel sie 1974 an die türkischen Truppen und wurde in **Gazimağusa** umbenannt.

Wohin in Famagusta?

Durch das Landtor in die Altstadt

Siegesdenkmal

Von Salamís oder Nikosia kommend, passiert man kurz vor der Altstadtmauer an einem Kreisverkehr das türkische Siegesdenkmal, das an die Bürgerkriegsopfer erinnert. Die Kampf- und Fluchtszenen werden von einem Porträt Kemal Atatürks überragt. Biegt man an der nächsten Straße links ab, gelangt man durch das **Landtor** mit der Weißen oder **Ravelin-Bastion** in die Altstadt.

Venezianische Festungsmauer

Eine der mächtigsten Befestigungsanlagen des Mittelmeerraums wurde im 15. Jh. im Auftrag Venedigs nach Plänen der Architektenfamilie Sanmichele errichtet. Der bis zu 18 m hohe, 6 m starke doppelte **Mauerring** ist 3,5 km lang und mit 13 Bastionen verstärkt, der Graben dazwischen konnte einst mit Meerwasser geflutet werden. Zwei Tore, das **Seetor** zum Hafen hin (► S. 235) und das **Landtor** (türk. Akkule) im Südwesten, bildeten die einzigen Stadteingänge. Beide Tore, die man besteigen kann, bieten einen fantastischen Überblick über die einzelnen Stadtteile. Die Engländer brachen später für den

Straßenverkehr weitere Öffnungen in das Mauerwerk. Die nach einem venezianischen Kommandeur benannte **Martinengo-Bastion** im Nordwesten, um 1550 vollendet, wurde 2017, vorbildlich renoviert, wieder zugänglich gemacht. Mit bis zu 6 m dicken Mauern ist sie die mächtigste Bastion der Stadtbefestigung und sollte die Stadtbewohner gegen Angriffe von der Landseite her schützen. Zwei große unterirdische Hallen boten etwa 2000 Menschen Zuflucht oder dienten als Munitionslager.

Gleich daneben steht seit Jahrhunderten die **Armenische Kirche** St. Anna, die im Rahmen des UNDP-Programmes (Entwicklungsprogramm der Vereinten Nationen) renoviert wird.

FAMAGUSTA · GAZIMAĞUSA ERLEBEN

NORTH CYPRUS TOURISM ORGANISATION (NCTO)

Auf der Innenseite des Landtors (Ravelin-Bastion) erhält man kostenlose Altstadtkarten.
8–17 Uhr, Tel. 3 66 28 64 und 3 66 06 36

FAMAGUSTA WALLED CITY

Internetseite mit informativen und engagierten Informationen.
www.magusasurici.com

Im Sommer treffen sich während des **Famagusta International Festival** populäre Interpreten verschiedenster Musiksparten – Klassik, Jazz, Rock, Reggae oder Hip-Hop. Spielorte: Othello-Turm und Theater von Sálamis.
Ende Juni bis Mitte Juli
www.visitncy.com

1 CYPRUS HOUSE €€€

Das Restaurant nur 300 m vom Landtor entfernt in der Neustadt zählt zu den renommiertesten Lokalen der Region und hat sich auf einheimische Gerichte spezialisiert. Das Ambiente ist einem zyprischen Haus aus den 1930er-Jahren nachempfunden.
Polat Paşa Bulvarı, Tel. 8 50 25 35

2 ASPAVA RESTAURANT €€

Zentral gelegenes Restaurant mit netter Terrasse, nur wenige Schritte von der Lala-Mustafa-Pascha-Moschee entfernt. Traditionelle zyprische Küche mit Mezé und Kebap.
Liman Yolu 19, Tel. 3 66 60 37

3 GINKO RESTAURANT €€

Nette Atmosphäre in einem Lokal in der ehemaligen Medrese (Religionsschule) direkt neben der Lala-Mustafa-Pascha-Moschee. Regionale Fisch- und Fleischspezialitäten sind ebenso einen Versuch wert wie die hausgemachten Burger.
Liman Yolu 1
Tel. 8 50 25 35

4 PETEK PASTAHANESI €

Petek, am Ende der Liman Yolu direkt gegenüber dem Seetor, ist über die Stadtgrenzen hinaus für seine Patisserie bekannt. Es eignet sich gut für eine Kaffeepause mit Sandwich oder einem erfrischenden Getränk. Nirgends in Nordzypern findet man eine bessere Auswahl an Lokum (eine Art Fruchtgelee). Schön sitzt man auf der Dachterrasse!
Yeşildeniz Sok. 1
Tel. 3 66 71 04
www.petekpastahanesi.com/en

1 ARKIN PALM BEACH €€€€

2 km außerhalb der Altstadt direkt neben der »Geisterstadt« Varosia an einem feinsandigen Strand; mit Tennisplätzen und Wassersportangebot.
Deve Limani, Tel. 3 66 20 00
www.arkinpalmbeach.com

2 GUESTHOUSE FAMAGUSTA €€

Direkt in der Altstadt werden Häuser für Feriengäste angeboten. Man kann 1 Zimmer mieten (2 Pers.) oder ein ganzes Haus (bis 4 Pers.).
Tel. 8 61 81 91
www.guesthousefamagusta.com

Aus der Nikolauskathedrale wurde die Lala-Mustafa-Pascha-Moschee.

Othello-Turm

Schauplatz des Shakespeare-Dramas?
Der 2016 renovierte Othello-Turm (Othello Kalesi) im Nordosten mit befestigten Rundtürmen an jeder Ecke gehörte zu einer Zitadelle, die die Stadt zur Seeseite hin verstärkte. Ein marmorner Markuslöwe bewacht den Eingang, eine Inschrift unter dem Wappen nennt als Baujahr 1492 und den Bauherrn Nicolo Foscarini. Im Innenhof sind Reste eines gotischen Viereckturms und eine große Halle der Lusignan-Zeit erhalten. Vom **Wehrgang** aus bietet sich ein herrlicher Blick auf Hafen und Altstadt. Da Shakespeares »Othello« an einem Seehafen Zyperns spielt, gilt die Zitadelle als Schauplatz seines Dramas. Vielleicht war Christoforo Moro, venezianischer Vizegouverneur von Famagusta, Vorbild seines »Mohren« von Venedig. Allerdings war Shakespeare nie selbst in Zypern, sondern wurde von einer Novelle des Venezianers Giraldo Cinzio angeregt.

Tgl. 8–16.15 Uhr | 50 TRY

Befestigungen an der Hafenseite

Seetor, Canbulat-Bastion

Wenige Schritte südöstlich des Othello-Turms stößt man auf das **Seetor**, einen der elegantesten Teile der Festungsanlage, errichtet 1496 unter dem venezianischen Statthalter Nicola Prioli. Auch von dem heute geschlossenen Tor blickt ein geflügelter Markuslöwe als Wahrzeichen Venedigs in Richtung Hafen. Von der Plattform darüber bietet sich einen schönen **Ausblick** auf Hafen und Altstadt.

Die **Canbulat-Bastion** an der südöstlichen Ecke beherbergt heute ein kleines Museum und das **Grab** des türkischen Offiziers Beyi Canbulat (Djambulat). Dieser hatte sich um 1570 während der Belagerung Famagustas mit seinem Pferd in ein Messerrad gestürzt, mit dem die Venezianer den Eingang zur Bastion versperrten. Durch seinen Heldentod wurde das Instrument blockiert, der Weg in die Festung frei. Das **Museum** zeigt Keramikfunde aus der Bronzezeit, volkskundliche Exponate und Waffen des 17.–19. Jahrhunderts. Auf dem **Soldatenfriedhof** gegenüber der Bastion liegen türkische Soldaten, die während der Eroberung Famagustas 1570 ums Leben kamen.

Canbulat-Bastion: tgl. 8–16.15 Uhr | 30 TRY

Einer der ältesten gotischen Bauten

St. Georg der Lateiner

Die Ruine der kleinen Kirche St. Georg der Lateiner gegenüber dem Othello-Turm stammt aus dem späten 13. Jh. und gehört zu den frühesten gotischen Bauten Famagustas. Mit ihrer kunstvollen Ausarbeitung erinnert sie an die Kirche Ste-Chapelle in Paris.

Gotische Dominante der Stadtsilhouette

Nikolauskathedrale/ Lala-Mustafa-Pascha-Moschee

Die ehemalige Nikolauskathedrale, heute Lala-Mustafa-Pascha-Moschee, einer der besterhaltenen gotischen Kirchenbauten der Insel, beherrscht Stadtzentrum und -silhouette. Entworfen 1298 von Balduin Lambert, wurde sie 1326 zusammen mit der Sophienkathedrale in Nikosia (▶ S. 269) geweiht, überstrahlt jedoch ihre Schwesterkirche. Beide Kathedralen dienten als **Krönungskirchen** der Lusignan als Könige von Zypern (Nikosia) und des eroberten Jerusalem (Famagusta). Die letzte Königin Caterina Cornaro (▶ S. 358) unterzeichnete hier ihre Abdankung zugunsten der Republik Venedig, ihr Ehemann Jakob II. liegt hier begraben. Nach Umwandlung in eine Moschee im 16. Jh. entfernte man gemäß islamischer Tradition alle figürlichen Darstellungen (Figuren, Fresken, Glasmalereien) und setzte auf den Nordturm ein kleines **Minarett**.

Die **Fassade**, ein Meisterstück der Gotik, ist bis zum dritten Turmgeschoss erhalten. Die Dreiportalzone wird von Giebeln bekrönt, die über das Horizontalgesims des oberen Geschosses hinausragen. Die Felder der mit Krabben besetzten Giebel sind mit feinem Maßwerk verziert. Das zweite Geschoss zeigt neben zwei Blendfenstern ein großes gotisches Maßwerkfenster mit imposanter Rosette. Die nur rudimentär erhaltenen Turmgeschosse sind durch mit Giebeln be-

Die nach Mekka ausgerichtete Gebetsnische (Mihrab) in der Kathedrale

krönte Spitzbogenfenster gegliedert. Große Strebepfeiler stützen die Langhauswände. Zwei kleine polygonale Treppentürmchen stehen links und rechts der Fassade, durch sie ist die dem zweiten Geschoss vorgelagerte **Königsgalerie** erreichbar. Hier zeigten sich die Könige nach ihrer Krönung dem Volk.

Der **Innenraum** der dreischiffigen, fünfjochigen Basilika ist 55 × 23 m groß. Die Arkadenbögen ruhen auf schweren Säulen, die Obergadenzone ist durch große gotische Maßwerkfenster aufgelockert. Der Kirchenraum wurde mit Teppichen ausgelegt, mit **Mihrab** (Gebetsnische) und **Minbar** (Kanzel) versehen, die Wände weiß getüncht. Das Langhaus schließt direkt an die polygonale Apsis an. Die Chorfenster sind mit Maßwerk verziert und von außen mit Giebeln geschmückt. In der Apsis des nördlichen Seitenschiffes (heute Frauenbereich der Moschee) findet man im Boden eine mittelalterliche Grabplatte mit Darstellung eines Bischofs mit Mitra und Hirtenstab. In der Inschrift findet man den Namen Leonegarius de Nabinalis.

Auf dem Platz vor der Kirche wächst eine ca. 700 Jahre alte **Sykomore** (Ficus sycomorus). Der Maulbeerfeigenbaum aus Nordafrika wurde wohl zur Einweihung gepflanzt. Im Süden wird der Domplatz von Resten einer venezianischen **Loggia** (16. Jh.) begrenzt. Der **Reinigungsbrunnen** (öffentliches WC) liegt im nördlichen Bereich des Moschee-Hofes.

Tgl. 8–19 Uhr (während der wechselnden Gebetszeiten geschlossen)

Ruinen des venezianischen Gouverneurspalasts

Palazzo del Provveditore

Der im 13. Jh. entstandene Palast der Lusignan, von dem Reste erhalten sind, diente nach Umbau als Sitz des venezianischen Gouverneurs. Aus dieser Zeit stammt das monumentale **Renaissanceportal**, hinter dem das ursprünglich gotische Portal erhalten ist. Die Portalzone weist Rustikamauerwerk auf; drei Bögen öffnen sich zum Palastinnern. Vier dorische **Granitsäulen** aus dem antiken ▶ Salamís sind den Portalen vorgelagert. Über dem mittleren Rundbogen erkennt man das Wappen des Gouverneurs Giovanni Renier von 1552.

Türkischer Autor und Reformer

Namık-Kemal-Museum

Gleich hinter dem Portal informiert ein kleines Museum über den türkischen Nationaldichter Namık Kemal (▶ S. 364), Wegbereiter der jungtürkischen Bewegung und der Reformen Atatürks. Er wurde von 1873 bis 1876 »ehrenvoll verbannt« nach Zypern, da er sich gegen den Sultan aufgelehnt hatte. Nach ihm ist der **Platz** vor der Kathedrale benannt, den eine große Büste des Dichters schmückt.

Tgl. 8–16.15 Uhr | 30 TRY

Sakralbau mit profaner Nutzung

St. Peter und Paul/Sinan Pascha-Moschee

Die gut erhaltene frühgotische Kirche St. Peter und Paul wurde im 14. Jh. von dem reichen Kaufmann Simone Nostrano gestiftet. Auf großen Säulen ruhen Arkadenbögen, die sich in niedrigen, gedrungenen Spitzbögen zu den schmalen Seitenschiffen hin öffnen. Das fünfjochige Langhaus endet direkt an der Apsis, zwei kleine Seitenapsiden bilden den Abschluss der Seitenschiffe. Der nicht zugängliche Bau wurde nach der Eroberung 1571 in die Sinan-Pascha-Moschee umgewandelt, später diente er als Kartoffel- und Getreidespeicher.

Eines von wenigen osmanischen Baudenkmälern

Franziskanerkirche und Cafer-Pascha-Hamamı

Nördlich des Palazzo del Provveditore stößt man auf die Mauerreste der gotischen Franziskanerkirche, errichtet im 13. Jh. unter dem Lusignan-König Henri II. Gleich daneben steht das Cafer-Pascha-Hamam (Cafer Paşa Hamamı), eines der wenigen osmanischen Baudenkmäler der Stadt. Das ehemalige Bad entstand 1601 im Auftrag des türkischen Herrschers Cafer Pascha, dem die Stadt auch den Bau eines Aquäduktes verdankt, das einst Wasser nach Famagusta leitet. Am **Namık-Kemal-Platz** erinnert ein Brunnen an Cafer Pascha.

Architektonisches Kuriosum

Templer- und Johanniter-Kirche

Etwas nördlich, in der Kisla Sokak, stößt man auf ein Kuriosum: die **Zwillingskirchen** der Templer und Johanniter (Templar ve Hospitalier Kilisesi). Die beiden Gotteshäuser stehen nur etwa 3 m voneinander entfernt. Die nördliche Templer-Kirche stammt vom Ende des 13. Jh.s und war dem hl. Antonius geweiht. Die kleinere, aber etwas höhere Kirche der Johanniter wurde nur wenige Jahrzehnte später errichtet.

Nestorianische Kirche

Ágios Geórgios Exorinós

Die Nestorianerkirche wurde 1359 von einem der reichsten Kaufleute Zyperns erbaut. Kurz danach setzte man dem einschiffigen Bau zwei Seitentrakte mit zwei Jochen hinzu, die in kleinen Apsiskapellen enden. In türkischer Zeit diente die Kirche als Kamelstall, Anfang des 20. Jh.s wurde sie von orthodoxen Christen übernommen und dem hl. Geórgios Exorinós (gr. »der Verbannte«) geweiht. Freskenreste und Inschriften weisen auf die frühen nestorianischen Besitzer hin. Heute wird hier an jedem ersten Sonntag im Monat von Christen das Abendmahl gefeiert.

Kirchenruine der Griechisch-Orthodoxen

Ágios Geórgios der Griechen

Die Kirchenruine Ágios Geórgios der Griechen südlich der Kathedrale war in der zweiten Hälfte des 14. Jh.s in Konkurrenz zu dieser für die griechisch-orthodoxe Gemeinde Famagustas erbaut worden. Baudekor und Spitzbögen zeigen gotischen Einfluss, die ehemalige Überkuppelung des Langhauses weist auf byzantinische Vorbilder. In der Apsis des Chores sind Freskenreste erkennbar. Große Teile der Kirche wurden während des osmanischen Angriffs 1570 zerstört.

Weitere Reste orthodoxer Kirchen

Ágios Nikólaos und Agía Zóni

Südöstlich davon liegen inmitten von Gärten Reste zweier weiterer orthodoxer Kirchen: die zweischiffige Kirche Ágios Nikólaos aus dem 15. Jh. und die gut erhaltene byzantinische Kreuzkuppelkirche Agía Zóni (Heiliger Gürtel der Maria) aus dem 14. Jh.

★ KANTARA KALESI

Höhe: 690 m ü. d. M.

Wie ein einsamer Wächter erhebt sich die im 10. Jh. errichtete Festungsanlage fast 700 m über die Küstenebene am Eingang zur Karpas-Halbinsel. Die Anfahrt über eine abenteuerliche Bergstraße wird belohnt durch einen grandiosen Ausblick.

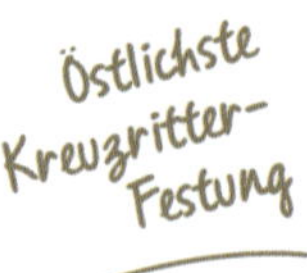

Kantara (arab. »Brücke, Bogen«) ist die östlichste der drei Kreuzritter-Festungen des Pentadáktylos-/Beşparmak-Gebirges (▶ St. Hilarion, ▶ Buffavento, Kantara), die man im Mittelalter zum Schutz der Insel errichtet hatte. Man erreicht sie von Kyrénia aus entlang der Küste nach 70 km, von Nikosia nach 87 km, Famagusta liegt etwa 40 km entfernt. Von der Bergspitze bietet sich ein herrlicher **Panorama-Blick**: die lang gestreckte ▶ Karpas-Halbinsel im Osten, im Norden bei guter Sicht das türkische Festland und im Süden die Sandstrände von

► Famagusta. Von diesem strategisch wichtigen Posten aus konnte man früh ankommende Schiffe orten und mit Hilfe von Signalen die westlich gelegenen Festungen Buffavento und St. Hilarion sowie die städtischen Festungen von ► Kyrénia und ► Nikosia alarmieren.

Beobachtungsposten gegen Invasoren

Geschichte

Vermutlich gab es hier zu Zeiten der Byzantiner bereits einen befestigten Beobachtungsposten. Kantara war die letzte Burg, die Isaak Komnenos, selbst ernannter Kaiser Zyperns, gegen Richard Löwenherz (► Baedeker Wissen, S. 96) verteidigen konnte. Die Familie Lusignan ließ Kantara zur großen Festung **Le Candaire** ausbauen, die mehrmals Schauplatz von Kämpfen mit Eindringlingen wurde. Auf dem Weg ins Heilige Land mit dem 5. Kreuzzug landete Friedrich II. auf Zypern und beanspruchte die Insel. Der Lusignan-König Henri I. trat zwar zurück, doch der örtliche Adel erhob sich gegen die Gefolgsleute des Kaisers, die sich auf die Burgen zurückzogen. 1232 zwangen die Feudalherren Zyperns ihre Gegner zur Aufgabe. Ende des 14. Jh.s war die Burg erneut Stützpunkt der Lusignan während der Auseinandersetzungen mit den Genuesen. Nachdem die Venezianer im 16. Jh. die Mauern der Burg geschleift hatten, begann ihr kontinuierlicher Verfall.

Zweiteilige Burganlage

Rundgang

Über zahlreiche Stufen erreicht man den von zwei Türmen gerahmten Burgeingang. Zwei Rundbastionen sicherten den **Zwinger**. Das erhaltene Mauerwerk stammt vorwiegend aus dem 14. Jh. Die Hauptfront der Burg wird von zwei Türmen flankiert. Dahinter liegt die Oberburg, die man durch den rechten Turm erreicht. Hier befinden sich verschiedene Räume, eine Zisterne und auf dem höchsten Punkt ein großer **Wachturm**, in dessen unterem Geschoss ein schönes Fenster mit Maßwerk erhalten blieb. Im Süden schützt eine hufeisenförmige Turmanlage mit Notausgang die Burganlage.

Tgl. 8–16.15 Uhr
50 TRY

★★ KARPAS-HALBINSEL

Länge: ca. 80 km | **Breite:** bis ca. 15 km

Die lang gestreckte Halbinsel im Nordosten der Insel ist ein ganz besonderes Juwel. Hier gibt es kaum Massentourismus, dafür kleine, urtümlich wirkende Dörfer, lange, unberührte Sandstrände, Dünenlandschaften und eine reiche Flora. Wer Ruhe liebt, auf geschichtsträchtigem Boden wandeln möchte und sich auf den langsameren Rhythmus ihrer Bewohner einstellt, wird diese abgeschiedene Region zweifellos ins Herz schließen.

Landschaftliches Kleinod

Wo der Apostel Andreas Wasser zu seiner Rettung fand, ist bis heute fruchtbares Ackerland, das die Bauern mit Zäunen vor hungrigen, verwilderten Eseln zu schützen versuchen. Das Pentadáktylos-Gebirge läuft hier in einer Kette von Hügeln aus, zwischen denen sich kleine Hochebenen erstrecken. Von Nikosia aus erreicht man den äußersten Zipfel, das **Kap Apostolos Andreas** (► S. 245), nach 145 km, von Famagusta/Gazimağusa sind es 115 km. Die 80 km lange, bis zu 15 km breite Halbinsel ist ein landschaftliches Kleinod.

Kaum zu glauben, dass die Karpas-Halbinsel in byzantinischer Zeit noch dicht besiedelt war, wie Ruinen frühchristlicher Kirchen bezeugen. Erst nach wiederholten Einfällen der Araber wurde die Gegend verlassen.

Nach der **türkischen Invasion**, wurden die meisten griechischen Zyprer aus ihren angestammten Dörfern vertrieben. Ein paar Hundert von ihnen durften bleiben. Heute leben noch rund 250 Zyperngriechen auf der dünn besiedelten Landzunge, die meisten in Rizokárpaso/Dipkarpaz (► S. 244). Bis Ende der 1980er-Jahre war die Halbinsel militärisches Sperrgebiet und blieb deshalb vom Tourismus weitgehend verschont.

Zyperns erstes Ökodorf

Büyükkonuk/ Komi Kebír

2006 ging hier ein mit 1,8 Mio. € gefördertes Pilotprojekt an den Start: **Kómi Kebír/Büyükkonuk**, Zyperns erstes Ökodorf. Die 800 Einwohner der kleinen Siedlung haben sich einem nachhaltigen Lebensstil verschrieben, verfallene Landhäuser restauriert und eine alte Ölmühle wieder in Betrieb genommen. Mit Fremdenzimmern in ländlicher Umgebung und Angeboten wie Wandern, Esel-Trekking und einem kleinen Markt möchte man in Büyükkonuk Tourismus in sanfte, umweltverträgliche Bahnen lenken.

Informationen: www.ecotourismcyprus.com

KARPAS-HALBINSEL ERLEBEN

TOURISTENINFORMATION
Informationen zur Umgebung. Hier wird Englisch gesprochen.
In Yenierenköy, tgl. 9/10–15/18 Uhr

Im Ökodorf **Kómi Kebír/ Büyükkonuk** gibt es sonntags einen kleinen bunten **Ökomarkt** (auf dem Plastiktüten streng verboten sind!). Dort kann man Käse, Honig und Öl, aber auch traditionelles Handwerk, Stickereien, Web- und Holzarbeiten kaufen.
Tel. 3 83 20 36
www.ecotourismcyprus.com

LEFKARA-SPITZEN
Im kleinen Dorf **Çayırova**/Ágios Theódoros, 11 km nordöstlich von Boğaz, wurde von türkischen Flüchtlingen aus Léfkara ein Zentrum für Studium und Herstellung der traditionsreichen Léfkara-Spitze eingerichtet. Die filigranen, in Heimarbeit hergestellten Arbeiten werden dort von einer Handwerkskooperative verkauft.

MANOLYAM RESTORAN €€
Traditionelle türkisch-zyprische Küche.
Anavatan Sk., Dipkarpaz (Richtung Ághios Phílon), neben Karpaz Arch Houses, Tel. 3 72 22 09

NITOVIKLA GARDEN HOTEL & RESTAURANT €€
Auch Einheimische schätzen die Küche des Hauses; vor allem sonntags, wenn es saftig-zarten Lammbraten aus dem Steinofen gibt, ist das Restaurant oft bis auf den letzten Platz besetzt. Mezé werden an allen Tagen serviert.
Kumyali/Kóma Tou Gialoú
Tel. 3 75 59 80, www.nitovikla.com

OASIS €€
Schön gelegenes kleines Restaurant neben der Kirchenruine mit zauberhaftem Blick auf Meer und Bucht. Zyprische Küche mit Grillgerichten und Fisch; einfache **Zimmer** (€).
Ágios Phílon, Tel. 8 56 50 82
www.oasishotelkarpas.com

GLARO GARDEN €€
Geräumige, einfach eingerichtete Bungalows in schönem Garten mit allem, was man braucht. Sehr gutes Frühstück, familiär.
Dipkarpaz, Tel. 8 81 01 61
http://glarogarden.com

KARPAZ ARCH HOUSES €€
Ensemble mehrerer Häuser im Stil einer Karawanserei. Einfache Zimmer, teils mit kleiner Veranda. Nur Frühstück.
Anavatan Sk, Dipkarpaz (Richtung Ágios Phílon), Tel. 3 72 20 09
https://karpaz-arch-houses.business.site

AŞUT GUESTHOUSE €
Schlichte, angenehme Unterkunft am Rand von Büyükkonuk in ruhiger Umgebung. Gäste können sich in traditionellem Handwerk unterweisen lassen oder bei der Olivenöl-Herstellung assistieren.
Büyükkonuk, Tel. 3 83 20 36
www.ecotourismcyprus.com

BLUE SEA HOTEL €
Einsam an einer kleinen Hafenbucht gelegenes Hotel-**Restaurant** mit einfachen Zimmern. Der Hotelbesitzer sorgt für frischen Fisch.
5 km östlich von Dipkarpaz
Tel. 8 35 06 65, www.northcyprus.net/blue-sea-hotel.html

Wohin auf der Karpas-Halbinsel?

Fresken und Ikonen

Tríkomo/ İskele

Das Dorf İskele/Trikomo ist Geburtsort des EOKA-Führers Georgios Grivas (▶ S. 361). Im Dorfzentrum steht die kleine, mit einigen Porzellanfliesen geschmückte Kirche Ágios Jákovos (12. Jh.). Interessanter ist die Hauptkirche der Seligen Jungfrau **Panagía Theotókos** (12. Jh.) am westlichen Dorfrand mit gut erhaltenen Fresken aus der Entstehungszeit, stilistisch vergleichbar mit jenen der Panagía Forviótissa von ▶ Asínou. Sie zeigen u. a. Szenen aus dem Marienleben. Die Kirche dient heute als **Ikonenmuseum** (İskele İkon Müzesi). Das 2018 eröffnete **Archäologische Museum Iskele** zeigt Artefakte aus allen Epochen der zyprischen Besiedlungsgeschichte.

Ikonenmuseum: tgl. 8–14.30/16.15 Uhr | 30 TRY
Archäologisches Museum: tgl. 8–14.30/16.15 Uhr | 30 TRY

Verlassene Kirche auf dem Acker

Livádia/ Sazlıköy

Von **Çayırova**/Ágios Theódoros führt eine schmale Straße zum 3 km entfernten Sazlıköy/Livadia. Dort steht mitten auf einem Acker die verlassene Kirche der **Panagía tis Kyrás** (12./13. Jh.), deren Apsis einst mit einem frühchristlichen Mosaik der Muttergottes geschmückt war. Über viele Jahre wurden Mosaiksteinchen von den Dorfbewohnern als Wundermittel gegen Haut- und Blutkrankheiten herausgebrochen, die Reste des Mosaiks nach 1974 von Kunsträubern abgeschlagen.

Geplündertes Kirchenkleinod mit Freskenresten

Lythránkomi/ Boltaşlı

Von der Hauptstraße biegt man bei Ziyamet nach Boltaşlı/Lythránkomi ab, dessen Kirche **Panagía Kanakariá** zu einem Kloster gehörte. Die dreischiffige Kuppelkirche entstand im 12. Jh. auf Resten einer frühchristlichen Säulenbasilika (6. Jh.). Schwer beschädigte Reste von Fresken aus dem 15./16. Jh. sind erhalten. Die Apsis des frühchristlichen Vorgängerbaus war mit einem Mosaik geschmückt, das nach 1974 gestohlen wurde. 1989 tauchte es in Indianapolis (USA) wieder auf. Eine amerikanische Kunsthändlerin hatte es für 1,2 Mio. Dollar vom türkischen Hehler Aydın Dikmen erworben und dem Getty-Museum in Kalifornien für 20 Mio. Dollar zum Kauf angeboten. Als die zyprische Kirche davon erfuhr, forderte sie es zurück. Einige der inzwischen restaurierten Mosaiken sind im Ikonenmuseum im Südteil von Nikosías zu sehen (▶ S. 166). Südlich der Kirche fanden sich Ruinen der Klostergebäude, der Glockenturm wurde erst 1888 errichtet.

Hundert Felskammergräber

Galinóporni/ Kaleburnu

Von hier führt eine Nebenstrecke nach **Kaleburnu**/Galinóporni, ein seit Jahrhunderten zyperntürkisches Dorf. In **Felskammergräbern** aus dem 5. Jh. v. Chr. sind rund hundert kleinere und größere Kammern miteinander verbunden. Die größte ist 22 m lang.

Basilikaruine mit schönem Mosaikboden

Agía Triás/ Sipahi

Auf enger, kurvenreicher, doch landschaftlich beeindruckender Strecke geht es weiter nach **Sipahi**, das man aber auch bequem von der Hauptstraße aus erreicht. Hier lebt trotz der politischen Entwicklung noch immer eine kleine griechische Gemeinschaft. Am Ortsende erstrecken sich die Ausgrabungen der Kirche **Agía Triás** (Heilige Dreifaltigkeit). Zu erkennen sind Fundamente einer dreischiffigen Basilika (5. Jh.) mit einzelnen Säulen und Basen. Der gut erhaltene **Mosaikfußboden** zeigt farbenfrohe geometrische, stark stilisierte Pflanzen- und Blumenmuster sowie (als Pilgermotiv) Darstellungen von Sandalen. Zwei Inschriften nennen Pilger und Geldspender für die Ausstattung. Neben weiteren Gebäuderesten fand man eine kleine **Taufkirche** mit frühchristlichem Becken (Piscina) für die orthodoxe Ganzkörper-Taufe.

Tgl. 8–16.15 Uhr | 30 TRY

BAEDEKER MAGISCHE MOMENTE

LANGOHREN IN DER MACCHIA

Ein Schrecken für die Bauern und ein kurioser Anblick für Besucher sind die **wild lebenden Esel** auf der Karpas-Halbinsel. In der einsamen, ursprünglichen Landschaft fanden sie ihr Zuhause und tauchen oft unvermittelt in kleinen Gruppen auf. Da sie an Menschen gewöhnt sind, kommen die hübschen dunkelbraunen Tiere oft ohne Scheu herangelaufen, wenn man anhält, und stecken neugierig (in der Hoffnung auf Futter) den Kopf durchs Fenster.

Zweitgrößter Ort der Halbinsel

Aigialoúsa/ Yenierenköy

Nur einen Katzensprung ist es von hier in die Kleinstadt Yenierenköy/ Aigialoúsa, auf einem Plateau in der fruchtbaren Küstenebene gelegen, in der bis heute Johannisbrot und Oliven angebaut werden. Der **kommunale Strand** (Halk Plaj) lädt zum Baden ein, ebenso der Malibou-Strand (3 km Richtung Dipkarpaz) mit **Fischerhafen**. Hier kann man auf schattiger Terrasse recht schön essen.
Weiter auf der Hauptstraße, stößt man auf die Kirche **Ágios Thýrsos**. Die schlichte kleine Kapelle, die majestätisch über dem Meer thront, ist das einstige Grab des hl. Thyrsos. Sie birgt in einer Felsspalte eine Quelle, der heilkräftige Wirkung zugeschrieben wird. Großartig ist die Aussicht vom kleinen Pier dahinter. **Einsame Sandstrände** mit Dünen locken auf dem weiteren Weg zur Erkundung.

Hauptort mit griechischer Enklave

Rizokárpaso/ Dipkarpaz

Dipkarpaz/Rizokárpaso (Ριζοκάρπασο), Hauptort der Halbinsel (2000 Einw.), war im 13. Jh. orthodoxer Bischofssitz und ist heute eine der wenigen griechischen Enklaven in Nordzypern. Die später zur Kirche umgebaute einstige Kathedrale **Ágios Synésios** dient der hier lebenden Gemeinde als Gotteshaus. Die Bevölkerung verfügt über Grund und Boden und schickt ihre Kinder in die griechischsprachige Grundschule, finanziert von der Republik Zypern. Weiterführende Schulen für Zyperngriechen allerdings gibt es nur im Südteil der Insel.

Kirchenruine an der Nordküste

Ágios Phílon

4 km nördlich von Dipkarpaz liegt einsam an der Küste die von Palmen umgebene Kirchenruine Ágios Phílon, die im 9. Jh. Opfer von Arabereinfällen wurde. Sie steht auf den Resten einer frühchristlichen Basilika. Zusammen mit der 8 km östlich gelegenen **Afendriká**, auf deren Grundmauern im 10. Jh. neuere Kirchen errichtet wurden, erinnert sie an die verschwundene antike Hafenstadt **Karpasia**.
Die Kirche **Ágios Phílon** ist mit ihren behauenen Steinen sowie profilierten Fenster- und Türrahmen ein hervorragendes Beispiel für die kunstvolle Ausschmückung byzantinischer Kirchen des 10. Jahrhunderts. Die dreischiffige Anlage besitzt Narthex und Atrium. Im Süden schließen sich ein Baptisterium, Zisterne und Taufbecken an.

Durch Hügellandschaft zum Andreas-Kloster

Moní Apóstolou Andréa

Der Weg zur Inselspitze führt durch Getreidefelder, die sich mit dicht bewachsenen Hügeln abwechseln. Zwischen den Johannisbrot- und Ölbäumen, Zypressen und Myrtenbüschen leben halbwilde Esel – ein Paradies für Ornithologen und Pflanzenfreunde. Idyllische Ruhe findet man in mehreren **Strandbuchten** und Dünenlandschaften wie dem einzigartigen, von Meeresschildkröten zur Eiablage genutzten **Golden Beach** (► Baedeker Wissen, S. 246). Markierte **Wanderwege** erschließen die einsame Landschaft mit Macchia-Gebüsch.

Einsame Strände wie der Golden Beach locken zum Baden auf der Halbinsel.

Etwa 25 km nordöstlich von Dipkarpaz liegt das **Andreas-Kloster**, wichtiges Pilgerziel orthodoxer Gläubiger. Nach einer Legende rettete der Apostel Andreas, als er entlang der zyprischen Küste segelte, den vor Durst erblindeten Schiffskapitän, indem er ihm eine Quelle am Kap Apostolos Andreas wies. Aus Dankbarkeit stiftete dieser eine wertvolle Ikone, die zur Klostergründung führte. Andreas wurde zum Schutzheiligen der Seefahrer. Die Klosterbauten stammen aus dem 19. und 20. Jahrhundert.

Die von Griechen betreute **Kirche** ist seit Öffnung der Trennungslinie vor allem an Wochenenden Ziel Gläubiger aus dem Inselsüden. An Festtagen wie dem 15. August (Mariä Himmelfahrt) und dem Andreas-Tag (30. Nov.) liest der Priester von Dipkarpaz hier die Messe. Das gefährlich vernachlässigte Gebäudeensemble wurde in letzter Minute ab 2014 durch eine umfassende, teilweise von der UNO finanzierte Restaurierung gerettet. Unterhalb des Klosters am Meer steht eine kleine gotische Kapelle mit quadratischem Grundriss aus dem 15. Jh. über der Quelle des hl. Andreas.

Zur östlichen Spitze Zyperns

Nach weiteren 5 km gelangt man auf einem schlechtem Feldweg zum **Kap Apostolos Andreas** (Zafer Burnu), wo Reste der neolithischen **Siedlung** Kastros entdeckt wurden. Zafer Burnu

MEERESSCHILDKRÖTEN: EINE BEDROHTE ART

Einige Strände Zyperns gehören zu den wenigen Plätzen am Mittelmeer, auf denen die vom Aussterben bedrohten Meeresschildkröten im Sommer ihre Eier ablegen.

Wie die Suppenschildkröte, die wegen ihres grünen Panzers eigentlich **Grüne Meeresschildkröte** (Chelonia mydas) heißt, steht auch die **Unechte Karettschildkröte** (Caretta caretta) auf der Liste der vom Aussterben bedrohten Tierarten. Im Mittelmeer gibt es schätzungsweise noch 500 bis 1000 geschlechtsreife Weibchen der Suppen- und etwa 1000 Karettschildkröten. Alljährlich schleppen sich zwischen Mitte Juni und Mitte August die bis zu 250 kg schweren Weibchen an Land, um nachts ihre Eier abzulegen: in der Lára-Bucht (► S. 68) auf der Akámas-Halbinsel im Westen Südzyperns sowie in den Buchten östlich von Kyrénia und an den Stränden der Karpas-Halbinsel im Norden der Insel (Golden Beach; ► S. 244).

Geheimnisvolles Leben

Die seit 200 Mio. Jahren existierenden Meeresschildkröten geben der Wissenschaft Rätsel auf. Über ihr Leben ist so gut wie nichts bekannt, auch über ihre Wanderungen und ihren Orientierungssinn weiß man kaum Bescheid. Wo »treiben« sich die Tiere, die sich von Krebsen, Muscheln, Seesternen, Seeigeln und Quallen ernähren, herum? Wie bestimmen sie ihre jeweilige Position im Meer? Und wie finden sie an den Ort ihrer Geburt zurück? Denn die Weibchen legen ihre Eier fast ausschließlich dort ab, wo sie selbst geschlüpft sind. Offenbar verfügen die Tiere über einen **inneren Kompass** und orientieren sich am Magnetfeld der Erde.

Auf dem Weg ins Wasser ist diese frisch geschlüpfte kleine Meeresschildkröte.

Faszinierende Lebewesen

Nur über das »Landleben« der Meerestiere weiß man gut Bescheid, doch es ist nur von kurzer Dauer und betrifft lediglich die Weibchen. Die Männchen, als Jungtiere einmal ins Wasser eingetaucht, verlassen ihr Lebenselement nie mehr. Der Ausflug der Weibchen in die ungewohnten Gefilde auf dem Trockenen dient dem Zweck der **Eiablage**. Alle zwei bis drei Jahre nähern sich die faszinierenden Kreaturen ihrem Geburtsort, um dort am frühen Abend nach einem geeigneten Platz dafür zu suchen. Findet ein Weibchen, nachdem es sich mit äußerster Kraftanstrengung den Strand hinaufgewuchtet hat, einen Nistplatz, gräbt es mit großer Mühe eine bis zu 1 m tiefe **Eikammer**. In diese legt es 75–130 tischtennisballgroße Eier. Anschließend schaufelt es das Loch wieder zu und stampft den Sand darüber mit Hilfe des Bauchpanzers fest. Damit endet die Fürsorge der Mütter für ihre Nachkommen. Sie kehren ins nasse Element zurück, wo schon die Männchen darauf warten, sich mit ihnen erneut zu paaren. Nicht selten werden im Abstand von 10 Tagen noch einmal Eier abgelegt.

Der **temperierte Sand** übernimmt etwa sieben Wochen lang das Ausbrüten der jungen Panzertiere. Aus rund 90 % der Eier schlüpfen kleine Schildkröten. Eine enorme Zahl, doch schon auf dem Weg zum Wasser und im Wasser selbst, das die Frischgeschlüpften aufsuchen, drohen den Winzlingen große Gefahren von Vögeln, Füchsen und Geisterkrebsen bzw. Raubfischen und anderen Räubern des Meeres. Von tausend Jungen überleben bis zum fortpflanzungsfähigen Alter (nach ca. 15 Jahren) nur zwei bis sechs Tiere – gerade genug, um die Population zu erhalten.

Die größte Gefahr ...

... droht den Meeresschildkröten von den Menschen. Sie sind für die Verschmutzung des Meers verantwortlich und verwandelten lange Küstenabschnitte in Badestrände. Viele Schildkrötenweibchen schaffen es gar nicht erst bis an den Strand: Etliche werden schon vor dem Landgang von den Schrauben von Motorbooten getötet oder verletzt.

Auch an Land ist ihre Nachkommenschaft Gefahren ausgesetzt. Manche Muttertiere kehren, irritiert vom **Lärm** der Menschen oder vom **Licht** der Hotels, noch vor der Eiablage wieder ins Meer zurück.

Gefährdet sind auch im Sand vergrabenen **Eier**. In den Boden gestoßene Sonnenschirme zerstören die Nester, von Fahrzeugen verfestigte Böden machen das Schlüpfen der Jungtiere unmöglich, Sandburgen können den Winzlingen den Zugang zum Wasser versperren, und die hellen Lichter menschlicher Behausungen locken die Kleinen, die nachts schlüpfen und sich am Lichtschimmer über dem Meer orientieren, landeinwärts, wo sie elend zugrunde gehen.

Um den beiden an zyprischen Gestaden strandenden Meeresschildkrötenarten eine unbehinderte Fortpflanzung zu ermöglichen, wurden in Süd- und Nordzypern jeweils eine ganze Reihe von **Schutzmaßnahmen** ergriffen. Vor allem wird streng darauf geachtet, dass die von den Meerestieren aufgesuchten Strände in der Zeit der Eiablage bis zum Schlüpfen der Jungtiere nicht von Menschen heimgesucht werden.

Weitere Informationen auf der Homepage der **Society for Protection of Turtles** in North Cyprus (SPOT): www.cyprusturtles.org.

★ KYRÉNIA · GIRNE

Höhe: 0–30 m ü. d. M. | **Einwohner:** 46 000

Das »Mini St. Tropez« liegt gegenüber der Festlandsküste zwischen dem steil aufragenden Fünf-Finger-Gebirge und dem blauen Meer. Für viele ist Kyrénia der schönste Hafen Zyperns, und wenn das Abendlicht die schlanke Spitze der Moschee, den weiß aufragenden Kirchturm und die massiven Mauern der Festung in ein zartes Orange hüllt, könnte die Stimmung romantischer kaum sein.

Naturhafen

Um das Hafenbecken reihen sich mehrstöckige Häuser, in denen bis vor hundert Jahren die Früchte des **Johannisbrotbaums** gelagert wurden. Bei Gefahr konnte man früher die Hafeneinfahrt mit einer Kette sperren, befestigt zwischen einem mittelalterlichen Türmchen und jener Stelle, an der heute das Zollhaus steht. Direkt hinter der Hafenpromenade bildet das Minarett der 1580 erbauten Cafer-Pascha-Moschee einen Blickfang im pittoresken Stadtpanorama.

Romantische Altstadt und moderner Hafen

Stadtbild

An der **Hafenpromenade** warten Straßencafés und Restaurants, bunte Lämpchen schaukeln in den Takelagen der Boote. Zwischen ehemaligen Lagerhäusern gelangt man in die Altstadt mit ihren stattlichen Häusern und engen Gassen. Längst ist Kyrénia nicht mehr das verschlafene Städtchen. Das Bevölkerungswachstum und ein rasanter Bauboom nach der Teilung haben die Stadt verändert. Hinter der Burg liegt ein moderner Hafen für in die Türkei pendelnde Fährschiffe und Frachtboote. In der Umgebung entstanden **Touristenburgen**, große Hotelkomplexe mit Casinobetrieb. In der Stadt gibt es keinen Sandstrand, doch die Hotels ließen Sandbuchten aufschütten.

Eines der Stadtkönigtümer Zyperns

Geschichte

Wohl von achäischen Einwanderern im 10. Jh. v. Chr. gegründet und eines der Stadtkönigtümer Zyperns, geriet Kyrénia 312 v. Chr. unter die Herrschaft des mächtigen ► Salamís. Aus römischer Zeit sind noch die alten **Wellenbrecher** vor der Stadt erhalten. Durch Arabereinfälle wiederholt gefährdet, errichteten die Byzantiner schon im 7. Jh. eine **Zitadelle** an der Hafeneinfahrt, die sie im 10. Jh. befestigten. Während der osmanischen Herrschaft verfiel die Stadt zunehmend.

Unter britischer Verwaltung entstand 1906 das erste Hotel. Nach Gründung der modernen Türkei und Vertreibungen der Griechen von der kleinasiatischen Küste in den 1920er-Jahren brach der Handel mit dem türkischen Festland zusammen. Wichtigster Wirtschaftsfaktor ist der **Tourismus** – obwohl seit der Teilung Zyperns der Handel mit der Türkei wieder zugenommen hat.

Wohin in Kyrénia?

Kastell · Girne Kalesi

Größte und besterhaltene Festung Zyperns

Die ursprünglich von den **Byzantinern** errichtete Burg wurde im 13. Jh. von den **Lusignan** mit Nord- und Ostflügel erweitert und im 15. Jh. von den **Venezianern** mit Türmen verstärkt. Da sich Kyrénia den Osmanen 1570 kampflos ergab, blieb die Burg unversehrt. Während der britischen Kolonialherrschaft diente sie als Gefängnis.

Den Eingang an der Westmauer erreicht man über eine Steinbrücke, die einst einen **Wassergraben** überspannte. Die annähernd quadratische Burganlage wird von vier großen Ecktürmen flankiert. Im In-

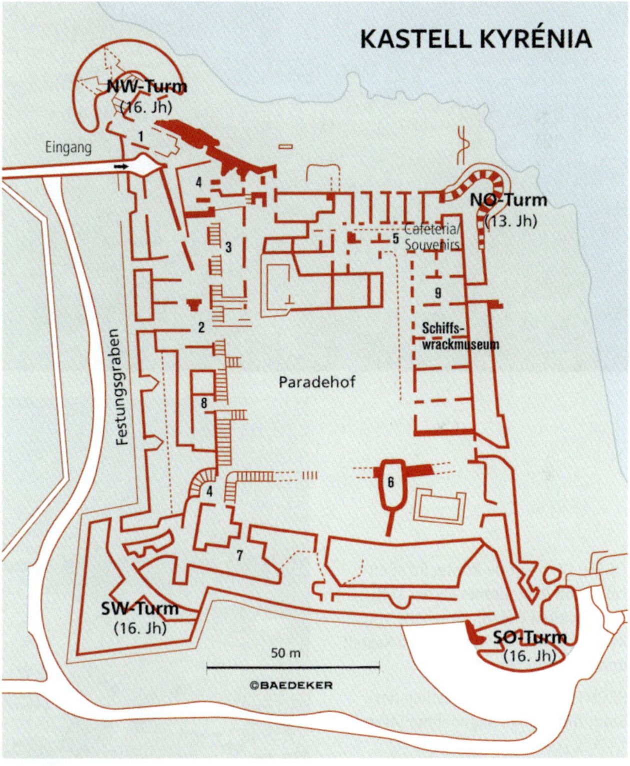

KASTELL KYRÉNIA

NW-Turm (16. Jh)
Eingang
NO-Turm (13. Jh)
Cafeteria/Souvenirs
Schiffswrackmuseum
Paradehof
Festungsgraben
SW-Turm (16. Jh)
SO-Turm (16. Jh)
50 m
©BAEDEKER

1 Byzantinische Kapelle
2 Fränkische Wachstube
3 Fränkischer Raum (ältester fränkischer Bauteil)
4 Byzantinische Ecktürme
5 Fränkische Wohngemächer
6 Reste eines byzantinischen hufeisenförmigen Turmes
7 Vorhof
8 Kerker
9 Archäologieausstellung

OBEN: Dümpelnde Boote, Straßencafés und Restaurants an der stimmungsvollen Hafenpromenade von Kyrénia/Girne, im Hintergrund Kastell und Pentadáktylos-Gebirge

RECHTS: Östlich und westlich der Stadt findet man angenehme Strände.

nern sind Reste des byzantinischen Vorgängerbaus mit kleineren Rundtürmen sichtbar. Auch die **Byzantinische Kapelle** Ágios Geórgios aus dem 12. Jh. blieb im Mauerwerk erhalten. Dahinter öffnet sich eine große Rundbastion der Venezianer. Aus fränkischer Zeit stammt die **Wachstube** im Westtrakt mit dem Grab des Sadik Pascha, der als Kommandeur der osmanischen Flotte 1570 umkam.

Von den größtenteils fränkischen Wällen hat man Blick auf den Hafen und die Berge. Von der Südmauer blickt man auf den **Paradehof**, an dessen Südostecke noch Reste eines byzantinischen Turms zu erkennen sind. Im **Innenhof** laden Tische und Bänke unter Bäumen zu einer Rast. Im Westteil der Verteidigungsanlage zeigen tief in den Fels gegrabene mittelalterliche **Kerkeranlagen** mit nachgestellten Folterszenen, wie es einst den Gefangenen ergangen sein mag. Von den darüber liegenden königlichen **Wohngemächern** blieben nur wenige Spuren wie Reste einer Loggia erhalten. Vom Hof aus gelangt man auch in den unteren Teil des **Südostturmes**, hier verdeutlichen Zeichnungen, Texte und lebensgroße Figuren vor Geschützen die venezianischen Verteidigungsanstrengungen. Ganz andere Verteidigungsanlagen repräsentiert der **Nordostturm**, stammt er doch aus dem Anfang des 13. Jh.s, als Feuerwaffen noch unbekannt waren. Auf zwei Ebenen dokumentieren hier lebensgroße Krieger die wehrtechnische Entwicklung vom römischen Söldner bis zum britischen Soldaten.

Tgl. 8–16/17 Uhr | 50 TRY (einschl. Museen)

Antikes Segelschiff und neolithische Grabfunde

Schiffswrackmuseum

Im 1976 eröffneten Schiffswrackmuseum im Ostteil der Festung wird das Wrack eines um 300 v. Chr. gesunkenen Frachtschiffs und dessen Ladung ausgestellt. Am 20. November 1965 entdeckte ein einheimischer Schwammtaucher das Wrack vor der Küste. Ein bis dahin einmaliger Fund. Fotos dokumentieren die Arbeit US-amerikanischer Archäologen während der Bergung im Jahr 1968.

Etwa 1,5 km vor der Küste lag das Wrack in 33 m Tiefe. Das 14 m lange Segelschiff wurde hauptsächlich aus Holz der Aleppo-Kiefer gebaut und mit verschiedenen Hölzern mehrfach repariert. Wahrscheinlich war es damals schon das, was heute »Seelenverkäufer« genannt würde. Die Planken waren mit Kupfernägeln befestigt. An Bord waren über 400 auf Samos, Kos und Rhodos hergestellte Amphoren. Zudem fanden Archäologen 29 Mühlsteine als Ballast und mit über 9000 Mandeln gefüllte Säcke. Vier Holzlöffel und Tassen belegen, dass die Mannschaft wohl aus lediglich vier Seeleuten bestand. Von der Besatzung fehlt jede Spur.

Anfang der 1980er-Jahre begannen Archäologen aus Texas mit einem originalgetreuen **Nachbau**, 1986 segelte die »Kyrénia II« die Küste entlang. Ein weiterer Nachbau, die »Kyrénia Liberty«, segelte 2004 zu den Olympischen Spielen nach Piräus. Das Schiff ist auf den zyprischen 10-, 20- und 50-Cent-Münzen abgebildet.

Gleich daneben, in einem kleinen **Museum der Grabfunde**, verdeutlicht eine Ausstellung mit detailgetreuen Nachbildungen antiker Fundstätten den archäologischen Reichtum Nordzyperns. Neben einem bronzezeitlichen Grab mit Originalobjekten ist der neolithische Fundort Ágios Epíktitos Vrýsi nahe Kyrénia mit Alltagsszenen nachgebildet.

Ikonen in der ehemaligen Michaelskirche

Archángelos-Kirche

Wenige Meter westlich des Hafens erhebt sich auf einem kleinen Felsplateau die 1860 errichtete **Archángelos Michael** mit ihrem weißen Glockenturm, einst Hauptkirche der griechisch-orthodoxen Gemeinde dieser Stadt. Heute birgt sie ein **Ikonenmuseum** mit geweihten Tafelbildern aus Kirchen und Kapellen Kyrénias und Umgebung.

Canbulat Sk. | Mo.–Mi., Fr., Sa. 8–14.30/16.15 Uhr | 30 TRY

Moderne Kunst in den Art Rooms

Kunstausstellungen

Ein interessanter Kunstraum ist im The House der Hotelgruppe Arkin entstanden. In modern gestaltetem Ambiente werden wechselnde Ausstellungen international bekannter Künstler präsentiert.

Ecevit Caddesi | Mo. - Sa. 13.30–20.30 Uhr

Rodin auf Zypern

Arkin Rodin Collection

27 Werke des französischen Künstlers Auguste Rodin werden in der privaten Sammlung von Erbil Arkin gezeigt. Es handelt sich um die größte Rodin-Sammlung im östlichen Mittelmeerraum.

Ecevit Caddesi | www.arkinrodincollection.com
tgl. 10–19 Uhr

Rund um Kyrénia

Koptisch-armenische Klosterruine

Sourp Magar

Folgt man der Küstenstraße nach Osten und biegt kurz vor Esentepe rechts ab, gelangt man nach 35 km zu dem stark verfallenen armenischen Kloster Sourp Magar. Das im 12. Jh. von koptischen Christen gegründete Kloster ist dem Eremiten Makarios von Alexandria (4. Jh.) geweiht und wurde vor 1425 den Armeniern übergeben.

Acht-Stützen-Kuppelkirche – Ort der Raubkunst

Antiphonítis-Kloster

Biegt man bei Esentepe Richtung Süden ab, gelangt man nach 5 km auf kurviger Bergstraße zum wunderschön gelegenen orthodoxen Antiphonítis-Kloster (12. Jh.). Eine architektonische Besonderheit weist die **Kirche** auf, die als einziger erhaltener Sakralbau dieses Typus auf acht Stützen ruht. Reste von Wandmalereien (darunter der Pantokrator in der Kuppel) zeugen davon, dass die Kirche einst völlig mit **Fresken** ausgemalt war. Ein Großteil wurde 1974 von Kunsträubern von den Wänden entfernt und fand sich in München wieder. Heute sind

KYRÉNIA · GIRNE ERLEBEN

GIRNE TURIZM BILGI OFISI
Im alten Zollhaus, westl. Hafenrand
Tel. 8 15 21 45

KALEIDOSKOP TURIZM
Bewährter Veranstalter für Ausflüge zu hist. Stätten, landschaftlichen Highlights und botanischen Schätzen. Führungen auch auf Deutsch.
Vakiflar Carisi Kat2 No.10/11
Tel. 8 15 18 18
www.zypernreisen.com

Sandstrände findet man am **Kervansaray-/Gülers-Strand** (5 km westl.) oder am **Escape-Strand** (8 km westl.), am **Acapulco-Hotel-Strand** (11 km östl.) sowie am **Alagadi-Strand** (20 km östl.). Die Strände westlich von Kyrénia/Girne erreicht man bequem mit öffentlichen Bussen.

AMPHORA DIVING CENTER
Tauchfahrten zu mehr als 20 Tauchspots östl. und westl. von Kyrénia – z. B. zum Fundort des im Kastell ausgestellten antiken **Schiffswracks**. PADI-Tauchkurse und Schnupper-Tauchgänge für Anfänger.
Kervansaray Beach, Tel. 8 51 49 24
www.amphoradiving.com

1 CANLI BALIK €€€
Spezialisiert auf frischen Fisch.
Alter Hafen, Tel. 815 11 23

2 NIAZI'S €€€
Seit 1949 inselweit bekannte Qualität.
Kordonboyu, gegenüber dem Hotel Dome, Tel. 8 15 21 60
www.niazis.com

3 EFENDI €€€
Im alten türkischen Viertel südlich der Post wird in schöner Umgebung gehobene internationale Küche serviert.
Namil Paşa Sk. 11, Tel. 8 67 96 77

4 SET FISH €€€
Das alteingesessenes Fischrestaurant direkt am alten Hafen bietet eine breite Palette an Fischgerichten und Meeresfrüchten.
Alter Hafen, Tel. 8 15 23 36

5 EZIÇ PEANUTS €€
Modernes Restaurant mit gutem Essen und herrlichem Blick aufs Meer.
Karakız Sk. 26, Tel. 4 44 88 88
www.ezic.com.tr

6 ÖZ PADIŞAH €
Gutes traditionelles zyprisches Essen zu annehmbaren Preisen. Spezialisiert auf Gerichte aus dem Lehmofen.
Cengizhanlı Sk. 21, Tel. 8 88 48 68

1 THE COLONY €€€€
5-Sterne-Luxus und Kolonialambiente in der Altstadt von Kyrénia, nur 5 Min. zu Fuß vom alten Hafen. Vornehme und edle Ausstattung, vor allem die Dachterrasse mit Restaurant und Swimmingpool ist einzigartig.
Ecevit Cd., Tel. 6 50 06 50
www.thecolonycyprus.com

2 ROCKS HOTEL & CASINO €€€
Sehr gut ausgestattetes Hotel im Zentrum. Gutes Frühstücksbuffet, hervorragende Küche. Zum Hotel gehören ein großer Swimmingpool auf der anderen Straßenseite und ein Casino.
Kordonboyu Cd. 102
Tel. 850 4 74 43 63
www.rockshotel.com

❸ DOME €€
Traditionshotel ca. 300 m westl. des alten Hafens. Modern ausgestattete Zimmer mit Balkon. Badeplattform auf einer Landzunge mit Treppe ins Meer, Swimmingpool. Sehr schön sitzt man auf der Terrasse mit Meerblick.
Kordonboyu Cd., Tel. 8 15 24 53
www.hoteldome.com

❹ TOPSET €€
Bei Stammgästen beliebtes Mittelklassehotel am Meer in einem schönen Garten mit Palmen und Blumen um den Poolbereich. Die über 50 Zimmer verteilen sich auf drei zweigeschossige Bungalows mit Balkon oder Terrasse. Terrassenrestaurant am Meer.
Karaoğlanoğlu, 5 km westl.
Tel. 8 22 22 04
www.topsethotel.com

❺ WHITE PEARL €€
Kleines, familiengeführtes Haus direkt am alten Hafen. Balkons und Dachterrasse bieten einen fantastischen Blick auf Fischerboote, Jachten und das tiefblaue Meer.
Alter Hafen, Tel. 8 15 04 30
www.whitepearlhotel.com

❻ THE PORT OF KYRENIA €€
Ein nettes modernes Hotel in einer Nebenstraße in zentraler Lage. Die Zimmer sind geschmackvoll, hell und freundlich eingerichtet. Das Frühstück sorgt für einen guten Start in den Tag.
Canbulat Sokak 5

❼ NOSTALGIA HOTEL €
Das im traditionellen Stil renovierte Altstadthotel ist eine Oase. Ein kleiner Swimmingpool im netten Innenhof gewährt Abkühlung an heißen Tagen. Restaurant mit Terrasse, kleines Café.
Cafer Paşa Sk. 22
Tel. 8 15 30 79
www.nostalgiaboutiquehotel.com

❶ Canlı Balık
❷ Niazi's
❸ Efendi
❹ Set Fish
❺ Eziç Peanuts
❻ Öz Padişah

❶ The Colony
❷ Rocks Hotel & Casino
❸ Dome
❹ Topset
❺ White Pearl
❻ The Port of Kyrenia
❼ Nostalgia Hotel

sie in Teilstücken im Ikonenmuseum in Nikosia ausgestellt (▶ S. 167). Alternativ kann man die Strecke von **Esentepe** aus durch einen schönen Wald mit Pinien und Erdbeerbäumen auch zu Fuß zurücklegen (1,5 Std.). Am ehemaligen Kloster betreibt der Wärter ein kleines Café.
Tgl. 9–16 Uhr | 30 TRY

Weißes Bergdorf aus der Retorte

Karaman/ Kármi

Westlich von Kyrénia/Girne führt eine kurvenreiche Bergstraße zum 300 m hoch gelegenen Dorf. Vor 1974 hatten hier Briten Ferienwohnungen und Altersruhesitze. Nach Vertreibung der griechischen Dorfbewohner pachteten und renovierten mit Unterstützung des Tourismusministeriums kapitalkräftige Ausländer die leer stehenden Gebäude. Heute ist es ein Dorf mit restaurierten Häusern, gepflegten Gärten mit Obstbäumen, Oleander und Bougainvilleas. Es gibt Ferienwohnungen und ein **Dorfcafé**. Vor der Ortseinfahrt liegen die Ausgrabungen einer bronzezeitlichen **Nekropole**.
Ferienwohnungen: www.karmi.de/nordzypern/karmi.htm

Ein politisches Statement

Truppenlandungsstelle

An der Küstenstraße markiert 7 km westlich von Kyrénia ein monumentales **Betondenkmal** jene Stelle, an der die türkischen Truppen am 20. Juli 1974 auf Zypern landeten. Im benachbarten Hof sind von der zyprischen Nationalgarde erbeutete Militärfahrzeuge und Panzer ausgestellt. Fotos und persönliche Gegenstände dokumentieren in einem **Museum** (»Peace and Freedom Museum«) den Einmarsch der türkischen Truppen 1974.

Antiker Hafen im Sperrgebiet

Alsançak/ Lamboúsa

Nach weiteren 3 km gelangt man bei **Alsançak** zu den Ausgrabungen der im 8. Jh. v. Chr. gegründeten Stadt **Lamboúsa**; sie können zum Großteil nicht besichtigt werden (militärisches Sperrgebiet). Außerhalb der ehemaligen Stadtmauer sind einige byzantinische Gräber und frühchristliche Kapellen zugänglich. Beachtung verdienen vor allem sechs römische **Fischbecken** direkt am Strand, die einst durch Kanäle mit dem Meer verbunden waren.
Um 1900 fand man in Lamboúsa den wertvollen **Silberschatz** eines Bistums aus frühchristlicher Zeit, der im 7. Jh. vor den Arabern versteckt wurde, die die Stadt in Schutt und Asche legten. Teile sind heute im Mittelaltermuseum von Limassol (▶ S. 146), im British Museum in London und im Metropolitan Museum in New York zu sehen.

Dorf auf grünem Hügel

Lapta/ Lápithos

Im Landesinneren liegt das von türkischen Zyprern aus Páfos und anatolischen Siedlern bewohnte Dorf Lapta/Lápithos (Λάπηθος; 5500 Einw.), eines der ehemaligen Stadtkönigtümer Zyperns, wo Gräber an die in achäischer Zeit gegründete Siedlung erinnern.

ZYPERN UNTER FREMDHERRSCHAFT

Im Lauf seiner Geschichte hat Zypern viele fremde Herren gesehen, denn wer die Insel besitzt, kontrolliert das östliche Mittelmeer. Noch halten die Briten Stützpunkte, den Norden haben die Türken besetzt. Schon seit 1964 versucht die UN, den Frieden auf der Insel zu wahren.

UN-Pufferzone (Green Line)

Hoheitsgebiete Großbritanniens

ehemalige Siedlung

▶ **Griechen und Türken auf Zypern**
Nach der türkischen Besetzung des nördlichen Teils der Insel flohen ca. 45 000 Türken aus dem Süden in den Norden.

Norden
türkisch **265 100**
griechisch **644**

Süden
griechisch **838 897**
türkisch **2000**

▶ **Geschichte Zyperns**

Kupfersteinzeit – Hellenische Zeit
3800 v. Chr. – 58 v. Chr.

Tributpflicht an
Assyrer **709 – 663**
Ägypter **560 – 525**
Perser **525 v.Chr – 333 n.Chr**

333 v. Chr.
Nach dem Sieg Alexander des Großen über die Perser bei Issos wird Zypern erstmals unabhängig.

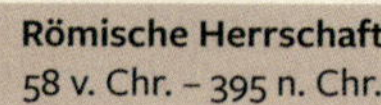

Römische Herrschaft
58 v. Chr. – 395 n. Chr.

58 v. Chr.
Besetzung Zyperns durch die Römer

45 n. Chr.
Christliche Missionierung durch die Apostel Paulus und Barnabas

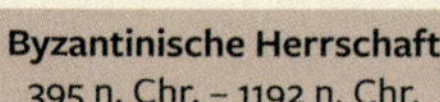

Byzantinische Herrschaft
395 n. Chr. – 1192 n. Chr.

5. Jh.
Unter dem byzantinischen Kaiser Zenon wird die Kirche Zyperns unabhängig.

965
Nach Arabereinfall wird die Insel von Kaiser Nikephoros wieder zurückgewonnen. Der Bau zahlreicher Klöster beginnt.

Blauhelme auf Zypern
Die UN-Mission (UNFICYP) begann 1964 mit dem Ziel, die Spannungen zwischen der griechischen und türkischen Bevölkerung zu mindern. Seit der Teilung 1974 ist daraus eine echte Blauhelm-Mission geworden.

Rizokarpaso
Kyrenia
Türkische Republik Nordzypern
Enkomie
Morphou
Famagusta
NIKOSIA
Republik Zypern
Lamaca
Vasilikos
Episkopi
Limassol
Mittelmeer

UNFICYP:
United Nations Peacekeeping Force in Cyprus

Uniformierte der UN
ziviles Personal
183 Todesfälle

149
UNFICYP 1047
UN Soldaten 855
Polizisten 67

Kreuzritter und Herrschaft der Lusignans
1192 – 1489

1192
Kreuzritter unter König Richard Löwenherz nehmen die Insel von Limassol aus ein.

1192
Nach Verkauf der Insel beginnt die 300 Jahre dauernde Herrschaft der Lusignans.

1291
Nach dem Fall von Akkon bleibt Zypern das letzte bedeutende Zentrum der Kreuzritter.

Venezianische Herrschaft
1489 – 1571

1489
Mit Zypern besitzt Venedig einen wichtigen Flottenstützpunkt gegen das Osmanische Reich.

Osmanische Herrschaft
1571 – 1878

Unter der Herrschaft der Osmanen werden Frondienst und Katholizismus verboten. Die orthodoxe Kirche wird aber bestärkt.

Brittische Herrschaft
1878 – 1960

1869
Mit dem Bau des Suezkanals wird Zypern für Großbritannien ein wichtiger Posten auf dem Weg nach Indien.

Unabhängige Republik Zypern
seit 1960

1960
Beitritt zur UNO

1974
Teilung der Insel nach der Invasion der Türken im Norden

2004
Beitritt der Republik Zypern (Südzypern) in die EU

Zur rauen Nordwestspitze der Insel

Halbinsel Kormakítis/ Koruçam

Weiter Richtung Westen erreicht man nach 38 km **Koruçam/Kormakítis** (Κορμακίτης), das Zentrum der von Rom unterstützten zyprisch-maronitischen Kirche. Gegenüber der überdimensioniert wirkenden, herausgeputzten Kirche Ágios Geórgios von 1930 schallen Gespräche in zyprisch-arabischer Sprache aus dem Kaffeehaus über den Kirchplatz. Einige wenige **Maroniten** leben trotz der Teilung noch hier (▶ Das ist ..., S. 19). Viele Häuser sind verlassen und verfallen, doch seit Öffnung der Demarkationslinie wird das Dorf wieder zum Mittelpunkt der Gemeinde. An Wochenenden und am Festtag des hl. Maron (9. Feb.) kommen ein paar Besucher aus dem Süden in ihre Heimat. Ein kleines Museum öffnet auf Anfrage (Schlüssel im Kaffeehaus). Wenige Kilometer weiter erreicht man auf unbefestigter Straße das **Kap Kormakítis** (Koruçam Burnu), den nördlichsten Punkt der Bucht von ▶ Morfou/Güzelyurt. Es ist ein herrlich einsamer Platz an der Felsenküste, den ein kleiner Leuchtturm markiert.

MÓRFOU · GÜZELYURT

Höhe: 60 m | **Einwohner:** 19 000

Nähert man sich dem kleinen Provinzstädtchen im Westen Nordzyperns, ist die Luft meist erfüllt vom intensiven Duft der Zitronen- und Apfelsinenplantagen. In weiten Teilen dieser fruchtbaren Schwemmlandebene werden mithilfe intensiver Bewässerung Zitrusfrüchte, Bananen und Gemüse angebaut.

Erz und Landwirtschaft

Schon im Mittelalter hatten die Lusignan die Ebene durch den Anbau von Zuckerrohr und Baumwolle landwirtschaftlich genutzt. Bis 1974 spielten zudem Kupfer-, Eisenerz- und Pyritminen eine Rolle. Die Funde der umliegenden Ausgrabungsstätten zeigen, dass die Gegend seit der Bronzezeit – vermutlich mit Einwanderern aus Westanatolien – besiedelt war, doch stand der Ort jahrhundertelang im Schatten der mächtigen Nachbarstadt ▶ Sóloi. Eine gut ausgebaute Straße verbindet Mórfou mit dem 40 km entfernten Nikosia.

Wohin in Mórfou/Güzelyurt?

Orthodoxe Kirche mit Grab des Schutzheiligen

Ágios Mamas

Wichtigste Sehenswürdigkeit der Stadt ist die über den Vorgängerbauten aus byzantinischer und fränkischer Zeit im 18. Jh. errichtete

Es ist Erntezeit in einem Orangenhain bei Mórfou/Güzelyurt.

MÓRFOU · GÜZELYURT ERLEBEN

Im Zentrum gibt es mehrere kleine Restaurants mit dem typischen Angebot an lokalen Gerichten.

MARDIN RESTAURANT €€

Die Fischgerichte und Mezé sind empfehlenswert. Außerdem speisen Sie hier direkt am Ufer – Meeresrauschen inklusive.
Gemikonaği/Sóloi (bei den Grabungen)
Tel. 7 27 74 39

VELMER HOTEL €€

Das Velmer Hotel ist eines der wenigen Hotels in dieser Gegend, es liegt westlich außerhalb von Lefke und bietet einen soliden, modernen Standard mit gutem Preis-Leistungs-Verhältnis. Der Service ist ausgesprochen freundlich, und für Abkühlung sorgen zwei Pools.
Gemikonaği, Lefke
Tel. 0090 54 88 38 25 25

Klosterkirche des hl. Mamas, wo in der Antike wohl ein Aphrodite-Tempel stand. Nach 1974 richtete man die Kirche als Museum für griechisch-orthodoxe Sakralkunst ein.
Einzelne Architekturfragmente der dreischiffigen, überkuppelten **Klosterkirche** erinnern an den Vorgängerbau, wie die Säulen des Mittelschiffs mit gotischem Schmuck, zwei kleine Marmorsäulen im Westfenster und das Marmorgrab des hl. Mamas. Auch Nord- und Südportal weisen gotische Elemente auf. Ein erstklassiges Beispiel venezianischer Schnitzkunst ist die **Ikonostasis** (16. Jh.). Die Königstür in ihrer Mitte wird flankiert von zwei Marmorsäulen mit gotischen Kapitellen. Fresken der hll. Petrus und Paulus schmücken die östlichen Mittelschiffsäulen.
An der Nordwand steht unter einem gotischen Bogen der **Sarkophag des hl. Mamas**, über dem in einer kleinen Bildfolge dessen Legende dargestellt ist: Der Sarg des Heiligen wurde in der Bucht von Mórfou an Land geschwemmt, von einem Bauern gefunden und nach einer Vision an dieser Stelle ein Kloster errichtet.
Kombi-Ticket mit Museum (▶ unten) 50 TRY

Naturgeschichte und Archäologie

Mórfou/ Güzelyurt Museum

Im einstigen Sitz des orthodoxen Bischofs nebenan wurde ein kleines Museum untergebracht mit einer bizarren Sammlung ausgestopfter Tiere im Erdgeschoss: diverse Vogelarten, Fische, Schildkröten, Schlangen und Füchse. Im oberen Geschoss werden vorchristliche Exponate der Ausgrabungen in ▶ Sóloi und in der nahe gelegenen bronzezeitlichen Siedlung **Toúmba tou Skoúrou** gezeigt. Neben Funden aus Jungstein- und Bronzezeit, geometrischer und archaischer Epoche sind verschiedene Idole ausgestellt. Hellenistische und römische Öllämpchen stehen neben byzantinischer Keramik. Zu den Höhepunkten gehören Grabbeigaben aus der klassischen und hellenistischen Periode, u. a. ein Diadem aus Gold mit Efeublättern und ein Kinderdiadem, Keramik und Schmuck sowie eine Statuette der **Ephesischen Artemis** (2. Jh. n. Chr.), die 1980 aus dem Meer bei ▶ Salamís geborgen wurde: mit ihrem von zahlreichen Brüsten (oder Stierhoden) bedeckten Oberkörper ein Symbol der Fruchtbarkeit.
Tgl. 8–16.15/18 Uhr | 50 TRY

Rund um Mórfou/Güzelyurt

Bronzezeitliches Stierheiligtum

Mýrtou/ Çamlıbel

Nur für archäologisch besonders Interessierte lohnt ein Abstecher zum bronzezeitlichen Stierheiligtum von **Mýrtou-Pigádes**, 20 km nordöstlich von Mórfou (1 km nach Çamlıbel Richtung Lefkoşa rechts abbiegen): ein rekonstruierter Steinsockel mit stilisierten Stierhörnern.

Ergiebiger Ausgrabungsort

Agía Iríni/
Akdeniz

Von der Hochebene um Çamlıbel/Mýrtou führt ein Abstecher nach Westen hinunter in einen vergessenen Winkel des Landes, dem lichte Wälder und ein breiter vorgelagerter Dünengürtel mit langen, unberührten Sandstränden ein besonderes Flair geben.
Die einzige Siedlung weit und breit ist Akdeniz/Agia Irini, das unter Archäologen und Historikern einen besonderen Klang hat. Im Gelände um das kleine Dorf gibt es mehrere **Ausgrabungsstätten**, die eine Siedlungskontinuität von der späten Bronzezeit (1600 bis 1050 v. Chr.) bis in die römische Epoche bezeugen. Auch die 2000 **Terrakotta-Figurinen**, Opfergaben aus einem archaischen Heiligtum, die heute im Archäologischen Zypern-Museum in Nikosia (▶ S. 170) und in Stockholm ausgestellt sind, wurden hier ausgegraben. An der Küste auf der Terrasse des »Akdeniz Caretta Beach & Restaurant« (▶ Das ist ..., S. 14) schmeckt fangfrischer Fisch bei Sonnenuntergang.

★★ NIKOSIA · LEFKOŞA

Höhe: 165 m ü. d. M. | **Einwohner:** 55 000

Durch Nordnikosia zu flanieren ist ein Spaziergang voller Gegensätze. Restaurierte Häuser im Kolonialstil mit stolzen, scheinbar niemals bröckelnden Fassaden stehen dort, wo einst der Königspalast lag. In belebten Basarstraßen werden neben Kopien von Markenjeans und T-Shirts sorgsam gearbeitete traditionelle Seidenbilder verkauft. Es gibt bunte Alternativcafés und eine lebendige Szene junger Künstler und Studenten, kleine Restaurants locken mit würzigen türkischen Speisen, und verborgene Eingänge weisen auf Nachtclubs und Bars hin.

Nikosia ist die letzte geteilte Hauptstadt der Erde. Seit ein paar Jahren ist die Grenze allerdings sehr viel durchlässiger geworden, und mitten in der Altstadt kann man bequem vom griechischen Süden (▶ S. 151) in den türkischen Norden und umgekehrt spazieren.
Kommt man von Süden über die Demarkationslinie, taucht man in eine ruhigere, weniger schicke, ärmere Stadt ein. Was manchen Besuchern als ursprünglich und vermeintlich orientalisch erscheint, ist die Armut der häufig vom türkischen Festland illegal Eingereisten, die hier kostenlos und in sehr einfachen Verhältnissen wohnen.

Die Schönheiten …

Orte mit Flair

Die gotische Kathedralmoschee (▶ S. 269) und zwei alte Karawansereien gehören ebenso wie die mit EU-Geldern sanierte armenische Kirche (▶ S. 267) zu den Schönheiten der Stadt. Ein wenig wie in Tausend-und-einer-Nacht ist das Flair im Büyük Han (▶ S. 267) oder im Café des wunderschönen Buchladens Rüstem Kitabevi (▶ Magischer Moment, rechts). Im kürzlich restaurierten Kumarcılar Han (▶ S. 269), dem Hof der Glücksspieler, lohnt eine kleine Pause.

… und Kehrseiten der Stadt

Verfallende Pracht

Die Kehrseite sind verfallende Stadtviertel und Hausruinen, an denen der Zahn der Zeit nagt. Der Norden wartet noch auf finanzkräftige Investitioren und Kulturinteressierte. Doch dies sollte bald geschehen, bevor die Häuser aus goldschimmerndem Sandstein endgültig verfallen und die schönen Holzdecken verrotten.

Der Norden wartet auf neugierige Besucher

Übergang

In den Kaffeehäusern wird Wasserpfeife geraucht, in der Karawanserei shoppen Touristen. Die einst vornehme Şehit Salahi Şevket Sk., die ehemalige **Victoria Street**, erster Ort des Archäologischen Museums, endet an der grauen Wand der **Demarkationslinie**. Lefkoşa wartet auf neugierige Besucher.
Für Zyprer und Besucher mit europäischem oder Schweizer Pass ist der **Übergang** zwischen den Stadthälften des faktisch seit 1964 geteilten Nikosia problemlos möglich. Man benötigt lediglich den Personalausweis oder Reisepass.

Rundgang durch die Altstadt (Plan ▶ S. 156–157)

Ausgangspunkt zur Stadterkundung

Girne-Tor/ Girne Kapısı

Das Girne- oder **Kyrénia-Tor**, im 16. Jh. zusammen mit der 5 km langen Festungsmauer zum Schutz gegen die Osmanen errichtet, ist ein guter Ausgangspunkt für die Altstadterkundung. Das einst nach dem Titel des venezianischen Gouverneurs Porta del Provveditore genannte Tor bildete den nördlichen der drei Stadtzugänge. Seit die Briten eine Schneise in die alte Stadtmauer schlugen und den Verkehr 1931 links und rechts am Stadttor vorbeiführten, sind seine Pforten geschlossen. Heute ist hier ein **Fremdenverkehrsamt** untergebracht.
Die mächtigen Mauern des **venezianischen Walls** in unmittelbarer Nähe, eine riesige, mit Steinen befestigte Erdaufschüttung aus dem letzten Drittel des 16. Jh.s, konnten nicht verhindern, dass 1570 die osmanischen Angreifer die Stadt einnahmen. Auf der Seite steht das Denkmal für **Fazil Kücük**, der als Vertreter der türkischen Zyprer 1959 zum ersten Vizepräsidenten Zyperns gewählt wurde.

NIKOSIA · LEFKOŞA ERLEBEN (PLAN ▶ S. 156–157)

Flughafen Erçan: Tel. 6 00 50 00
Kyrénia-Tor (Girne-Tor): Tel. 2 27 29 94
Übergänge: ▶ S. 154

In der **Fußgängerzone** parallel zur Green Line (Arasta), die direkt auf den Bedesten führt, bieten kleine Läden Lederwaren, Stoffe, Taschen und vor allem preiswerte Kleidung an. In vielen Geschäften der Altstadt kann man günstigen Goldschmuck erstehen. Der **Büyük Han** (▶ S. 267) mit seinen Kunsthandwerkerläden ist eine gute Adresse für Souvenirs. In der Buchhandlung **Rüstem** (Rüstem Kitabevi), nur wenige Meter vom »Saray Hotel«, bekommt man nicht nur fremdsprachige Literatur, sondern auch türkische Hausmannskost.
Girne Cd. 22, Tel. 2 28 35 06

Neben Obst und Gemüse bietet der **Bandabulya-Markt** ein breites Angebot zyprischer Spezialitäten, aber auch Kunsthandwerk wie Korbwaren und Kelims.
Kuyumcular Sk.
Mo.–Sa. 6–15 Uhr

BAEDEKER MAGISCHE MOMENTE

ZEIT ZUM SCHMÖKERN

Eigentlich ist man ja im Urlaub immer beschäftigt. Aber plötzlich kommt dann doch die Lust zu lesen. Im alten verträumten Buchladen **Rüstem** in Nikosia, einem renovierten Juwel, in dem man zudem gut essen kann, gibt es Bücher auch auf Englisch (▶ oben).

In der Altstadt gibt es überall preiswerte Schnellrestaurants für den kleinen Hunger und Durst.

7 THE İSKEMLECI €€

Das Restaurant gehört zu einem Hotel, es gibt gutes Essen, der Service ist freundlich und man sitzt drinnen wie draußen sehr schön.
İbrahimpaşa Sokak 3
www.theiskemleci.com

8 GRÖN VEGAN YARD €€

Für alle, die gern frisch und vegan essen. Traditionelle türkische Speisen werden umgewandelt in vegane Zubereitungen. Sehr schön sitzt man im Hofgarten.
Köroğlu Sk 8A
Tel. 2 28 78 83

9 SABOR €€

Direkt neben der Selimiye-Moschee liegt eines der hübschesten und derzeit höchst angesagten Restaurants. Die Küche bietet mediterrane Spezialitäten – Nudelgerichte, Fisch und Meeresgetier. Auf ordentliche Steaks versteht man sich aber auch.
Selimiye Meydani 9, Tel. 2 28 83 22

10 SEDIRHAN CAFÉ €

Mit ein wenig Fantasie fühlt man sich hier in eine andere Zeit versetzt: Die renovierte **Karawanserei** (► S. 267) bietet an heißen Tagen erfrischenden Schatten, und die hausgemachten, mit Fleisch oder Käse gefüllten Teigtaschen (Börek) sind ein Grund mehr, ein wenig länger zu verweilen.
Im Büyük Han, Tel. 2 28 77 60

4 GÜNEŞ REZIDANS HOTEL SUN €€

Modernes Stadthotel in der Neustadt. Dachterrasse, Pool, Fitness Center, Restaurant mit frischem, auch regionalem Angebot. Freundliche Atmosphäre.
Sivrihisar Street 7, Ortaköy
Tel. 2 28 20 00, www.hotelsun.com

Museum des Ordens der Tanzenden Derwische

Mevlevi Tekke

Zu Beginn der Girne Caddesi liegt auf der linken Straßenseite das 1963 im ehemaligen Kloster (**Tekke**) der Tanzenden Derwische eingerichtete **Mevlevi Müzesi**. Der Orden der muslimisch-asketischen Gemeinschaft, die den Sufismus praktiziert, wurde im 13. Jh. vom Theologen, Mystiker und Dichter Mevlâna Jelâleddin Rumi gegründet, jedoch 1925 wegen reaktionärer Ansichten durch Kemal Atatürk in der Türkei verboten. Da Zypern damals britische Kolonie war, existierte er hier bis 1956 weiter. Die Derwische tanzen und singen sich in Ekstase, um Allahs Nähe zu erreichen. Im Zentrum des Hauptsaals steht ein ovaler **Tanzraum** (Semahane), auf dem lebensecht gestaltete Derwischfiguren in Originalgröße mit typischen Gewändern und Kopfbedeckungen eine Vorstellung vom Tanz (Sema) vermitteln. Musiker auf einer hölzernen Empore, Musikinstrumente und Gebetsteppiche vervollständigen den Einblick in die Ordenswelt. In einem lang gezogenen, mit Kuppeln überwölbten Korridor stehen 16 identische Nachbildungen steinerner Sarkophage von Vorstehern des Derwisch-Klosters. Den Hof zieren osmanische Grabsteine.
Girne Cd. | tgl. 8–14.30/16.15 Uhr | 30 TRY

Die beiden Minarette der Selimiye-Moschee, der ehemaligen Sophienkathedrale, überragen die Altstadt von Lefkoşa.

Zyperns erstes soziales Wohnbauprojekt

Samanbahce-Viertel

Nach wenigen Schritten öffnet sich auf der anderen Straßenseite ein Durchgang in das vor einigen Jahren renovierte Samanbahce-Viertel. Die 1918–1925 entstandene Anlage mit 72 Wohneinheiten aus weiß verputzten Lehmziegeln, heute zumeist von älteren Menschen bewohnt, zeigt, wie mit bescheidenen Finanzmitteln ein lebenswertes Stadtumfeld auch für ärmere Schichten geschaffen werden kann.

Am Atatürk Meydaný

Venezianische Säule

Die Girne Caddesi führt zum **Atatürkplatz** (Atatürk Meydaný), in dessen Mitte eine große graue venezianische Granitsäule (**Dikili Taş**) steht. Sie wurde im 16. Jh. aus dem antiken ▶ Salamís nach Nikosia gebracht, auf eine sechseckige Basis gestellt und mit den Wappen einflussreicher venezianischer Familien geschmückt. Der Markuslöwe auf der Spitze wurde von den Osmanen entfernt und später von den Briten durch eine kupferne Weltkugel ersetzt. Die auffälligen ehemaligen kolonialen **Verwaltungsbauten** stammen vom Beginn des 20. Jahrhunderts. Einst stand hier ein Palast der Lusignan.

Ehemaliges Bethaus mit Standesamt

Sarayönü-Moschee

Westlich der Säule erkennt man hinter einer Häuserzeile das Minarett der Sarayönü-Moschee, 1820 unter Ali Pascha als Bethaus für die türkischen Gouverneure erbaut. Anfang 20. Jh. restaurierte ein britischer Architekt den nach einem Erdbeben zerstörten Bau mit fantasievollen maurischen Architekturmerkmalen. Der Innenraum wird durch hufeisenförmige Bögen mit farbigen Steinen aufgelockert. Heute ist hier das Standesamt untergebracht.

Osmanische Kuppelmoschee

Arab-Ahmet-Moschee

Vom Atatürkplatz folgt man der Sarayönü Sokağı und der Mahumet Paşa Sokağı bis zur Arab-Ahmet-Moschee, die im 17. Jh. zu Ehren eines türkischen Eroberers von Zypern errichtet wurde. Sie ist das einzige Beispiel einer osmanischen Kuppelmoschee in Nikosia. In dem schönen **Friedhofsgarten** liegt das Grab des osmanischen Großwesirs Kamil Pascha (1833–1913), der als einziger Zyprer diese hohe Stellung errang.

Der Glanz vergangener Zeiten

Arabahmet-Viertel

Das ehemals vornehme Viertel zwischen Arab-Ahmet-Moschee und Green Line, in dem einst wohlhabende Griechen, Armenier und auch Türken wohnten, und in dessen einstiger schmucker Victoria Street

Am Abend ist die Alte Karawanserei Büyük Han besonders stimmungsvoll.

sich das erste Archäologische Museum befand, begann schon in den 1950er-Jahren zu zerfallen, als das Bürgertum in die Vororte abwanderte. Typisch sind seine zweigeschossigen **Stadthäuser**, die zur Straße abgeschlossen sind. Begrünte **Innenhöfe**, nicht selten mit einem Brunnen, schufen ein privates Refugium. Kein Wunder, dass das Viertel seit geraumer Zeit einen Schwerpunkt der Stadterneuerung darstellt. Bei einem Bummel entdeckt man renovierte Häuser und ganze Straßenzüge, die eine Vorstellung vom Glanz früherer Zeiten vermitteln.

Osmanisches Herrenhaus des 19. Jahrhunderts

In der Belig Paşa Sokağı im Arabahmet-Viertel liegt auch das **Derviş Paşa Konaðý**, ein osmanisches Herrenhaus des 19. Jahrhunderts. Arkaden umschließen einen stimmungsvollen Innenhof. Benannt wurde es nach dem Herausgeber der ersten türkisch-zyprischen Zeitung, »Zaman« (»Die Zeit«), die ab 1891 erschien. Im steinernen Erdgeschoss waren Dienstpersonal, Lager- und Wirtschaftsräume untergebracht, die Herrschaft residierte in dem aus Lehmziegeln errichteten oberen Stockwerk. In den großzügigen, mit geschnitztem Mobiliar und Holzdecken ausgestatteten Wohnräumen werden Haushaltsgegenstände, Porzellan, Webstühle und Trachten präsentiert.

tgl. 8–14.30/16.15 Uhr | 30 TRY

Armenische Kirche und Kloster

Ermeni Kilisesi

Im gleichen Viertel wurde die bis vor wenigen Jahren stark verfallene **Armenische Kirche** (Ermeni Kilisesi) Unserer Lieben Frau von Tyros mit EU-Geldern restauriert. Der Bau aus dem 13. Jh. diente ursprünglich als Benediktinerinnen-Kirche. 1571, nach Einmarsch der Osmanen, wurde sie den Armeniern übergeben, als Dank, dass diese auf osmanischer Seite gestanden hatten. 1963 flüchteten die Armenier aus dem Norden Zyperns. Nach längerem politischem Tauziehen begann 2010 die Renovierung, die 2012 für die Kirche abgeschlossen wurde.

Alte Karawanserei als attraktiver Treffpunkt

Zurück zur Girne Caddesi, gelangt man durch das Basarviertel zum Büyük Han, der alten Karawanserei (Han), die General Mustafa Pascha 1572, kurz nach der Eroberung Zyperns durch die Osmanen errichten ließ. Im Erdgeschoss befanden sich einst Ställe für Maultiere und Kamele, im Obergeschoss boten 68 Zimmer reisenden Händlern Quartier. Dass etliche Unterkünfte mit einem Kamin ausgestattet waren, verraten die achteckigen Schornsteine. Im Innenhof steht eine kleine überkuppelte **Moschee**, die über einem Reinigungsbrunnen errichtet wurde.

Nach aufwendiger Renovierung präsentiert sich die ehemalige Herberge heute als attraktiver Treffpunkt mit **Cafés** (▶ S. 264), Kunsthandwerkläden und kleinen **Galerien**.

5X DURCHATMEN

Entspannen, wohlfühlen, runterkommen

1. ENTSPANNENDE SCHLÄGE ...

... und ein breites Spektrum wohltuender Anwendungen kann man im **Omeryie Hamam** im Süden Nikosias genießen – orientalische Wellness im historischen Ambiente! (▶ **S. 164**)

2. PLAUDERN UND BEOBACHTEN

Im **Kafeníon**, wo Männer jeden Alters gemütlich ihr Schwätzchen halten, während sie eine Kleinigkeit essen oder Tavli spielen, kommt man ganz zwanglos mit ihnen ins Gespräch. Im türkisch geprägten Inselnorden ist das **Teehaus** Treffpunkt der Männerwelt.

3. PICKNICK IM GRÜNEN

Den Halloúmi im Magen, den Rotwein noch auf den Lippen – und anschließend ein Spaziergang durchs **Blumenmeer**: Hunderte faszinierende Orchideenblüten ducken sich unter Zistrosen-Büschen, wenn Zyprer im Frühjahr in Familien- oder Freundesgruppen die meist in schöner Landschaft gelegenen öffentlichen **Picknickplätze** aufsuchen.

4. KÜHLE OASEN

Schon die Briten kannten das **Sommerfrische**-Potenzial der grünen Lunge Zyperns und erholten sich in der sauberen Bergluft des **Tróodos-Gebirges**. Wenn im Sommer die Ebenen vor Hitze glühen, locken dort sprudelnde Bäche und verführerischer Schatten. (▶ **S. 203**)

5. WÜRFEL-KLACKERN

In beiden Teilen der Insel ist **Backgammon** (Tavli/Tavla) eine nationale Leidenschaft. Überall in den Kaffeehäusern hört man das Klackern der Würfel. Einen Einheimischen herauszufordern, erfordert allerdings Mut und Geschick.

Türkisches Badehaus

Büyük Hamam

In einer kleinen Seitenstraße der Asma Altı Sokagı liegt das Büyük Hamam, ein türkisches Bad. Das Portal des Hamam stammt aus dem 14. Jh. und gehörte zur Kirche St. Georg der Lateiner.

Karawanserei »Hof der Glücksspieler«

Kumarcılar Han

Rechts der Asma Altı Sokagı erhebt sich eine kleinere Karawanserei, »Hof der Glücksspieler« (Kumarcılar) genannt. Der im 17. Jh. entstandene Han wurde mit türkischen Geldern aufwendig renoviert und ist eine Oase im Trubel der Stadt. Das zweigeschossige Gebäude mit 56 Gästezimmern im ersten Stockwerk gruppiert sich um einen idyllischen Innenhof mit **Cafés** und **Galerien**.

Größter gotischer Sakralbau Zyperns

Sophienkathedrale/ Selimiye-Moschee

Hauptattraktion des nördlichen Stadtteils ist die Kathedrale der Hl. Sophie, Zyperns größter gotischer Sakralbau. Den Grundstein legte 1209 Alice de Champagne, Gattin des Lusignan-Herrschers Hugo I., geweiht wurde sie jedoch erst 1326. Hier ließen sich die Lusignan zu Königen von Zypern krönen. Im 15. Jh. durch plündernde Mamelucken und Erdbeben beschädigt, wurde die Kirche nach der türkischen Eroberung 1571 in die Agia-Sofía-Moschee umgewandelt. Die unvollendeten Westtürme erhielten zwei **Minarette**, die gotischen Skulpturen wurden entfernt, die Malereien des Innenraumes weiß überkalkt. Heute bedeckt ein großer Teppich, dessen Querstreifen nach Mekka ausgerichtet sind, die mittelalterlichen Grabplatten im Boden. Drei farbige **Gebetsnischen** (Mihrab) weisen in Richtung Mekka.

Zur **Innenausstattung** gehören die Gebetskanzel (Minbar), die Empore für die Hodschas und ein grün umgrenzter, etwas höherer Bereich, in dem die Frauen beteten. In jüngster Zeit nutzen sie den vergitterten Platz über einer ehemaligen Seitenkapelle.

Die dreischiffige Basilika erinnert mit ihrem **Chorumgang** an die gotischen Kathedralen von Chartres, Reims und Amiens. Allerdings fehlen Chorkranzkapellen, Querschiff und Triforienzonen, und im Gegensatz zu den europäischen Vorbildern weisen Mittel- und Seitenschiffe die für Zypern typischen flachen Dächer auf. Auch wirkt sie mit ihrer Grundfläche (66 × 38 m) gedrungener. Das **Kreuzgratgewölbe** des Langhauses wird durch große, runde Säulen getragen. Die Gewölbedienste laufen auf den Kämpfern der Säulen aus und werden nicht, wie bei französischen Kathedralen üblich, bis zum Boden hinuntergeführt. Die durch vier Säulen antiken Ursprungs gegliederte polygonale **Chorapsis** wird seit dem Besuch Mahmuts II. 1829 von einer Tür nach außen durchbrochen. So war der Sultan bei seinem Besuch nicht gezwungen, den ehemaligen Kathedraleingang im Osten zu nutzen.

Der Obergaden besitzt große, viergeteilte Fenster. Am zweiten Joch der Südseite liegt die **Kapelle des hl. Thomas** von Aquin, der einem der Lusignan-Herrscher seine Schrift »Über die Herrschaft der Fürsten«

widmete. Die **Vorhalle** an der Westseite orientiert sich mit ihren schlanken Säulen und schönen Kapitellen an französischen Vorbildern. Hier erkennt man noch Skulpturenreste, die einst Könige und Heilige darstellten. Über der Vorhalle zieht sich die **Königsgalerie** hin, auf der sich Könige und hohe Herrschaften vom Volke huldigen ließen.

Bedesten

Spätmittelalterliche Kirchenruine und Markthalle

Neben der Kathedrale sieht man in neuem Glanz das neueste bi-kommunale EU-finanzierte Renovierungsprojekt Nikosias, den Bedesten (Überdachter Markt), ein multifunktionaler **Veranstaltungsraum**. Während der osmanischen Herrschaft hatten hier Textilkaufleute ihre Marktstände, später wurde das Gebäude als Getreidelager verwendet. Es vereinigt byzantinische, gotische und venezianische Elemente und hat durch mehrere Erdbeben stark gelitten. Ursprünglich war es eine dem Heiligen Nikolaus geweihte byzantinische Kirche, die im 6. Jh. errichtet und im 12.–16. Jh. umgebaut wurde. Aus dieser Zeit stammen die beiden südlichen Seitenschiffe und Wandmalereien mit der Darstellung des hl. Andreas. Reste eines Vorgängerbaus verweisen auf die frühbyzantinische Zeit des 6. Jahrhunderts. Bei Erweiterungsbauten im 14. Jh. kamen gotische Architekturmerkmale hinzu: Das Mittelschiff wurde mit einer Kuppel und einem Tambour versehen, der Chor erhielt eine fünfseitige Apsis, das nördliche Seitenschiff wurde ergänzt. Das große mit Archivolten reich verzierte Portal an der Nordseite krönte nun ein spitzer Giebel. Eine Heiligenfigur und sechs in venezianischer Zeit hinzugefügte Wappen zieren heute das Portal. Ein kleines Nebenportal zeigt ein Relief des Marientodes. Die neu renovierte **Markthalle**, in der Obst, Gemüse, Souvenirs und Süßigkeiten angeboten werden, grenzt an den Bedesten.

Ehemalige Bischofsresidenz

Gebäude mit Geschichte

Nördlich der Sophienkathedrale steht die ehemalige Residenz der katholischen Erzbischöfe von 1329. Ein Tunnel verbindet sie mit der Kathedrale. Nach der Eroberung durch die Türken wurde das obere Stockwerk im osmanischen Stil umgebaut und 1821 Amtssitz des türkischen Gouverneurs, unter den Engländern diente es als Schule.

Osmanische Bibliothek

Büchersammlung Sultan Mahmuts II.

Die 1829 unter Sultan Mahmut II. (1784–1839) errichtete Osmanische Bibliothek östlich der Kathedrale besitzt wertvolle alte Bücher und Handschriften in türkischer, persischer und arabischer Sprache, darunter einige aus der Palastbücherei von Istanbul.

Lapidarium

Fundstücke aus Stein

Hinter dem kleinen Platz am Chor der Kathedrale wurde in einem venezianischen Gebäude des 15. Jh.s ein Lapidarium (»Steinsammlung«) mit mittelalterlichen Architekturfragmenten und Grabsteinen

eingerichtet. Ein großes, spätgotisches Maßwerkfenster stammt angeblich vom alten Lusignan-Palast. Interessante Ausstellungsstücke sind der Sarkophag der Familie Dampierre und der Grabstein des fränkischen Heerführers Adam von Antiochia.
tgl. 8–14.30/16.15 Uhr | 30 TRY

Zweitwichtigstes gotisches Bauwerk

St. Katharina/ Haydar-Pascha-Moschee

Vom Lapidarium folgt man der Kırlızade Sokağı bis zur ehemaligen Katharinenkirche, dem nach der Sophienkathedrale bedeutendsten gotischen Sakralbau der Stadt. Im 14. Jh. errichtet, gehörte sie vermutlich zu einem Kloster. Die schmale Kirche besitzt nur ein Schiff, das mit einem feinen Kreuzrippengewölbe versehen ist; der Chor endet in einer dreiseitigen Apsis. Nach 1571 wurde sie in eine Moschee umgewandelt, erhielt ein Minarett und wurde nach dem türkischen Heerführer Haydar Pascha benannt.

Stadtpalais des späten Mittelalters

Lusignan-Haus

Das sogenannte Lusignan-Haus in der Yenicami Sokak, ein gotisches Stadtpalais aus dem 15. Jh., weist diverse osmanische Architekturelemente auf. Sehenswert sind der große **Innenhof** mit seiner offenen Loggia und fränkisches und osmanisches Mobiliar (1. Stock). Vom oberen Balkon bietet sich ein schöner Blick auf die Selimiye-Moschee.

Vergangenes Zypern

Ethnografisches Museum

Im Ethnografischen Museum geben Handwerksgeräte, Möbel, Textilien und Haushaltsgeräte in einer sorgfältig zusammengestellten Sammlung Einblicke in die Inselvergangenheit.
Ecvet Yusuf Cad. | Tel. 2 27 17 85 | 3 €

Lebendige Kunst- und Kulturszene

Künstlervereinigung

In Nikosia gibt es eine lebendige Künstlerszene, es fehlen aber Galerien und ein Museum für moderne zyprische Kunst. Doch es tut sich etwas. Die Künstlervereinigung **EMAA** (European Mediterranean Art Association) will das künstlerische Schaffen im türkischen Teil Zyperns mit Ausstellungen, Workshops und andere Projekte fördern. Als neues professionelles Theater hat sich das **Lefkoşa Belediye Tiyatrosu** (Nicosia Turkish Municipal Theatre) gegründet.
EMAA: Belediye Sokak 1 | Tel. 8 64 04 18 | www.emaa-cyp.org

Seltene Kunstobjekte

Cyprus Museum of Modern Arts

Suat Günsel, Besitzer der privaten Near East University und Produzent der Automarke Günsel, zeigt im Museum of Modern Arts Kunst und Raritäten aus seiner Privatsammlung. Sie beherbergt Werke aus den Ländern der ehemaligen Sowjetunion, einige antike maritime Geräte und seine Sammlung von Spielautos.
Near East Boulevard | Tel. 6 80 20 00 | 10 € für Touristen

★★ SALAMÍS

Höhe: Meereshöhe

8 km nördlich von Famagusta erstreckt sich auf einem riesigen Gebiet am Meer das wohl wichtigste Ausgrabungsgebiet der Insel: das antike Salamís, schon von Homer gepriesen und Aushängeschild hellenistischer Zivilisation. Ein Dorado für alle, die sich für die wechselvolle Geschichte Zyperns interessieren.

Im Flugsand verborgen

Seit Jahrhunderten samt Mauern und Straßen, Säulen und Sitzreihen der Theater unter einer dicken Schicht aus Flugsand verborgen, wurde Salamís erst im 19. Jh. aus den Dünen ausgegraben. Die ersten Funde machte der Deutsche **Max Ohnefalsch-Richter**, der im Auftrag der Briten die Wanderdünen bepflanzen sollte und dabei die Ruinen einer mehrere Quadratkilometer großen **antiken Stadt** entdeckte. Der Agraringenieur wurde zum Archäologen und transportierte einen Teil der Funde nach Berlin (heute im Neuen Museum). Die bedeutendsten wissenschaftlichen **Ausgrabungen** fanden zwischen 1952 und 1974 statt.

Eine abendliche Vorstellung im rekonstruierten römischen Theater von Salamís

SALAMÍS ERLEBEN

KOCA REIS RESTAURANT €€

6 km nördlich der Ruinen bietet das familiengeführte Restaurant im »Koca Reis Resort« Terrasse und windgeschützte Tische im 1. Stock mit Panoramablick über die Bucht, dazu einen gepflegten weißen **Sandstrand** mit Liegen und Duschen.
Yeni Boğaziçi Mağusa, Tel. 3 78 82 29, www.kocareisresort.com

BEDI'S BAR & RESTAURANT €

Am Eingang zur Ausgrabungsstätte lädt das Restaurant mit Terrasse zu einer Pause mit eisgekühlten Getränken und einheimischer Kost ein.
Yeni Boğaziçi, Tel. 378 82 25

SALAMIS BAY CONTI HOTEL €€€

Die große Hotelanlage (517 Zimmer) unweit von Salamís, 8 km nördlich von Famagusta, besitzt einen herrlichen Sandstrand direkt vor der Haustür. Neben den Zimmern im Hochhausgebäude, die einen weiten Blick über den Osten der Insel gewähren, gibt es kleine Villen, die sich um einen Swimmingpool gruppieren. Hallenbad, Fitness-Center und Spielcasino.
Gut essen kann man im hauseigenen **Restaurant**.
Yeni Boğaziçi Mahallesi, Famagusta, Tel. 3 78 82 00
www.salamisbayconti.com

LONG BEACH RESORT €€

Ideal für Gäste, die Ruhe und Strandspaziergänge lieben. Die Bungalows haben wahlweise ein oder zwei Schlafzimmer. Restaurant, Bars und Swimmingpool.
Karpaz Sahil Yolu, Makkenzi Cd. Bahçeler İskele, Mersin 10
Tel. 0090 53 38 42 33 53
www.longbeachcyprus.com

Wenn Steine erzählen könnten

Die Highlights

Weltberühmt sind die **Königsgräber**. Sie sind Teil einer Nekropole, in deren steinernen Grabkammern die Stadtkönige mit prunkvollen Beigaben bestattet wurden. Ein Sport- und **Erholungszentrum** mit Gymnasium, Palästra und Badeanlage belegt den hohen Lebensstandard einer Zeit, als das ehemals mächtige Stadtkönigtum bereits unter römischer Verwaltung stand. Das **Barnabas-Kloster** verweist auf das Apostelgrab, seine ehemaligen Klosterräume beherbergen aktuell das größte Archäologische Museum Nordzyperns.

Eines der großen Stadtkönigtümer Zyperns

Mythos und Geschichte

Auch hier soll sich ein griechischer Veteran des Trojanischen Kriegs im 12. Jh. v. Chr. als Gründer einer Stadt betätigt haben, die er nach seiner Heimatinsel benannte: **Teukros**, Sohn des Königs Telamon von Salamís.
Im 8. Jh. war Salamís das einflussreichste **Stadtkönigtum** auf Zypern und pflegte Handelskontakte mit Kilikien, den Phöniziern und Ägypten. Ende des 8. Jh.s war es den Assyrern tributpflichtig, unter den

Ägyptern dominierte es dann die anderen Stadtkönigtümer. König Euelthon (560–525 v. Chr.) ließ erstmals Münzen auf der Insel prägen. Der Expansionsdrang des König Euagoras I. im 5. Jh. führte zu Konflikten mit den Persern. 332 v. Chr. gelang Alexander dem Großen die Eroberung Zyperns. Als unter den Ptolemäern die Stadtkönigtümer aufgelöst wurden, musste Salamís seine Vorrangstellung an ► Páfos abtreten.

Nach einem Erdbeben im 4. Jh. n. Chr. wurde die inzwischen weitgehend christianisierte Stadt unter dem Namen **Constantia** neu errichtet, Anfang des 5. Jh. abermals Inselmetropole, jedoch während der Arabereinfälle unter Muawijja, Begründer der späteren Omajaden-Dynastie, im 7. Jh. aufgegeben. Einige Kilometer südlich entstand **Ammóchostos**, das spätere ► Famagusta, zum Teil mit Steinen aus Salamís.

Neben dem Gymnasium, von dem nur noch die Säulen stehen, ging es direkt in die Badeanlagen.

Antike Stätten

Grabungsstätte: Salamis Yolu | tgl. 9–17/18 Uhr | 50 TRY

Um die recht weit auseinander liegenden antiken Stätten zu besichtigen (Fußmarsch etwa 7 km), benötigt man einen halben Tag. Es gibt keinen Schatten, also an heißen Tagen unbedingt einen Sonnenschutz und Getränke mitbringen. Für ein Mittagessen oder kühles Getränk empfiehlt sich das nette »Bedi's« am Eingang.

Zone körperlicher und geistiger Ertüchtigung

Gymnasium und Palästra

Rechts hinter dem Eingang am Meer liegen die Badeanlagen und das **Gymnasium**. 1882 entdeckt, stammt es aus dem 4. Jh. n. Chr., geht jedoch auf einen Vorgängerbau des 2. Jh.s v. Chr. zurück, der durch das große Erdbeben im 4. Jh. zerstört wurde. Das Gymnasium (gr. Gymnásion) war in der Antike ein Ort geistiger und körperlicher Ertüchtigung. Dem körperlichen Training diente die **Palästra** (Palaistra), deren 52,5 × 39,5 m großer Platz mit Sand bedeckt war. In der Mitte lag ein Wasserbecken. Um den Platz gruppierten sich vier **Säulenhallen** mit Umkleide-, Arbeits- und Aufenthaltsräumen. Hier fanden auch philosophische Gespräche und Diskussionen statt. Der Ostportikus besaß an beiden Enden einen pavillonartigen Raum, der mit einem **Schwimmbecken** versehen war. In der nördlichen Säulenhalle werden die ausgegrabenen Skulpturen gezeigt. Einigen fehlen die Köpfe, die von frühen Christen und späteren Antikensammlern abgeschlagen wurden. Im Südwesten des Gymnasiums liegen die Gemeinschafts-**Latrinen**, die etwa 40 Besuchern gleichzeitig Platz boten. Die freie Sicht auf die Palästra wurde später von den Christen mit ihren neuen Moralvorstellungen durch den Bau einer Mauer verstellt.

Antiker Wellness-Bereich

Badeanlagen

Vom Ostportikus gelangt man in die Badeanlagen. Zunächst betritt man eines der beiden **Frigidarien** (Kaltwasserbäder), in dessen Mitte sich ein oktogonales Wasserbecken befand. Dazwischen liegt das **Tepidarium** (lauwarmes Bad), früher ein mäßig warmer Abkühlraum, der der Vorbereitung auf ein Kaltwasserbad diente. In einer Nische ist ein Fresko erkennbar, das Hylas, den Gefährten des Herakles, zeigt, der seinen Speer gegen eine Quellnymphe erhoben hat. Im Osten folgt das **Caldarium** (Warmwasserbad), in dem noch Reste der **Hypokausten** (Fußbodenheizung) sowie verschiedene Badebecken und in christlicher Zeit vermauerte Mosaiken zu sehen sind.

Zwei **Sudatorien** (Schwitzbäder) schließen sich links und rechts an das Caldarium an. Im südlichen sind Reste von **Mosaiken** erkennbar: Sie zeigen Apollon und Artemis, wie sie die Kinder der Niobe töten. Ein weiteres Mosaik mit Darstellung des alten Flussgottes Eurotas neben einem Schwan weist auf das Liebesabenteuer des Zeus hin, der sich Leda in Gestalt eines Schwans genähert hatte.

Auf dem Weg zum Theater erkennt man links unterhalb eines überwölbten Wassertanks Reste einer Tribüne, die einst zum **Stadion** gehörte. Dieses harrt ebenso noch einer Erforschung wie das Oval eines großen **Amphitheaters** auf der anderen Seite des Weges.

Eines der größten Römertheater am Mittelmeer

Theater

Der Bau aus augusteischer Zeit wurde bei einem Erdbeben im 4. Jh. stark beschädigt, danach als Steinbruch verwendet und in den 1960er-Jahren rekonstruiert. In dem römischen Theater fanden einst 15 000 Besucher Platz. In der halbrunden **Orchestra** (Spielfläche) stand ein kleiner Altar, auf dem vor den Vorstellungen Opferriten zelebriert wurden. Die ursprünglich 20 m hohe **Cavea** (Zuschauertribüne) zählte etwa 50 durch Treppenaufgänge in neun Sektoren gegliederte Sitzreihen. Die mit Malereien verzierte **Skene** (Bühnenwand) war 40 m breit. Seit Jahren unternimmt die Universität von Ankara während der Sommermonate weitere Grabungen.

Südlich des Theaters (► Plan S. 279)

Straße und Thermen

Südlich hinter dem Theater wurden bisher eine **Straße** teilweise freigelegt (Cardo), eine **Thermenanlage** (2. Jh. n. Chr.) mit Apodyterium (Umkleideraum), Frigidarium, Caldarium, Praefurnium (Brennofen) und Depots sowie eine kleine Palästra. Ein größerer Raum mit kleinen Becken wird als **Fischmarkt** bezeichnet.

Säulenreste des ehemaligen Forums

Granitforum

Noch weiter südlich lag das ehemalige Forum (Marktplatz), das beim großen Erdbeben im 4. Jh. völlig zerstört wurde; die herumliegenden **Granitsäulen** zeugen von seiner einstigen Pracht.

Ehemals größte Basilika Zyperns

Epiphánios-Basilika

Die nach dem Bischof von Salamís/Constantia benannte Kirche entstand in dessen Episkopat Ende des 4. Jh.s, wurde bis ins hohe Mittelalter genutzt und im 7. Jh. von den Arabern zerstört. Die größte Basilika Zyperns war 58 m lang und 42 m breit. Ihr Grundriss zeigt eine siebenschiffige Kirche mit je zwei schmalen äußeren Seitenschiffen. In der zentralen Apsis erkennt man noch Reste der Sitzstufen für den Klerus. An die drei südlichen Seitenschiffe schließt im Osten eine weitere kleine **Kirche** aus dem 7. Jh. an, unter der man ein Grab fand – vermutlich das des hl. Epiphánios. Im 7. Jh. wurden Kirche und nahe gelegene Wohngebiete mit einer Mauer verstärkt.

Wasserspeicher aus byzantinischer Zeit

Zisterne

Der Straße folgend, gelangt man zur Zisterne, dem größten Wasserspeicher Zyperns aus byzantinischer Zeit. Drei überwölbte Säulenreihen umgaben das Wasserreservoir. Frisches Wasser wurde mit Hilfe eines **Aquädukts** vom 40 km Luftlinie entfernten Pentadáktylos-

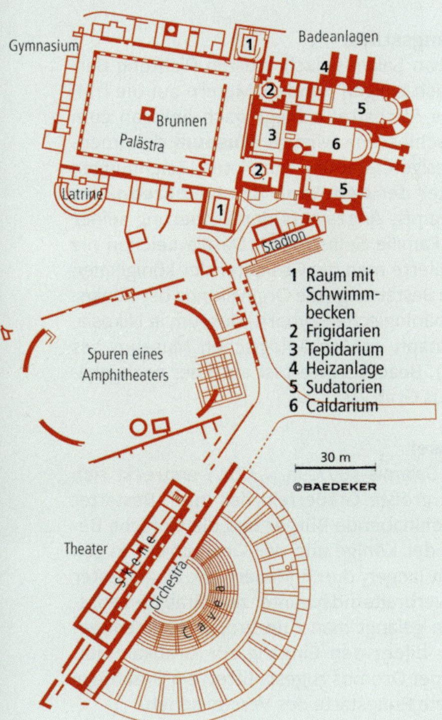

Gebirge bis zur Stadtmauer geführt und dort durch ein Röhrensystem in die Zisterne geleitet, die zur Hälfte eingegraben war.

Reste des antiken Versammlungsplatzes

Steinforum

Die 55 × 228 m große **Agorá** (Forum) aus augusteischer Zeit gehört zu den größten Marktplätzen der römischen Epoche. Im Norden lag der mit Säulen geschmückte Zugang, an den Langseiten der Säulengänge reihten sich einst Geschäfte. Im Süden der Anlage lag der **Zeus-Tempel**, ein kleiner Podiumstempel, der vermutlich dem Zeus Salaminios geweiht war. Eine große Freitreppe führte hinauf, umlaufende Kolonnaden schmückten den Bau. Die Reste des Podiums stammen aus augusteischer Zeit.

Kirchenruine über dem Meer

Basilika Kampanópetra

Hinter den Säulen der dreischiffigen, wohl Ende 5./Anfang 6. Jh. errichteten Kampanópetra-Basilika glitzert das Meer. Ungewöhnlich sind die beiden Atrien (Vorhöfe). Das größere im Westen grenzt an einen Narthex, der an beiden Schmalseiten mit einer Apsis versehen ist. Das kleinere im Osten führt bis zum Ufer, wo noch mit Marmorplatten und Opus sectile ausgelegte Baderäume zu sehen sind mit einem beeindruckenden spiralförmigen **Bodenmosaik** aus über 2000 Einzelteilen. Der oktogonale Brunnen im westlichen Atrium diente für rituelle Waschungen vor dem Gottesdienst. Angegliedert an die Seitenschiffe der Basilika finden sich **Katechuména**, Aufenthaltsräume für die noch Ungetauften. Die **Ölmühle**, die man auf dem Rückweg zum Eingang passiert, wurde vermutlich bis ins 11. Jh. genutzt. Die daran anschließenden herrschaftlichen Gebäude stammen aus dem 5. Jahrhundert.

Königsgräber

Grabanlagen mit Museum: tgl. 9–16 Uhr | 30 TRY

Dokumentation zur Grabungsstätte

Grabungsgelände

Fährt man auf der Straße von Salamís nach Westen Richtung Barnabas-Kloster, stößt man nach einigen hundert Metern auf die freigelegten Königsgräber. Eine Stichstraße biegt nach links ab zum Kartenhäuschen. Das angeschlossene winzige **Museum** dokumentiert die Geschichte der hiesigen Grabung mit Fotos, Zeichnungen und Nachbildungen, darunter der **Kenotaph des Nikokreon**, des letzten Stadtkönigs von Salamís. Angesichts der Eroberung seiner Stadt beging er mit seiner Familie Selbstmord. Da die Leichen nie gefunden wurden, rekonstruierte man die Gesichter der königlichen Familie für eine nachträgliche Bestattung (die Orginalfunde der Königsgräber befinden sich im Archäologischen Zypern-Museum in Nikosia, ► S. 172, der Original-Kenotaph im Archäologischen Museum des Barnabas-Klosters, ► S. 280). Beachtenswert ist auch der nachgebildete Prunk-Leichenwagen aus Grab 79.

Größtes Gräberfeld der Insel

Nekropole von Salamís

Die einstige Nekropole von Salamís (8./7. Jh. v. Chr.) erstreckt sich über 5,2 km und bildet das größte Gräberfeld der Insel. Bestattet wurden hier Stadtkönige, wohlhabende Bürger und die einfache Bevölkerung. Die Grabanlagen der Könige und der Oberschicht folgen dem gleichen **Bautypus**. Ein langer, durch Mauerwerk eingefasster Zugang (Dromos) führt sich verbreiternd hinunter zum Grab (► Längsschnitt, unten). Über Stufen gelangt man zum Propylon, einem gepflasterten Vorhof. Ein Tor bildet den Eingang zur Grabkammer. Nach der Bestattung wurde der Dromos zugeschüttet; ein Grabhügel (Tumulus) bedeckte die letzte Ruhestätte des Verstorbenen.

In den Dromoi fand man reiche **Grabbeigaben**, die Aufschlüsse über einstige Bestattungsriten geben (heute in verschiedenen Museen; ► oben). Im Vorhof einiger Gräber entdeckte Pferde- und Menschenskelette beweisen, dass nicht nur Reit- oder Zugtiere geopfert wurden, sondern auch Sklaven. Daneben lagen Teile von Pferdegeschirren und Wagen sowie Gefäße, die mit Nahrungsmitteln für den Verstorbenen gefüllt waren. Viele Objekte weisen assyrischen oder ägyptischen Einfluss auf. Die Ausgrabungen beweisen auch, dass Homer

Grab 50 (Rekonstruktion)

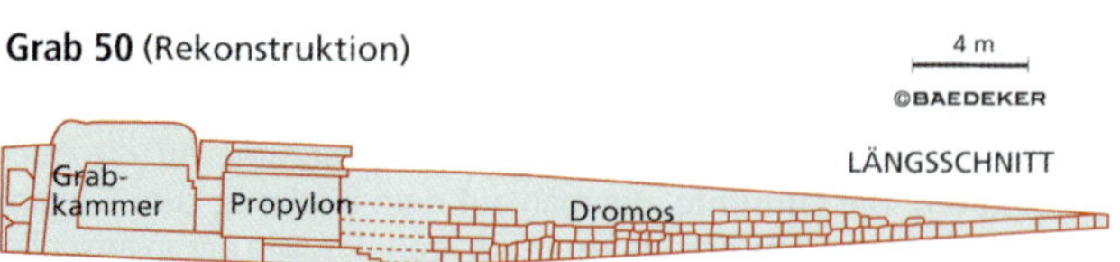

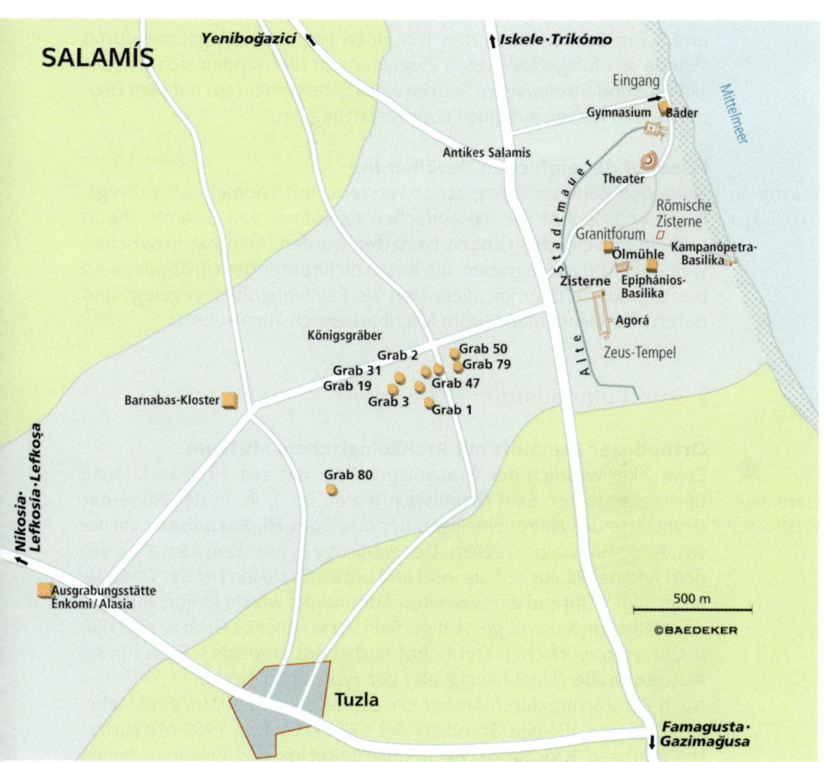

sich an der damaligen Wirklichkeit orientierte und seine Angaben nicht er Fantasie entsprangen (Bestattung Patroklos in der Ilias). Das macht die Königsgräber einzigartig.

Reich ausgestattete Königsgräber

Grabkammern

In **Grab 79**, der prächtigsten Anlage, fanden sich neben Pferdeskeletten und Wagenresten zwei elfenbeinverzierte Thronsessel, ein 1,89 × 1,11 m großes Bett und zwei Bronzekessel mit ägyptisch geprägten Tierprotomen (heute im Archäologischen Zypern-Museum in Nikosia).

Grab 50 oder »Gefängnis der hl. Katharina« liegt unweit der Landstraße und ist durch sein gewölbtes Dach von Weitem sichtbar. Das einstige Giebeldach wurde in römischer Zeit überwölbt. Da das Grab in frühchristlicher Zeit als Gefängnis diente, erhielt es seinen seltsamen Namen. Das auf der anderen Seite der Zufahrtsstraße liegende **Grab 3** zeigt einen hohen Tumulus, der, weithin erkennbar, im 19. Jh. Grabräuber anlockte. Ein großer Dromos von 24,6 m Länge und 5,2 m Breite war in den Tonboden gegraben, eingefasst durch Wände aus luftgetrockneten Ziegeln. Auch hier fanden sich Pferdeskelette und Streitwagen. Spuren eines Scheiterhaufens auf dem Dromosboden weisen auf eine Feuerbestattung hin.

Friedhof der einfachen Bevölkerung

Nekropole Cellarka

Nahe den Königsgräbern, etwas versteckt am Ende eines Feldwegs, liegt der Friedhof für die einfachen Bewohner von Salamís, die in schlichten **Schachtgräbern** bestattet wurden. Man hat inzwischen weit über 100 ausgegraben. Sie liegen dicht unter dem Erdboden und besitzen kurze Dromoi. Viele sind als Familiengräber angelegt und durch eine kleine Mauer vom Nachbarbereich abgetrennt.

Rund um Salamís

Orthodoxer Signalort mit Archäologischem Museum

Barnabas-Kloster

Etwa 2 km westlich der Grabanlegen liegt das seit 1976 verlassene Barnabas-Kloster. Sein Grundstein wurde im 5. Jh. in der Nähe der Grabstätte des Nationalheiligen der Insel, des **Hl. Barnabas** (Varnavas; Άγιος Βαρνάβας), gelegt. Der gebürtige Zyprer kam 45 n. Chr. mit dem Apostel Paulus auf die Insel und unterstützte ihn bei der Christianisierung. Während eines zweiten Aufenthalts wurde er von Juden in der Nähe von Salamís gesteinigt. Sein verschollenes Grab wurde 488 n. Chr. vom zyprischen Erzbischof Anthemios entdeckt – Basis für die **Autokephalie** (Unabhängigkeit) der zyprischen Kirche.
Nach Zerstörung durch Araber errichtete man im 10. Jh. eine Mehrkuppelkirche, die den Grundriss der 1756 erbauten, 1992 restaurierten heutigen **Klosterkirche** definiert. Rechts des Eingangs zeigen Wandmalereien die Auffindung des Heiligengrabs: Traum des Anthemios, Auffindung des Grabs und des Evangeliums, Anthemios überreicht Kaiser Zenon das Evangelium, Anerkennung der zyprischen Kirche und Übergabe der neuen Privilegien.
Die Kirche beherbergt heute ein **Ikonenmuseum**. Ihr Glockenturm wurde erst im 20. Jh. angefügt. Eine 1953 entstandene **Kapelle** (abseits des heutigen Kirchenkomplexes) birgt das **Grab** des Hl. Barnabas.
Im einstigen Mönchstrakt ist das schönste **Archäologische Museum Nordzyperns** untergebracht mit exquisiten Funden aus Salamís und Énkomi, darunter frühbronzezeitliche Vasen mit rotfiguriger Malerei.

Kloster und Museen: tgl. 8–17/18 Uhr | 50 TRY

Industrielles Zentrum und Umschlagplatz von Kupfer

Énkomi

Wenige Kilometer südlich des Barnabas-Klosters erstreckt sich das Ausgrabungsgebiet der antiken Stadt Énkomi westlich des heutigen Orts **Tuzla**. Ihre Anfänge gehen ins 17. Jh. v. Chr. zurück, als sie durch

Fresko im Barnabas-Kloster: Der zyprische Erzbischof Anthemios überreicht Kaiser Zenon das Evangelium.

Verhüttung von Kupfer reich wurde. Im 15.–12. Jh. war sie Handelszentrum zwischen Vorderasien und Ägäis, wie Funde aus der mykenisch-minoischen Kultur beweisen. Gegenüber lag an der syrischen Küste die Stadt Ugarit, in der Archäologen ein zyprisches Viertel mit Waren aus Énkomi fanden.

Im **Grabungsgebie**t erkennt man die Fundamente der antiken Siedlung (13./12. Jh. v. Chr.). Sie zählte in ihrer Blütezeit 10 000 Einwohner und war von einer langen **Stadtmauer** umgeben. Neben Resten dieser Mauer entdeckte man Heiligtümer und Wohnhäuser. Die Verhüttungswerkstätten lagen innerhalb der von einer Nord-Süd-Straße durchzogenen Stadt, die mehrere Querstraßen in Viertel unterteilten. Wie in Kítion (Lárnaka) bestand eine enge Verbindung zwischen Kupferverarbeitung und Kult.

Bei Grabungen fand man neben Skeletten, Gold- und Elfenbeinschmuck, Bronze- und Silbergegenstände und Keramik die berühmte Bronzestatue eines Gehörnten Gottes und die Statuette des »Barrengottes« mit Speer und Rundschild aus dem 12. Jh. (heute im Archäologischen Zypern-Museum in Nikosia).

Grabungsgebiet: tgl. 8–14.30/16.15 Uhr | 30 TRY

SÓLOI · SOLI

Höhe: 30 m ü. d. M.

Die Ursprünge der Ausgrabungsstätte von Sóloi reichen weit in die Zeiten frühgriechischer Kolonisation zurück. Bislang wurde nur ein geringer Teil der unter der Erde schlummernden steinernen Zeugnisse freigelegt, doch schon mit den Resten der frühchristlichen Basilika und dem Theater stehen interessierten Besuchern zwei besonders eindrucksvolle Sehenswürdigkeiten offen.

Erzhafen

Die Ausgrabungen liegen oberhalb von Karavostási/Gemikonağı (Anlegeplatz), das im Altertum als **Hafen** diente. Auch im 20. Jh. nutzte man diesen, um Mineralien aus den nahen **Bergwerken** abzutransportieren. Förderbänder zum Beladen der Schiffe ragen noch heute weit ins Meer, seit der Teilung des Landes ist der Abbau stillgelegt.

Eines der großen Stadtkönigtümer

Geschichte

Dem Mythos zufolge gründete Akámas, Sohn des Theseus und Liebhaber der Aphrodite, die Stadt. Laut Strabon (64/63 v. Chr.–23 n. Chr.) wurde sie um 600 v. Chr. auf Rat des Atheners **Solon**, eines der sieben Weisen, von König Philokypros an heutiger Stelle neu erbaut und nach dem Weisen benannt. Ende des 6. Jh. war Sóloi neben ▶ Koúrion und Amathoús eines der größten **Stadtkönigtümer** der Insel. Herodot berichtet, die Stadt habe sich im Kampf gegen die Perser durch wiederholte Aufstände hervorgetan. Um Sóloi zu kontrollieren, baute der perserfreundliche König Doxandros von Márion (Pólis Chrysochoús) den Palast von ▶ Vouní.

In römischer Zeit wurde Herodes d. Gr. von Augustus mit den **Kupferminen** Sólois belehnt, zahlreiche Juden kamen als Arbeiter hierher. Im 7. Jh. litt die Stadt unter Arabereinfällen, bis ins 18. Jh. hinein sollen noch große Tempelanlagen und Stadtviertel bestanden haben. Später wurden die Gebäude als Steinbrüche benutzt. Anfang der 1920er-Jahre begann eine schwedische Expedition mit Grabungen und fand Reste eines römischen **Theaters** und einer frühchristlichen **Basilika**.

Die berühmte Marmorstatue der **Aphrodite von Sóloi** (1. Jh. v. Chr.) gehört heute zu den Highlights des Archäologischen Zypern-Museums in Nikosia.

Das Grabungsgelände

Karavostási/
Gemikonağı

Die Ausgrabungen der antiken Stadt liegen an einem **Berghang** oberhalb von Karavostási/Gemikonağı. Freigelegt wurden u. a. ein römisches Theater und eine frühchristliche Basilika, ein Großteil des Areals ist noch nicht systematisch erschlossen.

Tgl. 8–16.15/18 Uhr | 50 TRY

Herrlicher Blick

Römisches Theater

Das rekonstruierte Theater von Sóloi (2. Jh. n. Chr.) ist deutlich kleiner als das von Salamís. Auf den Rängen (Cavea) mit 52 m Durchmesser fanden 4000 Zuschauer Platz. Die halbrunde Spielfläche (Orchestra) hat einen Durchmesser von 17 m. Der herrliche Blick auf Meer und Sumpfgebiet, das heute den Hafen der Antike verbirgt, war damals von der Bühnenwand (Skene) verdeckt.

Auf dem Hügel hinter dem Theater wurden Reste eines **Aphrodite-Tempels** entdeckt. Verschiedene **Nekropolen** in der Umgebung zeugen von starker Besiedlung in geometrischer bis römischer Zeit. Die schönsten Funde zeigt das Museum in ▶ Mórfou/Güzelyurt.

Intakte Bodenmosaiken

Frühchristliche Basilika

Am Fuß des Hügels liegen die Reste einer frühchristlichen Basilika des 5. Jh.s, die drei Apsiden besaß und einst beeindruckend ausgesehen haben muss. Im Mittelalter setzte man eine neue Kirche auf die alten Fundamente. Bei Grabungen 1967 entdeckten Archäologen **Bodenmosaiken**, die einst die ganze Basilika überzogen. Zahlreiche geometrische Muster und eine Reihe von Tierdarstellungen sind erhalten, darunter das schöne Mosaik eines Schwans in einem Medaillon, gerahmt von Blattornamenten.

Etwas unterhalb liegen, von Gras überwuchert, die **Agorá** und ein **Nymphäum**.

»Work in Progress«. Ein Teil des Areals von Sóloi ist noch nicht erschlossen.

Rund um Sóloi

Dattelpalmen zwischen Zitrushainen

Lefka/Lefke

Das kleine Bergstädtchen, das etwa 6 km südöstlich von Sóloi liegt, war im Mittelalter eine der wichtigsten Baronien der Insel. Da es problemlos zu bewässern war, wurden dort Zuckerrohr, Baumwolle und später Zitronen und Orangen angebaut. Noch heute verleihen Palmen, offene Bewässerungskanäle und **osmanische Stadthäuser** dem alten Kern des Ortes ein orientalisches Flair. Im 20. Jh. wurden die nahen Kupfererzminen durch die amerikanische Cyprus Mining Corporation ausgebeutet, woraufhin sich Lefkes Einwohnerzahl binnen weniger Jahre verdoppelte und verdreifachte. Seit den Auseinandersetzungen der beiden Bevölkerungsgruppen auf Zypern ist dies jedoch Geschichte.

Einen Besuch lohnt die palmenbestandene **Piri-Osman-Pascha-Moschee** am Ortsrand. Vor der Moschee befindet sich das Grab des 1839 verstorbenen Namengebers, das ein schönes Beispiel osmanischer Steinmetzkunst darstellt. Lefke war auch Wohn- und Wirkungsort von **Scheich Nazim**, einem zyperntürkischen Sufi-Lehrer der Nakschibendi-Tradition, der 2014 starb und dort beerdigt wurde (▶ Das ist …, S. 19).

★ ST. HILARION KALESI

Höhe: 731 m ü. d. M.

Die westlichste der drei Burgen im Pentadáktylos-Gebirge schmiegt sich an einen in zwei Berggipfeln endenden Felsvorsprung und bietet einen herrlichen Blick über den Gebirgszug und nach Kyrénia/Girne. Die Ruinen zeugen von der früheren Pracht dieses im Volksmund »Schloss der tausend Gemächer« genannten Kastells, der einstigen Sommerresidenz der Lusignan. Sie sollen angeblich Walt Disney als Schlossmodell für seinen »Schneewittchen«-Film gedient haben.

Burgruine in Traumlandschaft

Schon von der Küstenebene aus ist der steile Kalksteinfelsen zu erkennen, an dem die zinnenbewehrten Mauern und halbrunden Türme der malerisch gelegenen Burg St. Hilarion wie eine Kanzel hervorspringen. Etwa 7 km südlich von ▶ Kyrénia/Girne zweigt von der Schnellstraße Richtung Nikosia kurz vor der Passhöhe eine Straße ab, die zu der Festung führt (von Nikosia aus 15 km). Man durchfährt dabei militärisches Gebiet, in dem Fotografieren verboten ist.

St. Hilarion – spektakulär gelegen im Pentadáktylos-/Beşparmak-Gebirge

»Schloss der tausend Gemächer«

Burganlage

Die exakten Umrisse der neben ▶ Kantara und ▶ Buffavento am besten erhaltenen der drei Festungen im Pentadáktylos erkennt man erst, wenn man direkt unter ihr steht, so eng fügen sich ihre Mauern in die schroffe Felslandschaft. Die Burganlage gliedert sich in drei Bereiche – Vorburg, Unter- und Oberburg – sowie den separat stehenden Prinz-Jean-Turm.

Neben dem Eingang zur Unterburg befindet sich eine Toilettenanlage, und es werden Erfrischungsgetränke und Souvenirs verkauft. In der Festung betreibt heute Mustafa Gürsel ein **Café**, empfehlenswert ist seine selbst gemachte Limonade.

Tgl. 8–17/19 Uhr | 50 TRY

Signalfestung in unruhigen Zeiten

Geschichte

Benannt wurde die Festung nach dem **Hl. Hilarion**, einem ägyptischen Einsiedler des 4. Jh.s, der seine letzten Jahre hier in einer Höhle verbrachte. Ihm zu Ehren errichtete man zunächst eine Kapelle, im 10. Jh. dann ein Kloster, das die Byzantiner im 11. Jh. in eine Festungsanlage integrierten.

Unter den **Lusignan** wurde die Burg stark befestigt und erhielt den Namen »Dieu d'Amour«, abgeleitet vom griechischen Wort Dídymoi (Zwillinge), das sich auf die beiden Berggipfel der Oberburg bezog. Im 13. Jh. spielte sie eine Rolle bei den Auseinandersetzungen des

zyprischen Adels mit dem deutschen Kaiser Friedrich II., der die Insel für sich beanspruchte. Anhänger Friedrichs zogen sich auf die Burg zurück, mussten sie 1232 nach langer Belagerung jedoch den Lusignan zurückgeben. Diese erhoben die Festung wegen des kühleren Klimas zu ihrer **Sommerresidenz**.
Im 14. Jh. geriet St. Hilarion ein weiteres Mal in die Streitigkeiten um die Herrschaft auf Zypern. 1369 war Peter I. von Zypern ermordet worden, sein Sohn Peter II. wurde vom Adel nicht als Nachfolger anerkannt, woraufhin sein Onkel Jean von Antiochia König werden sollte. Eleonore von Aragon, Witwe Peters I., kämpfte mit ihrem Gefolge gegen Jean von Antiochia und für ihren Sohn. Trotz des Rückzugs nach St. Hilarion wurde Jean besiegt. Die heutigen Ruinen stammen vorwiegend von einem erneuten Ausbau der Festung um 1391. Unter den Venezianern wurde die Burg aufgegeben und geschleift.

Aufstieg in drei Etappen

Vor- und Unterburg

Man betritt die **Vorburg** durch einen Zwinger, von dem ein kleiner Weg hinauf zur Unterburg führt. An den Seiten liegen neben Resten einer großen Zisterne Stallungen und Wohntrakte für die Soldaten. Durch ein Tor, einst durch eine Zugbrücke zusätzlich geschützt, erreicht man auf einem gewundenen Pfad die **Unterburg** mit der byzantinischen **Klosterkirche** des 8-Stützen-Typs (10. Jh.), einziger

FESTUNG ST. HILARION

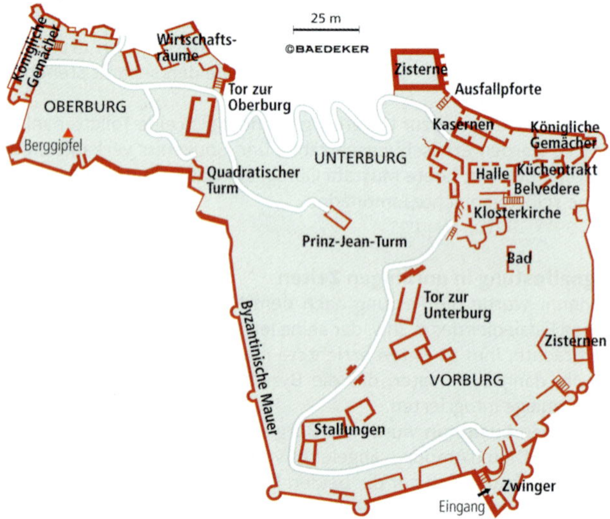

EINE ANDERE PERSPEKTIVE

Lautlos über die Küstenebene schweben und die Insel aus einer ganz anderen Perspektive erleben – das ist in Nordzypern auch ohne Vorkenntnisse und Training möglich. Ein erfahrener Pilot steuert den **Tandem-Gleitschirm**. Gestartet wird u. a. von einer Plattform einige hundert Meter westlich von St. Hilarion, Zielpunkt ist der kleine Ort Karaoğlanoğlu (5 km westlich). Ein traumhaftes Erlebnis! Das Büro von **Highline Air Tours** findet man im Alten Hafen von Kyrénia/Girne (www.highlineparagliding.com).

Überrest des ehemaligen Klosters. Nördlich der Kirche führen Treppenstufen zur großen **Halle** (14. Jh.) hinab, wohl das vormalige Refektorium. Östlich liegt das **Belvedere**, eine gewölbte Loggia, von der man eine schöne Sicht auf die Küstenebene und das Beşparmak/Pentadáktylos-Gebirge hat. An die Loggia schlossen sich die königlichen Gemächer und ein Küchentrakt an.

Aussichtsturm der Wachmannschaften

Prinz-Jean-Turm

Weiter den Stufenweg bergauf geht es zur Oberburg. Kurz vor dem Eingangstor führt links ein steiler Pfad zu dem einzeln stehenden Prinz-Jean-Turm, der hoch über der Unterburg an einer Felskante klebt. Von dort soll Prinz Jean von Antiochien seine aus Bulgarien stammende Leibgarde in den Tod gestürzt haben, denn er fürchtete eine Verschwörung. Bei schönem Wetter bietet sich von dort weite Sicht in Richtung Küste.

Zur doppelt befestigten Oberburg

Oberburg

Durch einen gut erhaltenen Torbogen betritt man die doppelt befestigte Oberburg. Im Norden liegen Wirtschaftsgebäude, im Westen die **Königlichen Gemächer**. Einblick in die einstige Pracht geben die mit gotischem Maßwerk reich geschmückten Fenster und deren seitliche Sitzbänke. Ein schöner Blick auf das Gebirge und das kleine Dorf Kármi (► S. 255) bietet sich vom westlich gelegenen mit gotischem Maßwerk geschmückten »**Fenster der Königin**«.

VOUNÍ · BADEMLIKÖY

Höhe: 255 m ü. d. M.

Nur noch Fundamente erinnern an den einst sicher beeindruckenden Palast von Vouní, erbaut auf einem Hügel, der einen fantastischen Ausblick auf Meer und Gebirge erlaubt. Auf den von hier oben sichtbaren kleinen Felsinseln wurden Reste neolithischer Kulturen entdeckt.

Ruinen auf einem Hügel

Folgt man einer gewundenen Straße etwa 5 km von östlich von ► Sóloi bis auf den Gipfel des Berges (Vounó), auf dem die Ruinen des Palastes von Vouní thronen, wird man mit einem herrlichen Blick über die weite **Bucht von ► Mórfou**/Güzelyurt belohnt. Die im westlichsten Zipfel des Inselnordens gelegenen Ausgrabungen wurden bereits im Jahr 1928 von schwedischen Archäologen begonnen.

Ein Ort als Rätsel

Geschichte

Der **Palast von Vouní** hatte nur kurze Zeit Bestand. Die Anlage entstand im 5. Jh. v. Chr. und wurde um 380 v. Chr. durch einen Brand zerstört. Sein Erbauer war wohl der perserfreundliche König Doxandros von Márion (bei Pólis Chrysochoús). Er versuchte von Vouní aus, die griechenfreundliche Stadt ► Sóloi zu kontrollieren. Vier verschiedene Bauphasen lassen vermuten, dass die Besitzer des Palastes wechselten, ihn verändern und erweitern ließen.

Prachtbau mit 137 Räumen

Palastanlage

Man betritt den Palast mit 137 Räumen von Südwesten und gelangt in einen dreigeteilten Raum, vermutlich die **Eingangshalle** des Gebäudes. Von hier führt eine Treppe in einen **Hof**, der an drei Seiten von Portiken umschlossen war. Im Hof ist eine Zisterne erkennbar, an deren Ostseite eine seltsam geformte Steinstele steht, die wahrscheinlich als Brunnenwinde diente. Um den Hof gruppieren sich die zum Teil zweigeschossigen **Wohnräume**. Im Nordosten fand man eine **Badeanlage**, die zu den ältesten erhaltenen Bädern der Antike zählt.

In einer zweiten Bauperiode wurden im Osten Lagerräume angefügt, die einen Wirtschaftshof mit einer Schöpfanlage umschlossen. In einer dritten Bauphase ließ der Palastbesitzer den alten Eingang zumauern und im Norden einen **neuen Eingang** errichten.

Tgl. 8–16.15/18 Uhr | 30 TRY

Ort spektakulärer Funde

Athena-Tempel

Am südlichen Berghang (gegenüber dem Wärterhäuschen) liegen die spärlichen Reste eines Athena-Tempels. Hier wurden sensationelle Funde gemacht, u. a. die berühmte **Kuh von Vouní**, eine kleine Bronzestatuette, die heute im Archäologischen Zypern-Museum in Nikosia zu sehen ist (Saal 7).

Wanderweg zum Strand

Yeşilırmak/ Limnítis

Ein etwa 5 km langer Wanderweg führt nach Yeşilırmak/Limnítis, wo man am Meer im gleichnamigen Hotel das Fisch-Restaurant »Vouni King« besuchen kann und es am Strand Bademöglichkeiten gibt.

www.vounikinghotel.com

RUINEN DES PALASTES VON VOUNÍ

H
HINTER-GRUND

Direkt, erstaunlich, fundiert

Unsere Hintergrundinformationen beantworten (fast) alle Ihre Fragen zu Zypern.

Ein Kentaur flirtet mit einer Mänade. Mosaikdetail aus dem »Triumphzug des Dionysos« im Tablinum des Hauses des Dionysos, Archäologischer Park von Néa Páfos. ►

DAS LAND UND SEINE MENSCHEN

Seit 1974 ist die Insel geteilt. 2004 wurde die Republik Zypern – laut Verfassung von 1960 sowie internationaler Rechtsprechung ist dies die ganze Insel – in die EU aufgenommen. Der türkisch-zyprisch geprägte nördliche Teil, etwa ein Drittel der Gesamtfläche, blieb jedoch weiterhin als international nicht anerkannte Republik Nordzypern bestehen, in der das EU-Recht bis heute ausgesetzt ist.

Zankapfel der Mächte

Zwischen Orient und Okzident

Zypern, nach Sizilien und Sardinien die **drittgrößte Insel im Mittelmeer**, liegt ganz im Osten des Mittelmeers am Schnittpunkt der Kontinente Europa, Asien und Afrika. Die Lage zwischen Orient und Okzident machte es von der Antike bis in die Gegenwart zum Schauplatz machtpolitischer Auseinandersetzungen. Wechselnde **Fremdmächte** prägten Kultur und Mentalität seiner Bewohner (▶ Baedeker Wissen, S. 256).
Ab 1878 stand die Insel für fast 100 Jahre unter britischer Verwaltung und wurde 1925 britische Kronkolonie. 1960 erlangte sie Unabhängigkeit. Schon 1963 kam es zu Spannungen – auch weil die griechischen Zyprer den politischen Anschluss an Griechenland anstrebten (»Enosis«; ▶ S. 328). Dies führte 1974, nach einem von der griechischen Militärregierung in Athen inszenierten Putsch, zur **Invasion türkischer Truppen** im nördlichen Inselteil (▶ Baedeker Wissen, S. 160). Seit der Teilung Zyperns 1974 gehören etwa 38 % der Inselfläche zur international nicht anerkannten Türkischen **Republik Nordzypern**. Der griechisch-zyprische Süden bildet die **Republik Zypern**, die völkerrechtlich die gesamte Insel repräsentiert und 2004 in die EU aufgenommen wurde. Die **Trennungslinie** zwischen beiden Landesteilen ist seit 1974 eine von UN-Soldaten kontrollierte Pufferzone. Sie beginnt im Nordwesten beim Bergstädtchen Lefka/Lefke (südöstlich von Sóloi/Soli), verläuft durch Nikosia und endet südlich von Famagusta/Gazimağusa (▶ Baedeker Wissen, S. 330).

Natur und Umwelt

Naturräumliche Gliederung

Die Insel lässt sich grob in drei größere landschaftliche Einheiten gliedern: das Tróodos-Massiv, die Mesaoría-Ebene und das Pentadáktylos-/Beşparmak-Gebirge.

Relaxen im Tróodos-Gebirge, dem »grünen Herzen« Zyperns

Tróodos-Gebirge

Den westlichen Teil Zyperns bildet das Tróodos-Gebirge aus magmatischem Urgestein, das im 1951 m hohen Olympos gipfelt und mit seinen Ausläufern zusammen etwa ein Drittel der Insel einnimmt. Der aus widerständigem Gestein aufgebaute Tróodos reicht von der Chrysochoú-Bucht (Kólpos Chrysochoús) im äußersten Nordwesten bis zur markanten Erhebung des Stavrovoúni-Bergs nahe der Autobahn Nikosia–Limassol im Süden. Wind und Wetter trugen die weichen Sedimentgesteine ab, die vor geologisch noch nicht allzu langer Zeit den aus dem Erdinneren gequollenen, von Kissenlava umgürteten magmatischen Kern bedeckt hatten (► Baedeker Wissen, S. 211).
Harter Serpentin und Harzburgit bilden die »sanft« geformte Kuppe des oft bis in den April schneebedeckten **Olympos** (auch »Chionístra«: Schneestelle). Duftende Kiefern- und Zedernwälder und majestätische Zypressen machen diesen Gebirgsstock zum »grünen Herzen« Zyperns und zu einer beliebten Sommerfrische. Im Winter tummeln sich hier oben hingegen Skiläufer und Snowboarder (► Baedeker Wissen, S. 216).

Hügelland

Nördlich und westlich des Tróodos wechseln sich dunkle Gesteine vulkanischen Ursprungs mit hellen kalkigen Meeresablagerungen ab. Sie bilden eine hügelige Landschaft mit Hochebenen und tiefen Tälern. Schönster Abschnitt ist die unter Naturschutz gestellte **Akámas-Halbinsel**, die wie ein mächtiges Horn ins Meer hinausragt.

Ein Traumstrand auf der Karpas-Halbinsel in Nordzypern

Mesaoría-/ Mesarya-Ebene

Zwischen Tróodos im Südwesten und Pentadáktylos im Norden dehnt sich die Mesaoría-Ebene/Mesarya (»Zwischen den Gebirgen«) über eine Länge von etwa 90 km heute überwiegend im türkischen Norden aus. Diese **Schwemmlandebene** zwischen der Bucht von Mórfou/Güzelyurt im Westen und dem Hafen Famagusta im Osten ist schwach reliefiert, besteht vorwiegend aus Mergel und Sand und ist die jüngste geologische Formation Zyperns. Bei Nikosia, der zentral gelegenen Inselhauptstadt, liegt die Mesaoría-Ebene etwa 180 m ü. d. M. Durch die Jahrtausende war sie Hauptsiedlungsgebiet und **Kornkammer Zyperns**, heute werden hier auch Obst- und Gemüse angebaut.

Pentadáktylos/ Beşparmak

Im Norden der Insel verläuft das Pentadáktylos-/Beşparmak-Gebirge (»Fünf-Finger-Berge«) etwa 150 km weit parallel zur Nordküste von der Bucht von Mórfou/Güzelyurt bis zum **Kap Apostolos Andreas/ Zafer Burnu** (► S. 245). Nur 5–8 km breit, erreicht es eine durchschnittliche Höhe von 600–800 m und weist schroffe, aus Kalkstein, Dolomit und wenig Marmor bestehende Felsgrate und Zinnen auf. Höchste Erhebung ist der 1024 m hohe **Kyparissóvouno/Selvili** (»Zypressenberg«). Nach Nordosten wird das Gebirge immer niedriger und läuft aus im langen »Finger« der reizvollen **Karpas-Halbinsel/Karpaşa**.

Im Winter fallen reichlich Niederschläge, sodass an der kahlen Südseite des Gebirgszugs einige ergiebige **Quellen** austreten. Die Nord-

seite ist bewaldet und ähnelt mit jähen, zum **Klettern** animierenden Felsgraten und -zinnen ein wenig den Kalkalpen.

Küsten

Steile Küstenabschnitte wechseln mit traumhaft schönen Badebuchten ab, die von goldgelbem Sand- bis zu dunklen Kieselstränden für jeden etwas bieten. Landschaftlich besonders eindrucksvoll ist die steil abstürzende **Südwestküste** zwischen Koúrion und Páfos. Die **Nordküste** wird von der Bucht von Mórfou/Güzelyurt hin bis zur Karpas-/Karpaşa-Halbinsel von den schroffen Felsbastionen des Pentadáktylos-Gebirges flankiert.

Die schönsten Strände

Entlang der **Südküste** sind die wenigen Strände oft mit großen Hotelanlagen verbaut. In der Hochsaison herrscht hier oft drangvolle Enge. Gleiches gilt für die im Südwesten liegende Stadt Páfos, die sich in den letzten Jahren zu einem touristischen Rummelplatz gemausert hat. Weniger besucht sind die Strände im **Nordwesten** rund um Pólis Chrysochoús (▶ S. 61). Kaum berührte, zauberhafte Strände findet man auf der Akámas-Halbinsel. Die schönsten Strände liegen an der **Ostküste** bei Agía Nápa und Famagusta sowie auf der reizvollen **Karpas-Halbinsel** im Nordosten. Der **Norden** besitzt infolge des jahrzehntelangen Wirtschaftsboykotts keine ausgeprägte touristische Infrastruktur wie der Süden, holt aber seit einigen Jahren auch aufgrund von EU-Förderprogrammen stetig auf.

Die größten Städte

Die Hauptstadt **Nikosia** (Lefkosía, Lefkoşa) liegt in der Mesaoría-Ebene und ist auch die größte Stadt Zyperns. **Limassol** (Lemesós) an der Südküste ist die zweitgrößte Stadt und besitzt den wichtigsten Handelshafen der Insel. Östlich von ihr liegt in einer weiten Bucht **Lárnaka** (Lárnax), das seit dem Bau des Flughafens 1974 an Bedeutung gewann. An der Westküste bietet **Páfos** den Besuchern zahlreiche Ausgrabungen antiker Stätten und eine gute touristische Infrastruktur. An der Ostküste, im türkischen Norden, liegt **Famagusta/Gazimağusa** mit seinen Sandstränden – bis 1974 der wichtigste Hafen der Insel und Hochburg des Badetourismus. Das an der Nordküste liegende **Kyrénia/Girne** verwandelt sich in den letzten Jahren von einer malerischen Hafenstadt in eine der üblichen Hochhaussiedlungen rings ums Mittelmeer. Einzig der alte Hafen bleibt ein Juwel.

Bodenschätze

In Verbindung mit der untermeerischen Entstehung des Tróodos-Massivs sind die Rohstofflagerstätten Zyperns zu sehen. Besonders gilt dies für **Kupfersulfid**, das im Ausbreitungsgebiet der Kissenlaven zu finden ist. Am Meeresboden der Tethys (Urmeer) drang Wasser in Spalten und Klüfte ein, wurde aufgeheizt und konnte Metalle lösen. Diese kamen als kupfer-, eisen- und zinkhaltige Sulfide an die Oberfläche und wurden abgelagert. Die anfänglich hohen und dann geringer werdenden Temperaturen in der Magmakammer des Tróodos-Gebirges und diverse chemische Reaktionen begünstigten auch die Entstehung von Pyrit, Serpentin, Asbest und Chrom.

Pflanzen- und Tierwelt

Vielfältige Flora

Zypern bietet dank seines milden und ausgeglichenen Klimas, seiner geologischen Eigenart und geografischen Lage über **1800 Pflanzenarten** Lebensraum. Darunter sind etwa 120 endemisch, also nur auf der Insel heimisch. Ihren ganzen Reiz bietet die Flora von Februar bis April auf, wenn Zypern von einem vielfarbigen Blütenmeer überzogen ist. Neben verschiedenen Orchideenarten entfalten Tulpen, Gladiolen, Alpenveilchen, Schwertlilien, wilder Mohn, Zistrosen und Ginster ihre volle Blütenpracht. Kulturpflanzen wie der intensiv duftende Raps, Mandel-, Obst- und Zierbäume stehen ebenfalls im Blütenkleid.
Da die Wasserläufe nach der Schneeschmelze und der kurzen Regenzeit im Frühjahr bald versiegen, wirkt die Insel im Hochsommer eher karg und ausgedörrt, das Getreide wird schon Ende Mai geerntet. Lediglich blühende Oleander-Sträuche und verschiedene Disteln setzen kleine Farbtupfer. Die Nadel- und Laubbäume im Bergland sind jedoch auch im Sommer grün. Mit dem ersten Regen im Herbst verwandelt sich Zypern erneut in eine grüne Insel mit farbenprächtigen Blütenpflanzen, darunter Krokusse, Narzissen, Anemonen, Hyazinthen und Lilien.

Schwindender Waldbestand

Schon in der Bronzezeit begann man, die überaus reichen Waldbestände der Insel abzuholzen, zunächst für die Verhüttung von Kupfer und anderen Metallen. In der Antike verwendete man das Holz für Haus- und Schiffsbau. Über Jahrhunderte wurde unkontrolliert Holz gefällt, Überweidung durch Ziegen und Waldbrände taten ein Übriges, um den Baumbestand dieser einst grünen Mittelmeerinsel drastisch auf knapp 20 % zu reduzieren.
Ein Großteil der Wälder ist Staats- oder Gemeindeforst und wächst an den Hängen des Tróodos, wo seit 1982 intensive **Wiederaufforstung** betrieben wird. Mögliche Waldbrände versucht man durch Feuerwachstationen auf hohen Gipfeln, Forsttelefone für Notrufe und spezielle Feuerbekämpfungstruppen einzudämmen.

Pflanzengemeinschaften

Vier Pflanzengemeinschaften treten auf Zypern in Erscheinung: Nadel- und Laubwälder, Macchia, Phrygana und Felssteppe. Der größte Teil des Baumbestands wird durch die **Brutische Kiefer** (Pinus brutia) abgedeckt, die in Regionen bis etwa 1200 m Höhe wächst. Über 1200 m findet man die zuweilen bizarr wirkenden **Schwarzkiefern** (Pinus nigra). Doch prägen auch Zypressen, Platanen, Ahorne, Eichen und eine Unterart der Libanonzeder (Cedrus brevolia), geschützt im Tal der Zedern (► S. 120), das recht urwüchsige Landschaftsbild des Tróodos-Gebirges.

Reben sind uralte Kulturpflanzen und seit der Antike Basis »göttlicher« Weine.

Die **Macchia**, ein bis zu 6 m hohes Gestrüpp aus stacheligen Büschen und Sträuchern, ist weitgehend in den trockeneren Regionen an der Küste zu finden. Um der Austrocknung entgegenzuwirken, besitzen die meisten Pflanzen dunkle, lederartige Blätter, die reich an wohlriechenden Ölen und Harzen sind. Typische Sträucher und Bäume der hohen Macchia sind die endemische **Goldeiche** (Quercus alnifolia), der **Erdbeerbaum** (Arbutus andrachne) und der **Phönizische Wacholder** (Juniperus phoenicea) aus der Famile der Zypressen. Die niedrigere Macchia wird u. a. durch Stechginster (Ulex europaeus) und Mastix-Strauch gebildet.

Die **Phrygana** aus niedrigem, immergrünen Buschwerk findet sich auf felsigem und wenig tiefgründigem Boden, ist höchstens 1–2 m hoch und besteht aus trockenheitsresistenten Pflanzen mit einem sehr aromatischen Duft, wie **Thymian**, Rosmarin, Salbei, Majoran, **Zistrosen** und vielen anderen.

In der **Felssteppe** gedeihen nur noch ausdauernde Pflanzen mit unterirdischen Speicherorganen, wie der Affodill, ein krautiges Grasbaumgewächs, Hyazinthen und Orchideen, darunter die beiden endemischen Arten **Kotschy Ragwurz** (Ophrys kotschyi) und Orientalischer **Pflugschar-Zungenstendel** (Serapias vomeracea).

Orchideenreichtum

Besonders der Orchideenreichtum (52 verschiedene Arten, davon 30 im Pentadáktylos-Gebirge) lockt zahlreiche Botaniker und Naturliebhaber an. Im Frühjahr findet man die unter Naturschutz stehenden Kleinodien im Tiefland, ab Mai auch im Gebirge (▶ Das ist ..., S. 21).

Kulturpflanzen

Kulturpflanzen wie Apfel-, Kirsch- und Birnbäume, Mandel- und Nussbäume können aufgrund des milden Klimas bis zu einer Höhe von 1200 m gedeihen. So ist die alljährliche **Kirschblüte** in den Tróodos-Dörfern Pedoulás oder Páno Plátres Anlass zu einem wahren Volksfest geworden. Auf Zypern gedeihen **Lorbeerbäume**, **Weinreben**, **Zitrusfrüchte** und Bananenstauden. Getreide und Gemüse werden in der Mesaoría-Ebene und in den Küstengebieten angebaut. In den Städten säumen Judasbäume, Jacaranda- und Mimosenbäume als **Zierpflanzen** die Straßen.

Die Frucht des **Johannisbrotbaums** (Ceratonia siliquia), auch Karub genannt, war einst eine der wichtigsten Kulturpflanzen auf Zypern und ein bedeutendes Exportgut. Aus dem Fruchtmus wird ein süßer Sirup gewonnen, den man als Brotaufstrich oder bei der Herstellung des Gebäcks Pastelli verwendet.

Wenig artenreiche Fauna

Weit weniger artenreich als die Flora ist Zyperns Tierwelt. Wohl am prägnantesten ist das unter Naturschutz stehende **Mufflon** (Ovis gmelini musimon). Merkmal der männlichen Tiere sind die mächtigen, geschwungenen Hörner. Diese sehr wendigen und kletterfähigen Wildschafe halten sich im Tróodos-Gebirge auf, sind jedoch in freier Wildbahn nur selten zu sehen. Der im Altertum in die Tausende gehende Mufflon-Bestand wurde im Mittelalter unter dem französischen Herrschergeschlecht der Lusignan und in jüngerer Zeit durch britische und zyprische Jäger stark dezimiert. Heute kann der Besucher Mufflons im Freigehege der **Forststation Stavrós tis Psókas** (▶ S. 120) nordwestlich des Zederntals, in Platanía (bei Kakopetriá) und in dem kleinen Tiergarten von Limassol sehen. Reisende des Mittelalters berichteten von Wildleoparden, Hirschen und Wildeseln, die jedoch längst ausgerottet worden sind. Dagegen sind Haustiere wie Esel, Schafe, Ziegen und Katzen überall zu sehen. Auf der Karpas-Halbinsel im Norden Zyperns sind »verwilderte« **Esel** (▶ Magischer Moment, S. 243) des Touristen Freud', des Bauern Leid.

Kleintiere

In den Wäldern und an den Küsten Zyperns tummeln sich allerlei Kleintiere, wie eine endemische Hasenart (Lepus cyprius), Kaninchen und Füchse. Endemisch sind auch der Langohrigel (Hemiechinus auritus) oder die 2004 entdeckte **Zypernmaus** (Mus cypriacus), ein kleines Nagetier. Durch Knochen- und DNA-Vergleiche gelang es ihrem Entdecker, dem französischen Zoologen Thomas Cecchi, nachzuweisen, dass sie seit 9000 Jahren und damit wahrscheinlich schon länger auf Zypern lebt als die Menschen des Neolithikums.

Das Mufflon, ein wendiges Wildschaf, ist das Nationaltier Zyperns.

Reptilien und Amphibien Zypern ist reich an Reptilien und Amphibien, wie Fröschen, Kröten, Wasserschildkröten, Echsen und Schlangen. Ungefährlich ist die dunkle Balkan-Spring- oder Kaspische Pfeilnatter (Dolichophis caspius), eine der längsten Schlangen Europas, äußerst giftig hingegen die Levanteotter (gr. Koufi; Vipera lebetina). Unter den Echsenarten tritt häufig der **Hardun** (Stellagama stellio) auf, der zu den Wirbelschwanz-Agamen gehört. Zypern zählt zu den letzten Zufluchtsorten im Mittelmeer für die gefährdeten **Meeresschildkröten** Chelonia mydas und Caretta caretta (▶ Baedeker Wissen, S. 246).

Vögel Die geografische Lage Zyperns als Zwischenstation auf einer der großen Zugvogelrouten von Afrika nach Nordeuropa führt dazu, dass die Insel jährlich von Millionen **Zugvögeln** aufgesucht wird. Manche rasten nur kurz, andere wie Singdrosseln, Rotkehlchen, Gänse, Schwäne, Reiher und Flamingos kommen als Wintergäste, u. a. an die zwei großen Salzseen am Flughafen Lárnaka (▶ S. 132) und auf der Halbinsel Akrotíri (▶ S. 148) südlich von Limassol. Zu den **endemischen Vogelarten** der Insel zählen die Schuppengrasmücke (Sylvia melanothorax) und der zyprische Steinschmätzer (Cypriaca oenanthe). Raubvögel wie Falken oder Geier ziehen ihre Kreise in den Bergregionen.

Bevölkerung

In den Städten Rund 80 % der zyprischen Bevölkerung lebt heute in den größeren Städten Nikosia, Limassol, Lárnaka, Páfos, Famagusta/Gazimağusa und Kyrénia/Girne. Weitere **Ballungsräume** sind die Mesaoría-Ebene und der Großraum Limassol.

Kaum Verständigungsprobleme Sämtliche Regionen Zyperns lassen sich problemlos bereisen, und die berühmte zyprische Gastfreundschaft hat in beiden Inselhälften eine lange Tradition: »Kopiáste« heißt es im Süden gern: »Setz dich zu uns und trink ein Gläschen.« Auch sonst dürfte es kaum Verständigungsprobleme geben: Infolge der langen britischen Kolonialzeit und des Englischunterrichtes in den Schulen sprechen die meisten Zyprer fließend **Englisch**. Lediglich die anatolischen Einwanderer beherrschen es kaum. Und natürlich macht es sich gut, für Standardsituationen zumindest ein paar Brocken der beiden **Amtssprachen**, Griechisch und Türkisch, zu beherrschen (▶ Sprachführer ab S. 422).

Flüchtlingsströme nach 1974 Die **Trennung der Siedlungsgebiete** 1974 und die damit verbundenen Flüchtlingsströme von Griechen und Türken führten zu einer gewaltigen Bevölkerungszunahme im Süden, während der durch die Flucht griechischer Zyprer bedingte Bevölkerungsrückgang im **Norden** durch Ansiedlung von Festlandtürken (Anatoliern) ausgeglichen wurde, die hier nun die deutliche Mehrheit stellen. Der Anteil der türkisch-zyprischen Bevölkerung ging dort seit 1974 ständig zurück, da viele Bewohner wegen der desolaten politischen und wirtschaftlichen Lage Nordzypern den Rücken kehrten, um ihr Glück im Ausland zu suchen, Hauptziel war Großbritannien. Im **Süden** wurden nach der Teilung in aller Eile Flüchtlingslager und -siedlungen errichtet. Bis zum heutigen Tag genießen die Flüchtlinge dort finanzielle Unterstützung der Regierung. Trotzdem emigrierten viele nach England, den USA, Kanada und Australien.

Friedliche Koexistenz

Im griechischen Teil leben in dem kleinen Dorf **Pýla** bei Lárnaka (► S. 58) etwa 300 Türken friedlich zusammen mit ihren Nachbarn, auf der Karpas-Halbinsel im türkischen Norden wohnen fast 300 Griechen. Über diesen Dörfern weht die Fahne der **UN-Friedenstruppe**, die schon 1964 auf Zypern stationiert wurde.

Ein Straßencafé direkt an der mit Ölfässern gesicherten Trennungslinie, der Green Line. Die UN-Pufferzone gehört schon lange zum Alltag in Nikosia.

Religionen und Glaubensgemeinschaften

Orthodoxe Kirche

Gut drei Viertel aller Zyprer gehören der rechtlich selbstständigen Kirche Zyperns, einer autokephalen griechisch orthodoxen Kirche, an (▶ Baedeker Wissen, S. 304). Sie gliedert sich in ein Erzbistum, fünf Metropolien und elf Klöster.
Laut Apostelgeschichte bekehrten im Jahr 45 die Apostel Paulus und Barnabas den römische Statthalter von ▶ Páfos zum Christentum. Als sich ihre Wege trennten, blieb der **Hl. Barnabas** auf Zypern und wurde in Salamís als Bischof zum Märtyrer. Mit Beginn der byzantinischen Herrschaft Ende 4. Jh. konnte das Christentum auf Zypern Fuß fassen.
In den frühen Jahren bestand die christliche Kirche aus den Patriarchaten Rom, Jerusalem, Konstantinopel, Alexandria und Antiochia. Zypern, das zu Antiochia gehörte, strebte schon früh nach Selbstständigkeit. Als eine Vision im Jahr 478 **Erzbischof Anthemios** das Grab des Hl. Barnabas offenbart und man dessen Gebeine mit einer Abschrift des Matthäusevangeliums bei Salamís gefunden hatte (▶ Barnabas-Kloster, S. 280), wurde ein seit der Synode von Ephesus 431 schwelender Streit zugunsten der **Autokephalie** (Selbstständigkeit) der zyprischen Kirche entschieden. Damit erhielt der Erzbischof Zyperns das Recht, an Festtagen purpurfarbene Kleidung zu tragen, mit roter Tinte zu unterzeichnen sowie ein kaiserliches Zepter zu tragen.

Römisch-katholisches Intermezzo

Bereits im 4. Jh. mit Auseinanderbrechen des Römischen Reichs bahnte sich die **Kirchentrennung** (Schisma) in eine Ost- und Westkirche an. Zypern gehörte von Anbeginn zur Ostkirche. Die endgültige Trennung beider Kirchen mit gegenseitiger Exkommunikation erfolgte 1054. Der Kirchenbann wurde erst mit dem II. Vatikanischen Konzil (1962–1965) abgeschafft. Im Mittelalter übernahm das französische Adelsgeschlecht der Lusignan die Herrschaft auf Zypern und erklärte den römisch-katholischen Glauben für mehrere Jahrhunderte zur Staatsreligion. Man unterdrückte die orthodoxen Christen und vereinnahmte deren Kirchengüter.

Erzbischof als Landesherr

Erst unter osmanischer Herrschaft erhielt die orthodoxe Kirche einen Teil ihrer alten Rechte zurück; der Erzbischof wurde offizieller Vertreter des zyprischen Volkes, was dessen politischen Einfluss deutlich stärkte. 1960–1977 war Zypern neben dem Vatikan der einzige Staat der Welt, der mit **Makarios III.** (▶ S. 362) von einem Kirchenfürsten regiert wurde.

Islam

Die erste Periode der Islamisierung begann 1571 mit der Eroberung Zyperns durch den türkischen **Pascha Lala Mustafa**. Nach offiziellen Angaben gehören heute etwa 18 % der zyprischen Gesamtbevölkerung der islamischen Religionsgemeinschaft an. Allerdings wurden dabei von den Behörden der Republik Zypern die seit 1974 zugezogenen

Türken vom Festland gar nicht in die Statistik einbezogen. Tatsächlich haben diese (nach vagen Schätzungen über 120 000) den Anteil der muslimischen Bevölkerung Zyperns bereits auf etwa 25 % erhöht.
Die zyprischen Muslime sind **Sunniten**. Diese erkennen im Unterschied zu den Schiiten die Kalifen als Autorität in Glaubensfragen an und berufen sich außer auf den Koran auch auf die Sunna, eine im 9. Jh. niedergelegte Sammlung von Aussprüchen Mohammeds.
Die zyprischen Muslime gelten als gemäßigt, die Moschee wird seltener als in anderen islamischen Ländern besucht, die Frauen sind emanzipierter und tragen kein Kopftuch, während des Fastenmonats Ramadan (► S. 390) wird gerne einmal ein Auge zugedrückt. Stärker religiös geprägt sind allerdings die vom Festland stammenden Türken; Beten, Fasten und das Tragen des Kopftuchs gehören für sie zum Alltag.

Kleinere christliche Gruppen

Neben der zyprisch-orthodoxen Kirche gibt es kleinere christliche Glaubensgemeinschaften auf Zypern, allen voran die armenische und die maronitische Kirche. Beide haben, wie die Katholiken, per Verfassung Anspruch auf insgesamt drei für Minderheiten reservierte Sitze im Parlament der Republik Zypern.
Die in Ostanatolien und Kilikien beheimateten christlichen **Armenier** kamen seit dem 6. Jh. in mehreren Flüchtlingsschüben. Heute leben auf Zypern etwa 3500 Armenier, fast alle waren nach der Teilung in die südliche Republik Zypern geflohen. Das Oberhaupt der armenischen Glaubensgemeinschaft Zyperns hat seinen Sitz in Nikosia.
Eine weitere christliche Minderheit bilden die ursprünglich im Libanon beheimateten **Maroniten**, benannt nach dem hl. Maron, die den Papst als Oberhaupt anerkennen. Es gibt rund 2500 griechisch sprechende Maroniten auf der Insel, von denen ein kleiner Teil (etwa 300) auch im Norden lebt. Das Dorf Koruçam (► S. 258) in Nordzypern ist ein Zentrum der maronitischen Gemeinde mit deren Hauptkirche Ágios Geórgios. Im Mittelalter bekannten sich 80 000 Zyprer zur maronitischen Konfession, die Bischofskirche liegt nahe der Green Line im griechischen Teil der Hauptstadt Nikosia.
Daneben gibt es kleinere römisch-katholische, anglikanische und evangelische Glaubensgruppen mit jeweils eigenen Kirchen.

Jüdische Gemeinde

Zypern hat eine lange jüdische Geschichte, die wohl im 3. Jh. v. Chr. begann und sich trotz Unterdrückung nach dem Aufstand gegen die Römer im 2. Jh. n. Chr., trotz mittelalterlicher Pogrome und Bevölkerungsrückgangs in der Zeit des osmanischen Reiches fortsetzte. Während des Holocaust nahm die Insel überdurchschnittlich viele Verfolgte auf. Nach dem Holocaust und vor der Gründung des Staates Israel wurden über 50 000 Juden, die auf Zypern gestrandet waren, interniert. Seit 2005 gibt es auf Zypern wieder eine Synagoge. Zusätzlich gibt es drei Gebetshäuser der Chabad-Chassidim.

GOTTESDIENST UND IKONENVEREHRUNG

Im Leben der Zyperngriechen spielt die Religion eine wichtige Rolle. Kirchenaustritte sind so gut wie unbekannt, und die wichtigsten Feste wie Ostern und Mariä Himmelfahrt werden wie eh und je in den Familien groß gefeiert.

Der griechisch-orthodoxe Glaube beruft sich auf das **Urchristentum**, teilt jedoch nicht die theologische und gesellschaftliche Entwicklung der westlichen Kirchen. Unterschiede zeigen sich in Architektur und Kirchenausstattung, Ritus und grundsätzlichen Glaubensauffassungen. So geht in der Ostkirche der Hl. Geist nur vom Vater aus (und nicht vom Sohn), es gibt weder das Fegefeuer noch das Dogma der Unbefleckten Empfängnis. Für Orthodoxe ist das Feiern des Namenstags wichtiger als das des Geburtstags, denn ihre Vornamen sind meist die der wichtigsten Heiligen.

Priester, Gläubige und Kirchenbesuch

Der **Kirchenbesuch** an den hohen Feiertagen ist selbstverständlich, sonst kommen inzwischen weniger Gläubige. Dennoch ist der Volksglaube tief verwurzelt, großzügige Spenden erfolgen bei Taufen, Hochzeiten und Begräbnissen, Kirchensteuer hingegen gibt es nicht. Der **orthodoxe Priester**, mit langem Bart, schwarzem Gewand und Kamilavkion (einem »nackendeckenden« Hut), gehört zum Dorfleben. Er ist meist verheiratet, Ehelosigkeit ist nur Bischöfen, Mönchen und Nonnen vorgeschrieben.

Besuch in der Johanneskathedrale von Nikosia, Hauptkirche des Erzbistums

Orthodoxe Priester im Café am Dorfplatz

Der **orthodoxe Gottesdienst** – in engem Zusammenhang mit der Symbolik von Kirchenbau und Innenschmuck – zeichnet sich durch besondere Feierlichkeit und Mystik aus, seine Sprache ist ausladend, bildlich, hymnisch und poetisch. Es werden jeweils die zu bestimmten Tagen des Kirchenjahrs vorgeschriebenen Stellen aus den Evangelien vorgetragen bzw. von Dorfältesten und Priester gesungen. Im Mittelpunkt steht die **Heilige Eucharistie**. Sie bildet die himmlische Liturgie ab, wie sie in der Offenbarung des Hl. Johannes geschrieben steht, und macht den Gläubigen symbolisch die göttliche Wirklichkeit zugänglich. Während des Gottesdienstes ist der Altar (hinter der Ikonostase) für die Gläubigen nicht sichtbar.

Orthodoxer Kirchenraum

Die **Ikonostase** (Bilderwand) trennt den Kirchenraum in **Naos** (Kirchenschiff für die Gemeinde) und **Bema** (Altarraum für den Priester im Osten). Meist bildet ein **Narthex** (dem Eingang vorgelagerte Halle) den westlichen Abschluss des horizontal ausgerichteten orthodoxen Kirchenbaus.

Ikonenverehrung spielt eine herausragende Rolle im orthodoxen Glauben, der Betrachter stellt durch sie eine direkte Verbindung zum jeweiligen Heiligen her (und damit indirekt zu Gott). Die Pracht der goldglänzenden Ikonen an Ikonostase und Wänden sowie die feierlichen liturgischen Gewänder und Geräte wirken Ehrfurcht gebietend. Eines der häufigsten Ikonenmotive ist Maria (Panagía) mit dem Kind.

Die meisten Kirchen sind opulent mit **Fresken** und/oder Mosaiken geschmückt. Die vertikale Hierarchie der Darstellungen beherrscht der **Pantokrator** (Christus als Weltenherrscher) in der Kuppel. In der Mittelzone findet sich meist die Passion Christi, an der Ikonostase ein Zyklus mit den 12 wichtigsten Festen des Kirchenjahrs. In der untersten Ebene wachen verschiedene Heilige und Märtyrer über die Gläubigen.

Staat und Gesellschaft

Gründung der Republik 1960 entließ das Britische Empire Zypern in die Unabhängigkeit, die **Republik Zypern** wurde gegründet. Die Briten sicherten sich jedoch 3 % der Landesfläche als unabhängige Areale. Bis heute existieren zwei **britische Militärbasen** (Akrotíri und Dekéleia) mit eigener Gerichtsbarkeit, die dem britischen Verteidigungsministerium unterstehen und eng mit der Armee der Republik Zypern zusammenarbeiten.

Türkische Intervention Die türkische Intervention 1974 führte zur **Teilung der Insel** in einen weiterhin als Republik Zypern bestehenden griechisch bevölkerten Süden und eine international nicht anerkannte **Türkische Republik Nordzypern**, die sich auf die Anwesenheit türkischer Streitkräfte stützt. Die Republik Zypern gilt bis heute als einzige rechtmäßige Repräsentantin der ganzen Insel, obwohl sie seit 1974 de facto nur den griechischsprachigen Süden verwaltet.

Flaggen Der weiße Hintergrund der Flagge der **Republik Zypern** mit dem gold-orangefarbenen Inselumriss in der Mitte symbolisiert die Blockfreiheit, die gold-orange Farbe steht für den Kupferreichtum der Insel. Die beiden gekreuzten Olivenzweige darunter erinnern an den Friedenswillen der Zyprer.
Die Flagge der international nicht anerkannten »**Republik Nordzypern**« zeigt auf weißem Hintergrund einen roten Halbmond, einen roten Stern und zwei rote Streifen, sie spiegelt die Flagge der Türkei.

Regierung

Der **Staatspräsident** – seit 2023 Nikos Christodoulidis – wird auf fünf Jahre direkt vom Volk gewählt; ihm obliegen Ernennung und Vorsitz des Kabinetts, das aus elf Ministern besteht. Das Amt des Vizepräsidenten ist unbesetzt, da es gemäß Verfassung einem Vertreter der türkisch-zyprischen Volksgruppe zustünde. Seit 2020 ist Ersin Tatar Präsident Nordzyperns. Von den 80 Sitzen des Parlaments der Republik Zypern sind seit 1974 nur noch 56 Sitze besetzt, 24 Mandate stehen nominell Vertretern der türkischen Volksgruppe zur Verfügung. Die Abgeordneten werden alle fünf Jahre neu gewählt.

Militär

Zypern ist laut UNO eine der am stärksten militarisierten Regionen der Welt. Alle männlichen Staatsbürger unterliegen der Wehrpflicht (der Militärdienst dauert 14 Monate). Die griechisch-zyprische Nationalgarde zählt etwa 12 500 Mann, zusätzlich gibt es bewaffnete Polizisten. Auf türkischer Seite sind Schätzungen zufolge etwa 36 000 Mann vom Festland stationiert, in den britischen Militärbasen etwa 3300 Soldaten.

UN-Friedenstruppen

Seit 1964 sind auf Zypern UN-Friedenstruppen (UNFICYP: United Nations Peace Keeping Force in Cyprus) stationiert, zunächst mit über 6000, heute mit rund 900 Soldaten. Sie bewachen die etwa 180 km lange **Trennungslinie** zwischen den beiden Inselteilen (etwa 3 % der Landesfläche). Da die enormen Stationierungskosten nicht aus dem UN-Etat, sondern zum Großteil von den jeweils stationierten Staaten bestritten werden, hat der allmähliche Rückzug der Blauhelme begonnen.

Wirtschaft

Nach der Unabhängigkeit

Als die britische Kronkolonie Zypern in die Unabhängigkeit entlassen wurde, war die junge Republik Agrarland – knapp 50 % der Bevölkerung waren in der Landwirtschaft beschäftigt – mit rückständiger Wirtschaft, die vom Außenhandel abhängig war. Die Unterbeschäftigung führte zur Massenemigration. Um schwerwiegenden Strukturmängeln zu begegnen – beschränkte Bodenschätze und Naturressourcen, Kapitalflucht –, begann die Regierung in Fünfjahresplänen unternehmerische Initiativen zu fördern, sodass die Wachstumsrate zwischen 1960 und 1973 auf 7 % stieg. Seit der Jahrtausendwende ist das Bruttoinlandsprodukt (BIP) der Republik Zypern erneut rasant gewachsen. Lag es Mitte der 1990er-Jahre noch knapp über 7 Mrd. €, so wurden 2009 bereits knapp 16,9 Mrd. und 2022 27,01 Mrd. € erwirtschaftet. Die Agrarproduktion hatte sich verdoppelt, die Industrieproduktion verdreifacht, und der Fremdenverkehr wurde die größte Deviseneinnahmequelle. Weit über die Hälfte der Exporte gehen in EU-Länder (hauptsächlich Landwirtschaftsprodukte).

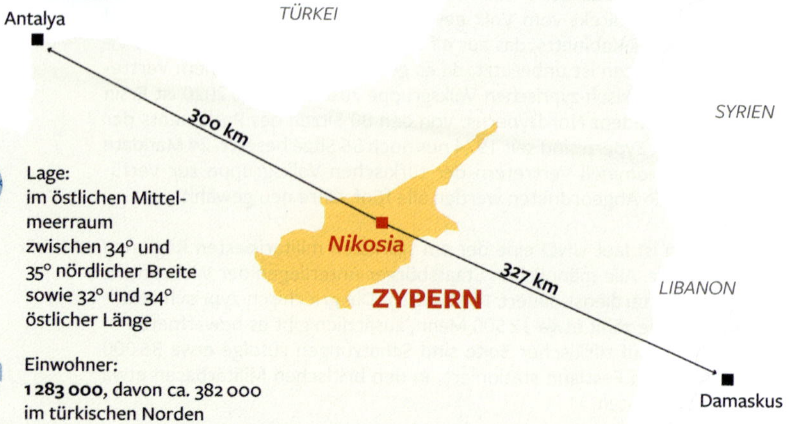

BAEDEKER WISSEN

Antalya

TÜRKEI

SYRIEN

300 km

Nikosia

ZYPERN

327 km

LIBANON

Damaskus

Lage:
im östlichen Mittelmeerraum
zwischen 34° und 35° nördlicher Breite
sowie 32° und 34° östlicher Länge

Einwohner:
1 283 000, davon ca. 382 000 im türkischen Norden
Genaue Angaben über die Zahl der Zyperntürken und der vom Festland eingewanderten Türken sind nicht vorhanden.

Zeit:
Osteuropäische Zeit
(OEZ = MEZ + 1 St.)

Küstenlänge:
780 km

▶ Fläche und Ausdehnung

9251 km²
3450 km² unter türkischer Besatzung,
257 km² britische Militärbasen in Dekéleia und Akrotíri
Ausdehnung von Südwesten nach Nordosten: ca. 225 km, von Norden nach Süden ca. 100 km
Trennungslinie mit Pufferzone: 180 km

▶ Hauptstadt

Nikosia
(griech. Lefkosía / türk. Lefkoşa)

▶ Religion

78 % Griechisch-Orthodoxe,
18 % Moslems (hauptsächlich Sunniten)

▶ Währung

Euro (seit 2009)
Türkische Lira (TL) im türkischen Teil

▶ Staatsform

Souveräne Präsidialrepublik.
Präsident der Republik Zypern:
Nikos Christodoulidis (seit 2023)
Präsident der international nicht anerkannten Türkischen Republik Nordzypern:
Ersin Tatar (seit 2020)

▶ Verwaltung

Sechs Verwaltungsbezirke: Famagusta, Kyrénia, Limassol, Nikosia, Lárnaka und Páfos.
Der türkische Norden gliedert sich in fünf Bezirke: Nikosia/Lefkoşa, Famagusta/Gazimağusa, Kyrénia/Girne, Tríkomo/Iskele, Mórfou/Güzelyurt

▶ Sprache

Griechisch und Türkisch (Amtssprachen), Englisch als Bildungs- und Verkehrssprache

Wirtschaft

BIP der Republik Zypern

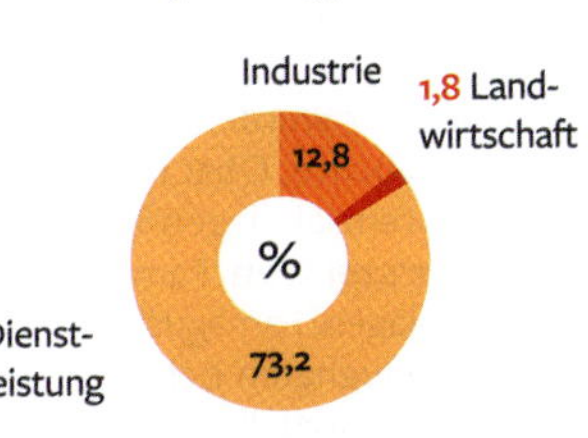

BIP der Türkischen Republik Nordzypern

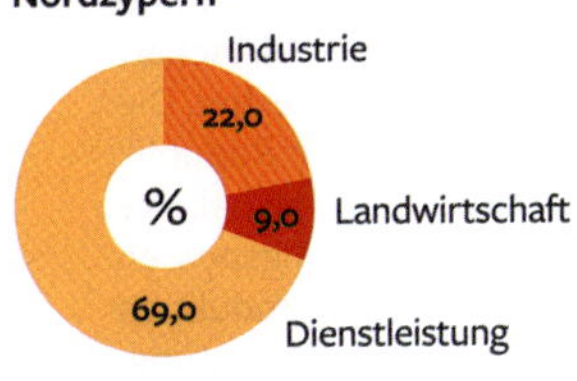

Arbeitslosenquote:
6,6 % Republik Zypern
15 % Nordzypern

Klimastation Nikosia

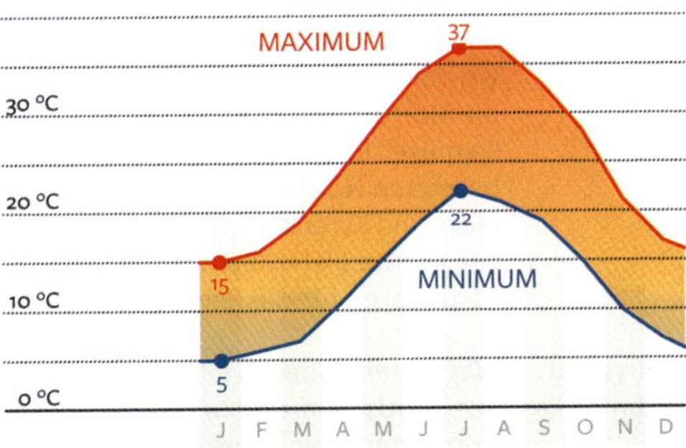

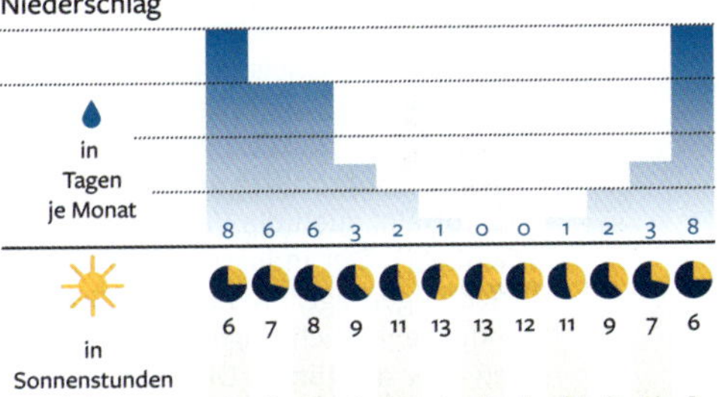

Die größten Inseln des Mittelmeers

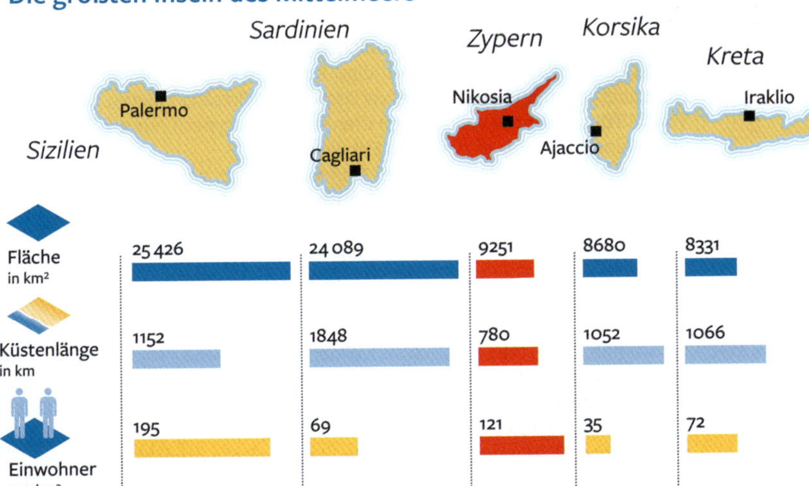

Rückschlag nach 1974

Nach der türkischen Invasion und der Inselteilung fielen die wertvollsten Gebiete der **Landwirtschaft** an die Türken: ein großer Teil der Mesaoría-Ebene, Anbaugebiet für Weizen, Gerste und Kartoffeln, wo vor der Teilung fast 80 % des Getreides produziert wurden, und die Mórfou-Bucht, Produktionszentrum für Zitrusfrüchte, Obst und Gemüse. Etwa 70 % des gesamten Wirtschaftspotenzials lagen im besetzten Norden: die wichtigsten **Fremdenverkehrszentren**, Famagusta und Kyrénia sowie der Großteil der Industrieanlagen. Famagusta, der größte Hafen Zyperns, und der internationale Flughafen bei Nikosia waren für die Republik Zypern jetzt nicht mehr nutzbar.

Wirtschaft Nordzyperns

Wegen fehlender Erfahrung und Finanzmittel aus Drittländern und der politischen und wirtschaftlichen Isolation hinkt die Wirtschaft Nordzyperns bis heute der internationalen Entwicklung hinterher. Die Wirtschaftsleistung entspricht etwa 20 % derjenigen der Republik Zypern. Aktuelle Zahlen und Fakten fehlen oder sind schwer zu bekommen. Der Dienstleistungssektor (58,7 %), durch Versorgungsposten der Regierung wesentlich gestützt, dominiert, die Industrieproduktion beträgt 35,1 %, die Landwirtschaft 6,2 % der Wirtschaftsleistung. Hauptanbauprodukte sind Zitrusfrüchte, Gemüse, Getreide, Oliven und Kartoffeln, auch die Viehzucht hat Bedeutung (Schafe, Ziegen und Geflügel). Der industrielle Sektor ist im Wesentlichen von Kleinbetrieben geprägt, die Zement, Textilien, Nahrungsmittel, Gips, Möbel und Inneneinrichtungen herstellen. Im- und Export laufen hauptsächlich über die Türkei. Die Arbeitslosenrate liegt bei etwa 15 %. Mit einer **Inflation** von über 100 % jährlich steht die Wirtschaft Nordzyperns bzw. die der Türkei vor einer immensen Herausforderung.

Abhängig von der Türkei

Nordzyperns Wirtschaft ist abhängig vom Geldgeber Türkei. Anfang 2011 wurden die Gehälter im öffentlichen Dienst um 40 % gekürzt und weitere Sparmaßnahmen angekündigt. Aufgrund der internationalen Nichtanerkennung liegen keine verlässlichen Wirtschaftsdaten vor. Von 138 untersuchten Volkswirtschaften steht Nordzypern nur an 114. Stelle hinsichtlich einer positiven Entwicklung.

Die Regierung setzt angesichts des Handelsboykotts auf das **Casino-Wesen**, etwa ein Drittel des Staatshaushalts, und den Aufbau **privater Hochschulen**, die durch Studiengebühren finanziert werden und ein weiteres Drittel des Haushalts generieren. Über 100 000 Studenten, darunter viele aus afrikanischen Ländern, die hier ohne Visum einreisen können, studieren derzeit in Nordzypern.

Fördermittel der EU

Inzwischen fördert die EU auch im Norden verschiedene Projekte, die vor allem auf den Ausbau der **Infrastruktur** und die Modernisierung der **Landwirtschaft** abzielen. Eine allmähliche Strukturangleichung beider Inselteile soll die von der internationalen Staatengemeinschaft angestrebte Wiedervereinigung der beiden Inselteile erleichtern.

Die »Trennlinie« in Nikosia trennt nicht nur die Menschen, sondern auch die wirtschaftliche Entwicklung.

Wirtschaftswunder im Süden

Wirtschaftlich hatte sich die Republik Zypern nach 1974 bald wieder erholt, Experten sprachen gar von einem Wirtschaftswunder. Aufgrund der Flüchtlingsströme allerdings betrug die Arbeitslosenrate zunächst 35 %, die Kriegsschäden beliefen sich auf 1,25 Mrd. Euro. Doch schon 1980 hatte sich die Lage wieder stabilisiert. Zum Aufschwung trug nicht zuletzt die finanzielle Unterstützung des Westens bei. Zusätzlich brachte der Libanonkrieg von dort finanzkräftige Kaufleute und Firmen nach Zypern.
Die **Landwirtschaft** wurde intensiviert, neue Anbaugebiete und Verarbeitungsbetriebe wurden geschaffen. Ausländische Firmen lockte man mit Steuervergünstigungen, neue Industriezweige wurden staatlich gefördert. In Lárnaka und später in Páfos entstanden neue **Flughäfen**, die **Häfen** von Limassol und Lárnaka wurden ausgebaut. Zypern steht mit seinem Pro-Kopf-Einkommen innerhalb der EU an 13. Stelle, vor Griechenland, Portugal und Spanien.

Landwirtschaft und Viehzucht

Nur noch 2,4 % der griechisch-zyprischen Bevölkerung arbeiten in der **Land- und Forstwirtschaft** sowie der **Fischerei**. Man intensivierte den Anbau von Erdnüsse, Bananen, Oliven, Kartoffeln (jährlich zwei Ernten), Gemüse, Johannisbrot und Wein, im Tróodos-Gebirge garantieren Apfel-, Birnen-, Kirsch- und Mandelbäume reiche Erträge. Heute liegen im Süden mehr als 90 % der inselweiten Anbauflächen für **Weinbau**, 80 % für Gemüse und 74 % für Oliven und Kartoffeln. Ausgeführt werden hauptsächlich Obst, Kartoffeln, Gemüse und Wein. Hauptabnehmer sind EU-Länder, GUS-Staaten und arabische Länder.

OLIVENÖL: URALTE BÄUME, FLÜSSIGES GOLD

Wie kaum ein anderer Baum hat sich der Olivenbaum den klimatischen Bedingungen des Mittelmeerraums angepasst. Knorrig trotzt er steifen Meeresbrisen ebenso wie heißen Wüstenwinden. Mit seinen tiefen Wurzeln kann er die langen, trockenen Sommer überstehen – und das jahrhundertelang. Olivenbäume erreichen oft ein geradezu biblisches Baumalter – so manches Exemplar grünt schon an die tausend Jahre.

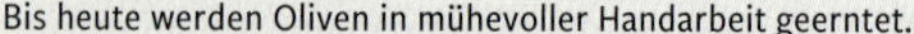

Auf Zypern werden Olivenbäume schon seit vorgeschichtlicher Zeit kultiviert. In der Antike waren deren Früchte und das daraus gewonnene Öl nicht nur Handelsgut auf der Insel, sondern auch Exportschlager: Das bekunden Gefäße, die Archäologen unter anderem in Kóuklia, Koúrion und Pýgros zutage förderten. Der **älteste bekannte Kaufvertrag**, der einen Olivenhandel auf Zypern beurkundet, wurde vor rund 4500 Jahren aufgesetzt.

Dem »flüssigen Gold«, wie das Olivenöl bei Homer genannt wird, brachten schon die Menschen des Altertums **höchste Wertschätzung** entgegen. Bei Olympischen Spielen überreichte man es den Siegern, auch bei religiösen Ritualen wurde mit der kostbaren Flüssigkeit hantiert. Noch heute zeichnen orthodoxe Priester ein Kreuz mit Öl auf die Stirn eines Täuflings. Dass im Inneren der Früchte Substanzen stecken, die der Haut äußerst zuträglich sind, wusste man schon in der Antike, und so verwundert es nicht, dass im Aphrodite-Mythos der schönen Liebesgöttin entsprechende Körperpflegerituale angedichtet werden.

Haupteinsatzort der goldgelben oder grünlichen Flüssigkeit, die im Licht so edel schimmert, war und ist aber selbst-

Bis heute werden Oliven in mühevoller Handarbeit geerntet.

Köstliche Olivenöle sind ein hochwertiges Naturprodukt.

verständlich die **Küche**, wo das Öl längst nicht mehr vom mediterranen Speisezettel wegzudenken ist. Auch die moderne Ernährungswissenschaft hat bestätigt, was die Altvorderen des Mittelmeerraumes schon immer wussten: Olivenöl ist **gesund**. Ein hoher Anteil an einfach ungesättigten Fettsäuren, Vitamin E und andere wertvolle Inhaltsstoffe schützen den Körper vor schädlichen Oxidationsprozessen, wirken sich positiv auf Cholesterinspiegel und Blutdruck aus, kommen Herz und Gefäßen zugute.

Farbe und Aroma

Es erfordert eine Menge Erfahrung, den optimalen Reifegrad der Früchtchen zu bestimmen. Nach der Ernte sollten die Oliven unverzüglich kalt, also mit rein mechanischen Mitteln gepresst werden. Nur dieses Öl darf das Gütesiegel »**Natives Olivenöl extra**« tragen. Einfaches »Olivenöl« dagegen wird unter Dampf raffiniert und ist von minderer Qualität. Farbe und Aroma des Produkts ergeben sich durch die verwendeten Olivensorten. Auf Zypern werden vor allem **Koroneiki-Oliven** angebaut, deren Öl mild und zartgrün ist. Rund 1,3 Mio. Olivenbäume wachsen heute auf der Insel. Jeder wirtschaftlich genutzte Baum liefert im Durchschnitt 20 kg Früchte im Jahr – woraus sich maximal vier Liter Öl gewinnen lassen. Ein Großteil der zyprischen Olivenernte wird übrigens nach Griechenland verkauft und kommt – mit griechischen Ölen vermischt – als griechisches Produkt in den Handel.

Urlauber haben reichlich Gelegenheit, das zyprische Öl in Reinkultur zu verkosten. Einige **Agrotourismus-Betriebe** bieten ihren Gästen an, bei der Olivenernte zu helfen und mitzufahren, wenn es mit den Früchten zur Ölmühle geht. Dort wird der frisch gepresste neue »Jahrgang« auf geröstete Weißbrotscheiben geträufelt und einem genussvollen Geschmackstest unterzogen (▶ Oleastro Olive Park, S. 147).

In der Viehwirtschaft dominieren **Schaf- und Ziegenzucht**, knapp 330 000 Fettschwanzschafe, die Milch und Fleisch liefern. Die Rinderzucht hingegen wurde fast völlig eingestellt, da immer mehr Weideland in Ackerflächen umgewandelt wurde. Auch die Geflügelzucht ist von Bedeutung; Geflügel und Eier werden exportiert.

Fischerei Der Fischerei-Sektor ist stark zurückgegangen, seit es in den Gewässern um Zypern keine großen Fischbestände mehr gibt. Im Mittelmeer wurden **Fischfarmen** eingerichtet, in denen man Doraden züchtet. Durch den Aufbau von Forellen- und Karpfenfarmen versucht man zudem, die Süßwasserfischerei zu beleben.

Bergbau Die Bodenschätze Zyperns sind zum größten Teil erschöpft. Reiche Kupfervorkommen hatten der Insel seit Frühzeit und Antike lange Reichtum und Wohlstand garantiert. Die Engländer versuchten zu Beginn des 20. Jh.s mit wenig Erfolg, den **Kupferabbau** wieder zu beleben. Erst 1980 schloss man die letzte, längst unrentable Kupfermine. Heute fördert man wieder in geringen Mengen Kupfererze. Nordöstlich des Gebirgsorts Tróodos wurde bei Amíantos (▶ S. 207) bis vor einigen Jahrzehnten im Tagebau **Asbest** gewonnen. In der Nähe des Olympos fördert man noch immer geringe Mengen Chromerze, bei Pólis Chysochoús im Nordwesten in kleinen Mengen Schwefel, Eisenpyrite und Erze für den Export.

Schaf- und Ziegenzucht prägen die Viehwirtschaft in beiden Inselteilen.

Wasserversorgung

Die **Süßwasserversorgung** ist seit jeher ein zentrales Probleme der Landwirtschaft, verursacht durch seltene Regenfälle und die ungleiche Verteilung des Niederschlags über das Jahr. Nach der türkischen Invasion kam der Verlust großer bewässerter Gebiete in der Mesaoría-Ebene hinzu. 1997 ging die erste von mittlerweile drei **Entsalzungsanlagen** für Meerwasser in Betrieb. Bereits vor 1974 hatte man begonnen, **Stauseen** anzulegen, um das Regen- und Schmelzwasser im Frühjahr aufzufangen. Heute gibt es im Süden Zyperns über 90 dieser Reservoirs.

Nordzypern erhielt seit 1998 **Wasserlieferungen** vom türkischen Festland. Inzwischen erreicht das kostbare Nass im Inselnorden einen Stausee östlich von Kyrénia/Girne durch eine 80 km lange schwimmende Pipeline, durch die 75 Mio. m³ Wasser in von der Salzgitter AG gefertigten Röhren strömen.

Energiewirtschaft

Die Stromgewinnung stützt sich auf Erdölimporte aus dem Nahen Osten. Es existieren zwei **Kraftwerke**, die der 1952 gegründeten, halbstaatlichen Elektrizitätsbehörde unterstehen. Ein weiterer Faktor sind die **Sonnen- und Windenergie**. Die Warmwasseraufbereitung der meisten Haushalte basiert auf Energie der Sonne. Nordzypern besitzt ebenfalls zwei Kraftwerke.

Für die Zukunft wird auf die Ausbeutung des im Mittelmeer südlich von Zypern gefundenen **Gasfelds Calypso** gesetzt. Allein das Feld Aphrodite in Block 12 soll 102–170 Mrd. m³ umfassen. Nach einer Verständigung der Anrainerstaaten Israel, Libanon und Ägypten fordert die Türkei ein Mitspracherecht.

Industrie

Etwa 15,2 % der Bevölkerung arbeiten im produzierenden Gewerbe, das seit 1978 die landwirtschaftliche Produktion zunehmend überholte. Steuerliche **Subventionen** förderten die Ansiedlung zahlreicher Firmen aus dem Ausland. Fast 50 % aller produzierenden Betriebe konzentrieren sich im Großraum Nikosia (Schuh-, Textil-, Papier- und Chemoindustrie), etwa ein Viertel im Distrikt Limassol (Zementverarbeitung, Getränkeherstellung). Im Distrikt Páfos ist die Textilproduktion in den Mittelpunkt gerückt. Hauptabnehmer sind Griechenland, Großbritannien, Deutschland und der Libanon.

Reedereien

Zypern ist, nicht zuletzt aufgrund seiner geografische Lage und staatlicher Förderung, einer der **wichtigsten Standorte für Reedereien weltweit**. Etwa 50 Reedereien haben ihren Hauptsitz oder ihre Vertretungen auf Zypern.

Finanzzentrum

Aufgrund staatlicher Förderungen, umstrittener Steuerpolitik und der – inzwischen abgeschafften – Vergabe von »goldenen Pässen« hat sich Zypern als internationales Finanzzentrum mit Zugangsmöglichkeiten zur EU etabliert.

Die Hafenbucht von Kyrénia/Girne, einer der schönsten Städte Zyperns

Tourismus-Boom im Süden

Eine wichtige Stellung innerhalb der zyprischen Wirtschaft nehmen die Bereiche **Dienstleistungen** und **Handel** ein, in denen heute 81 % aller Berufstätigen beschäftigt sind.

Gleich nach der Unabhängigkeit 1960 wurde der Tourismus ausgebaut. Trotz des Verlusts von 65 % der Bettenkapazität in den türkisch besetzten Touristenstädten Famagusta und Kyrénia erlebte der Fremdenverkehr schon wenige Jahre nach der Teilung eine neue Blüte. Neue Hotelviertel schossen in den Küstenstädten Limassol und Lárnaka aus dem Boden und sorgten für Beschäftigung vieler Flüchtlinge. Heute besuchen rund 3,5 Mio. Reisende jährlich die Insel. Die Zyprische **Fremdenverkehrszentrale** (Cyprus Tourism Organisation, **CTO**) im Süden ist mit 13 Informationsbüros im gesamten Land vertreten. Sie bestimmt Kategorien und Preise der Hotels.

Hoher Servicestandard

Der hohe Servicestandard ist nicht zuletzt daran erkennbar, dass 40 % aller Touristen Zypern zum wiederholten Mal besuchen. Knapp die Hälfte stammt aus Großbritannien, gefolgt von Reisenden aus Skandinavien, Deutschland sowie Russland und den GUS-Staaten. Rund 90 % aller Besucher sind Badeurlauber, der Rest Bildungsreisende.

In letzter Zeit werden verstärkt das Hotelangebot höherer Preisklassen (Qualitätstourismus), Winter- sowie Incentive- und Geschäftstourismus gefördert. Daneben fließen finanzielle Zuschüsse in die Sanierung ursprünglicher Bergdörfer im Tróodos, um Urlauber von der zugebauten Küste wegzulocken. Mit Einrichtung von **Agrotourismus**-Unter-

nehmen, in denen man in traditionellen Dorfhäusern »Ferien auf dem Lande« machen kann (► S. 27, 404, 405), und der Förderung dörflicher Strukturen werden Arbeitsplätze geschaffen und die fortschreitende Landflucht verhindert.

Tourismus in Nordzypern

Seit einigen Jahren haben sich auch im Norden Zyperns die Tourismus-Standards wesentlich verbessert. Neue Hotels und Ferienanlagen entstanden, die gesamte touristische Infrastruktur wurde entwickelt, mehr und mehr Reiseveranstalter auch aus dem deutschsprachigen Raum entdecken den Inselnorden. Die Zahl der Touristen stieg sprunghaft, auch durch stützende finanzpolitische Maßnahmen der Türkei. Jährlich besuchten in den vergangenen Jahren über 1,5 Mio. Touristen Nordzypern, ein erheblicher Teil davon aus der Türkei.

Wirtschaftskrise 2012

2012 beantragte die zyprische Regierung internationale Finanzhilfen. Mit Entscheidung der Eurogruppe vom 25. März 2013 wurde ein Memorandum of Understanding (MoU) vereinbart. Erstmals bei einem Rettungsprogramm in der Eurozone wurden auch Gläubiger (mit Einlagen über 1000 €) im Rahmen eines Debt Equity Swaps bei den beiden Großbanken Cyprus Popular Bank (CPB, vormals Laiki) und Bank of Cyprus (BoC) direkt herangezogen. Auch aufgrund der vorgenommenen Reformen konnte Zypern das Programm im März 2016 verlassen. Von den im Rahmen des Anpassungsprogramms zur Verfügung gestellten 10 Mrd. € wurden nur insgesamt 7,25 Mrd. € beansprucht.

GESCHICHTE

Zypern blickt auf eine rund 10 000-jährige Siedlungsgeschichte zurück. Orientalische und europäische Kulturen prägten die strategisch wichtige Sonneninsel. Überall finden sich historische Relikte, von der Jungsteinzeit über die Antike bis ins Mittelalter.

Mythos: Insel der Aphrodite

Mythosumwobene Orte

Zypern ging in die antike Mythologie als Insel der Aphrodite ein. Am sagenumwobenen **Aphrodite-Felsen** Pétra tou Romioú zwischen Páfos und Limassol (► S. 104) soll die Göttin der Liebe und Fruchtbarkeit dem Schaum des Meers (gr. aphrós) entstiegen sein. Archäologische Funde in Koúklia bei Páfos deuten auf eines der größten **Aphrodite-Heiligtümer** der Antike (► S. 101).

Kyprischer Sagenkreis

Der kyprische Sagenkreis ist eng mit der Göttin verbunden. Ihr Mythos vermischte sich mit historischen Ereignissen. So soll zu Zeiten König Pygmalions von Amathoús Aphrodite ein Gesetz erlassen haben, wonach sich alle Frauen vor der Ehe bei ihrem Heiligtum einem Fremden hinzugeben hatten – ein Mythos, der wohl einer alten matriarchalischen Tradition der Tempelprostitution entspringt. Als diesem Gesetz nicht gefolgt wurde, bestrafte Aphrodite die Frauen mit unstillbarer Wollust. Der darüber entsetzte **Pygmalion** zog sich in die Einsamkeit zurück und wandte sich der Bildhauerei zu. Er schuf eine Aphrodite-Statue aus Marmor, in die er sich unsterblich verliebte. Aphrodite erbarmte sich seiner und hauchte dem Bildnis Leben ein. Es entstand Galatea, die dem Pygmalion einen Sohn namens Páphos gebar, nach dem die heutige Stadt Páfos benannt wurde.

Kinyras und Adonis

Páphos wiederum zeugte mit seiner Schwester Metharme einen Sohn, **Kinyras**, laut Homer der erste Priesterkönig des Aphrodite-Heiligtums bei Páfos. Apollodoros (2. Jh. v. Chr.) erzählt dessen traurige Geschichte. Seine Gattin rühmte sich, schöner zu sein als Aphrodite. Die Strafe folgte rasch: Aphrodite ließ Myrrha, die Tochter beider, in Liebe zum eigenen Vater entbrennen. Sie machte ihn betrunken und legte sich zu ihm ins Bett. Als Kinyras bemerkte, dass er seine Tochter geschwängert hatte, wollte er sie erschlagen. Doch Aphrodite verwandelte sie in einen Myrrhe-Strauch, dem nach zehn Monaten Adonis entsprang.
Wie sein Urgroßvater Pygmalion wurde auch **Adonis** Geliebter der Aphrodite. In einer Version, die das Werden und Vergehen im Jahres-

Salamís war das einflussreichste antike Stadtkönigtum auf Zypern.

lauf zum Thema hat, wurde er zur Pflege zu Persephone in die Unterwelt geschickt, die seinem Liebreiz nicht widerstehen konnte und ihn für sich begehrte. Der Schiedsspruch des Zeus lautete, jeweils ein Drittel des Jahres solle Persephone, Aphrodite und ihm selbst gehören. Adonis soll auch seine Zeit für das Zusammensein mit Aphrodite verwendet haben. Eine dramatischere Version erzählt von seinem blutigen Tod durch einen wilden Keiler, geschickt von Ares, dem eifersüchtigen Gatten der Aphrodite. Diese verwandelte die Blutstropfen des Geliebten in tiefrote Adonisröschen. Adonis wurde wohl in Paläa Páfos (heute Koúklia) und Amathoús gemeinsam mit Aphrodite verehrt.

Vom Matriarchat zum Patriarchat

Der kyprische Sagenkreis um Páphos, der sich mit seiner eigenen Schwester vermählte, und Kinyras, der mit seiner Tochter Adonis zeugte, weist auf den Übergang vom Matriarchat zum Patriarchat hin. In den matriarchalischen Kulturen des Orients ging die Königsherrschaft von einer Frau auf eine andere über, nur durch die Hochzeit mit einer Schwester oder Tochter konnte ein König die Herrschaft seiner Familie verlängern.

EPOCHEN

VOR- UND FRÜHGESCHICHTE

10. Jt. v. Chr.	Älteste menschliche Siedlungsspuren auf Zypern
9./8. Jt v. Chr.	Erste neolithische Siedlungen mit Rundhäusern (Thóloi) in Choirokoitía, Sotíra und Kalavasós
1. Hälfte 2. Jt. v. Chr.	Zypern wird wichtigster Kupferlieferant im Nahen Osten, Ägypten und der Ägäis.

HELLENISIERUNG

12./11. Jh. v. Chr.	Griechische Einwanderung von der Peloponnes
Ab 9. Jh. v. Chr.	Phönizier und Griechen gründen Städte, die sich zu Stadtkönigtümern entwickeln.
7. Jh. v. Chr.	Die Städte Zyperns sind den Assyrern tributpflichtig.
6. Jh. v. Chr.	Ägyptische Vorherrschaft
525–333 v. Chr.	Zypern unterliegt dem Einfluss des Perserreichs.
323 v. Chr.	Nach dem Tod Alexanders d. Gr. bringt Ptolemäus I. die Insel unter Kontrolle.

RÖMISCHE HERRSCHAFT

58 v. Chr.	Die Römer erobern auch das östliche Mittelmeer und besetzen Zypern. Beginn der Römerherrschaft.
Ab 45 n. Chr.	Missionierung durch die Apostel Paulus und Barnabas
70	Jüdische Flüchtlinge, aus Jerusalem vertrieben, kommen nach Zypern.
395	Teilung des Römischen Reichs: Zypern fällt an Byzanz.

BYZANTINISCHE HERRSCHAFT

395 Zypern wird byzantinische Provinz.
431 Durch das Konzil von Ephesos erreicht die orthodoxe Kirche ihre Unabhängigkeit (Autokephalie).
647 Erster arabischer Feldzug, in den nächsten 250 Jahren werden die zyprischen Städten tributpflichtig.
965 Nikephoros II. Phokas vertreibt die Araber. Kirchen- und Klostergründungen festigen das Christentum.
1191 Auf dem Weg ins Heilige Land erobert Richard Löwenherz die Insel.

WECHSELNDE HERRSCHER

1192 Guy de Lusignan kauft Zypern den Templern ab und begründet die 300-jährige **Dynastie der Lusignan**.
1260 Durch die päpstliche **Bulla Cypria** wird die orthodoxe Kirche der katholischen unterstellt.
1489 Die **Venezianer** bauen die Insel zu einem Bollwerk gegen das Osmanische Reich aus.
1571 Zypern wird Provinz des **Osmanischen Reichs**.
1821 Exekution des Erzbischofs Kyprianos und seiner Anhänger, die den griechischen Freiheitskampf unterstützen
1878 Zypern wird militärischer Stützpunkt der **Briten** auf dem Weg zum Suezkanal. 1925 wird die Insel Kronkolonie.
1950 Makarios III. verlangt den Anschluss Zyperns an Griechenland. 1955 Aufstand der griechischen Zyprern.
1957 London willigt in Verhandlungen ein, sie führen zu einem eigenständigen, ungeteilten Staat.

UNABHÄNGIGE REPUBLIK ZYPERN

1960 Proklamation der **Republik Zypern** mit Erzbischof Makarios III. als Staatspräsidenten
1963/64 Spannungen zwischen griechischen und türkischen Zyprern führen zu Straßenkämpfen, Entsendung von UN-Truppen und **Teilung der Stadt Nikosia**.
1974 Einmarsch türkischer Truppen im Zuge eines Putsches griechischer Offiziere und der Nationalgarde gegen Makarios. Nach »ethnischen Säuberungen« wird die Insel in Nord- und Südzypern geteilt.
2003 Öffnung der Demarkationslinie in Nikosia für Fußgänger
2004 **EU-Beitritt** unter Ausschluss der Republik Nordzypern
2013 Wirtschaft und Bankensystem kollabieren, die EU muss die zyprische Wirtschaft retten. Ab 2014 kann der EU-Rettungsschirm wieder verlassen werden.
2021 Der Nordzyprer Ersin Tatar teilt mit, dass weitere Zypern-Verhandlungen nur bei Anerkennung der Unabhängigkeit Nordzyperns stattfinden werden. Ein wichtiges Thema der Verhandlungen sind die 2011 im Mittelmeer georteten großen Gasvorkommen.
2023 Nikos Christodoulidis wird neuer Staatspräsident.

Vor- und Frühgeschichte

Meso- und Neolithikum

Erste Spuren menschlicher Besiedlung auf Zypern stammen aus dem Mesolithikum (10. Jt. v. Chr.). Funde in **Rundhäusern** (Thóloi) der neolithischen Siedlungen von ▶ Choirokoitía, Sotíra, Shillourokambos und Kalavasós (▶ S. 75) lassen auf eine Besiedlung im 9. und 8. Jt. v. Chr. schließen. Nomaden, Jäger und Bauern aus dem syrisch-mesopotamischen Raum, die an Muttergottheiten wie Ischtar und Astarte glaubten, wurden zu Beginn der Jungsteinzeit hier ansässig.

Kupfersteinzeit

Im **Chalkolithikum** (Kupfersteinzeit, um 3800–2300 v. Chr.) begann die Verarbeitung von Kupfer zu Schmuck und Werkzeugen. Die dörflichen Gemeinschaften festigten sich, neue Siedlungen wie Erími (westl. von Limassol; ▶ S. 148) lassen sich nachweisen, mit dem Nahen Osten, Ägypten und Phönizien entstehen rege Handelsbeziehungen.

Bronzezeit

In der frühen Bronzezeit (2300–1900 v. Chr.) gelangten wahrscheinlich Einwanderer aus Anatolien und Syrien auf die Insel. Die Kupfergewinnung ließ Zypern in der mittleren (1950–1650 v. Chr.) und späteren Bronzezeit (1650–1050 v. Chr.) zum wichtigsten **Kupferexporteur** des Altertums werden. Der Handel erstreckte sich bis in den Nahen Osten, nach Ägypten und in die Ägäis. In den Kupferabbaugebieten war die Insel dicht bevölkert. Die Menschen lebten in Siedlungen wie Énkomi (▶ S. 280) in mehrstöckigen Häusern auf rechteckigem Grundriss. Infolge der regen Handelskontakte erlebt die Insel um 1600–1400 v. Chr. eine erste **Hochblüte**. In Kunst und Religion machen sich orientalische Einflüsse bemerkbar, aber auch der griechische Kulturraum, d. h. das minoische Kreta, hinterlässt Spuren.

Hellenisierung: Kontakt mit Griechenland

Mykenisch-minoische Einflüsse

Um 1500 entwickelte sich die kypro-minoische **Silbenschrift**, die starke Ähnlichkeit zur Linear-A-Schrift Kretas aufweist und bis heute nicht entziffert werden konnte. Die späte Bronzezeit ist durch die beginnende **Hellenisierung** gekennzeichnet. Nach dem Niedergang der minoischen Kultur um 1450 v. Chr. errichten die Mykener Handelsstützpunkte auf der Insel. Im 12./11. Jh. v. Chr. gelangen Achäer auf ihrer Flucht vor den Dorern nach Zypern. Von der Peloponnes stammende Einwanderer übernahmen die Herrschaft über Zypern und verbreiteten auf der Insel die griechische Sprache und Religion.

Eisenzeit

Der Beginn der Eisenzeit (1050–750 v. Chr.) gilt nicht wie in der Ägäis als »Dunkles Zeitalter«. Zwar nahm die Bevölkerungszahl ab, die Kupferförderung ging zurück, doch das mykenische Erbe blieb bestehen. Durch **Eisengewinnung** und -verarbeitung, deren Kenntnis phönizische Handelsleute nach Zypern brachten, erfolgte ein erneuter kultureller Aufschwung. Die semitischen Phönizier, die die **Alphabetschrift** auf der Insel verbreiteten und wie die Mykener Spuren in der zyprischen Kunst hinterließen, erhoben um 800 v. Chr. Kítion (▶ S. 131) zu einem der zehn auf der Insel existierenden Stadtkönigtümern.

Archäische Zeit

In der archäischen Periode (um 750–480 v. Chr.) fiel Zypern mehreren Eroberern zum Opfer und musste diesen Tribut leisten: 709–663 den Assyrern, nach rund hundert Jahren Unabhängigkeit 560–525 v. Chr. den Ägyptern, 525–333 v. Chr. den Persern. Trotzdem bewahrten die Stadtstaaten relativ hohe Eigenständigkeit und gelangten aufgrund der zentralen Lage im Ost-West-Handel und wegen ihres Rohstoffreichtums zu wirtschaftlicher und kultureller Blüte.

Klassische Zeit

In klassischer Zeit (um 490–330 v. Chr.) war Zypern Kriegsschauplatz und Streitobjekt der beiden neuen Großmächte Athen und Persien. 478 befreite eine griechische Flotte unter dem Spartaner Pausanias die Insel von den Persern, ein Jahr später fiel die Macht erneut an die Feinde Athens. 450/449 v. Chr. griff Kimon von Athen die Perser mit einer Flotte an, erlag aber vor der Küste Zyperns einer Seuche, woraufhin die griechische Flotte abzog. 392–379 v. Chr. unterwarf **Euagoras I. von Salamís** (▶ S. 361), einer der bedeutendsten Stadtkönige der Insel, die anderen Königtümer und einigte Zypern, kurz darauf wurde er jedoch von den Persern besiegt. Erst nachdem 333 v. Chr. Alexander d. Gr. bei Issos das persische Heer unter Dareios III. geschlagen hatte, erhielt Zypern 331 v. Chr. seine Unabhängigkeit.

Hellenistische Zeit

Nach dem Tod Alexanders d. Gr. 323 v. Chr. geriet Zypern in die Auseinandersetzungen seiner Nachfolger. Den Kampf gewann schließlich **Ptolemäus I.** von Ägypten, der ab 294 v. Chr. über Zypern herrschte. Von nun an wurde Zypern von Alexandria aus regiert, ein Strategos (Gouverneur) verwaltete die Insel. In dieser Zeit begann eine große, sich am Hellenismus (330–50 v. Chr.) orientierende Bautätigkeit in den Städten. Griechisch setzte sich als Umgangssprache durch. Ab 168 v. Chr. unterstützte **Rom** die Ptolemäer.

Herrschaft der Römer

Römische Provinz

58 v. Chr. löste Rom nach der Annexion Syriens seinen Anspruch auf Zypern ein. Der wohl berühmteste Statthalter im Dienste Roms war Cicero, der 51/50 v. Chr. Zypern regierte. 47 v. Chr. wurde die Insel im römischen Bürgerkrieg von Caesar vorübergehend an Ägypten zurückgegeben, bevor sie 31 v. Chr. nach der Seeschlacht bei Actium, die Augustus den Sieg über Antonius und Kleopatra bescherte, für die nächsten Jahrhunderte an das Römische Reich fiel.

Im 1. Jh. n. Chr. setzte eine rege **Bautätigkeit** ein, Städte wie ► Koúrion und ► Salamís erhielten neue Tempelanlagen und Verwaltungszentren. Das Eiland profitierte auch vom römischen Handel mit Indien und China. Die Inselstädte erhielten das Recht einer kommunalen Selbstverwaltung und weitgehende Religions- bzw. Kulturautonomie, wie überall im Osten des Römischen Reiches blieb Griechisch Amts- und Verkehrssprache.

Christen und Juden

Ab 45 n. Chr., als die Apostel Paulus und Barnabas auf ihrer ersten Missionsreise nach Zypern kamen und den römischen Prokonsul Sergius Paulus bekehrten, begann die **Christianisierung** der zyprischen Bevölkerung.
70 n. Chr. kamen **jüdische Flüchtlinge**, durch Titus aus Jerusalem vertrieben, nach Zypern, wo sich eine große jüdische Gemeinde entwickelte. Im 2. Jh. n. Chr. kam es zum jüdischen **Exodus:** 115/116 war aus unbekannten Gründen in Kyrene, Judäa und Zypern ein Judenaufstand ausgebrochen, bei dem angeblich mehr als 200 000 Zyprer getötet wurden. Rom vertrieb alle Juden von der Insel.

Unter byzantinischer Herrschaft

Bei **Teilung des Römischen Reiches** 395 fiel Zypern für acht Jahrhunderte an Ostrom/Byzanz, das Griechisch zur Herrschaftssprache und das Christentum zur Staatsreligion erhob.

Unabhängige Kirche

In den ersten nachchristlichen Jahrhunderten unterstand die Kirche Zyperns dem Patriarchat von Antiochia. Im 5. Jh. entbrannte ein heftiger Streit um die Selbstständigkeit der zyprischen Gemeinden, der 431 in die **Autokephalie** (Unabhängigkeit) mündete.

Einfälle der Araber

Nach 300-jährigem Frieden im östlichen Mittelmeer erlebte Zypern zwischen 7. und 10. Jh. wiederholt Einfälle oder längere Besatzungen durch Araber. Der **Bilderstreit** in der Ostkirche (Ikonoklasmus; ► S. 344), der mehr als 100 Jahre teilweise erbittert zwischen Kaiserhaus (Bildergegner) und Klöstern (Bilderfreunde) geführt wurde, schwächte zusätzlich die außenpolitische Stärke des Byzantinischen Reichs. Beim ersten großen **Araberfeldzug** unter Muawija (647–649) kam Chala Sultan, angeblich eine Verwandte Mohammeds, in Zypern zu Tode; zur Erinnerung an sie errichtete man bei Lárnaka die Moschee Chala Sultan Tekke (► S. 132).
Etwa zweieinhalb Jahrhunderte war das geografisch zwischen Byzantinern und Arabern gelegene, zwar nie lange muslimisch besetzte, doch stets um eine gewisse Neutralität bemühte Zypern sowohl dem Kaiser in Konstantinopel als auch dem Kalifen von Damaskus tributpflichtig.

Saranta Colones in Páfos – eine Festung aus byzantinischer Zeit

Klöster und Festungen

Erst Kaiser Nikephoros II. Phokas gelang es 965, Zypern von den Arabern zu befreien und die Insel wieder – für zwei Jahrhunderte – dem Byzantinischen Reich einzugliedern. In dieser Zeit wurden zahlreiche **Klöster** gegründet, die zum Teil heute noch betrieben werden, wie Chrysorrogiátissa, Machairás, Neófytos und Kýkko. Im Kyrénia-Gebirge (heute Nordteil Zyperns) entstanden zum Schutz vor Arabereinfällen die Bergfestungen St. Hilarion, Buffavento und Kantara.

»Kaiser« von Zypern

Die Herrschaft von Byzanz endete mit der Annexion der Insel durch den byzantinischen General **Isaak Komnenos**, der sich von einem eigens ernannten Patriarchen zum »Kaiser von Zypern« (1185–1191) krönen ließ. Seine Herrschaft endet erst, als **Richard Löwenherz** während des 3. Kreuzzugs Zypern eroberte. Vor seinem Weiterzug ins Heilige Land verkaufte der König von England Zypern für 100 000 Golddinare an die Templer (► Baedeker Wissen, S. 96).

Wechselnde Herrscher

Dynastie der Lusignan

Nach einem Aufstand der Zyprer gegen die Templer (1192) veräußerten diese die Insel an den französischen Adligen Guy de Lusignan. Damit begann die fast 300-jährige fränkische Herrschaft der Lusignan (1192–1489), die Zypern als Lehen von Kaiser Heinrich VI. erhielten, doch als Könige die griechisch-orthodoxe Kirche nicht unterdrücken konnten. Bedroht wurde ihre Macht, als 1228 der deutsche **Kaiser Friedrich II.** während des 5. Kreuzzugs auf Zypern landete. Seine Truppen brachten Teile der Insel unter ihre Kontrolle, wurden aber 1233 von den Lusignan besiegt. 1260 erließ Papst Alexander IV. die **Bulla Cypria**, die die Vorherrschaft der katholischen Kirche über die Orthodoxie besiegeln sollte. Mit dem Verlust der christlichen Festungen im Heiligen Land 1291 wurde Zypern Zentrum der **Kreuzritter**, u. a. der Johanniter (▶ Baedeker Wissen, S. 98). Die Insel profitierte von ihrer Lage im Ost-West-Handel und stieg für kurze Zeit zu einem der reichsten Länder der westlichen Welt auf.

Spielball der Mächte

Im 14. Jh. wurde Zypern Spielball der rivalisierenden Handelsmächte **Venedig** und **Genua**, die sich über erkaufte oder erpresste Privilegien schon länger auf der Insel etabliert hatten. Bei der Krönung des Frankenkönigs Peter II. 1372 brachen die Streitigkeiten offen aus. Nachdem genuesische Truppen weite Teile Zyperns erobert hatten, wurde die Insel dem Stadtstaat 90 Jahre lang tributpflichtig.

Im Jahr 1426 marschierten ägyptische **Mamelucken**, als Nachfolger der Abbasiden fast drei Jahrhunderte lang ein Machtfaktor zwischen Kyrenaika, Bagdad und Indien, die sich ursprünglich aus weißen Militärsklaven rekrutierten, auf Zypern ein, denen nach der Niederlage bei Choirokoitía ebenfalls Tribut gezahlt werden musste. Gleichwohl behielten die Lusignan-Könige ein hohes Maß an innerer Autonomie.

Venezianische Herrschaft

Ende des 15. Jh.s setzten sich auf Zypern die Venezianer (1489–1571) durch. 1489 übergab ihnen die Witwe des letzten Lusignan-Königs, die aus einer auf Zypern reich gewordenen venezianischen Patrizierfamilie stammende **Caterina Cornaro** (▶ S. 358), die Insel. Mit ihr besaß Venedig einen wichtigen Flotten- und Militärstützpunkt gegen das expandierende Osmanische Reich und sicherte sich, indem es alle Tributverpflichtungen an die Mamelucken übernahm, das Monopol im **Orienthandel**. Für den italienischen Stadtstaat war Zypern 82 Jahre einträglichstes seiner Besitztümer im östlichen Mittelmeer. Das unter hohen Steuern und Tributzahlungen leidende Volk erhob sich mehrmals gegen die Venezianer. 1570–1571 eroberten türkische Truppen unter **Mustafa Pascha** die Insel.

Osmanische Herrschaft

Venedig übertrug alle Rechte an Zypern auf die Osmanen (1571 bis 1878). Diese setzten eine **Regionalregierung** (Diwan) ein, der ein Bey (Gouverneur) und vier Agas vorstanden. Als »Vermittler« zwischen Bevölkerung und dem Bey bzw. Sultan fungierte ein christlicher **Dragoman** (▶ S. 365). Die Osmanen schafften Leibeigenschaft und Frondienst ab, unter denen die Untertanen jahrhundertelang gelitten hatten, senkten zunächst die Steuern, verboten den Katholizismus und stärkten die orthodoxe Kirche, die ihre Rechte aus byzantinischer

Zeit wieder erhielt. Hohe Steuern führte Anfang des 18. Jh.s zu einer Auswanderungswelle. 1754 wurde der Erzbischof zum **Ethnarchen** ernannt, zum Führer und Vertreter der einheimischen Volksgruppe.

Exekutionen von 1821

Als **Erzbischof Kyprianos** (reg. 1810–1821) den 1821 auf dem Festland beginnenden Freiheitskampf der Griechen mit Geld und Lebensmitteln unterstützte, nahm dies der amtierende türkische Gouverneur Küçük Mehmed zum Anlass, gegen den griechischen Einfluss auf der Insel vorzugehen. Obwohl die Hohe Pforte sein Vorgehen nur zögerlich billigte, ließ der Gouverneur den Erzbischof und seine Anhänger in Nikosia hinrichten. Die Exekutionen bedeuteten für das Verhältnis zwischen Zyperngriechen und -türken einen bis heute nicht verheilten Riss. In der Folge stabilisierte sich die Lage wieder, Mitte des 19. Jh.s setzten die Türken einen **Staatsrat** ein, dem neben türkischen Vertretern auch der Erzbischof und drei Griechen angehörten.

Britische Herrschaft

1878 endete die 300-jährige osmanische Herrschaft. In einem Garantieabkommen trat die Türkei die Insel an das **Britische Empire** ab (1878–1960), das, besorgt über die Veränderung des europäischen Gleichgewichts, dem »Kranken Mann am Bosporus« dafür militärischen Schutz gegen die russische Expansion garantierte. Nach dem Bau des Suezkanals (1869) war Zypern für die Briten ein geostrategisch wichtiger Posten auf dem Weg zu ihrer Kolonie Indien.

Venezianisches Bollwerk in Nikosia: die Festungsmauer mit dem Famagusta-Tor

Formalrechtlich beließ man der **Hohen Pforte** weiterhin die Oberherrschaft, weshalb Großbritannien, das die bis 1864 als Kolonie verwalteten Ionischen Inseln dem neu entstandenen griechischen Staat zurückgegeben hatte, den Anschluss Zyperns an Griechenland ausschloss. Erst während des Ersten Weltkriegs, nachdem London wegen des Kriegseintritts der Türkei an der Seite Deutschlands Zypern annektiert hatte, wurde Griechenland der Anschluss der Insel in Aussicht gestellt. Wegen militärischer Schwäche aber kam für Athen eine Teilnahme im Krieg aufseiten der Alliierten nicht in Frage. Das Zugeständnis, Zypern an Griechenland abzugeben, wurde später nie mehr wiederholt.

Selbstbewusste Minderheiten

Nach einem halben Jahrhundert relativer Toleranz wandten die Briten von 1931 bis Ende des Zweiten Weltkrieges eine repressivere Politik gegen die Bewohner der 1925 zur britischen Kronkolonie erhobenen Insel an. Grund war die von den Zyperngriechen immer lauter vorgetragene Forderung nach **Enosis** (Anschluss an Griechenland), die Anfang der 1930er-Jahre in blutigen Aufständen gipfelte. Politische Vereinigungen wurden verboten, die Presse einer starken Zensur unterworfen. Dennoch meldeten sich wegen der wachsenden Bedrohung der Insel durch die Achsenmächte, die schon Griechenland und Kreta besetzt hatten, während des Zweiten Weltkriegs zahlreiche Griechen und Türken freiwillig zum Dienst im Cyprus Regiment, das der britischen Armee unterstand. Eine Verbesserung des politischen Klimas auf der Insel war die Folge: Die Briten führten Demokratisierungsmaßnahmen ein, 1943 wurden wieder Kommunalwahlen zugelassen. 1943 formierte sich auch Widerstand der türkischen Zyprer, die ihre eigene Minderheitenorganisation **KATAK** (Kibris Adasi Türk Asinli Kurumu) gründeten.

Nach dem Zweiten Weltkrieg

Auch in der Nachkriegszeit lehnte London den Anschluss an Griechenland kategorisch ab. Die Bemühungen von Erzbischof Makarios III., der 1950 die Enosis zur internationalen Frage machte und damit vor die UNO trat, blieben ebenfalls erfolglos. London hielt aus strategisch-politischen Gründen an seiner Kolonie fest: Spielte doch die Insel während der Nahostkrise als Nachschubbasis einer mobilen Eingreiftruppe eine wichtige Rolle, vor allem nach Evakuierung des Suezkanals 1954. Unterstützung erhielten die Briten zunächst von den Zyperntürken, die ihrerseits gegen einen Anschluss an Griechenland waren.

Freiheitskampf im Untergrund

Nach Scheitern sämtlicher Versuche, die Enosis friedlich durchzusetzen, nahm 1955 unter Oberbefehl von General Georgios Grivas die Untergrundbewegung **EOKA** (Ethnikí Orgánosis Kyprίon Agonistón: Nationale Organisation Zyprischer Kämpfer) den Kampf gegen die britische Kolonialmacht auf und verübte Attentate auf britische Einrichtungen und hochgestellte Persönlichkeiten. Als Gegenpol zur EOKA gründeten die Zyperntürken die **TMT** (Türk Mukavemet

Teşilati: Türkische Verteidigungsorganisation), eine Vereinigung zur Verteidigung der Rechte der türkischen Minderheit, die sich für die Teilung Zyperns nach ethnischen Gruppen stark machte und ebenfalls zu Mitteln des Terrors griff.

Weg in die Selbstständigkeit

Nach Rückkehr Makarios' III. 1957, der 1956 wegen Unterstützung der EOKA auf die Seychellen verbannt worden war, sah sich Großbritannien zur Änderung seiner Zypernpolitik genötigt, spielte doch die Insel nach der Niederlage in der Suezkrise für die britischen Sicherheitsinteressen im Mittelmeerraum keine übergeordnete Rolle mehr. Es begannen Verhandlungen über den Inselstatus. Um deren von Zyperntürken und der Türkei verlangte Teilung zu verhindern, wichen Athen und auch Makarios von ihrer Forderung nach dem Anschluss an Griechenland ab und fanden sich zu einem Kompromiss bereit, der beides ausschloss: die Enosis wie auch die Teilung Zyperns.

Seit der Unabhängigkeit

Proklamation der Republik

Am 19. August 1960 unterzeichneten Erzbischof Makarios III., Fazıl Küçük, Vertreter der Inseltürken, sowie die Staatschefs Großbritanniens, Griechenlands und der Türkei das **Londoner Abkommen**. Zypern wurde unabhängige Republik. Erster Präsident wurde Makarios III., Vizepräsident als Vertreter der türkischen Bevölkerung Fazıl Küçük. Das Parlament setzte sich aus 35 griechischen und 15 türkischen Abgeordneten zusammen. Griechenland, die Türkei und Großbritannien übernahmen die Garantie der Souveränität. Großbritannien erhielt als Kompensation die beiden **Militärbasen** Akrotíri und Dekéleia als exterritoriales Gebiet, fast 3 % der Inselfläche, die noch heute unter britischer Souveränität stehen. 1960 wurde Zypern in die UNO und 1961 in den Europarat aufgenommen.

Spannungen

Die Inselgriechen waren mit der überproportionalen Vertretung der Türken in öffentlichen Ämtern (rund 30 %) nicht einverstanden, auch bestand bei ihnen weiter der Wunsch nach Enosis. Im Dezember 1963 kam es nach einer konstitutionellen Krise zu blutigen Unruhen zwischen den beiden Bevölkerungsgruppen. Ein Jahr später verließen die türkischen Vertreter das Parlament, die türkische Bevölkerung zog sich, teils gezwungen, in Enklaven zurück, die von Inselgriechen nicht betreten werden durften. Um den Frieden zwischen Türken und Griechen zu sichern, entsandten die Vereinten Nationen im selben Jahr eine **UN-Friedenstruppe** von mehr als 6000 Mann nach Zypern.
Erst als 1967 in Griechenland eine Militärjunta unter Georgios Papadopoulos die Macht ergriff, wurde von Makarios der Wunsch nach Enosis aufgegeben, denn auch die meisten Zyperngriechen zogen die Unabhängigkeit dem Leben in einer Militärdiktatur vor.

DIE GETEILTE INSEL

Seit der Invasion türkischer Truppen 1974 ist Zypern geteilt. Während der Südteil Vollmitglied der EU und der Vereinten Nationen ist, wird der Norden nur von der Türkei anerkannt und ist politisch und wirtschaftlich völlig von ihr abhängig.

Grenzübergänge

- A Limnitis/Yeşilırmak
- B Lefka
- C Bostanci/Zodhia bei Astromeritis
- D Agios Dometios in Nikosia
- E Ledra Palace in Nikosia (nur zu Fuß)
  Ledra Street in Nikosia (nur zu Fuß)
- F Pergamos bei Pýla
- G Strovilia bei Agios Nikolaos
- H Deryneia

UN-PUFFERZONE
SEKTOR 1
SEKTOR 2
KYRENIA
Kyrenia
PÓLIS
NIKOSIA
Nikosia
TROODOS-GEBIRGE
OLYMP 1952 m
Paphos
Larnaca
Limassol
PAPHOS
LARNACA
AKROTIRI (Großbritannien)
LIMASSOL
MITTELMEER
N
20 km
Nationalparks
UN-Stützpunkte (Observer Points)

▶ **2 x Zypern in Zahlen**	**Republik Zypern**	(Türk. Republik) **Nordzypern**
Einwohner	901 000	382 000
Fläche	6896 km²	3355 km²
BIP	27,01 Mrd. $	4,3 Mrd. $
Währung	Euro	Türk. Lira
Telefonvorwahl	0357	90 392
Völkerrechtliche Anerkennung	UNO-Mitglied	nur von der Türkei anerkannt

▶ Türkische Republik Nordzypern

- 3355 km²
- 1974 von der Türkei besetzt (nur von der Türkei anerkannt)

▶ Republik Zypern (griechischer Südteil der Insel)

- 6896 km²
- seit 1960 unabhängiger Staat
- seit 2004 Mitglied in der EU

Von den UN kontrollierte Pufferzone

Britische Hoheitszonen

▶ Wichtige Handelspartner

Während die Republik Zypern als EU-Mitglied weitreichende Wirtschaftskontakte pflegt, ist Nordzypern von der Türkei abhängig.

Angaben in Prozent

Türk. Rep. Nordzypern (geschätzt)

Türkei

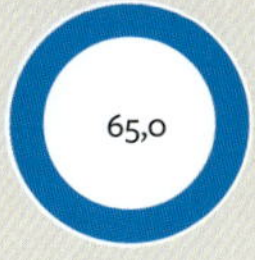

Türkei

Republik Zypern (2021)

Libanon

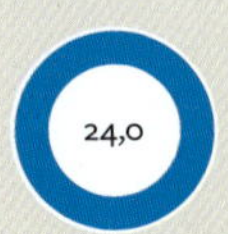

Griechenland

Großbritannien

Italien

7,3 Griechenland

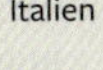

Deutschland

4,5 Kenia

5,1 Italien

▶ Religionen und Nationalitäten

Angaben in Prozent

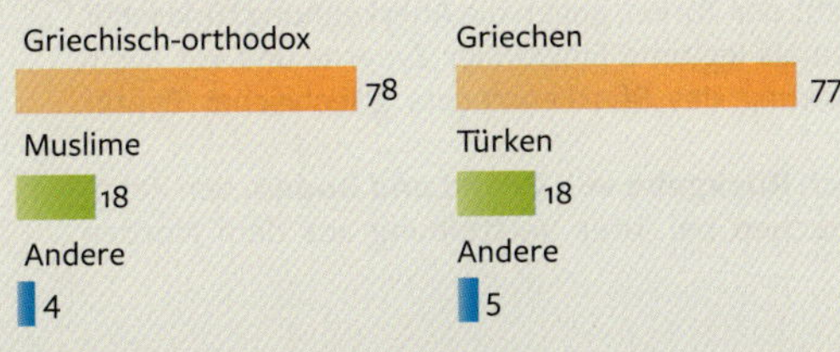

▶ Größenvergleich

zu Deutschland

Teilung der Insel Die deutliche Kritik des zyprischen Präsidenten an der griechischen Militärjunta führte zu Spannungen mit Athen, die am 15. Juli 1974 in einem von der griechischen Junta initiierten **Staatsstreich** gegen Makarios III. gipfelten. Diesem gelang jedoch die Flucht nach Páfos und von dort nach England. Der als »Schlächter von Omorphita« in die Geschichte eingegangene Zeitungsverleger Nikos Sampson wurde Präsident. Fünf Tage später landete **türkisches Militär** an der Nordküste Zyperns, bis Mitte August war ein Drittel der Insel in türkischer Hand. Ankara gab vor, in Anlehnung an den im Londoner Abkommen geschlossenen Garantievertrag zum Schutz der türkischen Minderheit einzugreifen, und setzte mit dem Einmarsch den Wunsch nach ethnischer Teilung der Insel in die Tat um. Etwa 160 000 griechische Zyprer flohen vom Norden in den Süden, 45 000 Türken vom Süden in den Norden.

Nach Ablösung der griechischen Militärjunta wegen Beteiligung am missglückten Umsturz auf Zypern kehrte Makarios III. am 8. Dezember auf die Insel zurück. Zementiert wurde ihre Teilung, als 1975 die konservativ-nationalistische Führung der türkischen Zyprer um **Rauf Denktasch** (Rauf Raif Denktaş; ► S. 359) den international nicht anerkannten »Türkischen Bundesstaat Nordzypern« proklamierte und 1983 die **Türkische Republik Nordzypern** ausrief, die bis heute nur von der Türkei anerkannt wird. Durch strenge Abriegelung der Demarkationslinie wurde der Kontakt zwischen beiden Bevölkerungsgruppen drei Jahrzehnte nahezu unterbunden.

Jüngste politische Entwicklungen 2003 wurde die Grenze geöffnet, seither können sich die Menschen wieder über die ganze Insel bewegen. 2004 trat Zypern der **Europäischen Union** bei. Juristisch ist die gesamte Insel Mitglied, de facto gehört nur die Republik Zypern dem Staatenbund an. Die türkisch besetzten Gebiete haben einen Sonderstatus, wo derzeit EU-Recht »nicht durchgesetzt« werden kann.

Im Beitrittsjahr 2004 wurde die Bevölkerung in beiden Landesteilen aufgerufen, über einen Plan des früheren UN-Generalsekretärs **Kofi Annan** zur Zusammenführung beider Inselteile abzustimmen. Während 65 % der Nordzyprer dafür stimmten, weil sie sich von der Annahme des Plans ein Ende der politischen und wirtschaftlichen Isolation versprachen, votierte der Süden mit 76 % der Stimmen dagegen. Für die meisten Zyperngriechen enthielt der Plan untragbare Zugeständnisse an den Norden. So richtete sich ihr »Nein« gegen den geplanten Verbleib von etwa 400 türkischen Militärs im Norden der Insel, gegen das Interventionsrecht der Türkei, gegen die Anerkennung türkischer Siedler aus Anatolien als legitime Einwohner Zyperns und vor allem gegen die Einschränkung des Rückkehrrechts griechischer Zyprer nach Nordzypern.

Die Forderungen nach **Rückgabe von Grund und Boden**, den Zehntausende Zyperngriechen bei ihrer Vertreibung aus dem Norden

1974 verloren hatten, kristallisiert sich immer stärker als Hauptproblem einer möglichen Wiedervereinigung heraus. Zum ablehnenden Votum im griechischen Süden hatte Tassos Papadopoulos, der damalige Präsident der Republik Zypern, mit seiner antitürkischen Stimmungsmache erheblich beigetragen. Bei den Präsidentschaftswahlen 2008 verlor der Hardliner gegen Dimitris Christofias aus dem linken Lager. Seit dem 28. Februar 2023 ist **Nikos Christodoulidis** neuer Präsident, sein Vorgänger Nikos Anastasiadis durfte nach 10 Jahren Präsidentschaft nicht mehr zu Neuwahlen antreten.
Im Frühjahr 2010 wurden die politischen Weichen auf Zypern neu gestellt. Bei den Präsidentschaftswahlen im Norden ging der türkisch-nationalistische Politiker Derviş Eroglu als Sieger hervor, der sich klar gegen eine Wiedervereinigung der Inselteile ausgesprochen hatte. Amtsinhaber seit dem 30. Oktober 2020 ist der für eine Zwei-Staaten-Lösung plädierende **Ersin Tatar**. Er veranlasste die auf griechisch-zyprischer Seite umstrittene Öffnung der »Geisterstadt« Varosha (Famagusta) für touristische Besuche. Mehrfach äußerte er die Überzeugung, dass türkische Zyprer immer auf Seiten der Türken stehen. Im Syrienkrieg unterstützt er verbal die türkische Offensive. Für griechische Zyprer bleibt der vollständige Rückzug aller türkischen Truppen aus Zypern Voraussetzung für eine Einigung.

Sie kennen es gar nicht anders, sie treffen sich immer in diesem Café in Nikosia, das direkt an der mit Sandsäcken abgeriegelten Pufferzone liegt.

KUNST UND KULTUR

Archäologische Schätze wie die römischen Mosaiken von Páfos oder die steinzeitliche Siedlung bei Choirokoitía, beide UNESCO-Welterbe, zehn ebenfalls zum Welterbe zählende byzantinische Scheunendachkirchen und gotische Kathedralen im Schnittpunkt europäischer und orientalischer Kulturen, aber auch Wissenswertes zur aktuellen Kunstszene stellt dieses Kapitel vor.

Frühgeschichte und Antike

Jungsteinzeit

Die ältesten Spuren menschlichen Lebens auf Zypern (Knochen und Steinwerkzeuge) stammen aus dem Mesolithikum (10. Jt. v. Chr.). Funde aus der Jungsteinzeit (Neolithikum), wie die Siedlung Choirokoitía (8./7. Jt. v. Chr.), dokumentieren die beginnende Sesshaftwerdung. Unter den Lehmböden dieser **Rundhäuser** (**Thóloi**) begrub man die Toten in zusammengekauerter Embryostellung, wohl in Erwartung einer Wiedergeburt (▶ S. 74). Die Bewohner der Dorfgemeinschaft betrieben Ackerbau und zähmten wilde Schafe und Ziegen. Nadeln und Sticheln aus Röhrenmuscheln belegen, dass die Anfänge des Webens und Spinnens in diese Zeit zurückgehen.
Gegen Ende des Neolithikums tauchten neben Gebrauchsgegenständen aus Stein und Knochen erste **Keramikgefäße** auf. Mit Hilfe eines kammförmigen Werkzeugs aus Muscheln oder Knochen verzierte man Vasen mit Ritzmustern (**Kammstrich-Technik**). Die meist kürbisförmigen Gefäße wurden mit rotbrauner Glasur überzogen. Karneolketten und Obsidianklingen weisen auf Handelskontakte mit Kleinasien und Syrien hin. Erstmals traten **violinförmige Idole** aus Stein auf.

Kupfersteinzeit

Handelskontakte mit Kleinasien und der Levante bestimmten das Leben in der Kupfersteinzeit (Chalkolithikum, 3800–2300 v. Chr.). Es entstanden Siedlungen wie Erími (▶ S. 148), Lápithos und Kythréa, die neolithischen Rundhäuser wichen **rechteckigen Häusern**. Die Toten begrub man jetzt außerhalb des Dorfes. Vorherrschender Typus der zunehmend differenzierten Gefäßformen war die auf heller Grundierung rot überzogene **Erími-Keramik** (Red-on-White-Ware) mit linearen, geometrischen Mustern, benannt nach ihrem Hauptfundort. Vermehrt wurden **kreuzförmige Idole** aus Steatit hergestellt. Erstmals weisen sie weibliche Geschlechtsmerkmale auf und deuten auf den Kult einer **Muttergottheit**.
Schmuck und Werkzeuge aus gehämmertem Kupfer sind vermutlich noch Importe. Gegen Ende des Chalkolithikums tauchten vereinzelt **Alabastervasen** auf, die ägyptischen Einfluss bezeugen. Vorwiegend

OBEN: Prähistorische Idole, wie dieses einer vogelköpfigen Göttin mit Ohrring und vor der Brust verschränkten Armen (Terrakotta, um 1400 v. Chr.), belegen einen Mutterkult. Ähnliche Exemplare finden sich im Zypern-Museum von Nikosia.

LINKS: Tierförmiges Rhython (Gießgefäß) aus Terrakotta, um 2500 v. Chr.

wurde jetzt die rot und schwarz polierte **Keramik mit Ritzmustern** hergestellt. Die vielfältigen Gefäßformen weisen verschiedene geometrische und pflanzliche Ornamentik auf.

Frühe Bronzezeit

In der frühen Bronzezeit wurden Siedlungen wie Vounoús, Politikó und Tamassós (► S. 201) gegründet. **Kupferabbau** bildete die Voraussetzung für die Herstellung von Waffen und Gebrauchsgegenständen aus Metall sowie Kupferschmuck. Das Gemeinwesen festigte sich, die Toten wurden in **Dromos-Gräbern** außerhalb der Siedlungen bestattet. Das Ritzdekor der **rot polierten Keramik** (Red-polished-Ware) verläuft schlangenförmig in Zickzackbändern oder Kreisen über die Gefäße.

Mittlere Bronzezeit

In der mittleren Bronzezeit wurde die Technik der Bronzeherstellung durch anatolische Händler nach Zypern gebracht. Die Red-polished-Ware zeigt einen gewaltigen Formenreichtum, Ränder und Henkel der Gefäße wurden mit **Tierprotomen** (Oberteile tierischer Körper) geschmückt. Es entstanden **Tonmodelle** kultischer Handlungen wie das aus Vounoús stammende Modell eines von einer Mauer umgebenen Heiligtums (Nikosia, Archäologisches Zypern-Museum, Saal 2). Daneben traten Modelle mit Szenen aus dem täglichen Leben, wie Pflügen oder Sieben von Getreide.
Die Formenvielfalt der Keramik wurde durch **Kompositgefäße**, also mehrere miteinander verbundene Gefäßformen, erweitert. Erstmals entstanden Vasen mit engem Hals, da Handelskontakte mit Ägypten und Palästina neue Waren wie Öle und Luxussalben nach Zypern brachten. Die Red-polished-Ware wurde gegen Ende der mittleren Bronzezeit durch **weiß grundierte** (White Painted) und **schwarz überzogene Keramik** (Black Slip) ersetzt. Sog. **Brettidole** aus rotem Ton waren mit Ritzmustern überzogen. Halsketten wurden aus importierten Glaspastenperlen oder Fayencen gefertigt.

Späte Bronzezeit

Die späte Bronzezeit war durch Handelskontakte mit Minoern, Mykenern und Achäern gekennzeichnet. Orte entstanden als Folge des stark an Bedeutung gewinnenden Kupferabbaus. Der für die Weiterentwicklung wichtigste Haustypus dieser Epoche ist das **Megaronhaus** mit Vorraum. Die **Kammergräber** besitzen einen langen **Dromos** (Grabeingang) und mehrere Grabkammern.
Goldschmuck wurde hergestellt, häufig handelt es sich um getriebene Goldbleche mit Spiralmustern oder Tiermotiven. In seinen Formen lässt sich mykenischer Einfluss erkennen, ebenso in den **Keramikgefäßen** mit weißem oder schwarzem Überzug (White Slip oder Black Slip), die wie der Zeus-Kratér im Archäologischen Zypern-Museum von Nikosia (Saal 3) mythologische und kultische Szenen darstellen: Der enorme Formenreichtum der späten Bronzezeit umfasst ausladende **Kratére** (Gefäße mit weiter Öffnung zum Mischen von

Wasser und Wein) und kleine Ziergefäße; ferner Metall imitierende Keramik in einer Zeit, als Metall noch sehr teuer war, und nicht zuletzt vogelköpfige **Mutteridole** mit Kind auf dem Arm.
Elfenbeinschnitzereien mit orientalischen Motiven wie Greifen oder Löwen zeigen eine starke Verbindung ägäischen und orientalischen Kulturguts. Vermehrt findet sich die Darstellung des phönizischen Gottes Bes. Ein prächtig verziertes, kostbares **Fayence-Rhython** aus Kítion (Nikosia, Archäologisches Zypern-Museum, Saal 3) deutet darauf hin, dass Gefäße inzwischen mehr als nur reine Gebrauchsgegenstände waren. **Bronzestatuetten** wie der **Gehörnte Gott von Énkomi** (Nikosia, Archäologisches Zypern-Museum, Saal 7) lassen auf eine rege Metallherstellung gegen Ausgang der Bronzezeit schließen.

Kypro-geometrische Zeit

Mit der Einwanderung der Achäer begann die Hellenisierung der Insel. Ab dem 10. Jh. v. Chr. zog die enge Verbindung mit Phönizien in geometrischer Zeit (1050–745 v. Chr.) einen kulturellen Aufschwung nach sich. Die phönizischen Händler führten die Technik der **Eisenherstellung** ein und gründeten die erste phönizische Stadt, Kítion (▶ S. 131). Die Achäer bauten Städte wie ▶ Koúrion, Márion und ▶ Sóloi. In der Töpferkunst herrschten die **rot überzogene Keramik** (Red Slip) und die **Schwarz-auf-Rot-Keramik** (Black on Red) vor. Es tauchten geometrische Motive zusammen mit Bildfeldern auf. Auch Hals und Rand der Gefäße wurden nun verziert. Vereinzelt begegnen Gold-, Silber- und Bronzeschalen.

Kypro-archaische Zeit

Assyrischer, ägyptischer und persischer Einfluss machten sich in der archaischen Zeit (725–475 v. Chr.) bemerkbar. **Stadtkönigtümer** wie Salamís und Amathoús gelangten zu Macht und Ansehen. Reich ausgestattete **Gräber** in Salamís und Tamassós belegen eine Zeit kultureller Blüte. Die Grabbeigaben zeigen orientalischen Einfluss, während die Grabarchitektur griechischer Herkunft ist. Die Toten wurden nicht mehr in Kauerstellung, sondern auf dem Rücken liegend und in **Steinsarkophagen** begraben. Erstmals traten oberirdische Grabstelen auf. Wegen des Marmormangels auf Zypern verwendete man für die **Großplastik** hauptsächlich Kalkstein. Kleidung und Haartracht der Statuen sind vom Orient beeinflusst.
In Agía Iríni wurden mehr als 2000 **Terrakottafiguren** gefunden (Nikosia, Archäologisches Zypern-Museum, Saal 4), unter ihnen zahlreiche Stierfiguretten, die beweisen, dass die weibliche Muttergottheit durch männliche Fruchtbarkeitssymbole verdrängt wurde. In den Stadtkönigtümern bildeten sich lokale Stile und künstlerische Persönlichkeiten heraus. **Bichrome Gefäße** mit Blumen- und Pflanzenmotiven entstanden.
Auf Zypern entwickelte sich der **freie malerische Stil** (Free Field Style). Vornehmlich bauchige Gefäße wurden mehrfarbig mit Tier- und Fabelwesen bemalt. Keinerlei Rahmung setzte den Motiven eine

Begrenzung, weich und floreal, stand das Dekorative im Vordergrund. Am Ende der archaischen Zeit tauchten Importe **schwarzfiguriger Vasen** aus Griechenland auf.
Ägyptische Glasgefäße, Fayencen und Skarabäen setzen sich während der ägyptischen Herrschaft durch.

Kypro-klassische Zeit

In die klassische Zeit (475–325 v. Chr.) fielen die Auseinandersetzungen mit den Persern. Trotz deren Herrschaft band sich Zypern kulturell immer stärker an Griechenland. Im 5. Jh. wurde der prachtvolle **Palast von Vouní** (▶ S. 288) errichtet, der eine Mischung orientalischen und hellenischen Kulturgutes belegt. Importe **attischer Vasen** (schwarz- und rotfigurig) mehrten sich. Die griechische Vasenmalerei blieb weiterhin tonangebend auf Zypern. Unter Euagoras von Salamís kamen griechische Künstler und Gelehrte auf die Insel.
Die **Bildhauerei** zeigt ab Mitte des 5. Jh. ionischen und attischen Einfluss. Es entstanden künstlerisch wertvolle Plastiken aus Bronze wie die **Kuh von Vouní** (Nikosia, Archäologisches Zypern-Museum, Saal 7).

Kypro-hellenistische Zeit

Unter den Diadochen, den Nachfolgern Alexanders d. Gr., fiel Zypern an Ptolemäus I. von Ägypten. Die Stadtkönigtümer wurden aufgelöst, die Insel wurde von Alexandria aus regiert. In Páfos entstanden

Die spätbyzantinische Kreuzkuppelkirche Agía Kyriakí Chrysopolítissa in Páfos

große **Peristylgräber** mit Innenhof und Säulengang, die ägyptischen Einfluss aufweisen. Das Baudekor blieb jedoch griechisch. Wachsender Wohlstand und der Wunsch nach Repräsentation gaben den Anstoß zur Errichtung neuer **Heiligtümer** in Páfos und Salamís. **Keramik** wurde weiterhin aus Griechenland importiert oder lokal imitiert. Kostbare **Kleinplastiken** spiegeln den allgemeinen Wohlstand wider. Eine der wenigen erhaltenen Marmorstatuen, die **Aphrodite von Sóloi**, kann im Archäologischen Zypern-Museum in Nikosia bewundert werden (Saal 5). Erstmals wurden Gefäße aus Glas produziert.

Römische Epoche

Als römische Provinz (58 v. Chr.–395 n. Chr.) führte Zypern die hellenistische Tradition weiter. Städte wie Páfos, Salamís und Sóloi wuchsen und erhielten römische Tempel. Nach den großen Erdbeben im 4. Jh. n. Chr. wurden zahlreiche Städte neu aufgebaut. Es entstanden **Theater**, **Gymnasien** und **Palästren**.
Der Typus des **Peristylhauses** gelangte durch die Ptolemäer nach Zypern. Das Peristyl, ein von Säulen umgebener Raum, bildet den Hof des Wohnhauses und ist oft mit farbenprächtigen **Fußbodenmosaiken** – wie den künstlerisch hochwertigen von Páfos und Koúrion –, Wasserbecken und Blumenbeeten ausgestattet. Páfos wurde zum kulturellen Zentrum Zyperns. Es entstanden **Porträts** und **Statuen** von Kaisern, prominenten Bürgern, Göttern und Heroen, wie die Statue des Kaisers Septimius Severus von Kythréa im Archäologischen Zypern-Museum in Nikosia (Saal 6).
Die Keramik bestand hauptsächlich aus schmuckloser Gebrauchsware, **Terra Sigillata**, ein Geschirr aus rotem Ton mit Stempel der Manufaktur, die sie in Massen herstellte, setzte sich durch. Im 2. Jh. n. Chr. wurde die **Glasproduktion** intensiviert.

Byzantinische Kirchentypen

Byzantinische Epoche

Als Konstantinopel um 330 Hauptstadt des Oströmischen (Byzantinischen) Reiches wurde, befand sich der Vielvölkerstaat in einer Krise und war bestrebt, das Bewusstsein einer römischen Nation zu schaffen. Ein wirksames Mittel war das monotheistische **Christentum**, das Kaiser Konstantin d. Gr. im Edikt von Mailand 313 erlaubte. Nachdem es Theodosius d. Gr. Ende des 4. Jh.s zur Staatsreligion erhoben hatte, setzte eine rege Bautätigkeit ein.

Frühchristliche Basilika

Im 4. Jh. entstanden die ersten frühchristlichen Basiliken in Koúrion, Páfos, Amathoús und Salamís. Dieser Kirchentypus geht zurück auf die profane **Basilika** der Römer, die als Markt- und Gerichtshalle diente: Das überhöhte Mittelschiff ist durch Säulen oder Pfeiler von den Seitenschiffen getrennt und besitzt eigene Fenster. Die zyprischen lang gestreckten Basiliken besitzen drei bis fünf Schiffe. Eine oder

FRÜHCHRISTLICHE BASILIKA

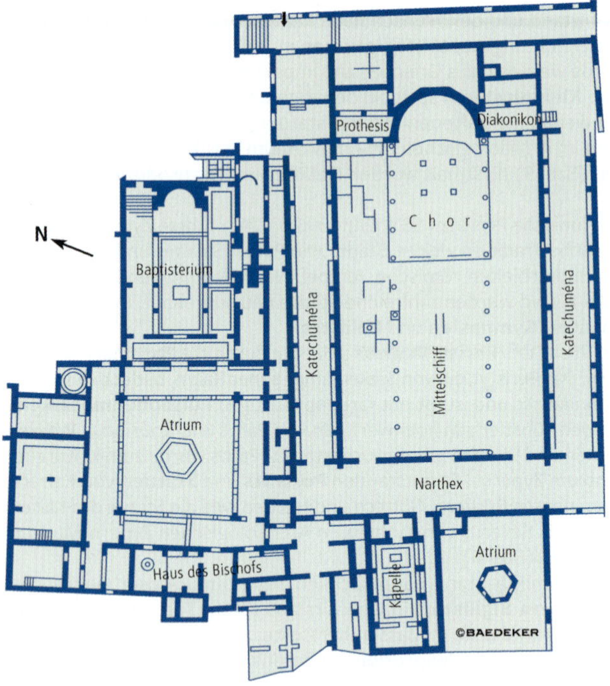

mehrere Apsiden schließen den Bau nach Osten hin ab. Hinter dem Altar befindet sich der erhöhte Bischofsthron (**Kathedra**). Apsis und Altarbereich bilden das Allerheiligste (**Bema**) und waren der Priesterschaft vorbehalten. Sie sind vom Gemeinderaum (**Naos**) durch Schranken (**Templon**) getrennt. Häufig treten rechts und links vom Altarbereich zwei Räume auf, das **Diakonikon** und die **Prothesis**. Hier zogen sich die Diakone um und wurden Weihgaben aufbewahrt.
Im Westen der Kirche schließt die Vorhalle (**Narthex**) an das Atrium mit einem Reinigungsbrunnen (**Kántharus**) an. Das Taufbecken befindet sich im **Baptisterium**, das außerhalb der Kirchenanlage liegt. Die Innenräume der Kirchen sind mit Mosaiken und Malereien geschmückt.
Manche Basiliken besitzen zusätzlich zu den Seitenschiffen Seitenflügel (**Katechuména**), die streng vom Kirchenbau getrennt sind. Diese dienten den noch nicht Getauften als Aufenthaltsraum während der Messe.

Im 9./10. Jh. wurde im Byzantinischen Reich die lang gestreckte Basilika zunehmend durch den **Zentralbau**, eine Kreuzkuppelkirche nach dem Typus der Hagia Sophia (Istanbul), abgelöst. Unmittelbares Vorbild zyprischer Kirchen war die Johannesbasilika in Ephesos, eine Verschmelzung aus lang gestreckter Basilika und Zentralbau. Dabei überdecken in der Regel drei **Kuppeln** das Langhaus und zwei die Kreuzesarme (▶ Grundriss Geroskípou, S. 199). Der Altarraum wird im Osten durch eine oder mehrere **Apsiden** abgeschlossen.

Kreuzkuppelkirche

Im Innern trennt das **Templon**, eine marmorne Schranke, den Altarraum vom Gemeinderaum. Aus dem Templon entwickelte sich ab dem 13. Jh. die **Ikonostasis**, eine mit Ikonen versehene große Holzwand zwischen Naos und Bema.

Ein speziell auf Zypern beheimateter Kirchentypus ist die im Tróodos-Gebirge bevorzugte einschiffige, lang gestreckte **Scheunendachkirche**. Diese mittelalterlichen Bergkirchen erhielten vermutlich unter den Kreuzrittern nachträglich ein **Satteldach**. Besaßen sie zuvor eine Kuppel, so zog man das Satteldach aus Ziegeln darüber. Das tief nach unten verlängerte Dach liegt auf Stützmauern und schützte so die Kirche vor Schnee und Regen. Der Umgang um den eigentlichen Kirchenbau ermöglichte eine ständige Durchlüftung und somit gute Konservierung der mit großen Freskenzyklen reich geschmückten Wände (heute als »Bemalte Kirchen im Gebiet von Tróodos« UNESCO-Welterbe).

Sondertyp im Tróodos

Byzantinische Wandmalereien

Byzantinische Kirchenräume sind in der Regel mit prächtigen **Fresken** (ital. »al fresco«: auf das Frische) geschmückt. Damit sich die Farbe besser mit dem Untergrund verbinden konnte und dadurch haltbarer wurde, malte man auf frischem, feuchtem Putz. Die Bilderverehrung beruht auf dem Glauben, dass das Heiligenbild ein direktes Abbild des Heiligen ist und der Gläubige nicht das Bild, sondern den Heiligen anbetet. Um dem absoluten, also statischen **Urbild** möglichst nahe zu kommen, darf sich die bildliche Wiedergabe nicht wandeln.

Bilderverehrung

Die flächige und lineare Komposition des Bildprogramms missachtet die Größen- und Raumverhältnisse und stellt die Figuren in einer **»falschen« Perspektive** dar. Die Wandmalereien dienten dem leseunkundigen Volk als sog. **Armenbibeln**, die biblische Begebenheiten und Gleichnisse und somit die orthodoxe Lehre leicht verständlich in Bilder fassten. Die byzantinische Sakralkunst Zyperns wird in eine früh-, mittel-, spät- und postbyzantinische Periode unterteilt. Sie vereint griechisch-hellenistische, römische, syrische und persisch-orientalische Elemente.

DIE RECHTGLÄUBIGEN

Der christliche orthodoxe Glaube (»rechte Lehre Gottes«) beruft sich unmittelbar auf Jesus Christus. Seine Blüte erlebte er im Byzantinischen Reich, weshalb man auch von der griechischen im Gegensatz zur lateinisch-römischen Kirche spricht. Unterschiede zeigen sich in der Architektur, im Ritus und in grundsätzlichen Glaubensauffassungen. So geht in der Ostkirche der Hl. Geist nur vom Vater aus (und nicht vom Vater und vom Sohn) und die Unbefleckte Empfängnis der Maria wird nicht anerkannt. Orthodoxe feiern auch nicht ihren Geburtstag, sondern ihren Namenstag.

▶ **Pantokrator**
griechisch: All-/Weltenherrscher
Der Pantokrator-Typus betont die Gottgleichheit Christi, seine Weltherrschaft, Segensmacht und Lehrautorität.

▶ **Ikonenverehrung und Marienglaube**
Besonders typisch für die orthodoxe Kirche ist die Ikonenverehrung. Der Betrachter stellt durch sie eine direkte Verbindung zum dargestellten Heiligen und damit indirekt zu Gott her. Eines der häufigsten Ikonenmotive ist Maria mit dem Kind.

▶ **Drittgrößte christliche Kirche der Welt**

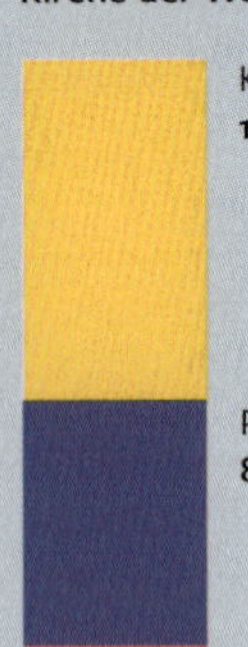

Katholiken **1181 Mio.**

Protestanten **854 Mio.**

Orthodoxe **225 Mio.**

▶ **Der orthodoxe Priester**
Griechisch-orthodoxe Priester kleiden sich klassisch in ein schwarzes Gewand mit schwarzem Hut. Ihren Bart lassen sie in der Regel stehen. Ehelosigkeit ist nur für Bischöfe, Nonnen und Mönche vorgeschrieben. Er predigt keine eigenen Texte, sondern liest jeden Tag fest vorgeschriebene Stellen aus den heiligen Schriften vor.

Religionen auf Zypern

4% Übrige
18% Muslimisch
78% Griechisch-Orthodox

▶ Kirchenbau

Die orthodoxe Kirche ist ein »Schiff«, das nach einer vertikalen und einer horizontalen Hierarchie gestaltet wird. In der vertikalen Hierarchie wacht Christus als Allherrscher (Pantokrator) in der Zentralkuppel oder an anderer wichtiger Stelle über den Kosmos. In der Mittelzone findet sich meist der Zwölffestezyklus mit den wichtigsten Festen des Kirchenjahrs.

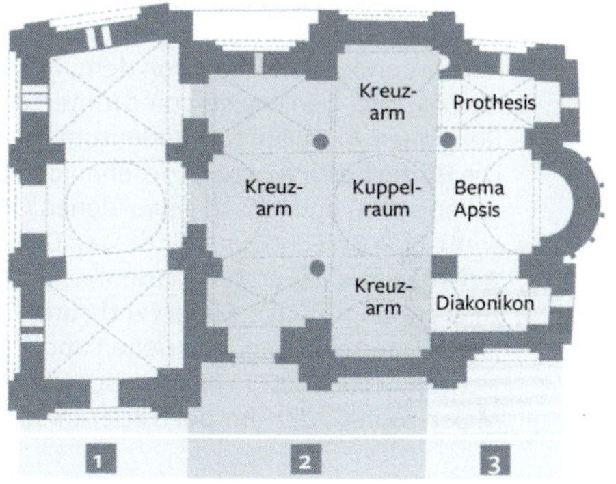

Die horizontale Hierarchie manifestiert sich in der Dreiteilung des Kirchenbaus:

1 **Narthex:** Vorraum der Kirche

2 **Naos:** Gemeinderaum, durch eine Bilderwand (Ikonostase) vom Altarraum abgetrennt

3 **Bema:** Nach Osten ausgerichteter Altarraum

Die wichtigsten orthodoxen und katholischen Feiertage im Vergleich

Die orthodoxe Kirche zählt nach dem Julianischen und nicht nach dem Gregorianischen Kalender, sodass manche Feiertage anders fallen. Auch andere Schwerpunkte werden gesetzt. (s. Beispiel 2016). Ostern jedoch ist für beide von zentraler Bedeutung.

orthodox | katholisch | ▶ Beginn des Kirchenjahrs

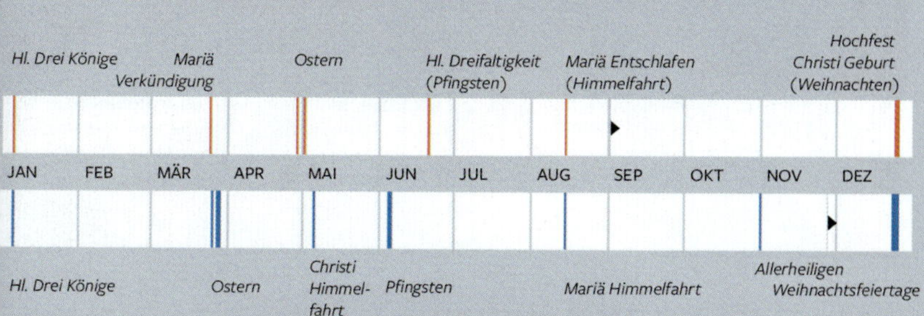

Frühbyzantinische Periode

In der frühbyzantinischen Epoche (6.–9. Jh.) treten nur Mosaiken und Wandmalereien mit Szenen aus dem Leben Christi auf. Der Stil ist durch eine lebendige und bewegte Ausdrucksweise gekennzeichnet. Der **Bilderstreit** (Ikonoklasmus) zwischen 726 und 843 stellte das Verständnis und die Verehrung von Heiligenbildern in Frage.

Ikonoklasmus: Bilderstreit

Die **Bilderfeinde** (Ikonoklasten) waren grundsätzlich gegen die bildliche Darstellung Christi oder anderer heiliger Personen. Sie begründeten ihre Ablehnung mit dem 3. Gebot: »Du sollst Dir kein Bildnis noch irgendein Gleichnis von dem, was droben im Himmel ... ist, machen.« Ihre Denkweise stand unter dem Einfluss bilderfeindlicher Religionen wie Islam und Judentum.
Die **Bilderbefürworter**, vornehmlich Mönche und das einfache Volk, sahen schon im Mensch gewordenen Christus das Abbild Gottes und somit eine Berechtigung für dessen Darstellung. Zudem soll der **Evangelist Lukas** die ersten Marienikonen gemalt haben. Als historische Begründung für die Bilderverehrung nannten sie die Existenz bildlicher Darstellungen, von denen apokryphe Schriften Folgendes berichten: Zu Christi Lebzeiten schickte der König von Edessa einen Maler zu ihm, der ihn porträtieren sollte. Jesus wies den Maler ab,

Byzantinisches Kleinod und UNESCO-Welterbe: Ágios Nikólaos tis Stégis in Kakopetriá mit den ältesten Wandmalereien Zyperns (11. Jh.)

drückte jedoch sein Antlitz in ein Tuch (**Mandílion**) und gab es dem Maler. Dieses Tuch hängte man am Stadttor von Edessa auf, und das Antlitz Christi hinterließ einen Abdruck in einem Ziegel des Tores (**Keramídion**). Mandílion und Keramídion wurden im 9. Jh. nach Byzanz gebracht, wo man sie hoch verehrte. Letztlich einigte man sich auf eine theologisch abgewandelte Bilderverehrung wie bei Johannes von Damaskus, nach der Bilder nur als Vermittler der göttlichen Welt, als Abbilder des Urbildes gelten sollten.

Mittelbyzantinische Periode

Die mittelbyzantinische Periode (870–1204) folgte auf den Bilderstreit, nach dessen Beendigung man die theologischen Inhalte und die Darstellungsweise von Bildwerken genau festlegte. Die Kirchen wurden nun einem festen Kanon entsprechend ausgemalt. Die Malereien zeichnen sich aus durch strenge **Frontalität**, durch die **Bedeutungsperspektive**, d. h. die größere Darstellung der wichtigen Personen, und durch eine Fülle an theologisch wichtigen Szenen.
Die Malereien der **Makedonischen Renaissance** (9.–11. Jh.), die sich nach Beendigung des Bilderstreits durch die Thronbesteigung des Kaisers Basileios I. entwickeln, sind durch feine Zeichnung und überlange Darstellung der Figuren zu erkennen. In der **Komnenenzeit** (1081–1185) greift man auf hellenistische Vorbilder zurück. Sanft fließende Bewegungen, reicher Faltenwurf und feine Licht- und Schatteneffekte sind nun charakteristisch. Die frühesten erhaltenen Wandmalereien Zyperns aus dem 11. Jh. findet man in der Kirche Ágios Nikólaos tis Stégis in Kakopetriá.

Spät- und postbyzantinische Periode

Im Jahr 1204 wurde Konstantinopel von Kreuzfahrern unter dem venezianischen Dogen Dandolo erobert und geplündert, eine künstlerische und wirtschaftliche Zäsur, von der sich die Stadt nie wieder ganz erholte. Die **spätbyzantinische Zeit** (1204–1453), nach der nun herrschenden Dynastie auch **Paläologenzeit** genannt, brachte Wandmalereien voller Gegensätze, Spannungen und reich kontrastierender Farben hervor. Durch die fränkische Herrschaft auf Zypern mit ihren Auftraggebern aus der Lusignan-Dynastie vermischt sich der traditionelle Stil mit westlichen Elementen.
Die **postbyzantinische Periode** (15.–19. Jh.), die mit der Eroberung Konstantinopels durch die Türken 1453 begann, ist gekennzeichnet durch eine Fülle an Figuren, die Darstellung von Nebenpersonen und genrehaften Szenen, die Einführung der **Zentralperspektive** und die Ausmalung des Hintergrundes.

Bildkanon

Nicht die künstlerische Selbstentfaltung des Malers, sondern die richtige theologische Aussage ist grundlegend. Die strenge Anordnung der Kirchenfresken folgt einer horizontalen und einer vertikalen Hierarchie. Inhaltliche und stilistische Abweichungen sind meist auf die Stifter der Malereien zurückzuführen.

Die **horizontale Hierarchie** beginnt im Altarraum (**Bema**): Er gilt als Berührungspunkt von Himmel und Erde und besitzt in der Apsis ein Bildnis der Muttergottes zwischen zwei Engeln, der Apostelkommunion, Hinweis auf das himmlische Abendmahl, und der Kirchenväter, Sinnbild für die Zeitlosigkeit der Kirche. Den Raum der Gläubigen (**Naos**) schmücken Heiligendarstellungen und Szenen aus dem Leben Mariens und Christi. Im Westen der Kirche über dem Ausgang oder im **Narthex** bildet das Jüngste Gericht den Abschluss.
Die **vertikale Hierarchie** beginnt in der den Himmel symbolisierenden **Kuppel** mit Darstellung des von Engeln umgebenen Pantokrators (Allherrscher). In den **Zwickeln** leiten Propheten oder die vier Evangelisten zur irdischen Sphäre mit Szenen aus der Lebensgeschichte Mariens oder Christi über. Im **unteren Wandbereich** sind Heilige und Vertreter der kirchlichen und weltlichen Hierarchie abgebildet.

Ikonenmalerei: Verbindung zum Göttlichen

Theologische Belehrung

Neben Wandmalereien dienen auch die Ikonen der theologischen Belehrung des Volkes. Eine Ikone (gr. Bild) ist das **Abbild** der Muttergottes, Christi oder eines Heiligen. Während des Bilderstreits im 8./9. Jh. zerstörten die Bilderstürmer ungezählte Ikonen, andere wurden versteckt und führten nach ihrer Auffindung zur Gründung von Klöstern (Machairás; Kýkko).

Strenge Vorschriften

Die Ikonenmalerei unterliegt ebenfalls strengen Vorschriften. Malerbücher schreiben dem Künstler nicht nur Inhalt, sondern auch Technik und Handhabung vor. Ikonen werden häufig auf **Goldgrund**, flächig und **ohne Zentralperspektive** gemalt. Hervorgehoben wird die theologische Aussage; der Hintergrund wird ausgespart, da er von der Bedeutung der abgebildeten Heiligen ablenken würde.

Kunst der Franken und Venezianer

Zyprische Gotik

Mit der Eroberung Zyperns durch Richard Löwenherz (1191) drang westlicher Einfluss auf die Insel. Das französische Adelsgeschlecht der Lusignan übernahm die Herrschaft und regte eine emsige Bautätigkeit an. Gotische Bauhütten wurden nach Zypern beordert; Geldgeber für den Bau von Palästen und Kirchen waren König, Bischöfe und wohlhabende Bürger. In Nikosia und Famagusta entstanden mit der Sophien- und der Nikolauskathedrale die ersten großen gotischen **Kathedralen**. Im Pentadáktylos-Gebirge schützten die **Burgen** St. Hilarion, Buffavento und Kantara vor Einfällen der Mamelucken.

Maria mit dem Kind: Ikonenmalerei in Agrós

Kirchenbauten

Der zyprischen Gotik fehlten die Leichtigkeit und das »Aufstrebende« der französischen Gotik. Es herrschten schwere und **gedrungene Formen** vor. Das lang gestreckte Mittelschiff und die Seitenschiffe wurden nicht mit den in Frankreich üblichen Satteldächern, sondern häufig mit **Flachdächern** versehen. Der prächtigen Ornamentik und Dekoration französischer Kirchen stand eine eher **karge Innenausstattung** gegenüber. So fehlten die Emporen- oder Triforienzonen, der Chorkapellenkranz und das Querhaus. Die Mehrzahl ist im Osten mit einem Dreiapsidenchor ausgestattet, auf einen Chorumgang verzichtete man in der Regel, wobei die **Sophienkathedrale** (► S. 269) im Norden der geteilten Hauptstadt Nikosia eine Ausnahme bildet.

Keramik

Die vorherrschende Keramik des Mittelalters ist die braun-grüne **Sgraffito-Keramik**. Hergestellt wurden vor allem Schalen und Becher, die mit einer fantasievollen Dekoration verziert waren.

Osmanische Kunst

Umwandlung von Kirchen in Moscheen

Nach der türkischen Eroberung wurden ab 1571 verlassene katholische Kirchen in Moscheen umzuwandeln. Die Sophienkathedrale in Nikosia wurde zur **Selimiye-Moschee**, die Nikolauskirche in Famagusta zur **Lala-Mustafa-Pascha-Moschee**. Auf die Turmstümpfe setzte man **Minarette**, die gotischen Dekorationen der Inneneinrichtung wurden entfernt. Die neu entstehenden Moscheen sind Beispiele klassischer osmanischer Architektur mit quadratischem Grundriss und Kuppel.

Bautypus der Moschee

Der Bautypus der Moschee geht auf das arabische Wohnhaus zurück. Der große Innenhof (**Sahn**) mit dem **Reinigungsbrunnen** für rituelle Waschungen besitzt umlaufende Galerien (**Riwaks**) und einen langen, mehrschiffigen, nach Mekka weisenden **Betsaal**. Ebenfalls nach Mekka weisen die Gebetsnische (**Mihrab**) und der auf einer Treppe erhöht aufgestellte Predigtstuhl (**Minbar**). Seit der Omayadenzeit (666–750) ist das **Minarett**, von dem der Gebetsrufer (Muezzin) fünfmal täglich zum Gebet ruft, Bestandteil jedes Gotteshauses. Das Minarett als eigenständiger Baukörper der Moschee bleibt bis ins 20. Jh. auf Zypern eine Ausnahme.

Im Osmanischen Reich entwickelte sich seit dem 13. Jh. die **Kuppelmoschee**, die sich an den byzantinischen Kuppelkirchen orientierte. Dabei setzte sich der Zentralkuppelbau mit quadratischem Grundriss durch (Istanbul, Süleyman-Moschee). Diesem Vorbild folgen auch die meisten zyprischen Moscheen, so etwa die Chala Sultan Tekke bei Lárnaka und die Arab-Ahmet-Moschee im Norden von Nikosia.

Im 19. Jh. gelangt die rechteckige, **kuppellose Moschee** auf die Insel. Ein Narthex mit Säulen bildet den Eingangsbereich; Beispiele gibt es in Lefka/Lefke (► S. 284) oder in Nikosia (Sarayönü-Moschee; ► S. 266).

Auch die einstige Sophienkathedrale in Nikosia wurde nach der osmanischen Eroberung in eine Moschee (Selimiye Camii) umgewandelt.

Profanbauten

Unter den Osmanen entstanden auch einige weltliche Bauten, wie die beiden Hans oder Chans (**Karawansereien**) in Nikosia (► S. 267, 269) oder türkische **Bäder**, von denen das Büyük Hamam (► S. 269) im türkischen Teil Nikosias der Öffentlichkeit noch zugänglich ist. Weitere Beispiele osmanischer Architektur sind eine Bibliothek, Brunnen und mehrere Wohnhäuser im türkischen Teil Nikosias oder die Brücke eines Aquädukts bei Lárnaka von 1745 (► S. 132).

Zyprisches Kulturerbe

»Schatzgräber«

Mit den Grabungen des von britischen Behörden engagierten deutschen Forstrats **Max Ohnefalsch-Richter** (1850–1917) richtete sich der Fokus der sich entwickelnden wissenschaftlichen Archäologie verstärkt auf das aus antiker Literatur bestens bekannte Zypern. Zufällig stieß dieser bei Baumpflanzungen gegen den Flugsand der Wanderdünen nördlich von Famagusta auf die Ruinen der größten antiken Stadt Zyperns. Wie damals üblich, ging man völlig unsystematisch vor. So fehlen detaillierte Aufzeichnungen, und ein Großteil der gemachten Funde wurde ins Ausland verkauft – nach heutigem Verständnis eher Schatzgräberei als seriöse archäologische Wissenschaft.

Ein anderer Ausgräber, der Ohnefalsch-Richter als Vorbild diente, war der damalige US-amerikanische Konsul in Zypern, General **Luigi Palma di Cesnola** (1832–1904; ▶ S. 128). Dieser ordnete mehr als 50 Grabungen an, entnahm der Erde Zyperns mehr als 35 000 Objekte und verkaufte etwa 22 000 davon als Grundstock an das im Jahr 1872 eröffnete Metropolitan Museum in New York, dessen erster Leiter er wurde. Alle großen Museen, die damals Altertümer erwarben, haben »Cypriaca« solch dubioser Provenienz in ihren Beständen.

Verwischung griechischer Spuren

Nach der **Invasion** türkischer Truppen im Jahr 1974 begann man im besetzten Gebiet, die Spuren griechischer Besiedlung systematisch zu verwischen. So wurden fast alle griechischen Orts-, Straßen- und Landschaftsnamen sowie überlieferte türkisch-zyprische Benennungen durch türkische ersetzt.

Orthodoxe Sakralbauten

Am schwerwiegendsten jedoch war der **Schaden an Sakralobjekten**, die auf dem internationalen Kunstmarkt landeten. Es gibt im Inselnorden kaum mehr eine unversehrte orthodoxe Kirche, viele griechische Friedhöfe wurden geschändet. Die Gotteshäuser sind verwahrlost oder abgerissen, die Kreuze von Turmspitzen abgeschlagen, die Seile zum Läuten der Glocken gekappt. Das Kloster des hl. Johannes Chrysóstomos bei Koutsoventis/Güngör wird militärisch genutzt, da es eine weite Aussicht bis Nikosia und zum Tróodos-Gebirge bietet. Freskenzyklen von unschätzbarem Wert wurden von »unbekannten Tätern« herausgebrochen, Ikonostasen stehen oft als leere Gerüste da, Ikonen, Altäre und liturgisches Gerät sind verschwunden.
Sechs der verschollenen, 1989 wieder entdeckten Mosaiken der Kirche der **Panagía Kanakariá** bei Lythránkomi/Boltaşlı wurden der Republik Zypern zurückgegeben und sind heute im Byzantinischen Museum von Nikosia zu besichtigen (▶ S. 166). Diese Apsidenmosaiken aus dem 6. Jh. gehören zu den bedeutendsten Werken frühchristlicher Kunst. Nur noch eine Kirche mit wertvollen Mosaiken blieb unversehrt: **Panagía Angelóktistos** in Kíti (▶ S. 93).

Islamisches Kulturgut

Moscheen in türkisch-zyprischen und gemischt besiedelten Dörfern, die sich nach 1974 auf dem Gebiet der Republik Zypern befanden, werden zum Großteil nicht genutzt und vom Staat unterhalten. Nach Abzug türkischer Zyprer wurden zahlreiche islamische Friedhöfe dort geschändet. Ein wichtiges Pilgerziel für Muslime, die **Chala Sultan Tekke** (▶ S. 132) am Salzsee von Lárnaka, konnte in den letzten Jahren, nach langen Streitigkeiten über die Zuständigkeit, mit Unterstützung von EU-Geldern restauriert werden.

Archäologie in Süd und Nord

Nachdem in der **Republik Zypern** ab 1960, auch mit Hilfe archäologischer Expeditionen aus dem Ausland, die wissenschaftliche **Erforschung der Antike** voll in Gang gekommen war (Páfos-Mosaiken,

Salamís – frühes Objekt archäologischer Erforschung

Salamís), wurden die Ausgrabungstätigkeiten mit dem Putsch gegen Makarios und dem folgenden Einmarsch türkischer Truppen 1974 eingestellt. Erst nach einigen Jahren waren ausreichende Finanzmittel vorhanden, um die Grabungen in der verbliebenen Republik weiterzuführen. Schwierigkeiten bereitete insbesondere das Fehlen eines Archäologischen Institutes, da die Universität in Famagusta in Nordzypern (mit archäologischer Abteilung) für griechische Zyprer nicht mehr zugänglich war.
In der **Türkischen Republik Nordzypern** unterblieben Ausgrabungen zunächst, ungesicherte Antiken verschwanden nach der Teilung. Zur Sicherung von Zufallsfunden und für Lehrgrabungen der Archäologiestudenten der **Eastern Mediterranean University** (EMU; ► S. 230) in Famagusta/Gazimağusa begann man in den letzten Jahren mit neuem Selbstbewusstsein mehrere archäologische Kampagnen. Sie führten zu Verstimmungen bei der Republik Zypern über die Zuständigkeit der staatlichen wissenschaftlichen Behörden. Die EMU kontert mit Bestimmungen der UNESCO über die Sicherung von Kulturgütern sowie der Tatsache, dass ihr Personal internationalen wissenschaftlichen Standards entspricht.

ZEITGENÖSSISCHE KUNST: GANZ SCHÖN KREATIV

Heiligenbildern auf Ikonen begegnet man hier auf Schritt und Tritt, nicht nur in kunsthistorisch bedeutenden Kirchen und Klöstern, sondern auch modern nachgebildet in Souvenirgeschäften und kommerziellen Galerien. Doch in den letzten Jahren wandelte sich die Kunstszene. Sie wurde bunt und lebendig, eroberte sich spannende neue Ausdrucksformen und wird häufig an Orten präsentiert, die genauso reizvoll sind wie die Kunst, die sie beherbergen.

Mit Fantasie, guter Ausbildung, nicht selten im Ausland, und finanziellen Förderprogrammen haben Zyperns Kreative längst die Ecke naiver und volkstümlicher Kunst verlassen und sind auch international vertreten. Zu dieser Entwicklung tragen auch Zyprer bei, die Ideen und Konzepte in der Diaspora entwickeln und sie dort vermarkten. So präsentiert etwa der seit 1982 in London lebende Modekünstler **Hussein Chalayan** (geb. 1970) seine erfrischend unkonventionellen Kollektionen in der britischen Hauptstadt genauso erfolgreich wie in Istanbul und Tokio.
https://chalayan.com

Interessante Einblicke

Einen guten Überblick verschafft man sich in den Galerien Nikosias und Limassols, wo es Kunst verschiedenster Stile und Techniken zu entdecken gibt. Hier werden zyprische Traditionen wie Ikonenmalerei und Léfkara-Stickerei weitergedacht und neue Themen aufgegriffen – von der Teilung des Landes bis zur Sehnsucht nach dem Meer.

Das **Nicosia Municipal Arts Centre** (NiMAC) im Faneroméni-Viertel der Altstadt versucht seit Jahren, Kunstschaffende der Republik Zypern und deren Werke einer breiten Öffentlichkeit nahezubringen, auch in Zusammenarbeit mit internationalen Künstlern und Museen. Das Gebäude eines ehemaligen Elektrizitätswerks bestimmt die anregende Atmosphäre und bildet den spannenden Rahmen für diverse Ausstellungen
Palias Ilektrikis 19 | www.nimac.org.cy

Beim Bummel durch das angesagte Viertel Kaimakli ist der Besuch der zur Ausstellungshalle umgebauten alten Getreidemühle **Myloi Cultural Centre** und des alten, renovierten Bürgerhauses, in dem **Julia Astreou-Christoforou** ihre künstlerischen Textilarbeiten ausstellt, eine lohnende Unternehmung.
Myloi Cultural Centre:
Konstantinoupoleos 4 | Tel. 22 79 76 05
Julia Astreou-Christoforou:
St Barbara Street 1 | Tel. 99 47 52 19
www.juliastreou.com

Das **Point Centre for Contemporary Art** in Nikosia, gegründet nach dem Konzept von UNDO, einer kritischen Zeitschrift für Kunst und Geisteswissenschaften, fördert junge zyprische Künstler mit Subventionen und Unterkunft.
Evagorou Av. 2 | Tel. 22 66 20 53
www.undopoint.org

Das **Dance House Lefkosia** will einen Rahmen schaffen und gleichzeitig Raum

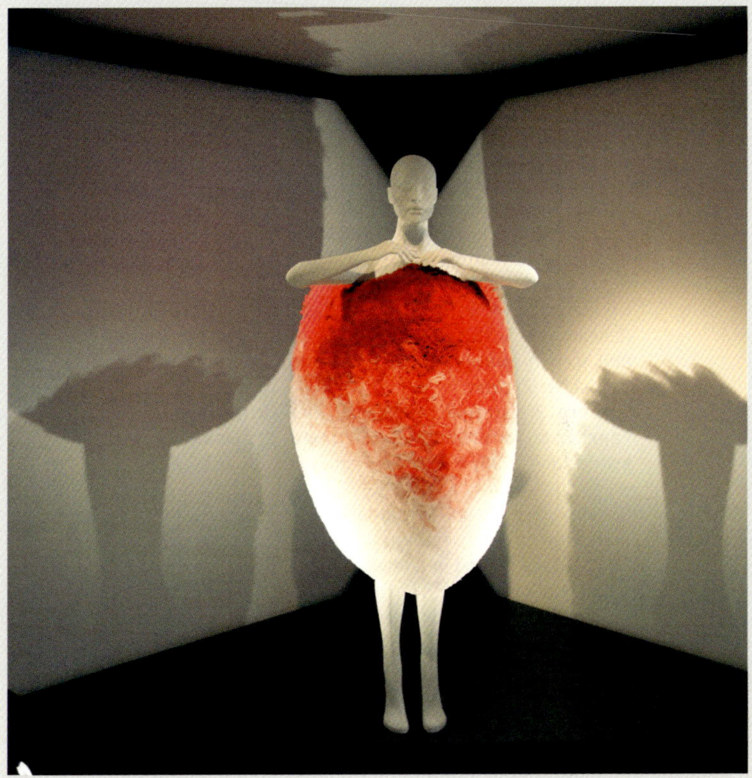

Das Ei des Kolumbus? Nein: ein Tüllkleid von Hussein Chalayan

zur Verfügung stellen, in dem sich vor allem auch zeitgenössischer Tanz als eigenständige Kunstform in Zypern etablieren kann.

Parthenonos 25 | Tel. 22 78 09 60
www.dancehouselefkosia.com

Begegnungen vor Ort

Das **Cornaro Art Institute** in Limassol, die bekannteste Kunstakademie der Insel, veranstaltet Ausstellungen und andere Kunstaktionen. Dazu gehört auch ein Café, in dem man sich unter die jungen Kreativen mischen kann und vielleicht in interessante Gespräche oder einen inspirierenden Gedankenaustausch verwickelt wird.

Keramopoieiou 1A | www.facebook.com/cornaroinstitute

Doyen der lebendigen Kunstszene Nordzyperns ist die dort ansässige deutsche Künstlerin **Heidi Trautmann**, die auf ihrer Website einen guten Überblick über das aktuelle Geschehen gibt.

www.heiditrautmann.com

Denkmalschutz und moderne Architektur

Preiswürdige Kultur-Projekte

In der Republik Zypern beginnt man verstärkt, das architektonische Erbe der Städte zu retten, die Denkmalschutzauflagen sind streng und werden staatlich reguliert. Seit einiger Zeit werden nun auch bislang vernachlässigte Häuser aus den1940er- und 1950er-Jahren unter Schutz gestellt.

Für die **Restaurierung** vorhandener Gebäude erhielt Zypern mehrfach den **Europa Nostra Award** in verschiedenen Kategorien: das Projekt zur Erhaltung des kulturellen Erbes der Pufferzone in Nikosia; die Armenische Kirche St. Anna in Nikosia (► S. 267); das Home for Cooperation (► S. 11, 151) und das CVAR (Centre of Visual Arts and Research; ► S. 152) in Nikosia. Die beiden letztgenannten Institutionen stehen exemplarisch für bikommunale Arbeit griechischer und türkischer Zyprer.

Weitere Preisträger im Bereich der **Erhaltung von Kulturerbe:** Famagusta-Tor (1985; ► S. 168); Haus des Dragoman Hadjigeorgákis Kornesios (1988; ► S. 164); Hamam Omeriye (2005; ► S. 164).

Moderne Architektur

Spektakuläre Beispiele moderner Architektur sind auf Zypern an mehreren Orten zu finden:

— Das **Oval Office** in Limassol, geplant und entwickelt von der englischen-kanadischen Firma Atkins, ist ein Hingucker an der Grenze von Stadt und Touristenmeile (https://cyprino.com/listings/oval-office/).

— Die neue **Limassol Marina** bietet nicht nur Seglern eine Anlaufstelle, sondern wurde mit ihren Restaurants, Bars und Luxus-Residenzen ein neuer, exklusiver Stadtteil (► S. 140).

— Ein besonderes Hochhaus entwarf der französische Star-Architekt Jean Nouvel für das Zentrum Nikosias: Der Neubau des **Tower 25** in Zyperns Hauptstadt verwandelt sich mit perforierten Wänden und zahlreichen Terrassen in eine vertikale, begrünte Landschaft (www.jeannouvel.com/en/projects/white-walls/).

— Auf dem Areal der zentralen **Plateia Eleftherías** in Nikosia plante die irakischstämmige Architektin Zaha Hadid direkt an der venezianischen Stadtmauer eine zukunftsweisende Verbindung zwischen Altstadt und modernem Nikosia (► S. 159; www.zaha-hadid.com/masterplans/eleftheria-square).

— Ab 2023 soll ein Neubau des **Archäologischen Zypern-Museums** in Nikosia in Sichtweite des alten viktorianischen Hauses entstehen. Den internationalen Architekturwettbewerb gewannen der griechische Architekt Theoni Xanthi und sein Büro XZA. Gegenüber dem heutigen Museumsbau aus dem späten 19. Jh. soll ein architektonisches Highlight nach modernsten museumsdidaktischen Erkenntnissen errichtet werden (www.cy-arch.com/new-cyprus-museum-competition-entry/).

Das Oval Office von Limassol bietet Kommerz in anspruchsvollem Ambiente.

Musik

Geschichte und Gegenwart

Zypern hat eine lange Musiktradition. Schon **Janus Lusignan** (1375 bis 1432), von 1398 bis zu seinem Tod König von Zypern sowie Titularkönig von Jerusalem und Armenien, gab für die Hochzeit seiner Tochter Anna ein 159 Notenseiten umfassendes Werk weltlicher und geistlicher Musik in Auftrag, das heute in der Turiner Nationalbibliothek als eines der wichtigsten Dokumente mittelalterlicher Komponierkunst verwahrt wird.

Zu den bekanntesten Pop-Interpreten, die sich am Ethnopop orientieren und teils in griechischer Sprache singen, gehören **Michalis Hadjiyannis**, **Despina Olimbiou** und – als Grande Dame am griechisch-zyprischen Pophimmel – **Anna Vissi** (▶ S. 365).

Ein Ausnahmetalent unter den modernen zyprischen Musikern ist **Alkinoos Ioannides**, der auch immer wieder im deutschen Sprachraum konzertiert. Ein türkisch-griechisches Projekt realisierten **Theodoulos Vakanas** und **Mehmet Ali Sanlıkol**.

Und als internationale Größe nicht zu vergessen: Geórgios Kyriákos Panayiótou alias **George Michael**.

Zur Volksmusik: ▶ S. 392

INTERESSANTE MENSCHEN

Sinnbild der Erotik: Aphrodite

Göttin der sinnlichen Liebe, Schönheit und Fruchtbarkeit

Als die Griechen um 1200 v. Chr. auf die Insel kamen, fanden sie hier bereits den **Fruchtbarkeitskult** einer orientalischen Muttergottheit vor, der dem Matriarchat entsprang. Verehrt wurde die babylonische Liebesgöttin Ischtar, deren Züge sich mit der phönizischen Fruchtbarkeits- und Kriegsgöttin Astarte mischten. Im patriarchalischen Welt- und Jenseitsbild der Griechen musste die einstige Fruchtbarkeitsgöttin dem Zeus untergeordnet und ihre Funktion umgedeutet werden.

Geburt der Aphrodite

Vom Geburtsort der Aphrodite vor der Küste Zyperns erzählt der Dichter **Hesiod** (7. Jh. v. Chr.) in seinem Epos »Theogonie« (155–200): Eltern der Aphrodite waren Gaia (Erde) und Uranos (Himmel), die aus dem Chaos (leerer Raum) entstandenen Urgötter. Bei ihrer Vereinigung zeugten sie zahlreiche Kinder: Kyklopen, Hekatoncheiren (Hundertarmige) und das Göttergeschlecht der Titanen. Uranos verbannte die Hekatoncheiren und Kyklopen in den Tartaros (Unterwelt), worauf Gaia erzürnt ihren Sohn Kronos gegen den Vater aufhetzte. Dieser versteckte sich mit einer Sichel im Schlafgemach, und als Uranos im Liebesverlangen Gaia umarmte, stürzte er hervor und entmannte seinen Vater. Das Geschlecht des Uranos warf er ins Meer, in dessen Fluten es bis Zypern trieb. Dort entstieg dem Schaum des Meeres Aphrodite.

Zahlreiche Liebschaften

Aphrodite, als Göttin der sinnlichen Liebe, Beschützerin der Ehe, aber auch der Prostituierten verehrt, wurde selbst mit zahlreichen Liebschaften verbunden und als untreue Ehefrau des Schmiedegotts **Hephaistos** dargestellt. Dem von diesem gefertigten magischen Gürtel verdankte sie ihren unwiderstehlichen Liebreiz.
Aus ihrer außerehelichen Beziehung zum Kriegsgott **Ares** gingen Eros, Anteros, Harmonia, Deimos und Phobos hervor. Laut Homer wurden die beiden mitten im Akt von Hephaistos in flagranti in einem Netz gefangen. Als er sie so den anderen Göttern präsentierte, erhoben diese das sprichwörtliche »Homerische Gelächter«. Aus der Beziehung mit dem Trojaner Anchises ging **Äneas**, Held des Trojanischen Krieges und späterer Stammvater der Römer, hervor. So wurde Aphrodite unter dem Namen **Venus** auch ins römische Pantheon aufgenommen.

Aphrodite mit dem geflügelten Eros-Knaben (Zypern, 4. Jh. v. Chr., Höhe 126 cm)

Aphrodite liebte auch Sterbliche, wie den schönen **Adonis**, der jedoch vom eifersüchtigen Ares in Gestalt eines Keilers bei der Jagd getötet wurde. Noch heute kann man im zyprischen Frühling dessen Blutstropfen in Form roter Adonisröschen am Wegesrand sehen.

Pflanzen und Vegetation

Verantwortlich für das Gedeihen der Natur, wurde sie auch als **Göttin der Blumen, Bäume und Früchte** verehrt, unter denen ihr Anemone, Rose, Zypresse, Linde, Myrte und Granatapfel heilig waren. Viele Pflanzen, die psychoaktiv oder erotisierend wirken, intensiv duften oder deren Form Symbolcharakter hat, wurden mit ihr in Zusammenhang gebracht (Aphrodisiaka) und zu ihren Festen verwendet. Auf Zypern, Samos und Kreta sowie in Athen und am Kephisos gehörten ihr **heilige Haine** und Blumengärten.

Tourismus-Ikone

Im christlichen Mittelalter wurde Aphrodite, wie alle antiken Götter, als heidnisch bekämpft und verschwand allmählich von der Insel, ihre Tempel verfielen. Wiedererweckt wurde sie von **Werbestrategen**, die die Ausgrabung ihres Heiligtums in ▶ Koúklia nahe Páfos zum Anlass nahmen, Touristen mit der Göttin der Liebe nach Zypern zu locken. Vor allem im Frühjahr, wenn alles grünt und blüht, kann man der Aphrodite nachspüren und, dem betörenden Duft der Blüten folgend, die Stätten ihres Wirkens auf Zypern besuchen (▶ Tour 2). Nimmt man vom Hafen in Páfos den Weg nach Westen, wie die antiken Pilger, kommt man nach Geroskípou, wo in einem früher der Aphrodite geweihten heiligen Hain ein Altar mit einer Kirche überbaut wurde (Agía Paraskeví; ▶ S. 199). Wenige Kilometer weiter im Osten findet man auf einem Hügel das Hauptheiligtum der Aphrodite, zerstört von frühen Christen, aber immer noch mit imposanten Mauern aus der Bronzezeit. Der Straße Richtung Limassol weiter folgend, lässt sich am Fuß des **Aphrodite-Felsens** (Pétra tou Romioú) der romantische Sonnenuntergang genießen.

Letzte Herrscherin der Lusignan: Caterina Cornaro

1454–1510, Königin von Zypern

Caterina Cornaro entstammte einer venezianischen Patrizierfamilie, die durch Zuckerrohrplantagen auf Zypern reich geworden war. 1472 wurde sie mit Jakob II. von Lusignan, König von Zypern, verheiratet – kurz nachdem sie in einer feierlichen Zeremonie von der Republik **Venedig** adoptiert worden war (!). Nur acht Monate später starb der König, ein Jahr darauf der gemeinsame Sohn und letzte Lusignan Jakob III. – beide sicher keines natürlichen Todes. Zwar war Caterina offiziell Regentin über Zypern, doch hinter ihr stand als eigentliche Herrscherin die Serenissima, die nicht nur außenpolitisches, sondern auch wirtschaftliches Interesse an der reichen Insel hatte. 1489 wurde Caterina zur **Abdankung** gezwungen und kehrte nach Venedig zurück,

Francesco Hayez: »Caterina Cornaro erfährt von ihrer Absetzung als Königin von Zypern«. 1848, Öl auf Leinwand, Accademia Carrara, Bergamo

wo man sie mit großem Pomp willkommen hieß. Als »Ersatz« erhielt sie das kleine Baronat Asolo im Veneto, zudem durfte sie ihren Titel »Königin von Zypern, Jerusalem und Armenien« weiter tragen. In Asolo engagierte sie sich als Mäzenin. Sie heiratete nicht wieder.
In seinem Roman »Gold für den Kaiser« (2004) spekuliert Thomas R. P. Mielke über eine engere Verbindung zwischen Jakob Fugger und Caterina, die nicht nur klug, sondern auch schön war, was zahlreiche Porträts (u. a. von Dürer, Gentile Bellini und Giorgone) bezeugen. Das berühmteste malte Tizian 1542 (Florenz, Uffizien).

Geliebt und gehasst: Rauf Denktasch

Rauf Denktasch (Rauf Raif Denktaş) gilt als die schillerndste politische Persönlichkeit des 20. Jh.s unter den Zyperntürken. Als Sohn eines Richters aus Páfos studierte er in London Jura und arbeitete seit 1949 als Staats- und Kronanwalt in Nikosia. Vor dem Hintergrund des zunehmenden zyprischen Widerstandes gegen die Briten und

1924–2012, Türkisch-zyprischer Volksgruppenführer

Rauf Denktasch, erster Präsident der türkischen Inselhälfte

des Wunsches der Zyperngriechen nach Enosis unterstützte er ab 1958 das Streben der Zyperntürken nach **Taksim** (Teilung). 1960 wurde er Präsident des Kommunalparlaments der türkischen Volksgruppe. Nach Ausbruch des Bürgerkriegs 1963 ging er ins türkische Exil, aus dem er erst 1968 zurückkehrte. Als Leiter der türkischen Verhandlungsdelegation in den Gesprächen zwischen Zyperngriechen und -türken Ende der 1960er-Jahre trat Denktasch als erbitterter Kämpfer für die **Rechte der Zyperntürken** hervor. Nach dem Einmarsch türkischer Truppen 1975 proklamierte Nordzypern eine »Separatrepublik«, deren erster Präsident Denktasch wurde. Nachdem eine Konföderation zweier Staaten von den Zyperngriechen abgelehnt worden war, gründete er 1985 die »Türkische Republik Nordzypern«, deren Präsident er bis 2005 blieb.

Als **Verhandlungsführer der Zyperntürken** tat sich Denktasch durch seine kompromisslose Haltung hervor und lehnte eine Aufnahme der Republik Zypern in die EU strikt ab. Ein Referendum zur Wiedervereinigung scheiterte 2003 am »Nein« der Zyperngriechen – ein letzter kleiner Triumph für Denktasch. Zu den Wahlen im Jahr 2005 trat Denktasch nicht mehr an.

Herrscher mit Expansionsdrang: Euagoras I.

Um 435–373 v. Chr., König von Salamís

Euagoras I. entstammte dem Geschlecht der Teukrer, das seit Generationen die Könige von Salamís stellte. Im 5. Jh. waren diese jedoch durch die mit den Persern verbündeten Phönizier entmachtet worden. Euagoras, der 415 nach Soli in Kilikien geflohen war, kehrte 411 zurück und stürzte den zum König von Salamís ernannten Phönizier Abdemon. 394 beteiligte er sich am Feldzug gegen die Spartaner, der von den Persern und Athenern zusammen unternommen und bei Knidos siegreich beendet wurde. Danach entwickelte Euagoras einen starken Expansionsdrang, unterwarf 392 andere Stadtkönigtümer Zyperns und eroberte Tyros (Libanon). Um 382 stieß der persische Großkönig mit einer Flotte gegen Euagoras vor. Nach Abschluss eines Friedensvertrags mit den Persern blieb Euagoras bis 373 König von Salamís, musste jedoch den Persern Tribut entrichten. Kurze Zeit später fiel er einer Intrige am eigenen Hof zum Opfer.

Gründer der EOKA: Georgios Grivas

1898–1974, Soldat und Widerstandskämpfer

Georgios Grivas wurde 1898 in Tríkomo/Iskele nahe Famagusta geboren. Er besuchte die Kadettenschule in Athen und erwarb 1919 die griechische Staatsangehörigkeit. Als Offizier des Infanteriekorps nahm er 1920–1922 am Griechisch-Türkischen Krieg teil. 1928 beförderte man ihn zum Stabsoffizier und ermöglichte ihm den Besuch der Kriegsakademie in Paris. Wieder in Griechenland, lehrte er an der Offiziersschule in Saloniki und an der Kriegsakademie in Athen. 1940 wurde er in den Operationsstab der Streitkräfte berufen und zum Stabschef gewählt. Während der Besetzung Griechenlands durch die Deutschen und Italiener gründete er die Untergrundbewegung X.
Als Oberst im Ruhestand kehrte Grivas 1951 nach Zypern zurück und gründete die **EOKA** (Ethnikí Orgánosis Kypríon Agonistón: Nationale Organisation Zyprischer Kämpfer), eine Untergrundbewegung, die ab 1955 in den Kampf gegen die Briten eintrat. Unter dem **Decknamen Digenis** (der legendäre Riese, der im Mittelalter den Byzantinern gegen Araber und Sarazenen beistand) organisierte er den Partisanenkrieg mit dem Ziel der **Enosis**, des Anschlusses Zyperns an Griechenland. Grivas' Einsatz endete zunächst 1960 mit der Unabhängigkeit. Er zog sich nach Griechenland zurück. 1961 erschien in Athen der erste Teil seiner Memoiren »EOKA, Kampf- und Partisanenkrieg«.
Grivas, der in den 1950er-Jahren mit Makarios III. zusammen gekämpft hatte, wandte sich Ende der 1960er-Jahre enttäuscht über dessen neue Anti-Enosis-Politik von ihm ab und arbeitete seit 1970 an dessen Sturz. Er gründete 1971 die EOKA/B, die Demonstrationen und Attentate organisierte und weiterhin für die Enosis eintrat. Er starb am 27.1.1974 und wurde in Limassol im Garten eines Freunds begraben.

MAKARIOS III.: KIRCHENFÜRST UND LANDESHERR

BAEDEKER WISSEN

Eine steile Karriere brachte Makarios III. an die Macht. Als Erzbischof und Staatspräsident von Zypern bestimmte er viele Jahre die Geschicke der Insel. In seinen Regierungsjahren entwickelte sich die Insel zum Krisenherd, in der Politik war der Kirchenfürst in vielerlei Hinsicht auffällig.

»Das Herz Zyperns schlägt nicht mehr«, ließ der zyprische Rundfunk nach seinem Tod am 3. August 1977 verbreiten. Als »eine der herausragendsten Persönlichkeiten unserer Zeit« lobte der damalige Bundesratspräsident Bernhard Vogel den verstorbenen Präsidenten Zyperns, auch Erich Honecker sah in ihm »einen bedeutenden Staatsmann«. Die Zyperntürken hingegen feierten den Tod des Erzbischofs als Erhörung ihrer Gebete.

Steile Karriere

Makarios III. hatte eine ungewöhnliche Karriere gemacht. Am 13. August 1913 als Michális Christódoulos Mouskós in Páno Panagiá geboren, wurde er mit 13 Jahren von seinem Vater, einem Weinbauern und Hirten, als Novize in das reiche und mächtige Kloster Kýkko geschickt, das geistige Zentrum der zyprischen Orthodoxie. Nach Theologiestudium in Athen und Priesterweihe 1946 nahm er den Namen **Makarios** (der »Gepriesene«) an.
1948 wurde er Bischof von Kítion und 1950, im Alter von 37 Jahren, **Erzbischof**. Damit war er nicht nur geistliches Oberhaupt der Zyperngriechen, sondern auch deren politischer Führer. Er war ein glühender Verfechter des **Enosis-Gedankens**, d. h. des Anschlusses Zyperns an Griechenland, und versprach bereits in seiner Antrittsrede als Erzbischof, seinen Augen keinen Schlaf und sich keine Ruhe zu gönnen, »bis der heiß ersehnte Tag der Befreiung« vom britischen Joch anbreche. Immer wieder brachte er das Zypernproblem vor den Vereinten Nationen, in den USA und in Griechenland zur Sprache.
Als alle friedlichen Lösungsvorschläge nichts fruchteten, befürwortete er den bewaffneten Kampf, den die von General Georgios Grivas (▶ S. 361) gegründete **EOKA** begann. Daraufhin wurde Makarios von den Engländern 1956 auf die Seychellen verbannt. Er kehrte 1959 zurück, willigte 1960 in die Unabhängigkeit ein und wurde **erstes Staatsoberhaupt** der zyprischen Republik.

Krisenherd Zypern

Makarios ließ als Präsident erkennen, dass ihm der Anschluss an Griechenland weiterhin ein erklärtes Ziel war. Zeitlebens im elitären **Führungsanspruch** der orthodoxen Kirche befangen, gab es in seinem Denken eigentlich keinen Platz für die Türken. Dabei übersah er, dass ohne Hilfe der türkischen Inselherren während der osmanischen Herrschaft die griechisch-orthodoxe Kirche nie jene Macht erlangt hätte, die sie nun – in seiner Person – auf Zypern moralisch und weltlich ausübte.
Als der Erzbischof 1963 eine Verfassungsänderung verlangte, durch die die türkische Bevölkerung viele ihrer garantierten Rechte verloren hätte, kam es zu **blutigen Ausschreitungen**. Durch

Makarios III., Erzbischof und Präsident, in seinem Amtssitz, um 1972

jahrelange Missachtung der türkischen Minderheit trug er so maßgeblich zur Eskalation von Hass und Gewalt zwischen den Volksgruppen bei. Nach dem griechischen Militärputsch 1967 wandte sich Makarios von der Enosis-Idee ab, was sein Verhältnis zu den Athener Obristen zusehends verschlechterte.

Als er 1974 den Abzug von 600 Offizieren forderte, putschte Athen mit Hilfe der zyperngriechischen Nationalgarde, dem Erzbischof gelang die Flucht nach London. Die Türkei nahm den **Staatsstreich** zum Anlass, einen Teil der Insel militärisch zu besetzen. Nach dem Sturz der Putschisten kehrte Makarios, von Anhängern frenetisch gefeiert, zurück und blieb bis zu seinem Tod 1977 Präsident der griechischen Restrepublik.

Zielstrebig, diplomatisch

Härte, Zähigkeit, aber auch Freundlichkeit und diplomatisches Geschick – Makarios spielte alle Register der Macht und brachte internationale Partner nicht selten zur Verzweiflung. Als **gewiefter Taktiker** verstand er es, Gegner gegeneinander auszuspielen und politische Freunde zu ignorieren. Von Zyperngriechen wurde er abgöttisch geliebt, doch es gab auch etliche unter ihnen, die ihn abgrundtief hassten. Er liebte **Macht und Pracht**, ließ sich gern im Mercedes herumchauffieren und war auf internationalen Konferenzen in seiner Soutane stets die augenfälligste Erscheinung.

Von vielen als Zauderer bespöttelt, wusste Zyperns Staatslenker außenpolitisch zu taktieren. Er machte Staatsbesuche in Moskau und Peking, kaufte Waffen in der Tschechoslowakei, was ihm die Bezeichnung »**Mittelmeer-Castro**« (Henry Kissinger) einbrachte, und verschaffte sich 1975 mit Hilfe der kommunistischen AKEL eine linke Parlamentsmehrheit. Als Makarios, auf den mehrere Mordanschläge verübt worden waren, für immer die Augen schloss, war die Welt erstaunt. Alles hatte man ihm zugetraut, nur nicht, dass er friedlich im Bett sterben würde.

Reformtürkischer Nationaldichter: Namık Kemal

1840–1888, Dichter und Schriftsteller

Namık Kemal gilt als einer der großen türkischen **Volksdichter**. Als Sohn einer aristokratischen Beamtenfamilie wurde er am 21. Dezember 1840 in Tekirdağ (Rodostó) geboren und war seit 1857 Beamter in Istanbul. Schon in seiner Jugend einer der schärfsten Gegner der Sultane, war er aufgrund seiner kritischen journalistischen Tätigkeit 1867 zur Flucht nach Paris und nach London gezwungen, wo er eine regimefeindliche **Exilzeitung** herausgab. Nach seiner Rückkehr 1870 führte die Aufführung seines freiheitlichen Schauspiels »Vaterland oder Silistria!« 1873 zu Unruhen und zu seiner Verbannung nach Zypern. Die Zeit von 1873 bis 1876 verbrachte er im Gefängnis von Famagusta, das sich in einem Seitentrakt des alten Palazzo del Provveditore befand. Nach seiner Freilassung verließ er Zypern und gründete 1876 in Paris die Partei der **Jungtürken**. Er starb in Chios an der Tuberkulose.
Kemals Schriften bereiteten die Revolution **Kemal Atatürks** vor, indem sie den osmanischen Patriotismus weckten. Zu Ehren des großen Dichters wurde 1953 in Famagusta, gegenüber dem Palast am Eingang zur Lala-Mustafa-Pascha-Moschee (Nikolauskathedrale), eine Büste aufgestellt (► S. 237).

Konservativer Demokrat: Glafkos John Klerides

1919–2013, Politiker und Staatspräsident

Geboren wurde Glafkos John Klerides als Sohn des Politikers Ioannis Klerides (»Sir John«) in Nikosia. Als Jurastudent in London trat er 1939 in die britische Luftwaffe ein und war nach dem Abschuss seines Flugzeugs 1942–1945 deutscher **Kriegsgefangener**. Schon nach Ausrufung der Unabhängigkeit Zyperns 1960 zählte er zu den führenden griechisch-zyprischen Politikern, blieb jedoch stets im Schatten von Staatspräsident Makarios III. Erst 1993 gelang ihm der Schritt an die Spitze. Bis 2003 amtierte er als **Präsident** der Republik Zypern.
Klerides, der der konservativen DISY-Partei angehört, vertrat während seiner Regierungszeit einen Europa-, USA- und NATO-freundlichen Kurs, unterstützte den EU-Beitritt Zyperns und setzte sich für den von Kofi Annan vorgelegten Plan zur Vereinigung Zyperns ein. Im Kampf gegen die britische Herrschaft engagierte er sich als Anwalt, der EOKA-Partisanen vor britischen Kolonialgerichten verteidigte, und organisierte unter dem **Decknamen Ypereidis** – nach dem gleichnamigen Athener Politiker und Rhetoriker (389–322 v. Chr.) – im Auftrag von Georgios Grivas die »Zivilgarde«.
Klerides' große Stunde kam nach dem griechischen Militärputsch 1974, als er – bis zur Rückkehr von Makarios – in seiner Funktion als Präsident der griechischen Abgeordnetenkammer und Stellvertreter von Makarios den von den Athener Obristen als Präsidenten eingesetzten Nikos Sampson an der Staatsspitze ablöste.

Mächtiger Vermittler: Hadjigeorgákis Kornesios

Nach 1750 bis 1809, Dragoman des Osmanischen Reichs

Hadjigeorgákis Kornesios war der Sohn eines reichen christlichen Textilkaufmanns. Er erhielt die beste Erziehung, lernte Türkisch und nahm regen Anteil am geistigen Leben Zyperns. 1779 wurde er zum »Dragoman des Serail« für Zypern ernannt. Er war damit für den Einzug der Steuern zuständig und hatte zwischen Christen und dem Sultan zu vermitteln. Kornesios behielt diesen Titel 30 Jahre lang. Er eignete er sich große Besitztümer an, schuf sich durch seinen **Reichtum** und seine Funktion als **Steuereintreiber** aber auch viele Feinde. 1804 führten die drückende Steuerlast und eine Hungersnot zu einem Aufstand der Zyperntürken, bei dem sein Haus in Nikosia (► S. 164) geplündert wurde. Er hatte sich jedoch zuvor nach Istanbul begeben, um Hilfe beim Sultan zu erlangen (der Aufstand wurde niedergeschlagen). Kornesios verbrachte seine letzten Jahre in Istanbul, wo er in Intrigen am Hof verwickelt und 1809 hingerichtet wurde.

Politischer Hardliner: Tassos Papadopoulos

1934–2008, Jurist, Politiker und Präsident

Der Sohn eines Bankmanagers kam in Nikosia zur Welt, ließ sich nach einem Jurastudium in London in seiner Heimatstadt als Anwalt nieder und unterstützte in den 1950er-Jahren die Untergrundbewegung **EOKA** im Kampf gegen die britische Kolonialmacht. 1960 gehörte er zur Delegation, die Makarios III. bei der Unterzeichnung der neuen Verfassung zur Seite stand, und übernahm in den folgenden Jahren verschiedene Ministerposten. 1976–1978 und ab 2003 war er Leiter der griechisch-zyprischen Delegation bei Gesprächen mit den Zyperntürken. Mit Hilfe der linken AKEL-Partei übernahm er als Vertreter der Demokratischen Partei DIKO 2003 das Amt des **Präsidenten der Republik Zypern**, das er bis Februar 2008 bekleidete. Papadopoulos war, anders als sein Vorgänger Klerides, entschiedener Gegner der föderalen Koexistenz. Am Ausgang des Referendums von 2004 – dem »Nein« der Zyperngriechen – hatte seine Stimmungsmache entscheidenden Anteil. Bei den Präsidentschaftswahlen 2008 verlor er gegen seinen Herausforderer Dimitris Christofanis von der kommunistischen AKEL; er starb im Dezember desselben Jahres.

Die Stimme Zyperns: Anna Vissi

Geb. 1957, Pop-Sängerin

Die griechisch-zyprische Sängerin Anna Vissi wurde am 20. Dezember 1957 in Lárnaka geboren. Sie gründete mit ihren Schwestern Lia und Nicki die Musikgruppe »**The Vissi Sisters**«. 1973 gewann sie einen zyprischen Talentwettbewerb und zog nach Athen. Nach dem Abitur unterschrieb sie ihren ersten Plattenvertrag und nahm

Multitalent Anna Vissi bei einem Auftritt in Athen

mit bekannten griechischen Interpreten wie Georgios Dalaras und Haris Alexiou mehrere Musikstücke auf. Beim **Eurovision Song Contest** 2006, bereits ihre dritte Teilnahme (1982 für Zypern), belegte sie den 9. Platz für Griechenland. In ihrer mehr als vierzigjährigen Karriere veröffentlichte sie über zwei Dutzend Alben, von denen sich mehr als 9,5 Mio. Exemplare weltweit verkauften. In Zypern und Griechenland wurden sie 32-mal mit Platin und 11-mal mit Gold ausgezeichnet. 2019 schaffte sie es mit einem neuen Album wieder auf Platz 1 der zyprischen und griechischen Charts. Daneben wirkte sie in Theaterstücken mit und arbeitete für Radio und TV. Sie war die Erste, die traditionelle griechische Lieder im Stil des Pop arrangierte.

Friedensaktivistin: Neşe Yaşın

Geb. 1959, Dichterin und Schriftstellerin

»Liebe dein Land, sagt mein Vater, doch mein Land ist entzwei. Welche Hälfte soll ich lieben?« Neşe Yaşin versteht sich als **Dichterin einer geteilten Insel**, die niemals aufgegeben hat, für Veränderung und Frieden zu schreiben und zu leben. Die türkische Zyprerin, 1959 in Peristeróna im Südteil der Insel geboren, flüchtete 1965 nach Nordzypern und studierte Soziologie an der Technischen Universität in Ankara. In den 1980er-Jahren verließ sie Nordzypern, zu groß wurde die Bedrohung dort für die friedenspolitisch aktive Dichterin. 1997 zog sie nach Nikosia Süd und arbeitet seither als Dozentin an der Universität Zypern. Neşe Yaşin erhielt Literaturpreise in beiden Landesteilen und setzt sich für die Teilhabe türkischer Zyprer an den demokratischen Institutionen der Republik Zypern ein. 2006 trat sie bei den Wahlen für das Parlament der Republik Zyperns an und war die erste türkische Zyprerin, die seit 1963 an Wahlen der Republik Zypern teilnahm.

Begründer der Stoa: Zenon von Kítion

Um 333–262 v. Chr., Philosoph und Lehrer

Zenon von Kítion (Zenon d. J.) gilt als Begründer der Philosophenschule der Stoa. Einer phönizischen Familie entstammend, wurde er um 333 in Kítion, dem heutigen Lárnaka, geboren. Mit 22 Jahren kam er nach Athen und schloss sich dort zunächst dem Kyniker Krates aus Theben an. Um 300 begann er seine Lehrtätigkeit in der Stoa Poikile (»Bunte Halle«) auf der Agora., von der sich der Name der Philosophenschule ableitet. Der **Stoizismus** gliedert seine Lehre in die Bereiche Logik (Grammatik, Rhetorik und Dialektik), Physik und Ethik. Tugenden wie Tapferkeit und Beherrschung, Menschlichkeit und Gerechtigkeit verhelfen dem »Weisen« zum Einklang mit sich selbst und mit der Natur. Da jeder Mensch die Vernunft in sich trägt, kann es nur ein Gesetz, ein Recht und einen Staat geben. Zenon stellte sich einen Weltstaat vor, in dem die Menschen gleichberechtigt in Frieden miteinander leben können. Er entwickelte seine Philosophie in einer Zeit des Umbruchs. Die Stadtstaaten fielen auseinander, die Menschen waren verunsichert. Vor diesem sozialen Hintergrund erklärt sich der große Erfolg seiner Philosophie.

Der Erfinder des Reiseführers: Karl Baedeker

1801–1859 Verleger

Als Buchhändler kam Karl Baedeker viel herum und überall ärgerte er sich über die »Lohnbedienten«, die die Neuankömmlinge gegen Trinkgeld in den erstbesten Gasthof schleppten. Nur: Wie sollte man sonst wissen, wo man übernachten könnte und was es anzuschauen gäbe? In seiner Buchhandlung hatte er zwar Fahrpläne, Reiseberichte und gelehrte Abhandlungen über Kunstsammlungen. Aber wollte man das mit sich herumschleppen? Wie wäre es denn, wenn man all das zusammenfasste? Gedacht, getan: Zwar hatte er sein erstes Reisebuch, die 1832 erschienene »Rheinreise«, noch nicht einmal selbst geschrieben. Aber er entwickelte es von Auflage zu Auflage weiter. Mit der Einteilung in »Allgemein Wissenswertes«, »Praktisches« und »Beschreibung der Merk-(Sehens-)würdigkeiten« fand er die klassische Gliederung des Reiseführers, die bis heute ihre Gültigkeit hat. Bald waren immer mehr Menschen unterwegs mit seinen **»Handbüchlein für Reisende, die sich selbst leicht und schnell zurechtfinden wollen«**. Die Reisenden hatten sich befreit, und sie verdanken es bis heute Karl Baedeker.
Zypern erwähnt er erstmals sehr kurz im 1909 erschienenen Band »Baedeker's Mittelmeer«.

E

ERLEBEN & GENIESSEN

Überraschend, stimulierend, bereichernd

Mit unseren Ideen erleben und genießen Sie Zypern.

Kristallklare Fluten in der Bucht Fontana Amorosa auf der Akámas-Halbinsel, in der Nähe des Kap Arnaoútis ►

BEWEGEN UND ENTSPANNEN

Dank abwechslungsreicher Naturlandschaften auf kleinem Raum und durchschnittlich 340 Sonnentagen im Jahr ist Zypern ein Dorado für Aktivurlauber. Vor allem Wassersportler kommen hier auf ihre Kosten – aber nicht nur sie.

Eldorado für sportliche Besucher

Sonne, Sand und noch viel mehr ...

Zypern besitzt **glasklares Wasser** und schöne Strände. Ein Großteil davon kann sich mit dem Gütesiegel »Blaue Flagge« schmücken, und für viele Zypernfans bieten Sonne, Sand und Meer Programm genug, die Urlaubstage ganz nach dem eigenen Gusto zu gestalten. Doch auch wer (nur) das möchte, kann seinen Aktionsradius ganz leicht erweitern, um auch die reizvolle Natur im Inselinneren kennenzulernen und Naturschauspiele zu erleben, die man lange nicht vergisst.

Die schönsten Strände

Feinsten goldgelben Sandstrand und kristallklares Wasser findet man am **Nissi Beach**, **Makrónissos Beach** und der **Kónnos Bay** (► S. 57) bei **Agía Nápa**, wo auch Wassersportmöglichkeiten aller Art geboten werden. Der 10 km lange Sandstrand **Lady's Mile** (► S. 147) bei **Lárnaka** ist besonders etwas für Liebhaber von Strandspaziergängen. An der kilometerlangen **Koúrion Bay** findet man den **Courion Beach** (► S. 108) mit drei urige Fischtavernen und etwas grobkörnigerem Sand- und Kieselstrand. Der **Pissoúri Beach** (► S. 106) zwischen Limassol und Páfos ist eine herrliche Sandbucht mit Hotels, Apartments und Tavernen, auch Wassersport ist dort möglich.

Der **Aphrodite-Strand** am Felsen Pétra tou Romioú (► S. 105) aus dicken, vom Meer gerundeten Kieseln eignet sich weniger für Kinder. Wegen seiner schönen Lage ist er jedoch bei Erwachsenen sehr beliebt. Ein Spaß für Groß und Klein ist das Sammeln der hübschen Kiesel. Die beiden kleinen Buchten der **Coral Bay** (► S. 194) westlich von Páfos locken mit feinem Sandstrand und Fischtavernen.

Die **Lára-Bucht** (► S. 68) auf der Akámas-Halbinsel mit ihrem schönen Sandstrand ist während der Monate Juli und August wegen Eiablage von Meeresschildkröten gesperrt oder nur bedingt nutzbar. An diesem abrupt ins Meer abfallenden Strand kommt es häufig zu höherem Wellengang. Ein Tipp für Individualisten ist der einsam gelegene **Golden Beach** (► S. 244) fast an der Spitze der Karpas-Halbinsel in Nordzypern, der ebenfalls von Schildkröten zur Eiablage aufgesucht wird.

Bungee-Jumping am Nissi Beach bei Agía Nápa im Südosten der Insel

Wasserqualität und Infrastruktur

Mittlerweile weht an 74 Stränden auf Zypern die »**Blaue Flagge**«, das internationale Qualitätssymbol der unabhängigen Foundation for Environmental Education (FEE), die auf sauberes Wasser und eine gute **Infrastruktur** hinweist (www.blueflag.org). Sämtliche Strände in der Republik Zypern sind öffentlich zugänglich. An schönen Stränden, die nicht zu einem Hotel gehören, gibt es in der Regel ein Restaurant, in dem man Sonnenschirme und Liegen ausleihen kann. Hierzu zählen die Strände außerhalb von Agía Nápa und die Küste westlich von Páfos und Pólis.

Schildkröten am Strand

Faszinierend sind die Begegnungen mit **Meeresschildkröten** an den einsamen Stränden des Nordens (► S. 61; ► Baedeker Wissen, S. 246). Geradezu anrührend wirkt der Anblick der Winzlinge, wenn sie aus der Eischale krabbeln und mit sicherem Instinkt dem Element ihrer Bestimmung entgegenstrampeln. Kostenlose Führungen, bei denen respektvolle Distanz zur Schildkrötenkinderstube eingehalten wird, bietet das Schutzprojekt der **Society for Protection of Turtles in North Cyprus** (SPOT) am **Alagadı Beach** in der Nähe von Kyrénia (► S. 380).

Angeln

Angelausrüstung kann man in den Städten und in einigen Hotels erwerben. Eine gebührenpflichtige **Genehmigung** erhält man in den Büros des Department of Fisheries and Marine Research (u. a. in Nikosia, Lárnaka, Limassol und Páfos). Diverse Veranstalter in den Küstenorten (ein Zentrum für Tiefseeangeln ist ► Kyrénia im Norden) bieten

Tagestouren für Angler an, auch viele Fischer sind dort bereit, Besucher mit an Bord zu nehmen. Im Meer darf jeder angeln. Das Fischerei-Department verkauft eine bunte Broschüre in Englisch mit allen notwendigen Informationen.

Bungee-Jumping Zentrum des Bungee-Jumping ist ▶ Agía Nápa mit mehreren Bungee-Kränen, u. a. am Nissi Beach. Der **Parko Paliatso** (Luna Park) von Agía Nápa besitzt einen »Sling Shot«, hier wird ein Doppelsitz zwischen zwei Kränen in den Himmel befördert. Die Anlage »Skycoaster« lässt den freien Fall in Bauchlage genießen.
https://parko-paliatso-luna-park.business.site

Golf Die Golfplätze Zyperns gehören zu den besten im Mittelmeerraum. So gibt es vier 18-Loch-Courses oberhalb von Páfos und beim Aphrodite-Felsen Pétra tou Romioú: den **Minthis Hills Golf Club** (12 km nördlich von Páfos), den **Secret Valley Golf Club** (18 km südöstlich von Páfos), **Elea Golf** (im gleichnamigen Estate bei Páfos) sowie den **Aphrodite Hills Golf Club**, ebenfalls in der Nähe des Felsen der Aphrodite-Felsens.
Besonders preisgünstig ist der **Vikla Golf & Country Club** bei Kelláki (12-Loch), 20 km östlich von Limassol (https://www.vikla4golf.com/).
In **Nordzypern** gibt es in Yeşilyurt östlich von Gemikonaği bei Lefke den 7-Loch **CMC Golf Club** und den 18-Loch **Korineum Golf & Country Club** (12 km östlich von Kyrénia/Girne).
Adressen: ▶ S. 375

Fahrrad und Mountainbike Ob ambitionierter Sportler, Mountainbiker oder Freizeitradler, die spezielle Inseltopografie bietet **Radfans** eine große Auswahl an verschiedenen Routen. Doch Vorsicht, es herrscht **Linksverkehr** und Radwege sind selten. In fast allen größeren Orten kann man in Hotels oder bei Verleihfirmen Fahrräder mieten (8–20 €/Tag).
Eine besonders schöne Radfahrregion ist die Gegend um **Pólis Chrysochoús** (▶ S. 61). Dort bieten sich für Freizeitradler Möglichkeiten, auf ebenen Straßen Richtung Bäder der Aphrodite oder in die entgegengesetzte Richtung nach Pachíamos zu fahren, Mountainbiker können die **Akámas-Halbinsel** und die Ausläufer des Tróodos erkunden. Mountainbike-Verleih und geführte Touren bieten zahlreiche Veranstalter.
Mehrmals im Jahr finden auf Zypern internationale **Mountainbike-Rennen** statt, bei denen jeder mitmachen kann. Vom Fremdenverkehrsamt CTO gibt es **Broschüren** mit Routenvorschlägen für die Regionen Tróodos und Limassol/Páno Plátres (auch zum Download).
In **Nordzypern** wird eine **Radreise** mit deutschsprachiger Begleitung von »Zypernreisen« angeboten.
Radweg-Broschüren des CTO unter: www.visitcyprus.com
Veranstalteradressen: ▶ S. 375 f.

Reiten

Ausritte auf Pferderücken erfreuen sich bei Zypernurlaubern immer größerer Beliebtheit. Dabei findet man sowohl einfache **Reitställe** (u. a. bei Limassol, Protarás und Páfos) wie spezialisierte Anbieter, die auch längere Touren veranstalten (Adressen ▶ S. 376)
Ein eher ungewöhnliches Vergnügen sind Ritte auf dem Rücken von Dromedaren, die früher auf der Insel als »Verkehrsmittel« fungierten, im **Mazotos Camel Park** (südwestl. von Lárnaka; ▶ S. 133).

Tauchen

Die schönsten **Tauchgründe** der Insel finden sich in den kleinen Buchten bei ▶ Agía Nápa am Kap Gréko. Die einzige **Dekompressionskammer** Zyperns besitzt das Krankenhaus in Lárnaka. Achtung: Antiquitäten und auch Meeresschwämme dürfen nicht vom Meeresboden entfernt werden.
Geübte Taucher und Anfänger sind bei Alpha Divers in Lárnaka an der richtigen Adresse. Die Basis bietet Kurse aller Stufen, und – was die Abenteurerfraktion reizen dürfte – sie organisiert Tauchausflüge zum **Wrack der »Zenobia«**. Das über 170 m lange Fährschiff war 1980 auf seiner Jungfernfahrt vom schwedischen Malmö in die syrische Hafenstadt Tartous in bedrohliche Schieflage geraten und schließlich eine gute Seemeile vor Lárnaka gesunken – mit ihr die Ladung: mehr als 100 voll beladene Lkw.
Ein Unterwasserabenteuer ganz anderer Art sind **Spaziergänge auf dem Meeresgrund**, 3 m unter der Wasseroberfläche, die sich wachsender Popularität erfreuen. Wer mitgehen will, muss weder tauchen

Wasserspaß am Nissi Beach westlich von Agía Nápa

noch schnorcheln können. Man benötigt lediglich einen Hightech-Helm, der auf den ersten Blick an ein Terrassenwindlicht erinnert und unter dem man sogar seine Brille tragen kann.
Adressen: ▶ S. 376

Im und auf dem Wasser

Während die meisten Strände Nordzyperns vor allem mit Natur pur beglücken, finden sich im Süden zahlreiche Stationen, die den passenden Untersatz für unterschiedliche Wassersportaktivitäten verleihen – ob **Surfbrett** oder **Tretboot**, **Kanu** oder **Paddelboot**.
Segel- und Motorjachten – mit und ohne Skipper – kann man für Tages- oder Mehrtagestörns in allen größeren Touristenorten chartern. Da die Winde meist mäßig über das Meer vor Zyperns Küsten wehen, ist das Revier auch für **Segel**-Anfänger empfehlenswert. Den Umgang mit Jollen und Jachten kann man bei verschiedenen Veranstaltern trainieren. So bietet zum Beispiel der Robinson-Club (▶ S. 376) Segel- und Surfkurse für Jugendliche und Erwachsene an. An alle, die Segelkommandos schon beherrschen und Erlerntes einfach auffrischen möchten, richtet sich der Kompaktkurs für Wiedereinsteiger.
Andere Anbieter haben die ganze Palette an Wassersport-Aktivitäten im Programm: Segeln, Tauchen, **Kite-Surfen**, **Wasserski** und **Motorbootfahren**.
Die größten **Jachthäfen** liegen in Lárnaka, Limassol und Páfos. Die Marinas in Lárnaka und die brandneue in Limassol (▶ S. 142) verfügen über Reparatur- und Versorgungsanlagen.

Wandern

Akámas- und Tróodos-Gebirge sind es allemal wert, für einen Tag oder mehr Strandlaken gegen Wanderschuhe zu tauschen. In entlegenen Gebirgsgegenden blühen seltene Orchideenarten – eine fragile Pracht, die nicht nur Botaniker entzückt (▶ Das ist ..., S. 21). Seit einigen Jahren führt auch der **Europäische Fernwanderweg** (E 4) durch die Insel, er passiert das Tróodos-Gebirge und die Akámas-Halbinsel, berührt Nordzypern jedoch noch nicht.

Kyrenia Mountain Trail

Der Kyrenia Mountain Trail führt in **Nordzypern** vom Kap Kormakítis/Koruçam Burnu im Westen zum Kap Apostolos Andreas/Zafer Burnu an der Nordostspitze der Insel (258 km, 96 Std., insgesamt 9540 Höhenmeter). In 18 abwechslungsreiche Tagesetappen aufgeteilt, lässt sich der weitgehend markierte Trail gut meistern. Mal taucht eine der gut erhaltenen mittelalterlichen Burgen, dann wieder ein verstecktes Kloster oder eine Kirche auf. Idyllische Picknickplätze locken zur Rast und tolle Ausblicke auf die Küste und über die Mesaoría-Ebene bis zum Tróodos-Gebirge erwarten den Wanderer. Im Frühjahr geht es an Orchideenwiesen (▶ Das ist ..., S. 21) entlang, und die Zistrosen überziehen die Berghänge mit ihren bunten Blüten. Gastfreundliche Zyprer am Wegesrand freuen sich über das zufällige Treffen, dann wieder ist die Stille der Bergwelt vorherrschend.

Übernachtungsquartiere liegen nicht unmittelbar am Weg, sondern unten an der Küste. Es bietet sich an, für 2–3 Nächte an einem Standort zu bleiben und sich die kurzen Strecken fahren zu lassen. Es gibt auch lokale Anbieter, die Transferfahrten, Gepäcktransport, Hilfe bei der Auswahl der Unterkünfte oder lokale Wanderführer anbieten.

NÜTZLICHE ADRESSEN

ANGELN

DEPARTMENT OF FISHERIES AND MARINE RESEARCH

Niederlassungen der Fischerei-Abteilung des Ministry of Agriculture, Natural Resources and Environment (MOA): u. a. in Nikosia, Lárnaka, Limassol und Páfos (▶ Website).
www.moa.gov.cy (den Kontakt findet man unter dem Suchbegriff »fishing«)

GOLF

ELEA GOLF CLUB

Zwischen Flughafen und **Páfos** im gleichnamigen Estate gelegener Par-71-Kurs. Golfen zwischen Johannisbrotbäumen.
Tel. 26 20 20 04
https://eleaestate.com/golf

SECRET VALLEY GOLF CLUB

18 km östlich von **Páfos** in der Nähe des Pétra tou Romioú gelegen, mit atemberaubenden Panoramablick. Par-72-Golfplatz.
Tel. 26 27 40 00, https://secretvalleygolfresort.com

MINTHIS HILLS GOLF CLUB

Par-72-Golfplatz inmitten von Obstgärten und Weinbergen eines Klosters aus dem 12. Jh., eingebettet in ein sanftes Tal am Stadtrand von **Páfos**, 550 m hoch über dem Meeresspiegel gelegen. Vor Kurzem komplett erneuert, höchster Standard des europäischen Golfsports.
Tel. 26 84 22 00
www.minthisresort.com

APHRODITE HILLS GOLF CLUB

Ganz in der Nähe des Aphrodite-Felsens Pétra tou Romioú bei **Koúklia**, zwischen Olivenhainen auf zwei Hochebenen, getrennt durch eine imposante Klamm. 18-Loch-Meisterschafts-Golfplatz.
Aphrodite Hills Resort: Aphrodite Av. 3, Koúklia, Tel. 26 82 80 00
www.aphroditehills.com

KORINEUM GOLF & COUNTRY CLUB

Im Norden von Zypern bei **Kyrénia/Girne**: Rund 400 alte Olivenbäume und Schirmpinien bieten das attraktive Ambiente für den 18-Loch Platz.
Esentepe (östl. von Kyrénia/Girne, in der Nähe des Alagadı Beach)
Tel. 8 88 75 75
www.korineumgolf.com

RADFAHREN

RIDE EASY

Fahrradverleih in Páfos. Touren- und Rennräder sowie Mountainbikes im Angebot. Auch Touren werden angeboten.
Agapinoros Str./Kouratas Court
www.rideeasybikepaphos.com
Tel. 26 22 08 03

BIKECYPRUS

Der ehemalige Radprofi und Schweizer Rennfahrer Thomas Wegmüller veranstaltet Fahrradtouren rund um die Pissoúri-Bucht oder ins Tróodos-Gebirge. Auch Fahr- und Rennradvermietung.
Im Columbia Beach Resort, Pissoúri, Tel. 99 66 62 00

ZYPERNBIKE

Geführte Touren und Reisen. Spezielle Programme für Einsteiger und trainierte Leistungssportler. Der Spezialveranstalter betreibt eine Radstation, an der auch Räder verliehen werden.
www.zypernbike.de
Kontakt: Robinson Zypern, George Mouskis Av., Alaminós
Tel. 24 84 90 00
www.zypernbike.com

ZYPERNREISEN

Zypernreisen veranstaltet Radwandern mit deutschsprachiger Begleitung in Nordzypern.
www.zypernreisen.com

REITEN

RIDE IN CYPRUS

Ausritte und längere Touren (auch mit Übernachtung).
12 km südöstl. von Pólis Chrysochoús, an der Straße nach Stávros tis Psókas
Tel. 99 77 76 24
http://www.rideincyprus.com

MOONSHINE RANCH

Die Ranch liegt an der Küstenstraße zwischen Agía Nápa und Protarás. Mit Blick auf das Kap Gréko, zu dem auch Reitausflüge angeboten werden.
Tel. 99 60 50 42

SEGELN UND SURFEN

ROBINSON-CLUB

Angeboten werden Surfen und Kite-Surfen, Segelkurse für Jugendliche und Erwachsene, sowohl für Anfänger als auch für Wiedereinsteiger.
www.robinson.com

CRYSTAL MARINE

Hier wird eine breite Kurspalette angeboten: Segeln, Tauchen, Kite Surfing, Wasserski und Motorbootfahren.
Im Hafen von Latsí, westl. von Pólis Chrysochoús
Tel. 99 82 88 16
www.crystalmarinecyprus.com

TAUCHEN

CYPRUS FEDERATION OF UNDERWATER ACTIVITIES (CFUA)

Bei der Dachorganisation kann man ein **Verzeichnis aller Tauchschulen** im Süden Zyperns anfordern.
P. O. Box 21503,1510 Nikosia
Tel. 22 75 46 47
www.oceanssearch.com
(auch mehrere informative Broschüren zum Download)

ALPHA DIVERS

Die PADI-Tauchstation veranstaltet Kurse und bietet Exkursionen zum Wrack der »Zenobia« (▶ S. 372).
Pyla Gardens 2, Dhekelia Road, 10 km nördl. von Lárnaka
Tel. 24 64 75 19
www.alpha-divers.com

AMPHORA DIVING CENTER

Tauchfahrten und Wracktauchen in Kyrénia/Girne.
Kervansaray Beach
Tel. 8 51 49 24
www.amphoradiving.com

UNDER SEA ADVENTURES

Unterwasserspaziergänge auf dem Meeresgrund auch für jene, die weder tauchen noch schnorcheln können.
Paralímni bei Agía Nápa
Tel. 99 56 35 06
www.underseawalkers.com

TENNIS

CYPRUS TENNIS FEDERATION

Die Website des Dachverbands listet sämtliche Tennis-Clubs der Insel auf.
Amfipoleos 21, Nikosia
Tel. 22 35 67 66
www.tennis.com.cy/en/page/cyprus-tennis-map

TURTLE WATCHING

SOCIETY FOR PROTECTION OF TURTLES IN NORTH CYPRUS (SPOT)

Beobachtung von Meeresschildkröten: von Mai bis Juni der Eiablage, im Juli und August der frisch geschlüpften Jungen. Kostenlose Führungen nach telefonischer Vereinbarung.
Am Alagadı Beach, knapp 20 km östl. von Kyrénia
Tel. 8 72 53 50
www.cyprusturtles.org

WANDERN

In **Südzypern** hat das zyprische Fremdenverkehrsamt in Zusammenarbeit mit der Forstbehörde Naturlehrpfade verschiedener Schwierigkeitsgrade ausgewiesen. Diese führen durch schöne Landschaft, sind beschildert und mit Infotafeln bestückt. Kartenmaterial gibt's beim CTO und den örtlichen Touristeninformationen.
www.visitcyprus.com

Der **Europäische Fernwanderweg E4** verbindet Lárnaka und Páfos (beide mit internationalem Flughafen) und führt durch das Tróodos-Gebirge und über die Akámas-Halbinsel. Beim CTO kann die Broschüre »European Long Distance Path E4 and Other Nature Trails« angefordert werden.
Geführte Wanderungen im **Tróodos-Gebirge** – besonders schön im Frühjahr (▶ auch S. 207) – werden in Páno Plátres angeboten.

Die schönsten Wandergebiete in **Nordzypern** sind die ▶ Karpas-Halbinsel und das Pentadáktylos/Beşparmak-Gebirge, hier verläuft u. a. ein fast 50 km langer Höhenweg entlang dem Gebirgskamm. Die Touristinformationen in den Städten bieten gute Wanderbeschreibungen, teilweise auch auf Deutsch.
Wer individuell in Nordzypern wandern möchte, erhält auch im Internet Informationen unter www.cytrails.com. Mehrere Wege sind hier mit kurzen Beschreibungen und Übersichtskarten aufgelistet.
Informationen zum **Kyrenia Mountain Trail** erhält man u. a. auf der Website von Visit North Cyprus. Wer den Trail als Suchbegriff eingibt, findet Beschreibungen und kann Broschüren mit Beschreibungen von Wanderungen downloaden (www.visitncy.com).

JALOS

Tageswanderungen, Kultur aktiv und Wanderwochen mit deutschsprachiger Leitung insbesondere auf der Akámas-Halbinsel.
www.wandernaufzypern.de

KALEIDOSKOP TOURIZM

Wanderangebote in Nordzypern mit deutschsprachiger Leitung.
www.zypernreisen.com

SIDE TOUR

Bietet eine Wanderwoche in Nordzypern an, deutschsprachiger Guide.
www.side-tour.com

WELLNESS

HAMAM OMERIYE

Orientalische Entspannungsoase in Süd-Nikosia gegenüber der gleichnamigen Moschee (▶ Magischer Moment, S. 163; S. 164).
Plateia Tyllirias 8, Di.–So. 10.30–20.30 Uhr, Do. Frauentag, www.hamamomerye.com

Wein und Wellness

Wein entdecken Man muss nicht als Freizeitsportler antreten, um auf Zypern aktiv zu sein. Auch mit dem Auto lassen sich gemächlich reizvolle Landstriche erkunden. Zum Beispiel auf den Weinrouten, die mehrere Weingüter verbinden. Bei einigen Winzern kann man sich durch den Rebengarten, bei fast allen auch direkt in den Weinkeller führen lassen.
Zu sämtlichen **Weinrouten** in Südzypern gibt es detaillierte Infos in den Büros der CTO – und Faltblätter (auch Download auf der Website).
www.visitcyprus.com/index.php/en/discovercyprus/rural/wine-routes

Wellness Eine Reihe von **Luxushotels** bietet den Gästen ein breit gefächertes Verwöhnprogramm mit Massagen und kosmetischen Behandlungen (Informationen auf den Websites). Auch wenn man nicht in einem Haus mit Spa-Oase eingecheckt hat, kann man sich nach allen Regeln der orientalischen Körperpflegekunst verwöhnen lassen – im **Hamam**. In Nikosia gibt es ein Badehaus, in dem man im Dampf schwitzen, sich die Haut porentief reinigen lassen und anschließend in atmosphärischem Ambiente entspannen kann.
Adresse: ▶ S. 377

ESSEN UND TRINKEN

Zyperns Küche wird von griechischen, türkischen, britischen und arabischen Einflüssen geprägt. Sie basiert auf den Produkten der Insel, ist sehr schmackhaft und deftig, gut gewürzt, aber nicht scharf. Aromatisiert wird vor allem mit Petersilie, Knoblauch, Koriander, Zimt und Limonensaft. Den türkischen Einfluss erkennt man hauptsächlich bei den Süßspeisen.

Ein geselliges Vergnügen Essen ist auf Zypern stets auch ein gesellschaftliches Ereignis. In Tavernen und Restaurants verabredet man sich auch jenseits der üblichen Familienfeiern mit Freunden, Kollegen und Kommilitonen zu gemeinsamen Tafelfreuden. Vor allem an Freitag- und Samstagabenden sagen sich größere Gesellschaften in den Lokalen an. Dann schieben die Kellner Tische zu langen Tafeln zusammen – dass sich um sie herum 20 Menschen und mehr gruppieren, ist dann nichts Ungewöhnliches.
Besonders beliebt sind Lokale mit **Live-Musik**: Spätestens, wenn das Dessert verspeist wurde, hält die Gäste nichts mehr auf ihren Stühlen. Gleich darauf fasst man sich um die Schultern, bewegt sich mit kleinen Hüpfschritten in wechselnden Rhythmen über die Tanzfläche, und selbst Fremde finden sich, sobald sie nur ein leises Interesse am Mitmachen signalisieren, schnell im Kreis der Tanzenden wieder.

ZYPRISCHE WEINE: EINFACH GÖTTLICH

Zypern ist eines der ältesten Weinanbaugebiete der Welt. Schon antike Dichter schwärmten vom Rebensaft der Insel, bekannt als »Nama-Wein«. Im Mittelalter sorgte der Commandaría für Furore, und zyprische Rebstöcke sollen neue Weinkulturen begründet haben. Zyperns Weinwirtschaft erlebte so manches Auf und Ab, doch kleinzukriegen war sie nie.

»Die Süße deiner Liebe ist wie zyprischer Wein«, flüsterte Marcus Antonius seiner Kleopatra ins Ohr, als er der ägyptischen Herrscherin Zypern zum Geschenk machte. Schon lange vor dem 1. Jh. v. Chr. war der Traubensaft aus Zypern, einem der ältesten Weinanbaugebiete der Welt, gepriesen worden. **Homer** besang im 8. Jh. v. Chr. den süßen zyprischen Wein, auch **Hesiod** schwärmte im 7. Jh. v. Chr. davon (»Wenn ich mich erhebe, will ich entweder niedermetzeln oder meinen Durst mit zyprischem Wein stillen«), **Plinius d. Ä.** hielt ihn gar für den besten. Und bei den im Tempel König Salomons dargebrachten Gaben des jüdischen Hohepriesters durfte nie der berühmte Wein »Yen Cafrissin« aus Zypern fehlen. Die Weinwirtschaft auf der Insel florierte auch nach der Zeitenwende, doch erst durch die Kreuzzügler erfuhr Europa von dem süffigen, einem Göttertrank ähnlichen zyprischen Rebensaft, »der im Munde süß schmeckt, aber tötet,

Zyprische Weine werden zunehmend auch international entdeckt.

wenn er nicht durch Wasser gemäßigt wird«. Angetan von diesem edlen Trunk war auch der englische König und Kreuzritter **Richard Löwenherz**. Noch Jahre nach seiner Zypern-Expedition von 1191, bei der er die Insel dem selbsternannten Kaiser Isaak Komnenos abgerungen hatte, hegte er den Wunsch, auf das Eiland zurückzukehren, »nur um den Wein dort wieder zu kosten«.

Süß wie Honig

Was Richard Löwenherz begeistert hatte und was Wilbrand von Oldenburg im Jahr 1212 als so dickflüssig beschrieb, dass es »wie Honig mit Brot genossen wurde«, war wohl die Krone zyprischen Weinschöpfungen, ein süffiger roter Apéritif- und Dessertwein (15 %), der, so alt wie die Mythen Zyperns, erst in der Zeit nach Löwenherz seinen noch heute gültigen Namen erhielt: **Commandaría**, abgeleitet von der Großkomturei (commandaría) der Johanniter in ▶ Kolóssi, die hier in der fruchtbarsten Region der Insel ab dem 13. Jh. die besten Weinberge des südlichen Tróodos-Gebirges unterhielten. Die Herstellung des **süßen Weins** hatte schon Hesiod beschrieben: »Trauben zehn Tage in der Sonne liegen lassen, dann zehn Nächte, daraufhin fünf Tage im Schatten und weitere acht im Krug.« Noch heute hat diese Anweisung für die Herstellung des Commandaría Gültigkeit: Die vollreifen Trauben mit hohem Zuckergehalt werden zwei Wochen in die Sonne gelegt, um konzentrierte Süße zu erzielen; nach abgeschlossenem Gärungsprozess reift der Wein dann mindestens zwei Jahre in Eichenfässern, die niemals ganz geleert werden, sodass man ständig jungen Wein mit Jahrzehnte altem vermischt.

An den Fürstenhöfen Europas galt der Commandaría seit den Kreuzzügen als Zeichen feiner Lebensart, wurde zum Synonym für aristokratische Kultur. Heute darf dieser in alle Welt exportierte Tropfen als einziger Wein auf Zypern die Qualitätsbezeichnung »**Appellation contrôlée**« tragen.

Ur-Champagner?

Doch nicht nur Commandaría erfreute sich nach den Kreuzzügen größter Beliebtheit, begehrt waren in Europa auch die zyprischen Weinstöcke, mit denen man einheimische Traubensorten auffrischte oder die als Grundstock für **neue Weinkulturen** dienten. Trauben von Zypern gelangten an den Rhein, nach Ungarn (Tokay) und Sizilien (Marsala). Auf Madeira soll damit im 15. Jh. der Weinbau begonnen worden sein. Auch war die Rede davon, sie hätten die Vorgänger der Champagner-Trauben getragen. So soll Graf Thibaut IV. de Champagne im 13. Jh. während seines Aufenthalts auf Zypern einen jungen einheimischen Adligen, dem wegen gefährlicher Liebeshändel die Hinrichtung drohte, vor dem Tod gerettet haben; der junge Zyprer begleitete daraufhin seinen Retter nach Frankreich – mit den edelsten Weinstöcken der Insel im Gepäck, die, auf den Kalkklippen der Marne gepflanzt, angeblich zu den heutigen Trauben der Champagne heranwuchsen. (Durch moderne Gen-Analysen wurde das mittlerweile aber widerlegt).

Nicht kleinzukriegen

Auch unter der Herrschaft der Lusignan und Venezianer genoss zyprischer Wein einen so hervorragenden Ruf, dass sich der türkische Sultan Selim II. (»Selim der Säufer«) angeblich wegen dieses

Weins entschloss, Zypern zu erobern. Während der türkischen Zeit wurde weiterhin Wein produziert, doch ließ seine Qualität stark nach. Zu Hilfe kam den Weinbauern Zyperns die in Europa grassierende **Reblausplage** Mitte des 19. Jh.s, die einen Großteil des Rebenbestandes vernichtet hatte. Aufgrund der nun einsetzenden **Nachfrage aus Europa** erweiterten zyprische Winzer ihre Anbauflächen, was jedoch zu Problemen führte, als sich die Lage in den europäischen Weingegenden wieder entspannte und man auf den Ernteerträgen sitzen blieb. Ein Todesstoß für manchen Weinbauer war auch der Geschmackswandel in Europa: Verlangt wurden zunehmend trockene Weine, während die traditionell süßen Rebensäfte weniger Abnehmer fanden.
In den 1980er-Jahren begannen Winzer, ihre Weine deutlich zu verbessern und die Keltereien zu modernisieren. Zudem wurden »fremde« Sorten wie Cabernet Sauvignon, Grenache, Carignan Noir, Chardonnay oder Semillon importiert und erfolgreich mit den heimischen Sorten **Marathéftiko**, **Mavro** und **Ophtalmo** (rot) und **Xynistéri** und **Promara** (weiß) gemischt.
Neben den großen (KEO, ETKO und LOEL) gibt es auf der Insel über 70 kleinere **Kellereien** mit interessanten Weinen. Nicht zuletzt liegt dieser nun schon seit mehreren Jahrzehnten andauernde Erfolg an den fortschrittlichen Herstellungstechniken.

Edle Tropfen aus Zypern

Rund 300 Landwirte leben vom Weinbau. Wichtigste **Anbauregionen** sind die niederschlagsreichen Südhänge des Tróodos-Gebirges, gefolgt von den Küstenebenen zwischen Limassol und Pólis. Der älteste mit einem Namen gekennzeichnete Wein der Insel wurde im 12. Jh. von Kreuzrittern gekeltert. Benannt nach ihrem Ordenshaus, der Kommende (lat. commandaría), stellten die Johanniter bei Kolóssi den **Commandaría** her: aus roten Mávro- und weißen Xynistéri-Trauben (Verhältnis 9:1). Das Etikett ziert heute ein berittener Ordensbruder. Elf Dörfer dürfen die Ursprungsbezeichnung Commandaría führen, u. a. Gerása und Kaló Chorió. Zu den vom CTO ausgewiesenen Weinrouten Zyperns zählt auch die **Commandaría-Weinstraße**.
Unter den **Weißweinsorten** sind vor allem die trockenen zu empfehlen, wie »Aphrodite«, »Palomino«, »White Lady«, »Keo Hock«, »Thisbe« und »Arsinoe 62«.

Beim Weinfest in Limassol

TYPISCHE GERICHTE

In den Küstenorten spielt natürlich fangfrisch servierter Fisch die kulinarische Hauptrolle. Aber auch fantasievoll zubereitete Appetizer, butterweich geschmortes Fleisch und unwiderstehliche Desserts sind aus Zyperns Küche(n) nicht wegzudenken.

Kléftiko ist so etwas wie das zyprische Nationalgericht. Es gibt zahlreiche Rezepte – gemeinsam ist allen Varianten, dass man dafür das Fleisch einer Lammkeule vom Knochen löst. Anschließend wird es zum Beispiel wie eine Roulade aufgeschnitten, mit Salz, Pfeffer und Koriander gewürzt und mit gewürfeltem Schafskäse bestreut aufgerollt, mit in Salzlake eingelegten Weinblättern umwickelt, in gefettetes Butterbrotpapier, dann in Alufolie gewickelt. Die Fleischkugel wird in eine mit etwas Fleischbrühe gefüllte Form gepackt und etwa fünf Stunden lang im vorgeheizten Ofen geschmort. Ganz gleich, ob Kleftiko nach diesem oder einem anderen Rezept zubereitet wird – am Ende kommt zartes Fleisch auf den Teller, das auf der Zunge förmlich zergeht.

Afélia gehört ebenfalls zu den Klassikern der zyprischen Küche. Dafür wird Schweinefleisch in Würfel geschnitten und für einige Stunden in Rotwein mariniert. Anschließend nimmt man es aus der Marinade, brät es in Olivenöl an und löscht es ab – natürlich mit Rotwein –, ehe es dann auf kleiner Flamme gar köchelt.

Taramosaláta / Taramás Roter oder gelber Fischrogen wird dafür mit eingeweichtem Brot zu einer weichen Masse verarbeitet, mit Zitronensaft, Salz und Olivenöl abgeschmeckt und zum Schluss üppig mit fein gehackter Petersilie bestreut. Diese Fischrogencreme kann sehr appetitanregend wirken.

Kataífi Für diese Süßspeise werden Teigfäden mit Nüssen belegt und mit Zimt bestäubt, aufgerollt, in eine gebutterte Form gesetzt, mit zerlassener Butter übergossen und für etwa eine halbe Stunde in den Backofen geschoben. Für den Sirup kocht man reichlich Zucker mit Wasser, Zitrone und Zimt auf. Die süße Sauce wird über die Nussröllchen gegeben und sollte dann etwas einziehen.

Koupépia Eine »Kleinigkeit«, die nur selten im Vorspeisen-Angebot fehlt, sind Weinblätter, die mit einer würzigen Reis- Tomaten-Mischung gefüllt werden. Pfefferminze, Zitrone und Petersilie geben den Röllchen ihren ganz typisch mediterranen Geschmack.

MEZÉ-GERICHTE

Chiroméri: geräucherter Schweineschinken
Féta: Schafskäse
Halloúmi: Schafs- oder Ziegenkäse, kann roh, gegrillt oder gebacken gegessen werden
Hoúmous: Püree aus Kichererbsen, Sesam, Olivenöl, Zitrone
Loukánika: geräucherte, mit Koriander verfeinerte Würste
Loúnza: geräucherter Schweineschinken, gegrillt oder gebraten
Manitária: Pilze
Marídes: kleine gebratene Fische
Tachíni: Sesam Dip
Talattoúri/Tsatzíki: Dip aus Joghurt, Gurken und Knoblauch
Taramosaláta: hellroter Dip aus aufgeweichtem Brot und Fischrogen (► links)

SÜSS-SPEISEN

Baklavás: Blätterteig, gefüllt mit Mandeln und Zimt, mit süßem Sirup übergossen
Dáktyla: fingerförmiges gefülltes Gebäck
Flaoúnes: Kleiner Osterkuchen, gefüllt mit Käse und Pfefferminze
Glykó: eingelegte süße Früchte
Lokoumádes: gebratene Teigbällchen mit Sirup oder Honig
Skámali: mit Mandeln bestreuter Grießkuchen
Soutzoúkos: aufgereihte Mandeln, umhüllt von eingedicktem Traubensaft
Vasilópitta: Neujahrskuchen, in den eine Münze eingebacken wird, die dem Finder Glück bringen soll

Ritual der Gänge

Das Speiseritual, das die Zyprer an solchen Abenden am liebsten zelebrieren, passt perfekt zu dieser überschwänglichen Geselligkeit. Man bestellt **Mezé** – und damit beginnt so etwas wie ein kulinarisches Gesellschaftsspiel. Auf kleinen Tellern kommen nacheinander verschiedene »Appetithäppchen« auf den Tisch; am Ende können es 15, 20 oder noch mehr sein, von denen jeder nach Lust und Laune probiert. Es gibt Fleisch-, Fisch- und Meeresfrüchte- sowie vegetarische Mezedes. Danach sind die meisten zwar schon satt – dabei geht der Streifzug durch die zyprische Küche jetzt erst richtig los.
Nun werden die eigentlichen **Hauptspeisen** serviert, gegrillte Lammkoteletts etwa oder deftige Fleischspießchen, gebratene Hackfleischbällchen, in Rotwein gedünstetes Schweinefleisch. Hat man ein Fisch-Mezé geordert, kommen Oktopus und Kalamari auf den Tisch oder auch winzige, knusprig frittierte Fische, die man mit Kopf und Schwanz verspeisen kann. Wer sich nicht zwischen Fleisch und Fisch entscheiden kann, bestellt einfach Mixed Mezé, dann ist beides dabei.
Als **Beilagen** serviert werden u. a. (gebackene oder Petersilien-) Kartoffeln in Olivenöl (Patátes), Reis (Rísi), Kolokasi und geschroteter, gekochter Weizen mit kleinen Nüdelchen (Piláffi).

Speisen in Nordzypern

Mezé ist übrigens auch im türkischen Nordteil der Insel beliebt. Überhaupt entsprechen die Speisen Nordzyperns im Allgemeinen denen des Südens, teils haben sie andere Namen oder sind vom türkischen Festland beeinflusst. Nur die mit der islamischen Speisekultur unvereinbaren Schweinefleischgerichte fehlen im Norden.

Das ganze Spektrum

Selbstverständlich lassen sich die kulinarischen Highlights der Insel auch in überschaubarere Kombinationen oder solo genießen. **Fisch** und **Fleisch** werden am liebsten auf dem Holzkohlegrill zubereitet, und wer keinen großen Garten hat, lädt Familie und Freunde zu einer Grillpartie im Grünen ein. Öffentliche **Picknickplätze** bieten die nötige Infrastruktur, sodass man nur Kohle und Grillgut mitbringen muss.
Für die kleine Stärkung zwischendurch ist das Kaffeehaus, **Kafeníon**, eine gute Adresse. Hier hält die Küche **Halloúmi** (▶ Baedeker Wissen, S. 386), Oliven und andere kulinarische Kleinigkeiten bereit. Und wenn's einmal ganz schnell gehen soll, gibt's etwas auf die Hand: **Souvlaki-Stände** finden sich in den größeren Orten und Touristenzentren praktisch an jeder Ecke.

Zuckersüße Desserts

Zyprische Desserts sind – ganz gleich, ob aus der griechischen oder der türkischen Einfluss-Sphäre stammend – immer sehr süß, was dem üppigen Einsatz von Sirup und Honig geschuldet ist. Zum Blätterteiggebäck **Baklava** (Μπακλαβάς), wie man es überall im nahen Osten kennt, oder ähnlichen Leckereien stellt der Kellner fast immer ein Glas Wasser auf den Tisch. Noch runder wird die Sache, wenn man Schwarztee oder einen kräftigen Mokka dazu genießt.

Nichtalkoholische Getränke

Den Abschluss eines zyprischen Essens bildet häufig eine Tasse **Kaffee**. Löslicher Kaffee heißt Nescafé, kalt aufgeschäumter sprühgetrockneter Instantkaffee auf gestoßenem Eis wird Frappé genannt. Standardgetränk ist der Mokka, der griechisch Kafé, türkisch Kahve heißt. Je nach dem, wie man ihn möchte, bestellt man ihn ohne, mit etwas oder mit viel Zucker, der mit aufgebrüht wird. **Tee** (Tsái, Çay) wird ebenfalls gern getrunken.
Beliebte kalte Getränke sind u. a. **Orangen-** und **Mandelsaft**. Populär in Nordzypern ist **Ayran**, Joghurt mit Wasser, Salz und Minze.

Brandy, Schnäpse und Liköre

Brandy Sour, den beliebten Longdrink Zyperns, eine Mischung aus Brandy, Zitronensaft, Angostura und Sodawasser, verdankt die Insel angeblich dem ägyptischen König Faruk: Im »Forest Park Hotel« in Páno Plátres wurde erzählt, er habe sich dort gerne einen »eisigen Brandy« mixen lassen, der aussah wie Eistee. (Denn als Muslim war ihm das Trinken von Alkohol verboten.)

UMS ÜBERLEBEN WÜRFELN

Plastikstühle? Neonlampe? Das ist genau der Ort. Nirgends auf Zypern ist die Gastfreundschaft größer als in den alten Kaffeehäusern, den **Kafeníons**, in den Dörfern. Zuschauen, wie der zyprische Kaffee gebraut wird und sich mit etwas Mut auf ein Backgammonspiel einlassen. Typischer kann Zypern nicht sein.

HALLOÚMI: AROMATISCHES ALLROUNDTALENT

Für viele Zyprer fängt der Tag mit einer kräftigen Halloúmi-Mahlzeit an – kombiniert mit einem Spiegelei ist das aromatische Milchprodukt eine äußerst beliebte Frühstücksspezialität und für etliche Insulaner beinahe genauso wichtig wie das tägliche Brot.

Halloúmi (türk. **Hellim**) wird auf Zypern hergestellt, seit auf der Insel Hirten mit ihren Herden über Land ziehen. Bis heute ist der halbfeste Käse aus Ziegen-, Schafs- und Kuhmilch nicht wegzudenken aus der kulinarischen Landschaft der östlichen Mittelmeerinsel. Frisch wird Halloúmi gern zu Melonen oder Trauben verzehrt. Darüber hinaus kommt der Käse, der sich, ohne zu bröckeln, schneiden und auch sehr gut reiben lässt, gegrillt, gekocht oder gebraten auf den Teller, wird zum Verfeinern von Suppen, Salaten und Omeletts genommen, in Blätterteigtaschen oder zwischen zwei Sandwichhälften gepackt.

Einfach köstlich

Wenn auf Zypern alljährlich die Grillsaison beginnt, steigt die Nachfrage nach dem käsigen Allround-Talent merklich an, denn eine besondere Eigenschaft prädestiniert Halloúmi – auch als eine **vegetarische Alternative** zu Fleisch oder Würsten – für den Rost: Im Gegensatz zu den meisten anderen Käsesorten bleibt er beim Erhitzen nämlich formstabil.

Herstellung von Halloúmi beim Ayia Napa Flood Festival in Agía Nápa

Gegrillter Halloúmi mit Fenchel-Gemüse

Vielseitig verwendbar

Um den vielseitigen Käse herzustellen, wird Milch mit Rahm vermischt und leicht erwärmt. Wasser, Salz und Lab – ein aus dem Kälbermagen gewonnenes Enzymgemisch – werden dazugegeben, und wenn eine Käseschicht entstanden ist, wird diese vorsichtig zerteilt und nochmals erwärmt. Danach gibt man die flüssige Molke durch ein Tuch oder feines Sieb, fängt den Käsebruch auf und drückt ihn gründlich aus. Die ausgequetschte Masse wird in gleichmäßige, etwa daumendicke Rechtecke geformt. Diese müssen etwas ruhen, ehe sie ein paar Minuten **in der Molke gekocht** werden. Danach bestreut man den Käse auf der einen Seite mit **Salz**, faltet das Viereck in der Mitte und drückt beide Seiten fest zusammen.
Für die industrielle Produktion werden inzwischen modernste Technologien eingesetzt. Doch es gibt noch immer kleine Landwirtschaftsbetriebe, die den Käse auf traditionelle Weise herstellen. Mancherorts kann man den Bäuerinnen dabei sogar über die Schulter schauen. Wenn Ihnen hier ein grünes Stück Käse angeboten wird greifen Sie ruhig zu: Die Farbe bedeutet nicht, dass das Produkt seine Haltbarkeitsgrenze überschritten hat. Vielmehr wurde dem Käse beim Salzen eine Menge frischer **Minze** zugesetzt, was ihn zu einer besonders aromatischen Delikatesse macht.

Geschützte Herkunft

Das halbweiche Käseprodukt kennt man auch in den arabischen Nachbarländern. Doch das EU-Mitglied Zypern sicherte sich die Anerkennung von Halloúmi als **zyprisches Nationalgericht** und damit auch die Namensrechte an dem Produkt, das vornehmlich in Länder der EU, in arabische Staaten und in die USA exportiert wird. Auch am anderen Ende der Welt weiß man Halloúmi zu schätzen, in Australien: Zyperns einstige Kolonialherren brachten den Käse dorthin.

In Südzypern werden **Oúzo** (Anisschnaps, allerdings noch nicht stark verbreitet), Brandy und Sherry hergestellt. **Fílfar**, ein Likör aus Bitterorangen, gewinnt immer mehr an Popularität. Der traditionelle Schnaps Zyperns ist ein Traubentrester, der **Zivania** (Ζιβανία, Zivaniya). Verschiedene Firmen produzieren und vermarkten ihn.
In Nordzypern wird wie in der Türkei **Rakı** getrunken, ein mit Anis versetzter Tresterschnaps.

Bier und Wein

Ebenfalls aus der Türkei wird das Efes-Bier oder Carlsberg-Bier importiert. In Südzypern stellt die KEO-Brauerei ein leichtes, bekömmliches **Bier** (Bíra) her, als zweite Biersorte wird Carlsberg-Bier gebraut.
Weintrinker sollten die Produkte der zyprischen Winzer probieren. Einige der über 70 Weingüter haben ausgezeichnete Rote und Weiße im Sortiment (▶ Baedeker Wissen, S. 379). Süß und stark, köstlich und unvergesslich schmeckt der **Commandaría**, der in der Antike Nama hieß. Heute kommt er aus der Commandaría-Region der südlichen Tróodos-Hänge. Er wird aus den Traubensorten Mavro und Xinistéri gekeltert, seine Bezeichnung ist geschützt. In jeder Bar Zyperns und auch im kleinen Kiosk vor der Burganlage kann man ihn kosten. Aber Vorsicht, er hat 15 % Vol. Alkohol und sollte mit Bedacht getrunken werden!

Mit Aussicht aufs Meer – wie hier im Inselnorden – schmeckt es besonders gut.

Restaurants & Co.

Die meisten Restaurants sind von 12–15 sowie 19–23 Uhr geöffnet. Tischreservierungen sind nur für größere Gruppen üblich. Die Speisekarten sind fast immer zweisprachig (griechisch bzw. türkisch und englisch). Zum Essen wird Brot serviert, das auch berechnet wird (auch wenn man davon nichts gegessen hat). Die **Rechnung** enthält in der Regel Zuschläge von 15 % Mehrwertsteuer für alkoholische Getränke und 10 % für die Bedienung, dennoch erwarten Kellner ein zusätzliches Trinkgeld.
Das Angebot an **Tavernen** und Gaststätten verschiedenster Preisklassen auf Zypern ist groß und reicht vom einfachen Sandwichstand über Familientavernen bis hin zu Spezialitätenrestaurants mit französischer Küche. **Konditoreien** gibt es nur in Städten. Auf Griechisch werden sie Sacharoplastío, auf Türkisch Pastahane genannt. Hier gibt es Getränke (keinen Wein), Süßspeisen und orientalischen Kuchen.
Allgemeiner Treffpunkt ist das bereits erwähnte **Kaffeehaus**, griechisch Kafeníon, türkisch Kahvehani. Hier erhält man außer Getränken auch Süßspeisen.

FEIERN

Wer die Geselligkeit liebt, feiert auch gern. Entsprechend prall gefüllt ist der zyprische Festkalender: An religiösen Festen und Feiertagen sowie bei vielen Kultur- und Folklorefestivals pflegen die Zyprer ihre Traditionen.

Osterfest

Das bedeutendste der religiösen Feste des Jahres ist das Osterfest, das auf dem Land mit großem Aufwand begangen wird. In der Woche vor Ostern weißt und putzt man die Häuser, bäckt die **Flaoúna**, ein spezielles Ostergebäck mit Käse, und färbt Eier am Donnerstag rot. Am Karfreitag werden die Ikonen in den Kirchen mit schwarzen Tüchern verhängt. Das **Epitaphion** (Nachbildung des Leichentuchs Christi) wird unter einen tragbaren, mit Blumen und Tüchern geschmückten Baldachin gelegt und nach der Abendmesse in feierlicher Prozession durch die Gassen getragen. Am Ostersamstag schmückt man die Kirche mit Blumen und entfernt die schwarzen Tücher von den Ikonen.
Ab 23 Uhr versammeln sich die Gläubigen in der Kirche zur **Ostermesse** – alle haben eine noch nicht entzündete Kerze in der Hand. Kurz vor Mitternacht werden bis auf eine einzige Kerze alle Lichter gelöscht. Um Mitternacht verkündet der Priester (Papás): »Christós anésti« (»Christus ist auferstanden«), die Gemeinde antwortet: »Alithós anésti« (»Wahrhaftig, er ist auferstanden«). Dann entzünden alle Gläubigen ihre Kerzen an der des Priesters. Vor dem Gotteshaus wird ein großes **Feuer** entfacht, in dem symbolisch Judas, der Verräter

Christi, als Puppe verbrannt wird. Kinder und Jugendliche lassen Knallfrösche los. Zu Hause wird die **Ostersuppe** (Margeirítsa) aus Lamm-Innereien gegessen, am Ostersonntag dann im Kreise der Familie das **Osterlamm** verzehrt.
Da der orthodoxe **Ostertermin** nach dem Julianischen, der aller anderen christlichen Konfessionen nach dem Gregorianischen Kalender errechnet wird, fallen beide Termine lediglich alle drei Jahre zusammen. Das orthodoxe Osterfest findet in der Regel später statt. Termine: 5.5.2024, 20.4.2025, 12.4.2026, 2.5.2027.

Kurban Bayrami

Das viertägige **Opferfest** Kurban Bayrami ist das höchste islamische Fest, das der Güte und Fürsorge Gottes für seine Geschöpfe gedenkt. Es geht auf das 1. Buch Mose zurück, in dem Gott Abraham auffordert, ihm seinen einzigen Sohn Isaak zu opfern. Kurz bevor Abraham die Forderung erfüllt, greift Gott rettend ein und lässt ein Lamm an Isaaks statt opfern. Dieser Rückgriff des Islam auf das Alte Testament geht auf den gemeinsamen Ursprung der beiden Weltreligionen zurück. Am Opferfest wird ein Schaf im Kreise der Familie verspeist, das Übriggebliebene verschenkt man an Arme, Kranke oder soziale Institutionen. Nach dem Besuch der Moschee spenden wohlhabende Familien Geld an karitative Einrichtungen und arme Familien. Termine: ab 17.6.2024, 7.6.2025, 27.5.2026, 16.5.2027.

Beschneidungsfest

Eines der wichtigsten Ereignisse im Leben eines männlichen Muslim ist die Beschneidung, die symbolische Aufnahme des Knaben in die islamische Gemeinschaft. Vor dem Fest wird er in einer speziellen Kleidung mit roter Schärpe den Dorfbewohnern präsentiert. Die Beschneidungszeremonie wird von einem amtlichen Beschneider (Sünnetçi) ausgeführt. Danach legt man den Jungen in einem eigens gefertigten Nachthemd zu Bett, wobei das Fest mit Musik und Tanz weitergeht.

Ramadan und Zuckerfest

Der Ramadan (**Ramazan**) ist der **Fastenmonat** der Muslime, an dem 30 Tage lang von Sonnenaufgang bis Sonnenuntergang nicht gegessen, getrunken oder geraucht werden darf. Jedes Jahr verschiebt sich der Termin um zehn Tage rückwärts gemäß dem islamischen Kalender. Mit dem dreitägigen **Zuckerfest** (**Şeker Bayramı**) endet der Ramadan. Termine: 11.3.–12.4.2024, 1.3.–1.4.2025, 18.2.–22.3.2026, 8.2.–11.3.2027.

Volkstänze

Die zyprischen Volkstänze entsprechen im Großen und Ganzen den griechischen Tänzen, wobei Frauen und Männer getrennt tanzen. Zwei Tanzrichtungen sind zu unterscheiden: die ruhigen Syrtos-Tänze und die ungestümen Pidik-Tänze. Zu den typisch zyprischen Tänzen gehört der **Potíri**, vorgeführt in jedem touristischen Bouzoúki-Lokal. Er verlangt dem Tänzer große Geschicklichkeit ab, da dieser dabei bis zu 20 Gläser auf dem Kopf balancieren muss. Beim **Syrtos Antikristós**

Folkloretanz bei den Osterspielen in der Nähe von Páfos

stehen sich Männer und Frauen gegenüber. Beim **Zeibékkiko** tragen die Frauen einen Wasserkrug auf dem Kopf und werden von den Männern umworben. Anfangs zieren sie sich, lassen sich dann jedoch auf einen Flirt ein. Der **Drépani** wird von Männern mit Sensen ausgeführt, die das Weizenmähen simulieren.
Der **Nikolís** erzählt die Geschichte eines Frauenhelden, der von seinen Freunden geneckt wird, indem sie ihm eine Zeitung hinten in den Hosenbund stecken und versuchen, diese anzuzünden. Nikolís verhindert das jedoch durch geschickte Bewegungen. Der **Soústa** ist ein Reigentanz für beide Geschlechter. Jeder Tänzer und jede Tänzerin muss dabei in der Mitte des Reigens eine Soloeinlage bieten.

Volksmusik

Schon im 10. Jh. zogen **Dichtersänger** ähnlich den europäischen Bänkel- oder Moritatensängern im Land umher und verbreiteten singend die neuesten Nachrichten. Diese **Poietárides** kamen aus den südöstlich gelegenen Dörfern Zyperns und beeinflussen bis heute die zyprische Kunstdichtung. Die Volksmusik unserer Tage behandelt Themen der jüngsten Geschichte und historische Ereignisse. Begleitet wird der Sänger von der **Bouzoúki**, einem Lauteninstrument, der **Sandoúri**, einer Art Hackbrett, Violine und Flöte.
Die Volksmusik der türkischen Zyprer stammt aus den kleinen Dörfern Anatoliens, wird jedoch von ähnlichen Musikinstrumenten begleitet wie die griechischen Lieder, so etwa dem **Bozuk** (Saiteninstrument) und dem **Kaval** (Flöte).

KLASSIK, MAINSTREAM UND SPEZIELLES

Unzählige Lokale auf Zypern bieten vor allem an den Wochenenden Live-Musik, und wenn die Bands populäre griechische Songs anstimmen, füllt sich die Tanzfläche im Handumdrehen. Zu der Musik, die schon die Eltern von den Stühlen riss, tanzen auch heutige Teenager gern. Noch »cooler« finden junge Zyprer allerdings meist den Mix, der mitunter in den Clubs zu hören ist – raffinierte Arrangements, in denen die Bouzoúki, das traditionelle griechische Saiteninstrument, auf Elektro-Beats und Hip-Hop-Rhythmen trifft.

Während die Radiosender im Süden der Insel zumeist griechische Popsongs und die Stationen im Norden die türkischen Pendants rauf und runter spielen, gibt es Musiker, die sich der traditionellen Musik ihrer Heimatinsel verschrieben haben, den alten Liedern mit ihren ganz eigenen Rhythmen und Harmonien. Einer davon ist **Evagoras Karageorgis** (geb. 1957). Das Traditionelle jenseits bloßer Folklore zu erhalten, alte Weisen neu interpretiert in die Jetzt-Zeit mitzunehmen, ist ihm ein Herzensanliegen. Dafür mischt er Klänge der zyprischen Laute mit elektronischen Sounds, und wenn er neue Lieder komponiert, sind ihm die Werke zyprischer Dichter eine unerschöpfliche Inspirationsquelle. Ebenso klassische mit traditionellen Instrumenten kombinierend, musiziert der bekannte Musiker und Liedermacher **Alkinoos Ioannidis** (geb. 1969).

Violine und Bouzoúki gehören zu den traditionellen Instrumenten der zyprischen Volksmusik.

All that Jazz

Auch eine lebendige Jazz-Szene hat sich in den letzten Jahren auf der Mittelmeerinsel entwickelt. Auf Zypern geborene Jazz-Musiker studierten in New York, Boston oder Rotterdam, spielten auf verschiedenen Kontinenten in wechselnden Formationen, und einige von ihnen zog es nach den Wanderjahren wieder zurück auf die Heimatinsel, wie den 1986 geborenen **Gabriel Karapatakis**, der heute zu den Stars der Szene gehört. Zyperns Jazz-Zentrum ist übrigens Limassol. Hier findet auch alljährlich im Herbst ein Jazz-Festival statt. Ein renommierter Name ist **Val's Place** in Gialia, auch Veranstaltungsort des gleichnamigen Jazz-Festivals an zwei Wochenenden im Sommer.

Respektabler Klangkörper

Stolz und Hätschelkind der Republik Zypern aber ist das **Cyprus Symphony Orchestra** in Nikosia. Bei seiner Gründung war klassische Musik auf Zypern eher Privatvergnügen einer kleinen Bildungselite. Die soziale Oberschicht ließ ihren Kindern Klavier- und Geigenunterricht angedeihen, man traf sich mit Freunden zu Hause, um gemeinsam zu musizieren oder kleinen Privatkonzerten zu lauschen. So waren es auch Ärzte, Anwälte und Richter – alle Freizeitmusiker –, die das Orchester 1987 aus der Taufe hoben. Inzwischen hat sich der kleine Staat einen respektablen Klangkörper mit Profi-Musikern aus aller Herren Länder zusammengestellt. Damit das Klassik-Angebot alle Gesellschaftsschichten erreicht, werden Karten für Konzerte der Symphoniker stark subventioniert. Die Tickets sind meist günstig zu haben (Infos und Preise auf der Website).

Sehr bemüht ist man um die Förderung von Nachwuchstalenten. Die Mitglieder des Jugend-Symphonieorchesters erhalten kostenlos Privatstunden bei Orchester-Profis. Eine sowohl vom Staat als auch von Privatleuten finanzierte **Orchesterstiftung** übernimmt die Kosten für den exklusiven Unterrichts. Im Sommer gibt das Symphonieorchester gelegentlich Gratiskonzerte. Sie ziehen nicht nur das einheimische Publikum, sondern natürlich auch Touristen an. Inzwischen kann sich die Insel auch mit einigen hochkarätigen **Klassik-Festivals** schmücken, für die jedes Jahr renommierte Orchester und Solisten aus aller Welt gewonnen werden können. Hier hat inzwischen auch Nordzypern einiges in die Waagschale zu werfen, mit dem Internationalen Bellapais Music Festival im Frühsommer, bei dem die idyllisch über der Hafenstadt Kyrénia/Girne gelegene Klosterruine eine wirklich atemberaubende Kulisse abgibt.

KLASSISCHE MUSIK

CYPRUS SYMPHONY ORCHESTRA (CYSO)
Spielstätte ist das Pallas Theatre nicht weit vom Zypern-Museum (Rigenis 24).
Ifigenias 27, Nikosia | Tel. 2 46 31 44
www.cyso.org.cy

PHAROS ARTS FOUNDATION
www.pharosartsfoundation.org

BELLAPAIS MUSIC FESTIVAL
Informationen ▶ S. 224
www.bellapaisfestival.com

JAZZ

PARADISE JAZZ FESTIVAL
In Val's Place im Dorf Gialia (▶ S. 62, 66).
August oder September
www.paradisejazzfestival.com

VERANSTALTUNGSKALENDER

FEIERTAGE SÜDZYPERN

1. Januar: Neujahr
6. Januar: Epiphánias, orthodoxes Fest der Erscheinung des Herrn
25. März: griechischer Unabhängigkeitstag
1. April: zyprischer Nationalfeiertag, Beginn des Unabhängigkeitskampfes gegen die britische Herrschaft
Ostern wird an wechselnden Terminen gefeiert, ▶ S. 390
Pfingsten 50 Tage nach Ostern
1. Mai: Tag der Arbeit
15. August: Mariä Himmelfahrt
1. Oktober: Unabhängigkeitstag (Gründung der Republik Zypern)
28. Oktober: »Ochi«-Tag, griechischer Nationalfeiertag
24. Dezember: Heiligabend
25./26. Dezember: Weihnachten
31. Dezember: Silvester

FEIERTAGE NORDZYPERN

Die Feiertage Nordzyperns entsprechen meist denen der Türkei. Ramadan und Zuckerfest: haben wechselnde Termine (▶S. 390).
1. Januar: Neujahr
23. April: Unabhängigkeitstag und Tag des Kindes
1. Mai: Tag der Arbeit
19. Mai: Tag der Jugend und des Sports
20. Juli: Gedenktag an den Einmarsch türkischer Truppen 1974
1. August: Tag des Widerstands (Gründung der türkisch-zyprischen paramilitärischen Widerstandspartei TMT 1958)
30. August: türkischer Nationalfeiertag (Sieg im türkisch-griechischen Unabhängigkeitskrieg 1922)
29. Oktober: Gründungstag der Türkischen Republik
15. November: Proklamation der international nicht anerkannten Türkischen Republik Nordzypern

CYPRUS EVENTS

Informationen zu aktuellen Veranstaltungen
www.cyprusevents.net

JANUAR / FEBRUAR

AGIOS NEOFYTOS DAYS

Zweitägiges Volksfest vor dem Neófytos-Kloster nordöstlich von Páfos zu Ehren des hl. Neóphytos.
Neófytos-Kloster, 24. Januar

TEMPELGANG MARIÄ

Im Chrysorrogiátissa-Kloster bei Páno Panagía (50 Tage vor dem orthodoxen Osterfest).
Páno Panagía, Anfang Februar

KARNEVAL

Prächtige Feiern in Limassol (und andernorts) und großer Karnevalsumzug am Rosenmontag (▶ S. 142).
www.limassol.org.cy/en/carnival limassol

APRIL / MAI

LAZARUSFEST

Die Ikone des Heiligen wird durch die Stadt getragen.
Lárnaka, 8 Tag vor Ostern

ORTHODOXES OSTERFEST

Das orthodoxe Osterfest wird nach dem Julianischen Kalender gefeiert. Am Karfreitag sind die Geschäfte halbtags, am Ostersamstag ganztags geöffnet; So., Mo. sind alle Geschäfte geschlossen.
Termine ▶ S. 390

OSTERSPIELE

Zu den hiesigen Osterbräuchen gehören die Osterspiele, zu denen sich jeweils das ganze Dorf versammelt. In **Páno Panagiá** (▶ S. 78) treten zu

Die Antike lässt grüßen – Weinfest in Limassol.

diesem Anlass Volksmusikanten und Folkloretänzer aus Griechenland und Zypern auf.
Páno Panagiá, Ostern

KATAKLYSMÓS

Mit großem Begleitprogramm (inkl. Jahrmarkt und Konzerten; alle Geschäfte geschl.) feiert man 50 Tage nach dem orthodoxen Osterfest die Rettung Noahs (► S. 125).
Lárnaka, Limassol, Páfos

ANTHESTIRIA

Blumenfest mit Paraden prachtvoll geschmückter Wägen.
Lárnaka, Limassol, Páfos, Mai (variabel), www.cyprusevents.net/annual/cyprus-annual-events

BELLAPAIS MUSIC FESTIVAL

Musiker aus aller Welt treffen sich jedes Jahr im Frühsommer und Herbst im einzigartigen gotischen Ensemble von ► Bellapais. Mehrere Wochen lang kann man klassischer Musik in stimmungsvoller Atmosphäre lauschen.
Bellapais, Mitte Mai – Mitte Juni
www.bellapaisfestival.com

EUROPEAN DANCE FESTIVAL

Ensembles aus ganz Europa präsentieren ein breites, so eindrucksvolles wie begeisterndes Spektrum von klassischem Tanz bis Hip-Hop.
Limassol, Mitte Mai – Mitte Juni
www.cypruscontemporarydancefestival.com

JUNI / JULI / AUGUST

FAMAGUSTA FESTIVAL

Im Sommer steckt Famagusta voller Musik: Klassik, Jazz, Rock, Reggae und Hip-Hop. Einer der Spielorte ist der Othello-Turm (► S. 234).
Famagusta, Ende Juni – Mitte Juli

SHAKESPEARE FESTIVAL
In Koúrion werden an mehreren Abenden im Juni im rekonstruierten antiken Theater Stücke von Shakespeare aufgeführt.
Koúrion, Ende Juni
www.shakespeareatcurium.com

ST. PETER UND PAUL
Feierlicher Gottesdienst mit dem katholischen Erzbischof in Káto Páfos.
Páfos, 29. Juni

ORANGE FESTIVAL
Die Orange steht im Mittelpunkt dieses einwöchigen Festivals. Umzüge, Konzerte und andere Darbietungen bestimmen die Festlichkeiten.
Mórfou/Güzelyurt
Ende Juni/Anfang Juli

FENGAROS FESTIVAL
Live Bands und DJ's sind in der traditionellen Dorfatmosphäre von Kato Drys zu hören.
www.fengaros.com

RHYTHMS OF LIGHT
Tanz und Ballettvorführungen
Páfos, Odeion, jeden Mi.

LIMASSOL SUMMER EVENTS
Folklore, Theater und Musik.
Limassol, Juli

INTERNATIONAL FESTIVAL OF ANCIENT GREEK DRAMA
Theaterkompanien aus aller Welt zeigen Interpretationen antiker griechischer Dramen an Originalschauplätzen, wie dem Theater von Koúrion (▶ S. 108, 109) und dem Odeion von Páfos (▶ S. 176, 189)
Versch. Orte (Koúrion, Páfos)
Juli, www.greekdramafest.com

MARIÄ HIMMELFAHRT
Traditioneller Jahrmarkt in vielen Dörfern und bei den Klöstern.
Kýkko-Kloster, Chrysorrogiátissa-Kloster, 14./15. Aug.

WINDCRAFT MUSIC FEST
Weltmusik, Jazz und zeitgenössische Musik im Dorf Kadydata. Internationale und nationale Musiker spielen mit Blas- und Windinstrumenten.
Ende Juli
www.windcraftmusicfest.com

SEPTEMBER / OKTOBER

WEINFEST
Zweiwöchiges Weinfest im Stadtpark von Limassol (▶ S. 143).
Anfang Sept., www.limassol.org.cy/en/calendar

MITTELALTER-FESTIVAL
Veranstaltunge vor dem Kloster: Antike Dramen und Musik.
Agía Nápa, September

KUNSTHANDWERKSMARKT
Interessanter Freiluftmarkt in Nikosias Altstadtviertel Chrysaliniótissa.
Nikosia, September

HEILIG-KREUZ-FEST
Feier des Heiligen Kreuzes am Kloster Stavrovoúni.
Stavrovoúni und Ómodos
13./14. Sept.

NORDZYPERN MUSIKFESTIVAL
Buntes Programm aus Klassik, Flamenco, Rock und Chormusik.
Kyrénia, Bellapais, Salamís
September/Oktober

KIRCHWEIHFEST
Traditioneller Markt zum Festtag des hl. Ioannis Lampadistís im Kloster.
Kalopanagiótis, 4. Oktober

NOVEMBER

CULTURAL WINTER
Griechische Volksmusik und Volkstänze sowie klassische Musik
Agía Nápa, ab November

SHOPPEN

Auf bunten Märkten, in kleinen Altstadtläden und in den Shopping-Zentren der Großstädte werden landestypische Souvenirs, einheimische Produkte sowie Lederwaren, Gold- und Silberschmuck angeboten. Als Mitbringsel eignen sich vor allem kunsthandwerkliche Erzeugnisse wie Web-, Stick- und Holzschnitzarbeiten, Ikonen, Töpferwaren, Mosaik- und Flechtarbeiten.

Wochenmärkte

In mediterranen Gefilden haben Wochenmärkte meist einen ganz besonderen Charme. Das Angebot ist breit gefächert, den Augen wird jede Menge Buntes geboten, und natürlich darf genascht und probiert werden, bevor man sich für die eine oder andere Leckerei entscheidet. Auch wenn es darum geht, jenseits des kulinarischen Angebots ein paar **Souvenirs** aufzutreiben, sind Wochenmärkte eine gute Adresse: Hier ist man meist vor kitschigen Scheußlichkeiten gefeit. Stattdessen findet sich Schönes und Nützliches, das auch die einheimische Kundschaft überzeugt.

Traditionelle Korbwaren

Auf Zypern sind das zum Beispiel **handgeflochtene Binsenkörbe**, in bunten Farben eingefärbt. Sie werden in Geroskípou, Liopétri und Sotíra in der Nähe von Agía Nápa hergestellt und unter anderem in den Markthallen von Páfos und Nikosia verkauft. Egal, ob man darin Kartoffeln lagert oder frisches Obst auf dem Esstisch arrangiert – praktisch und dekorativ sind die traditionellen Korbwaren allemal.

Nützliches für die Küche

Allgemein gibt es auf Zypern allerhand Nützliches rund um die Koch- und Tischkultur, das den heimischen Haushalt bereichern kann. In der Antike basierte der legendäre Reichtum der Insel auf Kupferhandel, und noch heute werden hier **Kochtöpfe** aus dem Metall hergestellt, das die Römer einst als »Erz aus Zypern« bezeichneten. Etliche Gourmets schwören auf **kupfernes Kochgeschirr** – insbesondere wenn es um die Zubereitung feiner Saucen geht. In Nikosias Altstadt gibt es noch heute mehrere Kupfer- und Messingschmieden, in denen man den Meistern der Zunft bei der Arbeit zuschauen und manch schönes Stück erwerben kann.

Kunsthandwerk

In der Volkskunst haben sich die vielfältigen Einflüsse zu einer eigenständigen Kultur verschmolzen. In den Dörfern werden noch die traditionellen Handarbeiten gefertigt, zu sehen in den **volkskundlichen Museen** von Nikosia (▶ S. 168), Geroskípou (▶ S. 200) und Páfos. In Nikosia, Lárnaka, Limassol und Páfos wurden staatliche **Kunsthandwerkszentren** (Handicraft Centre) eingerichtet, wo Handarbeiten vorgestellt und zum Verkauf angeboten werden, deren Rohmaterialien Holz, Ton, Wolle, Baumwolle und Seide es auf Zypern gibt.

In Léfkara findet man neben viel Billigware auch noch schöne handgefertigte Spitzen und Stickereien.

Das **Dekor** auf Holztruhen, Regalen, in Stickereien und auf Tongefäßen hatte einst im Alltagsleben symbolische Bedeutung. Darin drückten sich die Weltanschauung und Religiosität der Bewohner Zyperns aus. So sind Zypresse und Zeder Symbole des Todes, während die Rosette Sonne und Leben symbolisiert. Wellen- und Schlangenlinien erinnern an die Ewigkeit, Vögel kündigen Ereignisse an, während die Schlange für die Versuchung steht.

Spitzen, Stickereien und Webarbeiten

Das Bergdorf Léfkara ist berühmt für seine geschickten Stickerinnen, die importiertes Leinen veredeln, indem sie es mit filigranen Spitzen und Hohlsaumstickereien versehen. Die in die venezianische Zeit zurückreichende Kunst der **Hohlsaumstickerei** (Lefkarítika; ► S. 137) wird noch heute von der Mutter an die Tochter weitergegeben. Meist werden die schmucken Endprodukte direkt vor der Haustür zum Kauf angeboten. Billig sind sie natürlich nicht, doch in ihrer kunstvollen Raffinesse auch nicht mit Produkten aus industrieller Massenfertigung zu vergleichen. Im 15. Jh. soll übrigens ein weltberühmter Kunde bei den Stickerinnen von Léfkara eingekauft haben: Leonardo da Vinci. Es heißt, er habe in dem zyprischen Bergdorf eine

Altardecke für den Mailänder Dom erworben. Nach alten Mustern **handgefertigte Spitzen und Stickereien** werden neben Léfkara auch in Ómodos (▶ S. 214) angeboten sowie im nordzyprischen Çayırova (▶ S. 241). Die echten Lefkarítika sind teuer, die vielfach angebotene Billigware stammt meist aus Fernost oder ist keine Handarbeit.
Kleine und größere **Webarbeiten** gibt es in Páfos und an vielen anderen Orten. Das Dorf Fíti (Regierungsbezirk Páfos) ist bekannt für seine **Fitkiótika** – Stoffe mit bunten Webmustern.

Kulinarisches

Beliebt sind auch kulinarische Souvenirs, u. a. **Loukoúmia** (Turkish oder Cyprus Delight) – ein in Staubzucker gewendetes Fruchtgelee – und Soutzoúkos, in konzentrierten Traubenmost getunkte und auf Schnüren aufgezogene Mandeln. Zu den typischen Spezialitäten gehören aber auch der **Cyprus Brandy** und der traditionsreiche Dessertwein **Commandaría**, einer der ältesten Weine der Welt (▶ Baedeker Wissen, S. 379).

Keramik

Töpferwaren werden sowohl im Süden als auch im Norden Zyperns hergestellt. Bekannte Töpferdörfer sind Foiní im Tróodos (▶ S. 214) und Kórnos.

Mitbringsel aus dem Norden

Besondere Mitbringsel aus Nordzypern sind z. B. schöne **Flechtarbeiten** aus Serdarlı am Südhang des Pentadáktylos/Beşparmak-Gebirges. Oft sind vergleichbare Artikel, Lederwaren etwa, im Norden preiswerter als im Süden.
Ein nettes Mitbringsel aus Nordzypern können auch **Teppiche** aus den Webereien in Yarköy (bei Boğaz) und Mórfou/Güzelyurt sein. **Seidenbilder**, bei deren Anfertigung kleine Formen aus den Kokons der Seidenraupen geschnitten und zu fantasievollen Bildern zusammengesetzt werden, findet man heute fast nur noch im Norden der Insel. Früher wurde dieser farbenfrohe Wandschmuck als Hochzeitspräsent überreicht und hing als Erinnerung ein Leben lang im Haus. In **Büyük Han** (▶ S. 267), einer zum Kunsthandwerks- und Kreativzentrum umgewandelten Karawanserei im Nordteil Nikosias, kann man bei der Suche nach derartigem Dekor fündig werden. Und dort findet man auch originelle Leuchtobjekte, die eine Prise orientalischen Charme in das heimische Wohnzimmer bringen.

Antiquitäten

Antiquitäten und **Kulturgüter** dürfen nur ausgeführt werden, wenn eine Genehmigung des Ministeriums für Verkehr und Öffentlichkeit vorliegt (genauere Definition dieses Begriffs auf der Website des Auswärtigen Amts).
Department of Antiquities: Mouseiou 1, Nikosia 1616
Tel. 22 86 58 88 | antiquitiesdept@da.mcw.gov.cy | www.mcw.gov.cy
Auswärtiges Amt: www.kulturgutschutz-deutschland.de
▶ Staateninformationen

MODE MADE IN CYPRUS

Große Mode wird bekanntlich in Paris, Mailand und New York gemacht – dass auch der EU-Winzling Zypern eine junge und recht erfolgreiche Designerriege hat, ist hierzulande nur Insidern bekannt. Dabei zeigen Joanna Louca, Elena Pavlou, Dora Schabel, Ioanna Kourbela, Sia Dimitriadi und andere Vertreter der zyprischen Fashion-Avantgarde ihre Kreationen auf internationalen Catwalks und beliefern trendige Boutiquen und Nobelkaufhäuser von New York bis Tokio.

Rund ein Dutzend Labels haben die aktuellen Trendsetter von der Mittelmeerinsel seit dem Ende der 1990er-Jahre an den Start gebracht. Sie stehen für raffinierte Textilien, Taschen und andere Accessoires. Die meisten der zyprischen Couturiers lernten ihr Handwerk im Ausland, studierten an renommierten Universitäten den Umgang mit Materialien, suchten die perfekte Form und übten sich in der praktischen Umsetzung kühner Entwürfe.

Was und wo?

Mode, Accessoires und Schmuck lokaler Designer findet man in etlichen Boutiquen auf der Insel. Vor allem in **Nikosia**, und dort besonders in den Seitenstraßen der **Markarios-Avenue**, lohnt es sich, nach zyprischer Designware Ausschau zu halten. Dass originelle Edeltextilien keine Billigware sind, versteht sich von selbst. Astronomische Summen muss man allerdings nicht investieren, um sich mit Fashion made im Cyprus zu schmücken – so beginnt beispielsweise die Preisskala für Mode oft schon bei knapp 200 €, und spätestens wenn die neueste Kollektion in die Regale der Händler kommt, werden Restposten drastisch reduziert. Manches mag dabei aus Sicht echter Modefreaks das modische Verfallsdatum schon überschritten haben – andere Designerstücke aber sind zeitlos schön.

ELENA PAVLOU

Elena Pavlou ist Absolventin der Academia d'Alta Moda e d'Arte del Costume in Rom. Sie entwarf zunächst Kostüme für Kino- und Theaterproduktionen, bevor sie sich mit Kollektionen unter eigenem Namen und dem Label »**Two in a Gondola**« auf die internationale Modebühne traute. Produzieren lässt sie in Athen.

https://elenapavlou.com

JOANNA LOUCA

Die diplomierte Textildesignerin erwarb einen Großteil ihres Know-how in den 1990er-Jahren in London. Nach dem Studium kehrte sie mit einem Faible für schöne Stoffe nach Zypern zurück, wo sie bis heute lebt und arbeitet. Seit 1999 bringt sie unter eigenem Namen **Handtaschen**, **Schals**, **Gürtel** und verschiedene **Accessoires** an eine internationale Klientel. Schlichte Unterarmtaschen aus edlem Tweed und witzige Handtäschchen mit kuscheliger Wolloptik sind typische Louca-Kreationen, ebenso wie wäschekorbartige Strandtaschen mit verspielten Patchwork-Mustern. Gelegentlich tauchen Kreationen dieser zyprischen Designerin in Trendreports und Styling-Tipps von »Harper's Bazaar« und anderen Modejournalen auf. Produzieren lässt Louca auf Zypern und in Italien. Seit der Herbst-Winter-Saison 2012/2013 werden übrigens erstmals auch Männer mit Louca-Textilien bedacht. Zu beziehen ist Loucas Mode über ihre E-Boutique auf ihrer Website.

www.joannalouca.com

Ikonenmalerei ist bis heute das Metier von Mönchen und Nonnen.

Holzschnitzerei

An die einst bedeutsame Holzschnitzerei erinnern die prächtigen holzgeschnitzten Ikonostasen. In Ómodos wurde der Kapitelsaal des Klosters mit einer handgearbeiteten Zederndecke versehen (► S. 214). Im Gebirgsdorf Moutoullás (► S. 92) stellt man in alter Tradition v. a. aus Walnuss- und Pinienholz Holztröge und Brotbretter her. Geschnitzte Truhen und Schränke gehören noch immer zur Ausstattung vieler zyprischer Bräute.

Textilverarbeitung

Die kunstvolle Textilverarbeitung lebt auch heute noch von der erstklassigen Qualität ihrer mit geometrischen Mustern gewebten Stoffe. In Lápithos/Lapta und Karavás/Alsancak (beide im Norden) erzeugen Raupen die wertvolle **Seide**, aus der herrliche Stoffe gewebt werden. Die **Seidenraupenzucht** gelangte durch die Kreuzritter nach Zypern.

Ikonenmalerei

Selbst unter der Herrschaft der Osmanen gab es auf Zypern die traditionsreiche Ikonenmalerei, die bis heute noch unverfälscht erhalten blieb. In mehreren **Klöstern** wie Ágios Minás (bei Léfkara), Ágios Alemános oder Kýkko tragen Nonnen und Mönche dadurch zum Unterhalt ihrer Gemeinschaft bei.

Metallverarbeitung Die traditionelle **Gold- und Silberschmiedekunst** wird heute vor allem in Léfkara, Limassol und Nikosia betrieben. Silberlampen und kunstvolle Kerzenleuchter aus Metall schmücken die orthodoxen Kirchen Zyperns.

Trachten Trachten sieht man heute nur noch auf folkloristischen Veranstaltungen und an hohen Festtagen. Die traditionelle **Frauentracht** besteht aus einem Unterkleid aus Baumwolle oder Seide und einer Pluderhose. Darüber wird ein Baumwollkleid (Sagía) getragen, dessen Farben und Muster von Dorf zu Dorf verschieden sind. Gegürtet wird es mit einem diagonal gefalteten Tuch. Auf dem Kopf trägt die Dorfbewohnerin ein Kopftuch (Mantíla). Die Tracht der Städterin besteht häufig aus einem langen Rock mit einem kurzen, weit ausgeschnittenen Mieder, einer weißen Bluse darunter und einer kurzen Jacke. Zur **Männertracht** gehört eine schwarzen Pluderhose (Vráka), die von einem gewebten Gürtel (Sostrá) gehalten wird. Dazu trägt man hohe, schwarze Stiefel, ein weißes Hemd und eine bunt bestickte Weste.

INFOS & ADRESSEN

KULINARISCHES

SÜSSES UND FRUCHTIGES

Thymian- oder Orangenblütenhonig, Weißdornmarmelade, Rosenblütenessenz aus **Agrós** (▶ S. 215) und die süß eingelegten Früchte oder Gemüsesorten sind zyprische Feinkostprodukte, die man in den Bergdörfern bekommt.

Loukoúmia (»Turkish« oder »Cyprus Delights«) ist in Puderzucker gewendetes Fruchtgelee-Konfekt. In recht großer Auswahl findet man solch süße Souvenirs in den Markthallen, wo es auch **Soutzoúkos** gibt, Mandeln- und Walnussketten umhüllt von mit Mehl eingekochtem Traubensaft.

SPIRITUOSEN UND WEIN

Wenn es vielleicht etwas Alkoholisches sein soll, empfiehlt sich ein **Commandaría**, ein zyprischer Dessertwein, oder **Cyprus Brandy**, möglichst doppelt destilliert und lange gelagert. Derlei Spirituosen können Last-Minute-Einkäufer auch noch am Flughafen besorgen und – nach den aktuellen Flugsicherheitsstandards verpackt – im Handgepäck transportieren. **Rot- und Weißweine** werden von mehr als 70 Winzern hergestellt, und die meisten bieten ihre Erzeugnisse – selbstverständlich nach vorheriger Verkostung – im Direktverkauf an (▶ Baedeker Wissen, S. 379).

(KUNST-) HANDWERK

CYPRUS HANDICRAFT SERVICE (CHS)

Dieser Kunsthandwerksverband wurde 1974 nach der türkischen Besetzung gegründet, um in altem Handwerk versierten Flüchtlingen aus den besetzten Gebieten Arbeitsmöglichkeiten im Süden der Insel zu bieten. Einen guten Überblick über das zyprische Handwerk erhält man in den Läden des CHS, die es u. a. in Nikosía, Lárnaka, Limassol und Páfos gibt.

Handicraft Centre: Leoforos Athalassas 186, Nikosia
Tel. 22 30 50 24

Gediegen: das Bellapais Gardens unterhalb der Abtei von Bellapais

ÜBERNACHTEN

Wie man sich bettet, so liegt man – das gilt erst recht für die Sonneninsel Zypern, auf der traditionell nur wenige Billigunterkünfte angeboten werden, dafür umso mehr Übernachtungsmöglichkeiten in den mittleren und höheren Preiskategorien. »Backpackern« bleiben immerhin einige Jugendherbergen und Campingplätze als preisgünstige Alternativen, und die »Götter«, von denen die zyprische Tourismuswerbung spricht, müssen vermutlich ohnehin nicht so sehr aufs Geld achten ...

Hotels im Süden

Hotels in Südzypern sind mit ein bis fünf Sternen klassifiziert und entsprechen internationalem Standard. Die amtlichen Preise hängen in den Zimmern aus, beinhalten aber nicht immer das Frühstück. In der Nebensaison (an der Küste: Nov.–März, in den Bergen: Okt.–Juni) sind Preisnachlässe von 20–50 % möglich, wobei die höchsten Ermäßigungen im Januar und Februar zu erreichen sind. In Nikosia liegen die Preise das ganze Jahr auf recht hohem Niveau. Während der Hauptsaison ist es in den Küstenorten schwierig, ohne Reservierung ein Hotelzimmer zu finden. Ein **Hotelverzeichnis** kann beim Fremdenverkehrsamt (CTO) angefordert oder auf der Website der CTO eingesehen werden.

Ferienwohnungen, Apartments Ferienwohnungen und Apartments sind in vier Kategorien (De Luxe, A, B, C) eingeteilt und z. T. im Unterkunftsverzeichnis aufgeführt. Die örtlichen Fremdenverkehrsämter helfen hier bei der Vermittlung.

Unterkünfte im Norden Auch die **Hotels** in Nordzypern sind mit Sternen von eins bis fünf klassifiziert, die Preise meist etwas günstiger als im Süden. Außerhalb der Saison gewähren sie ebenfalls Preisnachlässe bis zu 50 %. Dazu gibt es gute preiswerte **Pensionen**, **Bungalows** und **Apartments**.
Das **Hotelverzeichnis** der North Cyprus Hoteliers Association ist im Netz unter www.northcyprus.net abrufbar.

Agrotourismus Das ursprüngliche Zypern lernt man am besten in einem der **landestypischen Häuser** im Landesinnern kennen. Die restaurierten Traditional Houses sind als Hotel oder Hotel-Apartment klassifiziert. Einen Überblick über alle Häuser in Südzypern vermittelt die reich bebilderte Broschüre »Agrotourismus – Traditionelle Ferienhäuser«, erhältlich bei der Fremdenverkehrszentrale.

Camping Freies Zelten ist in **Südzypern** nur auf ausgewiesenen Flächen erlaubt, z. B. auf einigen Picknickplätzen im Gebirge. Sanitäre Anlagen, Restaurant und Minimarkt bieten die organisierten Campingplätze, die dem Fremdenverkehrsamt (CTO) unterstehen. Pro Person und Übernachtung werden etwa 4–5 € berechnet, für den Zelt- oder Caravanplatz kommen weitere 4 € pro Tag hinzu.
In **Nordzypern** ist freies Campen grundsätzlich erlaubt. Ein striktes Camping-Verbot besteht allerdings auf militärisch genutzten Arealen.

Das Leben ist ein Inseltraum – zumindest im »Columbia Beach Resort« an der idyllischen

NÜTZLICHE ADRESSEN

CTO
Das staatliche Fremdenverkehrsamt vermittelt auch Unterkünfte.
www.visitcyprus.com

CAMPINGPLÄTZE
Campingplätze findet man unter:
https://en.camping.info/cyprus/campsites

»Camping in Cyprus« stellt fünf Plätze im Süden vor: Pólis Chysochoús und Stavrós tis Psókas (bei Páfos), Kampí tou Kalogírou und Tróodos (Limassol) sowie Platania (Nikosia).
www.cyprusisland.net/camping-in-cyprus

UNTERKÜNFTE IM SÜDEN

CYPRUS AGROTOURISM COMPANY
Die englische Website informiert über Agrotourismus-Anbieter und vermittelt landestypische Dorfhäuser.
Leof. Lemesou. 19, P. O. Box 24535, 1390 Nicosia, Tel. 22 34 00 71
www.agrotourism.com.cy

CYPRUS HOTELS
Detaillierte Beschreibung von Hotels im Süden Zyperns.
www.cyprus-hotels.com

UNTERKÜNFTE IM NORDEN

NORTH CYPRUS HOTELIERS ASSOCIATION
Kordonboyu Street, Kordon Apt. Fl. 3, Kyrénia/Girne
Tel. 8 15 87 58
www.northcyprus.net

CYPRUSHOLIDAYADVISOR
Das kommerzielle Portal beschreibt Hotels und andere Ferienunterkünfte.
www.cyprusholidayadvisor.com

Bucht von Pissoúri zwischen Limassol und Páfos.

P
PRAKTISCHE INFOS

Wichtig, hilfreich präzise

Unsere Praktischen Infos helfen in (fast) allen Situationen in Zypern weiter.

Damit man weiß, wo man hin muss: dezenter Hinweis in Páfos ►

Τουαλεττες
Toilets

KURZ & BÜNDIG

ELEKTRIZITÄT
Die Spannung liegt bei 240 Volt. Die Steckdosen haben – nach **britischem Vorbild** – drei Einsteckschlitze. Für die meisten europäischen Elektrogeräte wird daher ein **Adapter** benötigt, den man im Elektrohandel erhält oder im Hotel ausleihen kann.

NOTRUFE

POLIZEI SÜD
Tel. 112 / 199

POLIZEI NORD
Tel. 155

REPUBLIK ZYPERN
Zentraler Notruf/Erste Hilfe
Tel. 112
Pannendienst der Cyprus Automobile Association (CAA) in Nikosia
Tel. 22 31 31 31

NORDZYPERN
Zentraler Notruf/Erste Hilfe
Tel. 155

ADAC-NOTRUF
Die ADAC-Zentrale leitet den Notruf an den Partner vor Ort weiter.
ADAC-Notrufstation München
Tel. 0049 89 22 22 22

VORWAHLEN

NACH SÜDZYPERN
Tel. 00357
Distrikt-Vorwahlen: Lárnaka 24, Limassol 25, Páfos 26, Nikosia 22, Agía Nápa 23, **Mobilfunknummern:** 99

NACH NORDZYPERN
Tel. 0090 392
Es gibt **keine Ortsvorwahlen**. **Mobilfunknummern** (11 Ziffern) beginnen mit 05.

VON ZYPERN:
nach Deutschland: Tel. 0049
nach Österreich: Tel. 0043
in die Schweiz: Tel. 0041

ZWISCHEN DEN LANDESTEILEN
Anrufe zwischen Süd- und Nordzypern gelten als Auslandsgespräche, die Ländervorwahl wird mitgewählt.
Von Süd nach Nord: Tel. 0090392
Von Nord nach Süd: Tel. 00357
Von Handy zu Handy wählt man die 9 (in den Süden) und 0533 oder 0542 (je nach Anbieter) in den Norden.

WAS KOSTET WIE VIEL?
Einfache Mahlzeit: ab 10 €
Mezé-Essen: ab 20 €
Kleines Bier: ab 2 €
Tasse Kaffee: ab 1,50 €
Doppelzimmer: ab 65 €, Nordzypern ab 55 €
Mietwagen: ab 30 €/Tag

GELD
In der **Republik Zypern** gilt der Euro, in **Nordzypern** die türkische Lira (▶ S. 416).

ZEIT
In der **Republik Zypern** gilt Osteuropäische Zeit (MEZ + 1 Std.). Von Ende März bis Ende Oktober wird auf Sommerzeit umgestellt. In **Nordzypern** gilt das ganze Jahr über die osteuropäische Sommerzeit (April–Okt.: MEZ + 1 Std., Nov.–März: MEZ + 2 Std.).

ANREISE · REISEPLANUNG

Mit dem Flugzeug

Südzypern: Von Deutschland, Österreich und der Schweiz gibt es regelmäßig Linien- und Charterflüge nach Lárnaka und Páfos. **Nordzypern:** Der Flughafen Erçan wird aufgrund der politischen Lage nur **über die Türkei** mit Zwischenstopps (meist in Istanbul) angeflogen. Die Flugdauer verlängert sich dadurch um 3–4 Std. Die Einreise in den Norden per Flugzeug oder Schiff ist aus Sicht der südzyprischen Behörden »illegal«. Das kann für Nicht-EU-Bürger bei Weiterreise in den Süden Zyperns zum Problem werden.

Mit dem Schiff

Fähren zwischen Limassol und Piräus (Griechenland) werden von Scandro Holding (https://scandroholding.com) betrieben. Fähren in den Norden fahren vom türkischen Taşucu nach Kyrénia/ Girne (ca. 6 Std. bzw. 1,5 Std. mit dem Schnellboot), von Mersin aus nach Famagusta (ca. 10 Stunden), im Sommer auch von Alanya nach Kyrénia/ Girne (4 Std.).

NÜTZLICHE ADRESSEN

FLUGGESELLSCHAFTEN

CYPRUS AIRWAYS
Von Basel und Zürich nach Lárnaka.
Lárnaka: Tel. 80 00 81 11
www.cyprusairways.com

TURKISH AIRLINES
Frankfurt/Main:
Tel. 00 49 69 86 79 98 49
Flughafen Erçan: Tel. 2 31 47 90,
Tel. 85 03 33 08 49
www.turkishairlines.com

FLUGHÄFEN AUF ZYPERN

LÁRNAKA
5 km südlich, Bus- und Taxiverbindung ins Stadtzentrum; weitere Busse und Service-Taxis nach Nikosia, Limassol, Páfos, Ágia Nápa und Paralímni-Protarás.
Tel. 77 77 88 33 (national)
Tel. 25 12 30 22 (international)
www.larnaca-airport.com
www.hermesairports.com

PÁFOS
15 km südöstlich, Bus und Taxiverbindung ins Zentrum, außerdem Linienbusse zu den Strandhotels in Geroskípou und Páfos sowie an die Coral Bay; Busse und Servicetaxis nach Limassol, Pólis Chrysochoús und zu anderen größeren Städten.
Tel. 77 77 88 33 (national)
Tel. 25 12 30 22 (international)
www.hermesairports.com

ERÇAN (ECN) IN NORDZYPERN
25 km östlich von Nikosia, nur Taxiverbindungen.
Tel. 6 00 50 00
www.ercanairport.net

Reisedokumente

Republik Zypern Zypern ist Mitglied der Europäischen Union. EU-Bürgern und Schweizer Staatsangehörigen genügt zur Einreise in die Republik Zypern und zum Übergang zwischen beiden Inselteilen der **Personalausweis**. Wer länger als 90 Tage bleiben möchte, benötigt eine Aufenthaltsgenehmigung, die bei den Einwanderungsbehörden vor Ort beantragt werden muss. Seit Juni 2012 müssen auch **Kinder** bei Auslandsreisen ein eigenes **Ausweisdokument** vorlegen – Kindereinträge im Reisepass der Eltern wurden damit ungültig.

Nordzypern Bei Anreise nach Nordzypern mit Zwischenstopp in der Türkei ist ein **Reisepass** erforderlich.

Anreise mit dem Pkw Der nationale Fahrzeugschein und der Kraftfahrzeugschein müssen mitgeführt werden. Das Nationalitätskennzeichen muss am Fahrzeug angebracht oder im EU-Nummernschild enthalten sein.

Haustiere Haustiere aus EU-Ländern dürfen mit einem **EU-Haustierausweis** einreisen. Für einige Hunderassen gilt ein Einreiseverbot. Auskunft erteilt das CTO unter www.visitcyprus.com.

Reisen zwischen den Inselteilen

Übergänge EU-Bürger können sich unabhängig vom Einreiseort auf der Insel frei bewegen. Der Übergang über die »Green Line«, die Demarkationslinie zwischen dem südlichen und dem nördlichen Teil Zyperns, ist aber weiterhin nur an bestimmten Übergängen möglich (was sich jederzeit ändern kann; Infos vor Ort bei den Touristenämtern; ▶ auch Baedeker Wissen, S. 330). Derzeit gibt es **neun Übergänge**, allerdings sind nicht alle mit dem Auto passierbar. **Nikosia**, im Zentrum der ganz Zypern durchziehenden Mesaoría-Ebene gelegen, ist die letzte geteilte Hauptstadt der Welt. Hier verläuft die Green Line mitten durch die Altstadt.

Über die Green Line **Nikosia, Ledra Palace**, am Rande der Altstadt (nur zu Fuß); **Nikosia, Ledra Street**, im Herzen der Altstadt, am Ende der gleichnamigen Einkaufsmeile (nur zu Fuß); **Nikosia, Ágios Dométios** (auch mit Auto); **Pérgamos bei Pýla** (auch mit Auto); **Strovília/Vrysoúlles bei Ágios Nikólaos**, 10 km nordwestlich von Derýneia, auf Höhe von Famagusta (auch mit dem Auto); **Zodhia bei Astromerítis,** nordwestlich von Nikosia (nur mit Auto); **Limnítis/Yeşilırmak** an der Nordküste; **Lefka/ Lefke, Deryneia/Gazimagusa** bei Famagusta.

Mietwagen Die Fahrt mit einem Mietwagen vom Süden in den Norden und zurück ist grundsätzlich möglich, doch keine Versicherung haftet im **Scha-**

densfall. Mit Mietwagen, die in Nordzypern gebucht wurden, ist die Überfahrt in den Südteil nicht möglich. Fahrten mit dem Privatwagen sind möglich, sofern eine entsprechende Versicherung in der Republik Zypern abgeschlossen wurde (auch am Übergang erhältlich).

▶ auch S. 434

Zollbestimmungen

Innerhalb der EU

Die Republik Zypern ist Mitglied der EU. Zollfrei ein- und ausgeführt werden dürfen Waren zum persönlichen Gebrauch (u. a. 800 Zigaretten). Für Schweizer und Nordzyprer gelten weiterhin Obergrenzen (200 Zigaretten, 1 l Spirituosen, Geschenke bis 300 CHF). Die Ausfuhr von Antiquitäten ist verboten (Auskunft: Department of Antiquities, Nikosia; S. 399).

Zwischen Nord und Süd

Bei Reisen zwischen Nord- und Südzypern können Waren für den persönlichen Gebrauch bis zu einem Wert von 260 € mitgenommen werden, nicht mehr als 40 Zigaretten und 1 l Spirituosen.

AUSKUNFT

Fremdenverkehrsämter

Die zyprischen Fremdenverkehrsämter sind in vielen Städten vertreten. Die jeweiligen Adressen der **Cyprus Tourism Organisation** (CTO) bzw. der **North Cyprus Tourism Organisation** (NCTO) sind im Kapitel »Ziele von A bis Z« unter dem jeweiligen Hauptstichwort zu finden. Diese helfen bei der Quartiersuche und informieren über Ausflugs- und Freizeitmöglichkeiten vor Ort.

NÜTZLICHE ADRESSEN

IN DEUTSCHLAND

FREMDENVERKEHRSZENTRALE ZYPERN (SÜDEN)
Schillerstraße 31
60313 Frankfurt/Main
Tel. 069 25 19 19
www.visitcyprus.com

NORDZYPERN TOURISMUSZENTRUM
Joachimstalerstraße 10-12
10719 Berlin
Tel. 030 88 92 94 84
www.nordzypern-touristik.de

NORDZYPERN
Kaleidoskop Turizm (Privater Veranstalter)
https:\\zypernreisen.com

AUF ZYPERN
Lokale Büros ▶ Ziele von A bis Z

CYPRUS TOURISM ORGANISATION (CTO)
Website der zyprischen Touristeninformation.
www.visitcyprus.com

NORTH CYPRUS TOURISM ORGANISATION (NCTO)
Offizielle Website des Tourismuszentrums von Nordzypern mit Berichten zu Geschichte, Geografie und Kultur.
www.visitncy.com

BOTSCHAFTEN UND VERTRETUNGEN

BOTSCHAFT DER REPUBLIK ZYPERN
Kurfürstendamm 182
10707 Berlin
Tel. 030 3 08 68 30
info@botschaft-zypern.de

TÜRKISCHE BOTSCHAFT
Tiergartenstraße 19–21
10785 Berlin
Tel. 030 27 59 10 17
http://berlin.be.mfa.gov.tr

DEUTSCHE BOTSCHAFT
Nikitaras Street 10
1080 Nikosia/Lefkosía
Tel. 22 45 11 45
Mo.–Fr. 9–12 Uhr
www.nikosia.diplo.de
Notfalltelefon: Tel. 99 68 93 25 (außerhalb der Bürozeiten)
Informationsbüro der Botschaft in Nordzypern:
28 Kazim 15, Nikosia/Lefkoşa
Tel. 2 27 51 61

ÖSTERREICHISCHE BOTSCHAFT
Dimosthenous Severi Avenue 34, 1st Fl., Office 101
1080 Nikosia/Lefkosía
Tel. 22 41 01 51
Mo.–Fr. 9–12 Uhr
www.bmeia.gv.at/oeb-nikosia/

SCHWEIZER BOTSCHAFT
Prodromou / Dimitrakopoulou Street 2, 2nd Fl.
1090 Nicosia/Lefkosía
Tel. 22 46 68 00
Mo.–Fr. 9–12 Uhr
www.eda.admin.ch/nicosia

BARRIEREFREIES REISEN

HANDICAPPED-REISEN
Der im FMG-Verlag erschienene Reiseführer enthält ein Verzeichnis behindertengerechter Unterkünfte und Reiseveranstalter:
www.fmg-verlag.de
Auskünfte zum barrierefreien Reisen in Südzypern:
www.visitcyprus.com/index.php/de/practical-info/accessible

ORGANISATIONEN
Weiterführende Informationen erteilen die nationalen Behinderten-Verbände sowie die Fremdenverkehrszentren in Deutschland.

SÜDZYPERN IM INTERNET

PRESS AND INFORMATION OFFICE (PIO)
Homepage der zyprischen Regierung mit umfassenden Informationen über Wirtschaft, Politik, Bevölkerung, Kultur und Gesellschaft.
www.pio.gov.cy

CYPRUS INTERNATIONAL PRESS SERVICE (CIPS)
Aktuelle Meldungen zu Land und Leuten (auch auf Deutsch).
www.cips.com.cy

A WINDOW ON CYPRUS
Hier findet man Informationen und Buchungsmöglichkeiten von Hotels, Landhäusern, Ausflügen, Mietwagen und Freizeitaktivitäten; zudem nützliche Links zu verschiedenen Reiseveranstaltern.
www.windowsoncyprus.com

KYPROS NET
Zahlreiche Links zu offiziellen Institutionen und kulturellen Einrichtungen.
www.kypros.org

CY.EVENTS
Musik, Tanz, Theater und Festival.
https://cy.events

CYPRUS HOTELS
Cyprus Hotels gibt detaillierten Beschreibungen von Hotels im Süden Zyperns.
www.cyprus-hotels.com

NORDZYPERN IM INTERNET

SCHWARZAUFWEISS – DAS REISEMAGAZIN
Sehr informativer Online-Reiseführer zu Nordzypern.
www.schwarzaufweiss.de/Nordzypern/inhalt.htm

FSA TRAVEL
www.cyprustravel.eu

ETIKETTE

In Klöstern und Kirchen

Beim Besuch von Kirchen und Klöstern wird in der Regel kein Eintritt erhoben, jedoch eine **Spende** erwartet. Zudem sollte man auf **angemessene Kleidung** achten. Darunter versteht man lange Hosen für Männer und lange Hosen oder knielange Röcke für Frauen. Außerdem sollte man sich »klostergerecht« verhalten: Lautes Sprechen und Lachen sind unangemessen; Gläubige, die die Ikonen küssen möchten, sollte man nicht behindern, indem man lange davorsteht; die Hände sollten vor dem Körper und nicht auf dem Rücken verschränkt werden, auch das Überschlagen der Beine beim Sitzen gilt als unziemlich. Kirchenwärter in Gotteshäusern, die den Schlüsseldienst übernehmen, sollte man mit einem kleinen **Trinkgeld** belohnen.

Moschee-Besuch

Beim Besuch einer Moschee zieht man am Eingang grundsätzlich die **Schuhe** aus. Frauen sollten sich ein **Tuch** über die Haare legen, auch die Arme müssen bedeckt sein.

Eingeladen im Café

Wird man in einem **Kafeníon/Kahvehane** zu einem Kaffee eingeladen, so sollte man ruhig annehmen. Allerdings ist es ein Gebot der Höflichkeit, sich dann auch etwas Zeit nehmen, um mit dem Spender ein paar Worte über Gott und die Welt zu wechseln und seinen Kaffee in Ruhe auszutrinken. Wird man nach Hause eingeladen, sollte man immer ein kleines Geschenk dabei haben.

Preise Handeln ist im Süden Zyperns nicht üblich, die Preise sind in der Regel festgesetzt und entsprechen dem Wert der Ware. Lediglich im Dorf Léfkara (bei Lárnaka) empfiehlt es sich, beim Kauf von Schmuck oder Hohlsaumstickereien zu **feilschen**, da die Preise für Touristen nicht selten recht hoch angesetzt werden.

Fotografieren Sehenswürdigkeiten dürfen in der Regel fotografiert werden. In Kirchen ist Fotografieren nicht erwünscht und verstößt gegen den Respekt gegenüber dem Gastland. In Museen, mit Ausnahme der kirchlichen, ist Fotografieren hingegen meist erlaubt. Die meisten Zyprer lassen sich gern mit der Kamera aufnehmen, doch sollte man vorher selbstverständlich um Erlaubnis bitten. **Streng verboten** ist das Fotografieren militärischer Einrichtungen, der Green Line und der Wachposten.

FKK FKK ist mit den moralischen Vorstellungen der Zyprer nicht vereinbar und sollte an öffentlichen Stränden unterbleiben. »Oben ohne« wird jedoch an einigen **Hotelstränden** in Südzypern toleriert.

GELD

In Südzypern Zyprische Ein-Euro-Münzen zeigen das Idol von Pomós, eine fünftausend Jahre alte kreuzförmige Kultfigur aus dem Chalkolithikum. Neben dem griechischen »Kypros« (in griechischen Buchstaben) tragen diese Geldstücke auch den türkischen Inselnamen »Kibris«.

In Nordzypern Währung in Nordzypern ist die **Türkische Lira** (TRY), die im Wert ziemlich instabil ist. Auch in diesem Teil der Insel nehmen daher Geschäfte, Hotels und Restaurants in der Regel gern den Euro an.

WECHSELKURS

1 Euro = 21,43 TRY	1 CHF = 22,01 TRY
1 TRY = 0,05 Euro	1 TRY = 0,5 CHF

Aktuelle Wechselkurse: www.oanda.com/currency-converter

Bargeld oder Kreditkarte An den Flughäfen und Häfen gibt es Schalter, an denen man rund um die Uhr bei der Ankunft **Geld wechseln** kann. Auch die meisten Hotels bieten diesen Service. Internationale **Kreditkarten** werden von größeren Hotels, Geschäften und Restaurants akzeptiert. Ferner gibt es genügend **Geldautomaten** – selbst in größeren Dörfern im Gebirge –, an denen man mit Bank- und Kreditkarten in Verbindung mit der Geheimzahl Bargeld abheben kann.

Kreditkartenverlust

Verlorene oder gestohlene Bank- oder Kreditkarte sollte man sofort sperren lassen. Es gibt einen einheitlichen **Sperr-Notruf** für sämtliche sperrbaren Medien wie Bank- und Kreditkarten sowie SIM-Karten von Handys. Innerhalb Deutschlands ist die Nummer kostenlos, aus dem Ausland fallen die üblichen Gesprächsgebühren an: Tel. 0049 11 61 16.

Banken

Allgemeine **Öffnungszeiten:** Mo.–Fr. 8.30–13, Mo. auch 15.15 bis 16.45 Uhr. Viele Banken in Touristenzentren haben einen Nachmittagsservice: 16–18.30 (Mai–Sept.) oder 15.30–17.30 Uhr (Okt.–Apr.).

GESUNDHEIT

Ärztliche Versorgung

Die meisten Ärzte sprechen Englisch, einige auch Deutsch. Deutsch- oder englischsprachige Ärzte sind u. a. beim ADAC-Ambulanzdienst in Erfahrung zu bringen. Deutschsprachige Ärzte sind auch auf der Website der Botschaft in Nikosia gelistet (https://nikosia.diplo.de).

Krankenhäuser und Apotheken

Für **stationäre Behandlung** stehen General Hospitals, staatliche Krankenhäuser, und zahlreiche Privatkliniken zur Verfügung. **Apotheken** erkennt man an einem Schild mit grünem oder rotem Kreuz auf weißem Grund und der Aufschrift »ΦΑΡΜΑΚΕΙΟΝ« (Farmakeíon) oder »Pharmacy«, im türkischen Teil mit der Aufschrift »Ekzane«. In den Städten haben immer einige Apotheken **Nachtdienst**. Im Notfall wendet man sich am besten an die Hotelrezeption.

Krankenversicherung

In der Republik Zypern können Bürger der EU und der Schweiz mit der **Europäischen Krankenversicherungskarte** (EHIC) ärztliche Hilfe nach den Regelungen des jeweiligen Lands in Anspruch nehmen. Die nationalen Versicherungskarten einiger Krankenkassen enthalten auf ihrer Rückseite bereits die EHIC. Im türkischen Teil Zyperns ist eine private **Auslandsreisekrankenversicherung** erforderlich. Diese empfiehlt sich generell für alle Reisenden, weil sie – anders als die EHIC – weitere Leistungen wie Rettungsflüge abdeckt.

LESETIPPS

Sachbücher

Eckart Fiene: »Die Burg von Kyrenia«; »St. Hilarion, Buffavento, Kantara«; »Die Abtei Bellapais«. Drei Spezialhefte über die Sehenswürdigkeiten in Nordzypern, erhältlich in Buchhandlungen im Inselnorden sowie bei Kaleidoskop Turizm in Kyrénia/Girne (https://zypernreisen.com).

Ewald Hein, Andrija Jakovljevic und Brigitte Kleidt: »Zypern. Byzantinische Kirchen und Klöster«. Melina Verlag, Essen 1996.

Katja Lembke (Hrsg.): »Zypern. Insel der Aphrodite«. Verlag Philipp von Zabern, Mainz 2010. – Geschichte und Schätze der Insel Zypern in einer umfassenden Darstellung.

A. Papageorghiou: »Ikonen aus Cypern«. Verlag des Erzbistums Cypern, Nikosia 1993.

Carolina Petry: »Zwischen zwei Welten. Die Zyperntürken: eine Gesellschaft zwischen Tradition und Moderne. Einblicke in zyperntürkische Alltagskultur am Beispiel von Gazimagusa«. Verlag Mensch & Buch, 2000. – Die Autorin beleuchtet Alltagskultur zwischen Tradition und Moderne in Famagusta.

Heinz A. Richter: »Geschichte der Insel Zypern 1878–1949«; Bd. 1; Peleus, Studien zur Archäologie und Geschichte Griechenlands und Zyperns, Bibliopolis. Harrassowitz Verlag, Wiesbaden 2007.
Ders. »Kurze Geschichte des modernen Zypern 1878–2009«. Harrassowitz Verlag, Wiesbaden 2010.

Patrick Schollmeyer: »Das antike Zypern, Aphrodites Insel zwischen Orient und Okzident«. Philipp von Zabern Verlag, Mainz 2009.

Andreas und Judith Stylianou: »The Painted Churches of Cyprus«. Trigraph LTD, London 1985.

Heidi Trautmann: »Art and Creativity in North Cyprus. Alles, was man über Kunst in Nordzypern wissen kann«. Mit schönen Einzelporträts. Zu beziehen über die Website der Autorin: www.heiditraut mann.com

Christina Wendt: »Wiedervereinigung oder Teilung? Warum das Zypern-Problem nicht gelöst wird«. Ergon Verlag, Würzburg 2006.

Bildband

Sonia Halliday: »High Above Kibris«. Three's Company, London 1987. – Der Bildband mit einzigartigen Luftaufnahmen nordzyprischer Landschaften und Städte ist in Nordzyperns Buchhandlungen erhältlich.

DuMont Bildatlas: »Zypern«. MairDumont, Ostfildern 2021
Ein stimmungsvolles Porträt der Mittelmeerinsel in Wort (Margit Kohl) und Bild (Georg Knoll).

Belletristik

Dorothy Dunnett: »Das Spiel der Skorpione«. Rowohlt Verlag, Reinbek 1994. – Historienroman über Zypern am Vorabend der venezianischen Herrschaft.

Lawrence Durrell: »Bittere Limonen«. Rowohlt Verlag, Reinbek 2004. – Der Autor, damals Englischlehrer im Auftrag der britischen Regierung in Zypern, schildert in einfühlsamer Weise die Atmosphäre der Insel in den 1950er-Jahren aus britisch-kolonialer Sicht. Eine empfehlenswerte Urlaubslektüre.

Lotti Huber: »Diese Zitrone hat noch viel Saft«. dtv, München 1998. – Herrlicher Erlebnisbericht über die 1950er-Jahre auf Zypern.

Niki Marangou: »Und sie feierten Hochzeit vierzig Tage und vierzig Nächte lang. Märchen aus Zypern«. Romiosini Verlag, Köln 2001.

Kostas Mondis: »Afendi Batistas und das Übrige«. Romiosini Verlag, Köln 1988.

Jetta Sachs-Collignon: »Caterina Cornaro. Königin von Zypern, Herrin von Asolo«. dtv, München 1998. – Roman aus der Renaissance über die letzte Königin von Zypern (▶ S. 358).

Lili M. Schultheis: »Auf der Insel Aphroditens«. Eine Cypernfahrt. Hans von Hugo-Verlag, Berlin 1942. – Historische Erlebnisse einer reiselustigen Dame auf Zypern.

Elif Shafak: »Das Flüstern der Feigenbäume«. Kein & Aber Verlag, Zürich 2021. – Eine Liebe auf Zypern im Jahr 1974.

Colin Thubron: »Zypern«. Prestel-Verlag, München 1976. – Der Engländer Colin Thubron erwanderte 1971 die damals noch nicht geteilte Insel. Ein erfrischender Erlebnisbericht (nur antiquarisch).

Johannes Zeilinger: »Cypern. Orient und Okzident. Ein Lesebuch«. Matthes & Seitz, München 1997. – Erzählungen, Anekdoten und Impressionen von Zypern – von Rimbaud und Seferis bis hin zu Ernst Jünger.

MEDIEN

Zeitungen Südzypern

In Südzypern erscheinen zwei englischsprachige Zeitungen, die Tageszeitung »**Cyprus Mail**« (cyprus-mail.com) und die Wochenzeitung »**Cyprus Weekly**«. Nähere Informationen zu Nikosia und Lárnaka erhält man in den monatlich erscheinenden Touristenzeitschriften »**Nicosia – This Month**« und »**Larnaca – This Month**«.

Zeitungen Nordzypern

In Nordzypern erscheint mittwochs und samstags die englischsprachige Zeitung »**Cyprus today**«, in der man auch aktuelle Nachrichten lesen kann.

PREISE · ERMÄSSIGUNGEN

Eintritt

In jedem staatlichen Museum erhält man einen **Museumspass**, der freien Eintritt in staatliche Museen und archäologische Stätten in Südzyperns ermöglicht (1 Tag 8,50 €, 3 Tage 17,00 €, 7 Tage 25,00 €). In 12 Museen ist der Eintritt frei, dazu gehören auch die kleineren lokalen archäologischen Museen.
In einigen Museen erhalten **Senioren** und **Studenten** gegen Verlage des Ausweises bzw. der International Student Identity Card (www.isic.org) Ermäßigungen.

European Youth Card App

Wer mit dem Smartphone auf Zypern unterwegs ist, kann sich gegen eine relativ geringe Gebühr diese App herunterladen. Damit kann man sich die jeweiligen Einrichtungen, an denen man mit der **European Youth Card** Ermäßigungen erhält, anzeigen zu lassen.
www.eyca.org

REISEZEIT

Trockenheiße Sommer, feuchtmilde Winter

Auf Zypern herrscht mediterranes Klima mit trockenheißen Sommern und feuchtmilden – in den Höhenlagen kühlen – Wintern. Verantwortlich ist das **Azorenhoch**, das im Sommerhalbjahr seine Fühler bis ins östliche Mittelmeer ausstreckt.
Selbst in den Wintermonaten, wenn Tiefdruckgebiete aus nördlichen Breiten ins Mittelmeer vordringen, scheint die Sonne noch durchschnittlich 550 Stunden. Rekord für eine Mittelmeerinsel: die 1100 Sonnenstunden von Juni bis August an der Südküste (87 % der astronomisch möglichen Zeit).

Etesien und Schirokko

Typisch sind die **Etesien** (jährliche Winde). Die im Sommer zwischen Azorenhoch und einem Hitzetief über Kleinasien beständig aus nördlichen Richtungen wehenden, als relativ kühl empfundenen Winde erreichen im Mittel die Stärke 3–4. Über dem offenen Meer können sie am Nachmittag in Böen auf Sturmstärke auffrischen. Gegenspieler aus südlichen Richtungen ist der heiße Wüstenwind **Schirokko**. Auslöser sind Tiefdruckgebiete, die entlang der afrikanischen Küste ostwärts ziehen. Auf ihrer Vorderseite transportieren sie Heißluft nordwärts, die sich über dem Meer mit Feuchtigkeit anreichert.

Luft- und Wassertemperaturen

Von Juni bis September überschreiten die Tagestemperaturen an der Küste fast durchweg 30 °C, im Binnenland 35 °C. Südliche Winde können das Quecksilber in Küstennähe kurzzeitig auf 40 °C (im Inselinneren bis 45 °C) hochschnellen lassen. In den Nächten kühlt es gewöhnlich auf 21–23 °C ab. Steigende Temperaturen und Luftfeuchtigkeit lassen schon im Mai leichte Schwüle aufkommen. Im Juli/August ist die Wärmebelastung am größten und klingt im Oktober aus. Die **Winter** bleiben im Schutz des türkisch-anatolischen Hochlandblocks und durch die Wassertemperaturen (nicht unter 16 °C) recht mild mit Tagestemperaturen von durchschnittlich 16 °C, manchmal auch über 22 °C. Frost ist nur im Binnenland, vor allem in den Hochlagen des Tróodos-Gebirges, ein Thema.
Das **Mittelmeer** ist von Mitte Mai bis Ende November über 20 °C warm. Im August werden in der Regel etwa 27 °C gemessen, in heißen Sommern auch bis zu 29 °C.

Wenig Niederschläge

Nur 350–450 Liter Regen fallen im Jahresmittel im Tiefland, bis über 1000 Liter in den Hochlagen. Hier kann es im Januar und Februar bis auf 1000 m herab schneien. Von Mai bis September herrscht fast völlige Trockenheit. Erst im Oktober kündigen erste **Gewitter** ein Ende der Dürrezeit an. Ergiebiger Regen fällt nur im Winter, wenn das »Zyperntief« aktiv ist. An durchschnittlich 19–27 Tagen gehen dann fast zwei Drittel der Jahresmenge nieder, oft in schweren Gewittern mit Starkregen und Überschwemmungen.

SICHERHEIT

Wenig Kriminalität

Auf Zypern können Sie sich absolut sicher fühlen. Die Kriminalitätsrate (Taschendiebstähle) ist sehr niedrig, trotzdem sollte man vorsichtig sein und nie offen Geld oder Wertsachen herumliegen lassen. Allein reisende Frauen müssen keine Angst vor Übergriffen haben, sollten auf »Anmache« allerdings gefasst sein.

Linksverkehr

Gewöhnungsbedürftig ist – auch für Fußgänger – der **Straßenverkehr**: Auf der Insel wird nach britischen Vorbild links gefahren. Beim Überqueren der Straße immer nach beiden Seiten und zuerst nach rechts schauen!
Vorsicht ist entlang der Green Line geboten, da Schusswaffengebrauch durch die Sicherheitskräfte beim Betreten der Pufferzone und Gefängnisstrafen nicht ausgeschlossen werden kann. Auch ein versehentliches Eindringen in die stellenweise schlecht markierte Zone sollte unbedingt vermieden werden, ebenso die Überquerung auf See mit einem gemieteten Boot. Militärische **Sperrgebiete** und ausgewiesene Sicherheitszonen dürfen nicht betreten werden.

SPRACHE

Verständigung

Englisch wird in Südzypern ab sechs Jahren in der Schule unterrichtet. So können sich Besucher dort auf Englisch fast überall verständigen. Auf dem Land und in Nordzypern hingegen ist es vorteilhaft, wenigstens über einige Grundkenntnisse der neugriechischen bzw. türkischen Sprache zu verfügen.

Ortsnamen

Es gibt keine verbindlichen Richtlinien für die **Transliteration**, die Umschrift der griechischen Buchstaben ins lateinische Alphabet. Ein Problem sind daher verschiedene Schreibweisen für Orts- und Straßennamen. Probleme bereiten auch die **Ortsnamen in Nordzypern**: Die Zyperngriechen akzeptieren die türkischen Bezeichnungen nicht bzw. halten an den alten griechischen fest. Diese helfen Reisenden aber nicht, da vor Ort nur türkische Bezeichnungen in Gebrauch sind.
In diesem Reiseführer werden meist **beide Ortsnamen** genannt bzw. wir nennen zuerst deren neutrale, international geläufige Name.

Griechisch

Zyprisches Griechisch

Der **zyprische Dialekt** ist selbst für Festandsgriechen nicht immer einfach zu verstehen. Das kappa (κ) wird z. B. wie tsch gesprochen, sodass Kýkko wie Tschýkko klingt. Eingeflochten sind auch zahlreiche altgriechische, türkische und italienische Begriffe, die der Sprache etwas Altertümliches verleihen. Dass auf Zypern die **Gebärdensprache** gern und häufig angewandt wird, lässt sich in jedem Gespräch mit Einheimischen beobachten. Für ein »Nein« reicht das Nachhintenwerfen des Kopfs, begleitet von einem Schnalzen mit der Zunge, oder das Hochziehen der Brauen, ein »Ja« wird durch leichtes Nicken angedeutet. Obwohl fast jeder Zyprer Englisch spricht, öffnen sich nicht nur Türen, sondern auch Herzen schneller, wenn der Besucher ein paar griechische Wörter beherrscht. Die hier verwendete Umschrift erfolgt nach einer auch von der UNO verwendeten Transliterationstabelle.

SPRACHFÜHRER GRIECHISCH

GRIECHISCHES ALPHABET

BUCHSTABEN	UMSCHRIFT	AUSSPRACHE
Α α (alfa)	a	a
Β β (wita)	v	w
Γ γ (ghamma)	g	gh, vor e und i: j
Δ δ (dhelta)	d	dh (wie in engl. »that«)
Ε ε (epsilon)	e	kurzes e
Ζ ζ (sita)	z	stimmhaftes s
Η η (ita)	i	i
Θ θ (thita)	th	th (wie in engl. »thing«)
Ι ι (iota)	i	i
Κ κ (kappa)	k	k
Λ λ (lamvda)	l	l
Μ μ (mi)	m	m
Ν ν (ni)	n	n
Ξ ξ (xi)	x	ks
Ο ο (omikron)	o	o
Π π (pi)	p	p
Ρ ρ (rho)	r	r
Σ σ, ς (sigma)	s	stimmloses s
Τ τ (tav)	t	t, nach d: d
Υ υ (ipsilon)	y	i
Φ φ (fi)	f	f
Χ χ (chi)	ch	vor a, o, u wie in »ach« vor e, i wie in »ich«
Ψ ψ (psi)	ps	ps
Ω ω (omega)	o	o

KOMBINATIONEN	UMSCHRIFT	AUSSPRACH
αι	e	e
αυ	av	aw (vor stimmhaftem Konsonant oder Vokal)
αυ	af	af (vor stimmlosem Kons.)
γγ	ng	ng
γκ	g	g (am Wortanfang, selten im Wortinneren)
γκ	ng	ng (im Wortinneren)
ει	i	i
ει	j	j (unbetont, zwischen Konsonant und Vokal)

ευ	ev/ef	ev/ef (entspr. **αυ**)
μβ	mv	mw
μπ	b	b (am Wortanfang, selten im Wortinneren)
μπ	mb	mb (im Wortinneren)
ντ	d	d (am Wortanfang, selten im Wortinneren)
ντ	nt	nd (im Wortinneren)
οι	i	i
ου	ou	u

DAS ALLERWICHTIGSTE

Ja / Nein	nä / óchi	**Ναί / Όχι**
Vielleicht	'issos	**Ίσως**
Bitte	paraka'lo	**Παρακαλώ**
Danke (sehr)	äfchari'sto (pol'i)	**Ευχαριστώ (πολύ)**
Entschuldigung!	si'njomi!	**Συγγνώμη!**
Bitte? Sie wünschen?	o'ristä?	**Ορίστε;**
Ich verstehe Sie nicht.	ðä sass katala'wäno.	**Δε σας καταλαβαίνω.**
Bitte wiederholen Sie es.	na to ksana'pite, paraka'lo.	**Νά το ξαναπείτε, παρακαλώ.**
Sprechen Sie...	mi'late ...	**Μιλάτε ...**
... Deutsch?	... jermanik'a?	**... γερμανικά;**
... Englisch?	... angglik'a?	**... αγγλικά;**
Ich spreche nur wenig Griechisch.	mi'lo 'mono ligo ellinik'a.	**Μιλώ μόνο λίγο ελληνικά.**
Können Sie mir bitte helfen?	bo'ritä na mä woi'θisätä, paraka'lo?	**Μπορείτε να με βοηθήσετε, παρακαλώ;**
Ich möchte ...	'θälo ...	**Θέλω ...**
Haben Sie ...?	'ächätä ...?	**Έχετε ...;**
Wie viel kostet es?	'posso ko'stisi?	**Πόσο κοστίζει;**
Wie viel Uhr ist es?	ti 'ora 'inä?	**Τι ώρα είναι**
Heute	'simära	**Σήμερα**
Morgen	'awrio	**Αύριο**

ZAHLEN

0	mi'ðän	**μηδέν**	20	'ikossi	**είκοσι**
1	'äna	**ένα**	21	'ikossi 'äna	**είκοσι ένα**
2	'ðio	**δύο**	22	'ikossi 'ðio	**είκοσι δύο**
3	'tria	**τρία**	30	tri'anda	**τριάντα**
4	'tässära	**τέσσερα**	40	sa'randa	**σαράντα**
5	'pändä	**πέντε**	50	pä'ninda	**πενήντα**
6	'äksi	**έξι**	60	ä'ksinda	**εξήντα**
7	ä'fta	**εφτά**	70	äwðo'minda	**εβδομήντα**
8	o'chto	**οχτώ**	80	og'ðonda	**ογδόντα**
9	ä'näa	**εννέα**	90	änä'ninda	**ενενήντα**
10	'ðäka	**δέκα**	100	äka'to	**εκατό**
11	'ändäka	**ένδεκα**	200	ðia'kosja	**διακόσια**
12	'ðoðäka	**δώδεκα**	1000	'chilia	**χίλια**
13	ðäka'tria	**δεκατρία**	2000	'ðio chi'ljaðäs	**δύο χιλιάδες**

14	ðäka'tässära	**δεκατέσσερα**	10000	'ðäka chi'ljaðäs	**δέκα χιλιάδες**
15	ðäka'pändä	**δεκαπέντε**	½	to / 'äna 'ðäftäro	**το / ένα δεύτερο**
16	ðäka'äksi	**δεκαέξι**			
17	ðäkaä'fta	**δεκαεφτά**	¼	to / 'äna 'tätarto	**το / ένα τέταρτο**
18	ðäkao'chto	**δεκαοχτώ**			
19	ðäkaä'näa	**δεκαεννέα**			

GRÜSSEN

Guten Morgen!	kali'mära (su / sas)!	**Καλημέρα (σου / σας)!**
Guten Tag!	kali'mära! / 'chärätä!	**Καλημέρα / Χαίρετε!**
Guten Abend!	kali'spära!	**Καλησπέρα!**
Gute Nacht!	kali'nichta!	**Καληνύχτα!**
(allgemeiner Gruß)	'jassas!	**Γειά σας!**
Hallo! Grüß dich!	'jassu!	**Γειά σου!**
Wie geht es Ihnen / dir?	ti 'kanete / 'kanis?	**Τι κάνετε / κάνεις;**
Danke. Und Ihnen / dir?	äfchari'sto. as'sis/äs'si?	**Ευχαριστώ. Εσείς / Εσύ;**
Auf Wiedersehen!	a'dio!	**Αντίο!**
Tschüss !	'jassu!	**Γειά σου!**

AUSKUNFT UNTERWEGS

links	aristä'ra	**αριστερά**
rechts	ðäks'ja	**δεξιά**
geradeaus	ef'θia	**ευθεία**
Ist das die Straße nach...?	'Ine af'tos o 'dromos ja...?	**Είναι αυτός ο δρόμος γιά;**
Bitte, wo ist ...?	Parakaló, pú ínä ...?	**Παρακαλώ, πού είναι ...;**
Wie weit ist es nach ...?	'posso ma'kria 'inä ja ...?	**Πόσο μακριά είναι γιά ...;**
Wie komme ich nach (zu) ...?	Pos θa 'pao ja (sto/stin) ...?	**Πώς θα πάω γιά (στο / στην) ...?**
Ich möchte ... mieten.	'θälo na ni'kjasso ...	**Θέλω να νοικιάσω ...**
... ein Auto	... 'äna afto'kinito.	**... ένα αυτοκίνητο.**
... ein Fahrrad	... 'äna po'ðilato.	**... ένα ποδήλατο.**
... ein Boot	... 'mia 'warka.	**... μία βάρκα.**

WICHTIGE AUFSCHRIFTEN

ΑΝΔΡΩΝ / ΓΥΝΑΙΚΩΝ	andron / gynaikon	Herren / Damen
ΕΙΣΟΔΟΣ / ΕΞΟΔΟΣ	eisodos / exodos	Eingang / Ausgang
ΑΝΟΙΧΤΟ / ΚΛΕΙΣΤΟ	anoichto / kleisto	Offen / Geschlossen
ΤΑΧΥΔΡΟΜΕΙΟ / ΤΡΑΠΕΖΑ	tachydromeio / trapeza	Post / Bank
ΤΟΥΑΛ'ΕΤΑ / ΟΔΟΣ	toualetta / odos	Toilette / Straße

TANKEN

Wo ist bitte die nächste Tankstelle?	'pu 'inä, paraka'lo, to e'pomäno wensi'naðiko?	**Πού είναι, παρακαλώ, το επομένο βενζιναδικό;**
Ich möchte ... Liter ...	θälo ... 'litra ...	**Θέλω ... λίτρα ...**
... Benzin/Diesel.	... wän'sini/disäl.	**... βενζινη ντίζελ.**
Volltanken bitte.	jä'mistä paraka'lo.	**Γεμίστε παρακαλώ.**

PANNE UND UNFALL

Ich habe eine Panne.	'äpaθa zim'ja.	**Έπαθα ζημειά.**
Können Sie mir bitte einen Abschleppwagen schicken?	θa bo'russatä na mu 'stilätä 'äna 'ochima ri'mulkissis?	**Θα μπορούσατε να μου στείλατε ένα όχημα ρυμούλκησης;**
Wo ist hier in der Nähe eine Werkstatt?	'pu i'parchi ä'ðo kon'da 'äna sinär'jio?	**Πού υπάρχει εδώ κοντά ένα συνεργείο?**
Hilfe!	wo'iθja!	**Βοήθεια!**
Achtung, Vorsicht!	proso'chi!	**Προσοχή!**
Rufen Sie bitte schnell ...	ka'lästä, paraka'lo, 'grigora ...	**Καλέστε, παρακαλώ, γρήγορα ...**
... einen Krankenwagen.	... 'äna asθäno'foro.	**... ένα ασθενόφορο.**
... die Polizei.	... tin astino'mia.	**... την αστυνομία.**
... die Feuerwehr.	... tin piroswästi'ki ipirä'sia.	**... την πυροσβεστική υπηρεσία.**
Geben Sie mir Ihren Namen und ihre Anschrift.	'pästä mu to 'onoma kä ti ðiäfθin'si sas.	**Πέστε μου το όνομα και τη διεύυνσή sας.**

EINKAUFEN

Wo finde ich ...?	pu θa wro ...?	**Πού θα βρω ...;**
... eine Apotheke	... 'ena farma'kio	**... ένα φαρμακείο**
... eine Bäckerei	... 'ena artopo'lio	**... ένα αρτοπολείο**
... ein Lebensmittel-geschäft	... ena ka'tastima 'tro'fimon	**... ένα κατάστημα τροφίμων**
... den Markt	...tin ajo'ra	**...την αγορά**

ARZT

Können Sie mir einen guten Arzt empfehlen?	bo'ritä na mu siss'tissätä'änan ka'lo ja'tro?	**Μπορείτε να μου συστήσετε έναν καλό γιατρό;**
Ich habe hier Schmerzen.	'ächo 'ponnus ä'ðo.	**Έχω πόνους εδώ.**

BANK

Wo gibt es hier eine Bank?	'pu 'inä ä'ðo mja 'trapäsa?	**Πού είναι εδώ μια τράπεζα;**
Ich möchte ...	'θälo na a'lakso ...	**Θέλω να αλλάξω ...**
... Schweizer Franken in Euro wechseln.	älwäti'ka 'franga sä evró.	**ελβετικά φραγκα σε ευρώ.**

POST

Was kostet ...	'posso ko'stisi ...	**Πόσο κοστίζει ...**
... ein Brief ...	... 'äna 'gramma ...	**... ένα γραμμα ...**
... eine Postkarte ...	... mja 'karta ...	**... μια κάρτα ...**
... nach Deutschland?	... ja ti järma'nia?	**... γιά τη Γερμανία;**

... nach Österreich?	... ja ti afs'tria?	**... γιά τη Αυστρία;**
... in die Schweiz?	... ja ti elwe'tia?	**... γιά τη Ελβετία;**
Eine Briefmarke / zwei Briefmarken, bitte.	'äna grammat'osima / 'ðio grammat'osimo paraka'lo.	**Ένα γραμματόσημα / δύο γραμματόσημο / παρακαλώ.**

ÜBERNACHTEN

Können Sie mir bitte ... empfehlen?	bo'ritä na mu si'stissätä ..., paraka'lo?	**Μπορείτε να μου συστήσετε ..., παρακαλώ;**
... ein Hotel	... 'äna ksänoðo'chio	**... ένα ξενοδοχείο**
... eine Pension	... 'mia pan'sjon	**... μία πανσιόν**
Ich habe bei Ihnen ein Zimmer reserviert.	'äðo sä sas 'äklissa 'äna ðo'matjo.	**Εδώ σε σας έκλεισα ένα δομάτιο.**
Haben Sie noch ein Zimmer frei ...	'ächätä a'komi 'äna ðo'matjo ä'läfθäro ...	**Έχετε ακόμη ένα δομάτιο ελεύθερο ...**
... für eine Nacht?	... ja mja 'nichta?	**... γιά μια νύχτα;**
... für zwei Tage?	... ja 'ðio 'märäs?	**... γιά δύο μέρες;**
... für eine Woche?	... ja mja wðo'maða?	**... γιά μια βδομάδα;**
Was kostet das Zimmer mit ...	'posso ko'stisi to do'matjo mä ...	**Πόσο κοστίζει το δομάτιο με ...**
... Frühstück?	... proi'no?	**... πρωινό;**
... Halbpension?	... 'mäna 'jäwma?	**... μένα γεύμα;**

ESSEN GEHEN

Wo gibt es hier ein gutes Restaurant?	pu i'parchi ä'ðo 'äna ka'lo ästia'torio?	**Πού υπάρχει εδώ ένα καλό εστιατόριο;**
Gibt es hier eine gemütliche Taverne?	i'parchi ä'ðo ta'wärna mä'anäti at'mosfära?	**Υπάρχει εδώ μια ταβέρνα με άνετι ατμόσφαιρα;**
Reservieren Sie uns bitte für heute Abend einen Tisch für 4 Personen.	kra'tistä mas ja 'simera 'wraði 'äna tra'päsi ja'tässära 'atoma, paraka'lo.	**Κρατήστε μας για σήμερα το βράδυ ένα τραπέζι για 4 άτομα, παρακαλώ.**
Ich möchte bitte bezahlen.	θä'lo na pli'rosso, paraka'lo.	**Θέλω να πληρώσω, παρακαλώ.**
Bitte alles zusammen.	'ola mas'i, parakal'o.	**Όλα μαζί, παρακαλώ.**
Wir möchten getrennt bezahlen.	θa θ'ä'lame na pli'rosume chorist'a.	**Θα θέλαμε να πληρώσουμε χωριστά.**
Messer	ma'chäri	**μαχαίρι**
Gabel	pi'runi	**πηρούνι**
Löffel	ku'tali	**κουτάλι**

SPEISEKARTE

ΠΡΟΙΝΩ	PROIN'O	FRÜHSTÜCK
καφές (σκέτο)	ka'fäs ('skäto)	(ungesüßter) Kaffee
καφές με γάλα	ka'fäs me 'jala	Kaffee mit Milch

καφές φίλτρου	ka'fäs 'filtru	Filterkaffee
τσάι με λεμόνι	'tsai mä lä'moni	Tee mit Zitrone
τσάι από βότανα	'tsai a'po 'wotana	Kräutertee
σοκολάτα	soko'lata	Schokolade
χυμό φρούτου	chi'mo 'frutu	Fruchtsaft
αυγό μελάτο	aw'jo mä'lato	weiches Ei
ομελέτα	omä'läta	Omelett
αυγά μάτια	aw'ja 'matja	Spiegeleier
αυγά με μπείκον	aw'ja mä 'bäiken	Eier mit Speck
ψωμί	pso'mi	Brot
ψωμάκι	pso'maki	Brötchen
τοστ	tost	Toast
κρουασάν	krua'san	Hörnchen, Croissant
φρυγανιές	frigan'jäs	Zwieback
βούτυρο	'wutiro	Butter
τυρί	ti'ri	Käse
λουκανικό	lu'kaniko	Wurst
ζαμβόν	sam'bon	Schinken
μέλι	'mäli	Honig
μαρμελάδα	marmä'laða	Marmelade
γιαούρτι	ja'urti	Joghurt
με καρύδια	mä ka'riðja	mit Walnüssen

ΟΡΕΚΤΙΚΑ / ΣΟΥΠΕΣ — OREKTIK'A / 'SUPES — VORSPEISEN / SUPPEN

ελιές	ä'ljäs	Oliven
φέτα	'fäta	weißer Schafskäse
μελιτζάνα σαλάτα	mäli'dsana sa'lata	Auberginensalat
ντολμαδάκια	dolma'ðakja	gefüllte Weinblätter (kalt)
γαρίδες	ga'ridäs	Garnelen
γίγαντες	'jigandäs	große weiße Bohnen
σαγανάκι	saga'naki	gebratener Käse
σκορδαλιά	skorðal'ja	Püree aus Kartoffeln, Knoblauch und Öl
σπανακόπιτα	spana'kopita	Spinattasche
ταραμοσαλάτα	taramosa'lata	Fischrogenpüree
τζατζίκι	za'ziki	Joghurtcreme mit Gurke und Knoblauch
τυρόπιτα	ti'ropita	Käsetasche
κοτόσουπα	ko'tosupa	Hühnersuppe
κοτόσουπα αυγολέμονο	ko'tosupa awgo'lämono	Hühnersuppe mit Zitrone und Ei
ψαρόσουπα	psa'rosupa	Fischsuppe
ζωμός κρέατος	so'mos 'kräatos	Fleischbrühe
τοματόσουπα	toma'tosupa	Tomatensuppe
λαχανόσουπα	lacha'nosupa	Gemüsesuppe
φασολάδα	faso'lada	Bohnensuppe
μαγειρίτσα	maji'ritsa	Ostersuppe

ΣΑΛΑΤΕΣ — SA'LATES — SALATE

(ν)τοματοσαλάτα	tomatosa'lata	Tomatensalat
αγγούρι	an'guri	Gurke

χοριάτικι (σαλάτα)	chor'jatiki (sa'lata)	Bauernsalat
μαρούλι σαλάτα	ma'ruli sa'lata	Kopfsalat
λαχανοσαλάτα	lachanosa'lata	Krautsalat
πατατοσαλάτα	patatosa'lata	Kartoffelsalat
άγρια χόρτα	'agria 'chorta	Wildkräutersalat
λαδολέμονο	laðo'lämono	Öl-Zitronen-Sauce
ΨΑΡΙΑ	PS'ARJA	FISCHGERICHTE
αστακός	asta'kos	Hummer
γαρίδες	ga'ridäs	Garnelen
χταπόδι	chta'poði	Oktopus
μπαρμπούνι σχάρας	bar'buni 'ßcharas	Rotbarbe vom Grill
γλώσσα τηγανητά	'glossa tijani'ta	Seezunge gebraten
μύδια	'miðia	Muscheln
καλαμαράκια	kalama'rakja	kleine Tintenfische
μπακαλιάρος φούρνου	bakal'jaros 'furnu	Stockfisch aus dem Ofen
σολομός	solo'mos	Lachs
κακαβιά	kakaw'ja	Bouillabaisse
καραβίδες	kara'wiðes	große Scampi
χριστόψαρο	chris'topsaro	Petersfisch
σκουμπρί	skum'bri	Makrele
τσιπούρα	tsi'pura	Dorade
φαγκρί	fan'gri	Zahnbrasse
τόνος	'tonnos	Thunfisch
ξιφίας	ksi'fias	Schwertfisch
ΦΑΓΗΤΑ ΜΕ ΚΡΕΑΣ	FAJIT'A MÄ KR'ÄAS	FLEISCHGERICHTE
άρνι ψητό	ar'ni psi'to	Lammbraten
άρνι στο φούρνο	ar'ni sto 'furno	Lammfleisch aus dem Ofen
βοδινό φιλέτο	woði'po fi'läto	Rinderfilet
γαλοπούλα ψητή	galo'pula psi'ti	Pute gebraten
γύρος	'jiros	Fleisch vom Drehspieß
κατσίκι	kat'siki	Zicklein
κεφτέδες	kef'tedes	Hackfleischbällchen
κοτόπουλο ψητό	ko'topulo psi'to	Brathuhn
κουνέλι	ku'näli	Kaninchen
μιξτ γκριλ	'mikst 'gril	Gemischtes Grillfleisch
μοσχάρι κοκκινιστό	mos'chari kokkini'sto	Kalbfleisch geschmort
μοσχάρι ψητό	mos'chari psi'to	Kalbsbraten
μπόν φιλέ	bon fi'lä	Filet
μπριζόλες χοιρινές	bri'soläs chiri'näs	Schweinekotelett
μπιφτέκι	bi'ftäki	Hacksteak vom Grill
παιδάκια αρνίσια	pai'ðakja ar'nisia	Lammkotelett
παστίτσιο	pa'stitsjo	Makkaroniauflauf mit Fleischfüllung
σουτζουκάκια	sudsu'kakja	Hackfleischröllchen
σουβλάκι(α)	su'wlaki	Fleischspieß(e)
ΛΑΧΑΝΙΚΑ	LACHANIK'A	GEMÜSEGERICHTE
ντολμάδες	dol'maðäs	Gefüllte Weinblätter
λάχανο	'lachano	Weißkraut

αγγινάρες	angi'naräs	Artischocken
μελιτζάνες γεμιστές	mäli'dsanäs jämi'stäs	gefüllte Auberginen
ντομάτες γεμιστές	to'matäs jämi'stäs	gefüllte Tomaten
πιπεριές γεμιστές	pipär'jäs jämi'stäs	gefüllte Paprikaschoten
τουρλού	tur'lu	bunter Gemüseeintopf
φασολάκια	faso'lakja	grüne Bohnen
μουσακάς	mussa'kas	Auberginen-Hackfleisch-Kartoffel-Auflauf
μπαμιές	'bamjäs	Okraschoten
πιπεριές τηγανητές	pipär'jäs tigani'täs	gebratene Paprika
κολοκυθάκια	koloki'θakja	Zucchini
φασόλια	fa'solja	weiße Bohnen
πατάτες τηγανητές	pa'tatäs tigani'täs	Pommes frites
σπανακόρυζο	spana'koriso	Spinat mit Reis
ΕΠΙΔΟΡΠΙΑ	EPID'ORPIA	NACHSPEISEN
φρούτα	'fruta	Obst
παγωτό	pagot'o	Eis(creme)
μπακλαβάς	bakla'was	Blätterteig in Sirup mit Nussfüllung
μπουγάτσα	bug'atsa	Blätterteigtasche, gefüllt mit Vanillecreme
κρέμα	'kräma	Grießpudding
ρυζόγαλο	ri'sogalo	Reispudding
σταφύλια	sta'filia	Trauben
καρπούζι	kar'pusi	Wassermelone
πεπόνι	pä'poni	Honigmelone
ροδάκινο	ro'ðakino	Pfirsich
μήλο	'milo	Apfel
αχλάδι	ach'laði	Birne
μούσμουλα	'musmula	Mispel
ΑΛΚΟΟΛΟΥΧΑ ΠΟΤΑ	ALKOOL'UCHA POT'A	ALKOHOLISCHE GETRÄNKE
άσπρο κρασί	'aspro kra'si	Weißwein
κόκκινο κρασί	'kokkino kra'si	Rotwein
ρετσίνα	rä'tsina	geharzter Wein
χύμα	'chima	Wein vom Fass
ξερό	kse'ro	trocken
ημίγλυκο	i'migliko	halbsüß
ούζο	'uso	Anisschnaps
τσίπουρο	'tsipuro	Tresterschnaps
(μια) μπύρα	(mja) 'bira	(ein) Bier
ΜΗ ΑΛΚΟΟΛΟΥΧΑ ΠΟΤΑ	MI ALKOOL'UCHA POT'A	ALKOHOLFREIE GETRÄNKE
φραππέ	frap'pä	kalter Nescafé mit festem Schaum
ελληνικός καφές	elini'kos ka'fäs	griechischer Mokka
τσάι	tsai	Tee
πορτοκαλάδα	portoka'laða	Orangenlimonade
λεμονάδα	lämo'naða	Zitronenlimonade

(μια καράφα) νερό	(mja ka'rafa) ne'ro	(ein Krug) Wasser
μεταλλικό νερό	metalli'ko ne'ro	stilles Mineralwasser
σόδα	'soda	Mineralwasser mit Kohlensäure

Türkisch

Amts- und Umgangssprache in Nordzypern ist Türkisch. Man nimmt an, dass die türkische Sprache mit den ural-altaischen Sprachen verwandt ist, die nicht zur Gruppe der indoeuropäischen Sprachen gehören.

Aussprache

Zur Erleichterung der Aussprache:

ı nur angedeutetes »e« wie in »bitt**e**n, dank**e**n«, Bsp.: ırmak
c wie in »**Dsch**ungel« oder engl. Aussprache von »**J**ohn«, Bsp.: cam
ç wie in »**Tsch**eche«, deu**tsch**«, Bsp.: çan
h wie in »Ba**ch**, no**ch**«, Bsp.: hamam;
ğ »Dehnungs-g«, wird nicht ausgesprochen, entspricht deutschem »Dehnungs-h« in »Za**h**n«, Bsp.: yağmur
j wie in »Gara**g**e, Lo**g**e«, Bsp.: jilet
ş wie in »**sch**ön, Ti**sch**«, Bsp.: şeker
v wie in »**W**asser, **V**ioline«, Bsp.: vermek
y wie in »**j**eder«, Bsp.: yok
z stimmhaftes s wie in »le**s**en, rei**s**en«, Bsp.: deniz

SPRACHFÜHRER TÜRKISCH

AUF EINEN BLICK

Ja	**Evet**
Nein	**Hayır**
Bitte	**Lütfen**
Danke	**Teşekkür ederim**
Entschuldigung!	**Affedersiniz! / Özür dilerim**
Wie bitte?	**Efendim? / Nasıl?**
Ich verstehe Sie / dich nicht.	**Sizi / Seni anlayamıyorum.**
Ich spreche nur wenig ...	**Biraz ... konuşuyorum.**
Können Sie mir bitte helfen?	**Lütfen bana yardım eder misiniz?**
Ich möchte ...	**... istiyorum.**
Haben Sie ... ?	**Sizde ... var mı?**
Wie viel kostet es?	**Bu kaç para?**
Wie viel Uhr ist es?	**Saat kaç?**

KENNENLERNEN

Guten Morgen!	**Günaydın!**
Guten Tag!	**Iyi günler! / Merhaba!**

Guten Abend!	**Iyi akşamlar!**
Hallo! Grüß dich!	**Merhaba! / Selâm!**
Wie ist Ihr Name, bitte?	**Isminiz nedir? / Adınız nedir?**
Mein Name ist ...	**Ismim ...**
Wie geht es Ihnen / dir?	**Nasılsınız? / Nasılsın?**
Danke.	**Teşekkür ederim.**
Und Ihnen / dir?	**Siz nasılsınız? / Sen nasılsın?**
Auf Wiedersehen!	**Allaha ısmarladık!**
Tschüss!	**Hoşça kal! / Hoşça kalın!**

UNTERWEGS / AUSKUNFT

links / rechts	**sol tarafta / sağ tarafta**
geradeaus	**doğruca / doğru(ya)**
nah / weit	**yakın / uzak**
Wie weit ist das?	**ne kadar uzak tadır?**
Ich möchte für zwei Tage ... mieten.	**iki günlüğüne ... kiralamak istiyorum.**
... einen Wagen ...	**... bir araba ...**
... ein Fahrrad ...	**... bir bisiklet ...**
Bitte, wo ist / wo finde ich ... ?	**Affedersiniz, ... nerede**
Zum ... Hotel, bitte.	**... otel e, lütfen.**

EINKAUFEN

Wo finde ich ... ?	**nerede ... bulabilirim?**
... eine Apotheke	**... bir eczane nerede bulabilirim?**
... eine Bäckerei	**... bir ekmekçi dükkanı n. b.?**
... ein Lebensmittelgeschäft	**... bir bakkaliye n. b.?**
... den Markt	**... pazar (yeri) / çarşığı n. b.?**

ARZT

Können Sie mir einen guten Arzt empfehlen?	**Bana iyi bir doktor tavsiye edebilir misiniz?**
Ich habe Kopfschmerzen.	**Benim başım ağrıyor.**
... Fieber.	**Ateşim var.**
Ich habe hier Schmerzen.	**Buramda ağrıyor.**

POST

Was kostet ...	**Bir kaça gidiyor ne kadar (dır)?**
... ein Brief	**... bir mektup**
... eine Briefmarke ...	**... posta pulu ne kadar (dır)?**
... eine Postkarte nach Deutschland?	**... bir kartpostal Almanya'ya ne kadar (dır)?**

ZAHLEN

1	**bir**	4	**dört**
2	**iki**	5	**beş**
3	**üç**	6	**altı**

7	**yedi**	11	**on bir**
8	**sekiz**	12	**on iki**
9	**dokuz**	100	**yüz**
10	**on**	1000	**bin**

TÜRKISCHE SPEISEN

Ayran	mit Wasser vermischter Joghurt
Baklava	süßes, pastetenartiges Gebäck
Balık Füme	Räucherfisch
Biber Dolması	gefüllte Paprikaschoten
Burma Sarık	süße Nachspeise (»gedrehter Turban«)
Cacık	Joghurt mit Gurken und Knoblauch gewürzt
Çakistes	grüne Oliven mit Knoblauch, Koriandersamen
Çerkez Tavuğu	Huhn auf Tscherkessenart
Döner Kebabı	gebratenes Lamm- oder Hammelfleisch
Düğün Çorbası	Hochzeitssuppe
Fırın Kebab	Lammfleisch im Lehmofen gegart
Güllaç	mit Nüssen gefüllte Teigblätter
Hamsı Tava	gebratene Sardellen
Helim izgara	gebratener Schafskäse
Hünkâr Beğendi	Fleischgulasch mit Püree aus Auberginen (»Seiner Majestät hat es geschmeckt«)
Hurma Tatlısı	süße Nachspeise
Iç Pilâv	Reis mit Gewürzen, Rosinen und Pistazien
Imam Bayıldı	Auberginen gefüllt mit Zwiebeln, Tomaten und Olivenöl (»Der Imam fiel in Ohnmacht«)
Işkembe Çorbası	mit Ei legierte Suppe aus fein geschnittenen Kutteln
Kabak Dolması	Kürbis gefüllt mit Reis und Hackfleisch
Kabak Kızartması	gebratene Kürbisscheiben
Kabak Tatlısı	mit Zucker gekochte Kürbisstücke
Kadın Budu Köfte	mit Ei panierte, gebackene Hackfleischklöße (»Frauenschenkel«)
Kadın Göbeği	süße Nachspeise (»Frauennabel«)
Kılıç Balıc	gebratener Schwertfisch
Köfte	gegrillte Hackfleischbällchen
Kuzu Dolması	Lammbraten mit gewürztem Reis
Midye Dolması	mit Reis gefüllte Muscheln
Musaka	Auberginenauflauf mit / ohne Hackfleisch
Revani	mit Sirup getränkte Grießspeise
Patlıcan Kızartması	gebratene Auberginen
Pirzola	kleine gegrillte Lammkoteletts
Piyaz	Salat aus Bohnenkernen mit hart gekochten Eiern und Zwiebeln
Şeftali Kebab	gegrillte Hackfleischbällchen
Şiş Kebabı	Spieß mit gegrilltem Lammfleisch
Su Böreği	Pastete aus Strudelteigblättern, gefüllt mit Schafskäse

Sucuk	Rinderwurst (meist gebraten)
Tarama	Fischrogen
Vezir Parmağı	gebackene süße Nachspeise (»Wesirfinger«)
Zeytinyağlı Patlıcan Dolması	mit Reis / Hackfleisch gefüllte Auberginen

TELEKOMMUNIKATION · POST

Mobil telefonieren

Fast überall auf Zypern ist das Netz gut. Am günstigsten telefoniert man in **Nordzypern** mit einer Prepaid-Karte, da Nordzypern zum türkischen Netz gehört. In **Südzypern** fallen Roaming-Gebühren auch für mobiles Internet bis zu einer bestimmten Obergrenze nicht mehr an.

Postämter

Postämter, die man an der Aufschrift »PTT« erkennt, gibt es in allen größeren Städten und Dörfern. Im Süden haben sie in der Regel folgende **Öffnungszeiten:** Mo., Mi., Fr. 7.30–13.30, Sa. 7.30–12 Uhr, die Hauptpostämter in Nikosia, Lárnaka, Limassol und Páfos Mo.–Fr. auch 16–18 Uhr. Öffnungszeiten im Norden: Mo.–Fr. 8–13, 14–17, die Hauptpost in Nikosia auch Sa. 9–12 Uhr.

Porto

Eine Ansichtskarte oder ein Brief ins europäische Ausland kostet 0,75 €. Man erhält zwei Briefmarken, die Gebühr für die 2-Cent-Marke kommt den Flüchtlingen von 1974 zugute.

Adresse/ Absender: Türkei

Alle **Briefe nach Nordzypern** oder von dort ins Ausland werden über das Postamt der türkischen Hafenstadt Mersin befördert (Länderbezeichnung »Mersin 10/Turkey«).

VERKEHR

Straßen und Verkehrsregeln

In Zypern herrscht **Linksverkehr**. Vorfahrt hat, wenn nicht anders ausgeschildert, wer von rechts kommt. Es gelten die internationalen Verkehrsregeln. Die Hauptverbindungsstraßen sind in einem guten Zustand. Auch Nebenstraßen sind asphaltiert. Die meisten **Wegweiser** und Straßennamen sind zweisprachig, englisch und griechisch bzw. türkisch. Die **Höchstgeschwindigkeit** beträgt auf Autobahnen 100 km/h, 80 km/h außerhalb und 50 km/h innerhalb von Ortschaften. Es besteht **Gurtpflicht** (auf Vorder- und Rücksitzen). Kinder unter fünf Jahren dürfen nicht vorne sitzen. Beim Motorradfahren herrscht Helmpflicht. Die **Promillegrenze** liegt bei 0,5, in Nordzypern bei 0,0.

Tankstellen

Das Tankstellennetz ist dicht. Im Süden sind Tankstellen Mo.–Fr 6–19 (im Winter bis 18), Mi. 6–14 (Distrikt Nikosia), Do. 6–14 (Distrikt Limassol, Lárnaka, Páfos und Famagusta), Sa. 6–15 Uhr geöffnet. Außerhalb dieser Öffnungszeiten kann man an großen Tankstellen an **Automaten** tanken.

Mietwagen

Wer ein KFZ oder Motorrad mieten möchte, muss mindestens 21 Jahre alt sein und ein Jahr Fahrpraxis vorweisen können. Der **nationale Führerschein** reicht aus. Eine Kreditkarte als Kaution ist unerlässlich. **Mietwagenfirmen** findet man in größeren Städten und an den Flughäfen. Bei den internationalen Autovermietern ist es meist günstiger, das Fahrzeug bereits von zu Hause aus zu mieten. Preiswerter sind in der Regel einheimische Anbieter. Eine Liste örtlicher Mietwagenagenturen erhält man beim Fremdenverkehrsamt. Mietwagen sind leicht am roten Nummernschild zu erkennen. Finanziell auf der sicheren Seite ist, wer bei der Haftpflichtversicherung die Selbstbeteiligung durch eine **Zusatzversicherung** ausschließt und zusätzlich eine **Vollkaskoversicherung** abschließt (Collision Damage Waiver, CDW).

Über die Green Line

Die Fahrt mit dem **Mietwagen** vom Süden in den Norden und zurück ist möglich, doch keine Versicherung trägt im Schadensfall die Haftung. Man sollte sich vorher erkundigen, da nicht alle Verleihfirmen dies zulassen. Am Übergang muss eine zusätzliche Kfz-Versicherung abgeschlossen werden, die jedoch keine Schäden am eigenen Auto und Personenschäden deckt!
Mit Mietautos, die in Nordzypern gebucht wurden, ist die Überfahrt in den Südteil Zyperns aus Versicherungsgründen derzeit nicht möglich. Fahrten mit dem **Privatwagen** können unternommen werden, sofern eine entsprechende Versicherung in der Republik Zypern abgeschlossen wurde (auch am Übergang erhältlich).

Privattaxi

Die **Taxitarife** sind staatlich festgelegt und variieren in den Städten. Die Grundgebühr beträgt 3,75–9 €, pro Kilometer werden 1–2 € berechnet. Nachtfahrten (20.30–6 Uhr) sind etwas teurer. Günstiger sind im Norden **Chauffeurdienste**, die Preise sind ebenfalls festgelegt und variieren je nach Stadt. In der Regel wird mit Taxameter gefahren. Im Zweifelsfall sollte man den Preis vor Fahrtantritt aushandeln. Taxifahrer erwarten 5–10 % **Trinkgeld**.

Sammeltaxi Sammeltaxis, auch Service- oder **Linientaxis** genannt, die jeweils 4–8 Personen befördern können, verkehren von etwa 6–18 Uhr alle halbe Stunde auf den vier Autobahnstrecken zwischen Lárnaka, Nikosia, Limassol und Páfos. An Samstagnachmittagen und Feiertagen ist ihr Takt stark eingeschränkt (7–17 Uhr). Da man jeweils den Preis für einen Sitzplatz zahlt, unabhängig von der Zahl der Mitreisenden, ist die Fahrt mit dem Sammeltaxi relativ **preisgünstig**. Man wird nach Vorbestellung an gewünschter Stelle abgeholt und am Zielort ebenfalls an jedem beliebigen Platz abgesetzt. Allerdings verkehren Sammeltaxis nur zwischen großen Städten (www.travelexpress.com.cy).
Achtung: Am **Flughafen Lárnaka** dürfen Sammeltaxen nur Fahrgäste absetzen, sie jedoch nicht abholen. Dort bietet ein **Shuttle-Service** (Schalter in der Halle neben den Autovermietern) Fahrdienste nach Fahrplan zu günstigen Preisen an.
Auch in **Nordzypern** verbinden Sammeltaxis (Dolmuş; türk. »gefüllt«) die wichtigsten Orte Nikosia/Lefkoşa, Kyrénia/Girne, Famagusta/Gazimağusa und Mórfou/Güzelyurt.

Busverkehr Noch billiger als Sammeltaxis sind **Linienbusse**. Die Inter-City-Busse verkehren nicht nur zwischen größeren Städten und kleineren Ortschaften, sondern steuern häufig auch die nahe gelegenen Strände an. Gebirgsorte werden in der Regel nur einmal täglich angefahren (www.cyprusbybus.com).

In Nordzypern In **Nordzypern** verbinden preisgünstige **Linienbusse** mit festen Abfahrtszeiten (bis 21, im Sommer bis 22 Uhr) Nikosia/Lefkoşa, Kyrénia/Girne, Famagusta/Gazimağusa und Mórfou/Güzelyurt. Allerdings ist der öffentliche Verkehr dort eingeschränkt, **Fernbusse** verkehren weder sonn- und feiertags noch am Samstagnachmittag, Stadtbusse zumindest sonntags, allerdings seltener. An den Busabfahrtsstellen erfährt man die Abfahrtszeiten.
In Nikosia/Lefkoşa befindet sich der **zentrale Busbahnhof** (Otobüs Terminalı) an der Kemal Asik Caddesí in der Neustadt, von hier fahren Busse und Service-Taxis nach Kyrénia/Girne, Famagusta/Gazimağusa und Mórfou/Güzelyurt. In Famagusta liegt der Busbahnhof an der Straße nach Nikosia (Gazi Mustafa Kemal Bulvarí) und in Kyrénia/Girne am Ramadan-Cemil-Kreisverkehr (www.yourcyprusportal.com).

GLOSSAR

Agía, Ágios heilig

Agora Markt- und Versammlungsplatz in der griechischen Antike (röm. Forum)

Akropolis Oberstadt, meistens religiöser Mittelpunkt einer Stadt in der Antike

Amphitheater Theater mit ovaler Arena und ringsum geschlossenen Sitzreihen

Anástasis Abstieg Christi in die Vorhölle

Apokryphe Schriften, die nicht in den biblischen Kanon aufgenommen wurden

Apsis halbkreisförmiger Raum in einem Tempel oder einer Kirche

Aquädukt römische Wasserleitung

Archaische Kunst Kunst des 8. bis 5. Jhs. v. Chr. in Griechenland

Architrav auf Säulen oder Pfeilern aufliegender waagerechter Steinbalken

Archivolten bandartige Einfassung eines Rundbogens

Asklepieion Heiligtum des Asklepios, des Gottes der Heilkunst

Atrium offener Hof im Zentrum des Hauses oder Vorhof der frühchristlichen Basilika

Basilika Kirchentyp mit drei oder mehr Schiffen, bei dem das mittlere Schiff erhöht ist und eigene Fenster besitzt

Bastion aus der Stadtmauer hervorspringendes Verteidigungswerk

Bema Altarraum der byzantinischen Kirche

Benediktinerorden von Benedikt von Nursia im 6. Jh. gegründeter Orden

Blacherniótissa Darstellungstypus der betenden Muttergottes in stehender Position und ohne Kind

Caldarium Heißbaderaum römischer Thermenanlagen

Cavea Zuschauerraum eines römischen Theaters (griech. Koilon)

Cella innerer Raum eines Tempels, Allerheiligstes

Chalkolithikum Kupfersteinzeit, auf Zypern von 3800 bis 2300 v. Chr.

Déesis in der byzantinischen Malerei Darstellung Christi zwischen Maria und Johannes (als Fürbitter)

Diakonikon Raum südlich des Altarraums, Sakristei

Dienste dünne Säulen und Halbsäulen an einem Bündelpfeiler oder einer Wand, meist bei gotischen Kirchen

Donjon Hauptbefestigungs- und Wohnturm einer Burg

Dorische Ordnung älteste griechische Säulenordnung (7. Jh.). Die Säulen stehen ohne Basis auf dem Stylobat und besitzen einfache, runde Kapitelle. Über dem Architrav liegt ein Metopen- und Triglyphenfries.

Dormitorium Schlafsaal eines Klosters

Dreipass aus drei Dreiviertelbögen zusammengesetzte Form des gotischen Maßwerks

Dromos Zugang zu einem Grab, auf Zypern häufig ein Treppendromos

Empore galerieähnlicher Aufbau

Enkaustik antikes Malverfahren, bei dem die Farben mit Wachs gebunden werden

Enkleistra Einsiedelei

Fayencen Keramik mit wasserundurchlässiger Glasur
Forum römischer Markt- und Versammlungsplatz (griech. Agora)
Franziskanerorden Bettelorden, im 13. Jh. von Franz von Assisi gegründet
Fresken Wandmalereien auf frischem, noch feuchtem Putz
Frigidarium Kaltwasserraum römischer Badeanlagen

Genien römische Schutzgeister
Geometrische Kunst griechische Kunst zwischen 1050 und 700 v. Chr.

Hamam türkisches Bad
Han, Chan türkische Herberge
Hellenistische Kunst Kunstrichtung von 330 bis 30 v. Chr. im Ostmittelmeerraum
Hodegetría Darstellungstypus der stehenden Muttergottes, als die »Wegweisende« mit dem Kind auf dem linken Arm
Hypokausten unter dem Fußboden liegende Heizungsanlage römischer Bäder oder Wohnräume

Idol als Gottheit verehrte Kleinplastik der griechischen Frühzeit
Ikone Kultbild einer heiligen Person der orthodoxen Kirche
Ikonoklasmus religiöse Auseinandersetzung in der Ostkirche im 8./9. Jh. um die Frage der bildlichen Verehrung der Heiligen
Ikonostasis Bilderwand in der byzantinischen Kirche, die den Gemeinderaum vom Altarraum trennt
Impluvium Wasserbecken zum Sammeln von Regenwasser im römischen Atriumhaus
in situ in Fundlage, vor Ort
Ionische Ordnung vor allem in Attika und Kleinasien beheimatete griechische Bauordnung mit schlanken Säulen, die auf einer Basis stehen. Die Kapitelle besitzen schneckenförmige Voluten, über dem dreigeteilten Architrav sitzt ein durchlaufender Fries.

Joch Raumteil unter einem Gewölbefeld eines Bauwerkes

Kämpfer Zone, an der die Krümmung eines Gewölbes oder Bogens beginnt
Kantharus Reinigungsbrunnen im Vorhof einer frühchristlichen Basilika
Kapitell ausladendes Kopfstück einer Säule oder eines Pfeilers
Kapitelsaal Raum eines Klosters, in dem die Mönche ihre Weisungen erhalten
Katechuménon Nebenraum einer frühchristlichen Basilika, Aufenthaltsraum für die Ungetauften
Kenotaph (leeres) Scheingrab als Ehrenzeichen für Tote
Keramídion »authentisches« Christusporträt auf einem Ziegel der Stadtmauer von Edessa
Koímisis Tod Mariens
Kolonnade Folge von Säulen mit Architrav
Kommende Verwaltungsbezirk des Johanniterordens
Konsole vorspringendes Tragelement
Korinthische Ordnung altgriechische Säulenordnung; Kapitell mit großen, zerlappten Akanthusblättern
Krabben gotisches Schmuckelement in Form eines plastischen Blattes
Kratér antiker griechischer Krug zum Mischen von Wein und Wasser
Kreuzkuppelkirche byzantinischer Kirchentyp mit mehreren Kuppeln, die im Grundriss ein Kreuz bilden
Krypta unterirdische Reliquienkapelle

Latrine Toilette

Liwan-Haus altarabisches Wohnhaus mit meist dreiteiliger Haupthalle im Anschluss an den Eingangsbereich

Loggia offene Säulenhalle eines Bauwerks

Lünette Bogenfeld über Türen oder Fenstern

Mandílion »authentisches« Abbild Christi auf einem Tuch

Maßwerk geometrisches Schmuckornament der Gotik zur Unterteilung von Fenstern, Giebeln, Portalen und Wänden

Megaron Haupthalle eines mykenischen Palastes, die als Grundform des griechischen Tempels angesehen wird

Metope rechteckige Platte zwischen den Triglyphen am Fries eines dorischen Tempels, glatt oder mit Relief

Mihrab nach Mekka gerichtete Gebetsnische einer Moschee

Minarett Turm einer Moschee, von dem der Muezzin zum Gebet ruft

Minbar (Mimbar) Predigtstuhl einer Moschee

Mitra kegelförmige, spitze Kopfbedeckung der Bischöfe

Mykenische Kultur nach dem Fundort Mykene benannte Kultur von 1580 bis 1150 v. Chr. auf dem griechischen Festland

Nabatäer, **nabatäisch** altarabisches Handelsvolk, beheimatet im Raum Syrien und Jordanien mit der Hauptstadt Petra

Naos Tempelinneres (Cella) oder Gemeinderaum einer Kirche

Narthex Vorhalle einer Kirche, Platz für Ungetaufte während des Gottesdienstes

Nestorianer Anhänger der Lehre des Patriarchen Nestorius von Konstantinopel, im 5. Jh. exkommuniziert

Nymphäum römische Wasseranlage mit tempelartiger Fassade

Obergaden erhöhte Zone des Mittelschiffs einer Kirche, in der die Obergadenfenster liegen

Obsidian glasartiges, sehr hartes, schwarzes Lavagestein

Odeion überdachter Theaterbau, der vorwiegend für Musikdarbietungen genutzt wurde

Orchestra Spielfläche des Theaters, rund (griechisch) oder halbrund (römisch)

Palästra von Säulengängen umgebener Hof für sportliche Übungen

Panagía Muttergottes, die »Allheilige«

Pantokrator Christus, der »Allherrscher«

Pastophorien nördlich und südlich an den Altarraum angrenzende Räume, bestehend aus Diakonikon und Prothesis

Peristyl Säulenhalle um einen Hof

Pithos großes tönernes Vorratsgefäß

Portikus Säulenhalle, meistens vor der Front eines Gebäudes

Prämonstratenser 1121 gegründeter Orden, der seinen Namen nach dem französischen Kloster Prémontré erhielt

Propylon Torhalle

Prostylos Tempel mit Säulenvorhalle

Prothesis Raum nördlich an das Bema angrenzend, Aufbewahrungsort für liturgische Geräte und Gewänder

Protome Figuren als Schmuck an Gefäßen

Refektorium Speisesaal eines Klosters
Rhython Spend- oder Trinkgefäß
Rustikamauerwerk Quadermauerwerk aus Bruch- oder Buckelsteinen

Säulenordnung siehe dorische, ionische und korinthische Ordnung
Scheunendachkirche typische Bergkirchen auf Zypern (Tróodos-Gebirge) mit lang heruntergezogenem Satteldach
Schlussstein Stein am Knotenpunkt der Rippen eines Gewölbes, in oder am Scheitelpunkt eines Bogens
Sgrafitto-Keramik Keramik mit in den noch feuchten Ton eingeritzten Verzierungen
Skarabäus
1. Pillendreher, ein Mistkäfer; altägyptisches Sinnbild des Sonnengottes.
2. Nachbildung des Pillendrehers als Amulett
Skene Bühnenhaus des antiken Theaters
Skriptorium mittelalterlicher Schreibsaal eines Klosters
Stadion
1. antikes Längenmaß: 600 Fuß = ca. 185 m
2. Laufbahn gleicher Länge
3. Wettkampfstätte mit Laufbahn und Wällen bzw. Sitzreihen für die Zuschauer
Steatit Speckstein
Stele frei stehender Pfeiler, oftmals Grabstein mit Inschrift
Stoa Säulenhalle, meistens auf der Agora
Strebepfeiler Pfeiler zur Verstärkung der Außenmauer einer Kirche
Stylobat oberste Stufe eines antiken Tempelunterbaus, auf der die Säulen stehen
Sudatorium Schwitzraum einer römischen Thermenanlage

Tambour zylinderförmiger Unterbau einer Kuppel
Tekke klosterähnliche islamische Anlage
Temenos der durch eine Mauer begrenzte Tempelbezirk
Tholos Rundbau
Toga römisches Obergewand
Triforium Laufgang unter der Fensterzone einer romanischen oder gotischen Kirche
Triglyphe Steinplatte mit zwei Einschnitten, trennt die Metopen der dorischen Ordnung
Tumulus Grabhügel

Vierung Raumteil einer Kirche im Schnittpunkt zwischen Langhaus und Querhaus
Vothros (Bóthros) Opfergrube
Voluten schneckenförmiges Ornament am ionischen Kapitell

Zahnschnitt aus Balkenköpfen abstrahierter Fries am griechischen Tempel
Zisterne Sammelbecken für Regenwasser
Zwinger Raum zwischen Vor- und Hauptmauer einer Burg

REGISTER

A

B

C

D

E

F

G

H

I

J

K

L

M

N

BILDNACHWEIS

DuMont Bildarchiv: Georg Knoll 52, 70, 84, 125, 150, 158, 165, 167, 192, 234, 301, 305, 316/317, 327, 333, 338, 403

DuMont Bildarchiv: Jürgen Richter 5, 29, 56, 59, 73, 99, 107, 110, 118, 128, 149, 181, 183, 188, 197, 212/213, 221, 223, 228, 250 o., 250 o., 250 u., 250 u., 259, 265, 268, 272, 274, 291, 297, 319, 325, 347, 349, 351, 362, 371, 373, 381, 391, 392, 398, 401, U7

DuMont Bildarchiv: Stuart Westmorland/WaterFrame 3, 60

DuMont Bildarchiv: Werner Fabig 90/91, 138

Feltes-Peter 123

Getty images: AFP 216; Dan Kitwood 353; De Agostini 359; Gamma-Rapho 171; National Geographic 312; Stocktrek Images 212/213

Huber images: Stefano Cellai 82

istock 78, 133, 287

kybele.com 225

laif: Ana Nance/Redux 2 li., 8/9; Franco Barbagallo 388; Guenter Standl 293, 369; Hemispheres 67; Keystone-France/Gamma-Rapho 363; Michael Amme 294/295; Monica Gumm 16/17; Raach 18, 314, 385; Tueremis 360

Look foto: age fotostock 51; Jürgen Richter 1, 24/25, 27, 153, 215, 245, 246, 266, 304, 395

mauritius images: 366; age fotostock/ Reinhard Dirscherl 12/13; David Crausby/Alamy 15; FLPA/Gianpiero Ferrari / imageBROKER 20/21; food and drink 387; Hans-Peter Merten 105; imageBroker/Maria Breuer 265; imageBroker/Stella 10; Jeff Gilbert/Alamy 263; Jeff Morgan 08/ Alamy 311; Jeff Morgan 14/Alamy 386; Joana Kruse/Alamy 210; John Warburton-Lee/Katja Kreder 194/195; Mim-Friday/Alamy 313; Peter Horree/Alamy 335 o., 335 u., 357; Prisma/Kreder Katja 379; Ros Drinkwater/Alamy 98

oleastro.com 147

pa 160

Quadriga Images: Jürgen Richter 404/405

shutterstock 2, 6, 65, 79, 86 o., 86 u., 95, 114, 121, 125, 135, 137, 141, 163, 173, 283, 285, 299, 355

StockFood: Barbara Lutterbeck 383 o.; Chris Alack 382 M.; K. Mewes 383 u.; Kerth Ulrich 313; L. Ellert 382 o.; R&R Publications 382 u.

Andreas Trapp und Marike Langhorst 23, 59, 205, 243, 407

Weiss 236, 281

Wrba 344

Titelbild: Ludovic Maisant/hemis.fr/laif

VERZEICHNIS DER KARTEN UND GRAFIKEN

ATMOSFAIR

Reisen verbindet Menschen und Kulturen. Doch wer reist, erzeugt auch CO2. Der Flugverkehr trägt in erheblichem Maße zur globalen Erwärmung bei. Wer das Klima schützen will, sollte sich nach Möglichkeit für die schonendere Reiseform entscheiden (wie z.B. die Bahn). Gibt es keine Alternative zum Fliegen, kann man mit atmosfair klimafördernde Projekte unterstützen.
atmosfair ist eine gemeinnützige Klimaschutzorganisation unter der Schirmherrschaft von Klaus Töpfer. Flugpassagiere spenden einen kilometerabhängigen Betrag und finanzieren damit Projekte in Entwicklungsländern, die den Ausstoß von Klimagasen verringern helfen. Dazu berechnet man mit dem Emissionsrechner auf **www.atmosfair.de** wieviel CO2 der Flug produziert und was es kostet, eine vergleichbare Menge Klimagase einzusparen (z.B. Berlin – London – Berlin ca. 10 €). atmosfair garantiert die sorgfältige Verwendung Ihres Beitrags. Alle Informationen dazu auf www.atmosfair.de. Auch MairDumont fliegt mit atmosfair.

BAEDEKER VERLAGSPROGRAMM

Viele Baedeker-Titel sind als E-Book erhältlich.

A
Ägypten
Algarve
Allgäu
Amsterdam
Andalusien
Australien

B
Bali
Baltikum
Barcelona

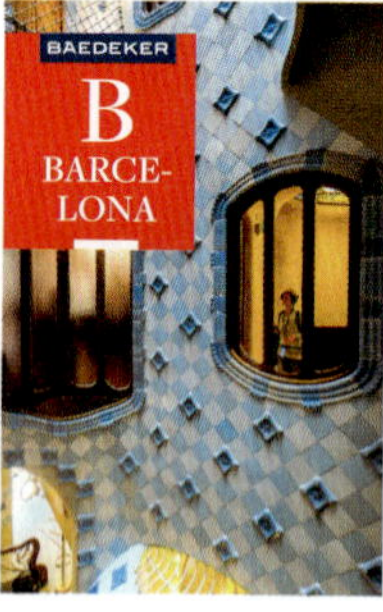

Belgien
Berlin · Potsdam
Bodensee
Böhmen
Bretagne
Brüssel
Budapest
Burgund

C
China

D
Dänemark
Deutsche Nordseeküste
Deutschland
Dresden
Dubai · VAE

E
Elba
Elsass · Vogesen
England

F
Finnland
Florenz
Florida
Frankreich
Fuerteventura

G
Gardasee

Golf von Neapel
Gomera
Gran Canaria
Griechenland

H
Hamburg
Harz
Hongkong · Macao

I
Indien
Irland
Island
Israel · Palästina
Istanbul
Istrien · Kvarner Bucht
Italien

J
Japan

K
Kalifornien
Kanada · Osten
Kanada · Westen

Kanalinseln
Kapstadt · Garden Route
Kopenhagen
Korfu · Ionische Inseln
Korsika
Kreta
Kroatische Adriaküste · Dalmatien
Kuba

L
La Palma
Lanzarote
Lissabon
London

M
Madeira
Madrid
Mallorca
Malta · Gozo · Comino
Marrokko
Mecklenburg-Vorpommern
Menorca
Mexiko
München

N
Namibia
Neuseeland
New York
Niederlande

Norwegen

O
Oberbayern
Österreich

P
Paris
Polen
Polnische Ostseeküste · Danzing · Masuren
Portugal
Prag
Provence · Côte d'Azur

R
Rhodos
Rom
Rügen · Hiddensee
Rumänien

S
Sachsen
Salzburger Land
Sankt Petersburg
Sardinien
Schottland
Schwarzwald
Schweden
Schweiz
Sizilien
Skandinavien
Slowenien
Spanien
Sri Lanka
Südafrika
Südengland
Südschweden · Stockholm
Südtirol
Sylt

T
Teneriffa
Thailand
Thüringen
Toskana

U
USA · Nordosten
USA · Südwesten
Usedom

V
Venedig
Vietnam

W
Wien

Z
Zypern

IMPRESSUM

Ausstattung:
157 Abbildungen, 46 Karten und grafische Darstellungen, eine große Reisekarte

Text:
Barbara Peters, Helmut Weiß, Marike Langhorst
Mit Beiträgen von Martina Cetinaslan, Achim Bourmer, Susanne Kilimann und Anja Schliebitz

Überarbeitung:
Marike Langhorst

Bearbeitung:
Baedeker-Redaktion
(M. Feuerstein, Dagmar Lutz, Dr. Eva Missler)

Kartografie:
Franz Huber, München
Klaus-Peter Lawall, Unterensingen
KOMPASS-Karten GmbH, A-6020 Innsbruck; MAIRDUMONT, D-73751 Ostfildern (Reisekarte)

3D-Illustrationen:
jangled nerves, Stuttgart

Infografiken:
Golden Section Graphics GmbH, Berlin

Gestalterisches Konzept:
RUPA GbR, München

12., aktualisierte Auflage 2024

© MAIRDUMONT GmbH & Co KG, Ostfildern

Der Name Baedeker ist als Warenzeichen geschützt. Alle Rechte im In- und Ausland sind vorbehalten. Jegliche – auch auszugsweise – Verwertung, Wiedergabe, Vervielfältigung, Übersetzung, Adaption, Mikroverfilmung, Einspeicherung oder Verarbeitung in EDV-Systemen ausnahmslos aller Teile des Werkes bedarf der ausdrücklichen Genehmigung durch den Verlag.

Trotz aller Sorgfalt von Redaktion und Autoren zeigt die Erfahrung, dass Fehler und Änderungen nach Drucklegung nicht ausgeschlossen werden können. Dafür kann der Verlag leider keine Haftung übernehmen. Jede Karte wird stets nach neuesten Unterlagen und unter Berücksichtigung der aktuellen politischen De-facto-Administrationen (oder Zugehörigkeiten) überarbeitet. Dies kann dazu führen, dass die Angaben von der völkerrechtlichen Lage abweichen. Irrtümer können trotzdem nie ganz ausgeschlossen werden. Kritik, Berichtigungen und Verbesserungsvorschläge sind jederzeit willkommen. Schreiben Sie uns, mailen Sie oder rufen Sie an:

MairDumont: Baedeker Redaktion
Postfach 3162, D-73751 Ostfildern
Tel. 0711 4502-262
www.baedeker.com

Printed in China

Meine persönlichen Notizen

Kap Anamur

TÜRKEI · TÜRKIYE

M

KIBRIS